山東大學—華東師範大學東亞寫本文獻研究中心階段性成果

郭嵩燾親友尺牘

上

孫海鵬
王　瑜　整理

尺海　第一輯·主編　丁小明

鳳凰出版社

圖書在版編目（CIP）數據

郭嵩燾親友尺牘 / 孫海鵬, 王瑜整理. -- 南京 : 鳳凰出版社, 2025. 7. --（尺海 / 丁小明主編）.
ISBN 978-7-5506-4387-1
Ⅰ. K827=52
中國國家版本館CIP數據核字第20251WB781號

書　　名	郭嵩燾親友尺牘
著　　者	孫海鵬　王　瑜 整理
責任編輯	李相東
裝幀設計	陳貴子
責任監製	程明嬌
出版發行	鳳凰出版社(原江蘇古籍出版社) 發行部電話025-83223462
出版社地址	江蘇省南京市中央路165號,郵編:210009
照　　排	南京凱建文化發展有限公司
印　　刷	江蘇鳳凰通達印刷有限公司 江蘇省南京市六合區冶山鎮,郵編:211523
開　　本	890毫米×1240毫米　1/32
印　　張	29.625
字　　數	555千字
版　　次	2025年7月第1版
印　　次	2025年7月第1次印刷
標準書號	ISBN 978-7-5506-4387-1
定　　價	198.00圓(全二册)

(本書凡印裝錯誤可向承印廠調換,電話:025-57572508)

《尺海》第一輯序

要說起《尺海》的創設緣起，就不得不提到鳳凰出版社《中國近現代稀見史料叢刊》的導夫先路之功。作爲鳳凰出版社重點出版的大型史料叢書——《中國近現代稀見史料叢刊》（下稱《稀見史料》），二〇一四年至二〇二三年十年間，共出版各類史料一百二十八種一百七十八册，其内容以一八四〇年至一九四九年間稀見而又確有史料價值的日記、書信、奏牘、筆記、詩文集等文獻的整理爲主。應當說，經過十年生聚，《稀見史料》收録文獻不僅體量巨大，更形成了自己獨特的學術風格。例如，在這一叢書的幾種常見的史料體裁中，主編張劍教授、徐雁平教授、彭國忠教授顯然更鍾情於日記類史料，所以，在《稀見史料》中整理出版了七十餘種日記的基礎上，又推出了《日記研究叢書》。毫無疑問，日記的整理與研究是《稀見史料》的重中之重。

衆所周知，在浩如烟海的近代各類私人史料中，日記之外最大宗者當爲尺牘。《稀見史料》能在系統挖掘各類史料的同時，勠力於日記類史料的整理已實屬不易。同時，正是《稀見史料》在日記與尺牘這兩類史料所投以不對等的關注，纔促使我們考慮在《稀見史料》之外再推出一種以尺牘文獻爲主體的史料叢刊。如果説，《尺海》從《稀見史料》中獨立而出的内因，是主持者對日記與尺牘關注程度不同，那麽，學界對尺牘手稿文獻的重視則是我們啓動《尺海》的外因。

當下學界對尺牘有着『文辭、書法、史料』三重的關注視域，而『史料』無疑是這三者之重點。譬如陳恭禄《中國近代史資料概述》、馮爾康《清史史料學》、曹天忠《中國近現代史史料學》、嚴昌洪《中國近代史史料學》等書中，無不闢有專節來討論尺牘中的史料内容及價值。近十年來，出版界也積極回應學界的這一關注，在致力於影印出版各類公私收藏尺牘寫本文獻的同時，先後推出系列的尺牘文獻整理叢刊，如鳳凰出版社的《國家圖書館藏未刊稿叢書·書札編》、浙江古籍出版社的《近現代書信叢刊》、上海人民出版社的《中國近現代書信叢刊》等。凡此種種，無不説明尺牘寫本文獻的整理已成爲當下出版界的熱點話題，并漸次發展成一股應者甚衆的潮流。所以，我們在此推出《尺海》就不僅僅是種種内外因緣交匯的産物，更是一種廣義上學術預流的體現。

當然，在推出《尺海》之前，有必要對創設宗旨、收録對象、整理者隊伍作一申説。

首先，《尺海》將秉承『回到原信』的宗旨，專力於尺牘寫本的整理，力求爲學界提供更多包含歷史真相的第一手材料。進言之，《尺海》所收録尺牘的首要標準必須是『原信』。『原信』的概念就是胡適所説『尺牘墨迹』，其意義有兩重。一重是胡適所以爲，我們也深表贊同的『尺牘墨迹是最可靠的史料』這一理念，而這一理念的基石就是我們所見到的必須是『尺牘墨迹』的『原信』，而不是那些尺牘的刊本。『尺牘墨迹』作爲一種即時性的製作，其真實性與這一文獻本身是互爲表裏的。而那些意在公開的尺牘刊本就大有不同，作爲延時性的製作物，其刊行的過程中，極有可能對原文有所删改。如黄濬《花隨人聖盦摭憶》記載，有人購得曾國藩與其弟曾國荃尺牘墨迹三通，以行世刊本書校之，有一通未輯入，餘二通皆經删改，且爲曾國藩本人所删，其中一信删了一百零九字，且將『余亦必趕到金陵會剿，看熱鬧也』中的『看熱鬧』三字删去；另一信删去二十三字。這説明曾國藩知道這些家書將來必定傳世，一些對兄弟説的話不能讓外人知道，事先就作了删改。事實上，這些不能爲外人知之的『悄悄話』中或許正隱藏着某些重要的信息，這些信息甚至關乎我們對曾國藩的認知，不過經此删改，我們所看到的其實是經過修飾的曾國藩形象，并非那個真實全面的曾國藩。這是一種情況，屬於對尺牘内容進行有意爲之的删改。另有一種情況，則屬於無意爲之的錯訛，如聞宥與劉季平討論音韵的通信被胡樸安發表於《國學周刊》上，但聞宥讀後發現校勘不精，致信胡樸安云：『《周刊》所登宥與季平先生通信，訛字極多。而最不可通者，爲第二十行「以韵理言之」一句，之後尚有「阿音引喉張口。自宜以平上音爲多」二句。訛奪之後，文理實不可解，故望即飭印人刊正。』從這兩例可知，無論是有意的删改，還是無意的錯訛，這些刊行的尺牘就不能算是十分可靠的史料了。換言之，尺牘的私密性與尺牘的公開是一種天然的對抗關係，公開的印本或抄本從尺牘撰寫的角度也非即時性的行爲，因爲背離了尺牘的私密、即時這兩種特性，其最終的真實性能否得以實現是令人懷疑的。所以，《尺海》首要强調整理『尺牘墨迹』的原由正在於此。另一重是强調整理的是『尺牘墨迹』，特别是整理的『尺牘墨迹』最好是有公開影印出版。這是因爲尺牘整理出來後，可爲學界所用，但如使用者對整理文本存有疑問的話，也可與『墨迹』影印本再行比對。我們以爲，這樣的比對對於《尺海》也算是一種變相的監督機制。

其次，在確立以尺牘墨迹爲整理對象後，有必要對這一對象再作一梳理。此處的對象可分爲兩類人物來理解。一類是具有重要歷史影響的人物，如翁同龢、梁啓超、沈曾植、張元濟、鄭振鐸這些編有年譜長編或年譜的譜主，這些譜主存世尺牘已得到較多的關注與整理，但仍有一定的輯佚整理空間。與此同時，我們以爲，只有重要人物尺牘而缺乏相應往來的友朋尺牘的話，研究者所掌握的材料只是『半壁江山』而已，無論是相關的叙事還是解讀，其還原的歷史難免會顯得不够全面，甚至不够清晰。因此，《尺海》將會儘可能地挖掘和整理與第一類對象相對應的友朋尺牘，而這些友朋尺牘的撰寫者就是我們所説的或許并不重要，甚至已被歷史所遺忘的第二類人物。但作爲運用尺牘材料進行文史研究的學者，自然會關注往來尺牘的問題，或者説重要人物友朋尺牘的問題——擁有更多的友朋尺牘，并將之與譜主尺牘進行聯繫與對讀，就有可能擁有更全面的歷史細節，最終築起的還原歷史事實的大厦纔會更加堅固。基於這樣的認知，《尺海》在重視重要人物尺牘整理的同時，也會充分關注重要人物友朋尺牘的整理。

再次，需要説明的是，基於『原信』的概念，《尺海》要做成系列與規模的叢刊，就必須要有相當體量的『尺牘墨迹』以提供給整理者使用。按《稀見史料》每輯十種左右來計算，出完《尺海》十輯，至少需要百種尺牘。通過檢索，我们發現近年來所出版的尺牘寫本影印類書籍中，約有三十種頗具史料價值的尺牘尚未得到整理。同時，晚清、民國所出版的影印尺牘書亦有数十種左右有待整理。當然，更重要的是，在全國圖書館及文博系統收藏着超過百種的、具有重要史料價值的『尺牘墨迹』。所以，以每輯十種的體量來計算，目前有待整理的尺牘有着近五萬通的數量，這一數量足以支持《尺海》連續數年的出版需求。

所謂『巧婦難爲無米之炊』，現在有了足够的食材可做成『有米之炊』，那麽拥有一支能整理尺牘寫本的專家團隊則是維繫《尺海》發展的關鍵。事實上，尺牘寫本整理的不易之處，特别是筆迹出於衆人之手的友朋尺牘的整理難度，但凡整理過的學人都有所體會。至於這一問題的解決就不得不感謝上海圖書館創辦的《歷史文獻》集刊。《歷史文獻》自創刊以來，在整理上海圖書館所藏近代名人尺牘方面功績最著，二十年間先後整理公布了近五千通尺牘，极大地推進了學界關注與重視尺牘文獻價值的同時，更培植了一批識讀與整理尺牘的專家。如《尺海》第一輯的整理者柳和城、鄒西禮、魏小虎、丁小明、尹偉傑等人，都曾是《歷史文獻》的作者。當然，這一專家陣容隨着《尺海》持續推進還會不斷擴大。可以說，過去凝聚在《歷史文獻》周圍的這批尺牘整理專家正爲《尺海》得以啓動提供了充足的人才資源。

行文到此，筆者只是不揣淺陋，將《尺海》創設緣起、立刊宗旨、收録範圍、作者隊伍作一簡介，以期增進大家對這部叢刊的瞭解。筆者忝厠編務之列，固然頗勞心力，亦略知其中甘苦。尺牘寫本整理之難度是公認的，特别是《尺海》第一輯主要以友朋尺牘爲專題的整理，整理者會面臨諸多不同寫信之人的筆迹與寫法的識讀，這是尤其難上加難的挑戰。所以，在《尺海》第一輯面世之際，請允許我向參加整理的柳和城、孫海鵬、鄒西禮、魏小虎、吴欽根等諸位師友表示最誠摯的感謝！能在日新月异的當下，依然堅守在書齋中董理這些泛黄的尺牘寫本者，大都會有一份尊重先賢、敬畏文化的品操。在此，不能不提到已年過八旬的柳和城先生，他在承擔《張元濟友朋尺牘》的艱巨整理任務時，已出現視力不清的問題，爲了不影響進度，他最終還是堅持到交稿纔去問診。這一輯整理者中還有我的學生尹君偉傑與孫君嘉奇，儘管他們剛上手時還有些步履蹣跚，沉潛半載，已然可以獨立完成各自的整理任務，看着他們在尺牘整理領域邁步向前的身影，一種後繼有人的欣慰感油然而生。最後，要特别感謝鳳凰出版社對《尺海》的鼎力支持，從開始動議到每種選題的落實，每個環節無不傾注着樊昕兄與諸位編輯的統籌推進之力。當然，隨着學界越來越重視尺牘中的史料價值，相信會有更多的同道進入尺牘寫本的整理與研究隊伍，也期待更多的學者關注與加入《尺海》的事業之中。

目録

第二册

第三册

第四册

第五册

第六册

第七册

第八册

第九册

第十册

第十一册

第十二册

第十三册

第十四册

第十五册

第十六册

整理説明

郭嵩燾（一八一八—一八九一），字伯琛，號筠仙，别署玉池山農，晚號玉池老人。曾築養知書屋，故世稱養知先生。湖南湘陰人。生於嘉慶二十三年三月初七日（一八一八年四月十一日），卒於光緒十七年六月十三日（一八九一年七月十八日），年七十四歲。郭嵩燾於道光十五年（一八三五）就讀於湘陰仰高書院，越年進入岳麓書院。一年後參加湖南丁酉鄉試，舉孝廉。道光二十七年（一八四七）中進士，選庶吉士，越年回籍。道光二十八年（一八四八），丁母憂，明年，丁父憂，遂留湘陰守制。此數年間，郭嵩燾與曾國藩、曾國華、曾國荃昆仲以及左宗植、左宗棠昆仲多有交往，又與江忠源、劉蓉、李鴻章、羅澤南等人結爲摯友。自咸豐三年（一八五三）開始，受命會同湖南地方官員辦理捐輸、團練事宜。自此，郭嵩燾參與戎機，襄助軍務，與曾氏、左氏昆仲，江忠源、劉蓉、羅澤南、陳孚恩、劉坤一、陳源兖等人勠力戡亂。咸豐八年（一八五八）晉京，入值南書房，越年協助僧格林沁至天津辦理海防事宜。咸豐十年（一八六〇）回籍，日以著述爲樂事。同治初年，先後任兩淮鹽運使、署理廣東巡撫。同治六年（一八六七），請假回籍，講學修志，宣導學問。十三年（一八七四）六月，奉旨進京。光緒元年（一八七五）任福建按察使，協助沈葆楨辦理臺灣軍政事宜。同年七月，因雲南『馬嘉理案』受命爲出使英國欽差大臣，旋署兵部左侍郎，在總理各國事務衙門行走。二年（一八七六）十月，以欽差大臣出使英國，自北京轉道天津，經海路至上海，率劉錫鴻、黎庶昌、張斯栒、姚嶽望等人乘船赴英國倫敦，與李鳳苞、馬建忠、羅豐禄諸人共同辦理外交事宜。四年（一八七八）正月，受命兼任出使法國欽差大臣。光緒五年（一八七九）初，奉朝命交卸使事，自倫敦經巴黎啓程回國。是年閏三月中旬抵達上海，請病假，未赴京，旋即返回湘陰，自此里居不出，直至終老。著有《周易釋例》《禮記質疑》《大學中庸章句質疑》《史記札記》《養知書屋文集》《養知書屋詩集》《養知書屋日記》等，主持編纂有《湖南褒忠録初稿》《湘陰縣圖志》。《清史稿》有傳。仲弟郭崑燾，字仲毅，號意城；三弟郭崙燾，字叔和，號志城，皆名聞一時。

縱觀郭嵩燾一生，主要事功有三。其一是早年讀書之餘，協助曾國藩辦理軍務，後來協助僧格林沁辦理海防，先後出任福建、廣東等地方大員，所至皆有政聲。其二是精通洋務，出使英、法，眼界頓開，但也因此而倍受朝野争議。其三是一生多次蟄居鄉里，尤其是出使英、法兩國之後，不再出仕，悠遊於湖湘之間，主講書院，培養子弟，研究經史，編纂志書，終老於斯。郭嵩燾一生交遊極爲廣泛，今人將《養知書屋日記》整理出版，更名爲《郭嵩燾日記》，日記自咸豐五年（一八五五）九月開始，至光緒十七年（一八九一）六月十二日郭嵩燾去世前一日，雖然中間有失記之處，而總長度達三十七年。郭嵩燾日記記録並不詳細，多數爲辦公理事，往來應酬，或讀書心得，且言簡意賅，在衆多重大歷史事件發生之時，往往輕描淡寫，使人難窺其真面目。郭嵩燾有隨手記録往來信札的習慣，其在同治五年（一八六六）十二月初五日的日記中説：『偶檢數年日記，於往來書件記載頗詳。』誠如斯言，郭嵩燾在日記中每每記録往來信札，有些信札内容也作簡單記録或評説，多數信札内容未作具體記録。郭嵩燾往來信札的數量較大，以至於在同治八年（一八六九）九月初六日日記中記録了『李申甫常笑我一生精力，多耗於往來書牘，信不虚也』之語。雖然李榕略帶調侃之詞，却間接反映出郭嵩燾往來信札數量之多。以光緒八年（一八八二）十二月日記中的記録爲例，在一個月中，共計發出五十五通、收到一百零四通信札，而這些信札的内容多數不爲人知，對研究郭嵩燾本人和其所處的歷史時代，無疑是文獻方面的缺失。雖然今人梁小進主編《郭嵩燾全集》中收録了郭嵩燾寫給親友的部分信札，但不見其親友致郭嵩燾的信札。郭嵩燾與曾國藩、左宗棠、胡林翼、彭玉麟、江忠源、羅澤南、李鴻章、沈葆楨、劉崐、劉蓉往來信札至今仍然未見全豹，其與王闓運、吴敏樹、曾紀澤、黎庶昌、薛福成、李善蘭、嚴復等人往來信札難得一見，還有與郭嵩燾有過交往的外國公使往來信札亦隱没於世間。信札合璧如龍泉、太阿之劍合於延津，更有利於對郭嵩燾生平經歷及思想的深入研究。

上海圖書館藏《郭嵩燾親友手札》原爲十六册，二〇二二年六月，由復旦大學出版社出版，黄顯功、嚴峰主編，黄曙輝編。該書共計收存郭嵩燾親屬和友朋三百〇四人致其信札九百零九通，時間大約在同治初年至光緒十年（一八八四）前後。這批信札數量大，收存人數衆多，時間跨度近二十年，涉及衆多歷史事件細節，是研究郭嵩燾生平與思想的第一手資料，具有不可替代的重要文獻價值。這批手札今以《郭嵩燾親友尺牘》之名整理出版。

《郭嵩燾親友尺牘》中除吴文錫致咏翁一通、吴錫齡致岱翁一通、胡棐翼致冶城一通、胡和鏞致庶翁一通、劉崧駿致竹翁一通、郭崙燾致陳嶙一通爲誤收之外，尚有三通雙上款信札，爲姚騰漢致郭嵩燾、郭崑燾，張錦瑞、陳士杰分别致郭嵩燾、李元度者，其餘九百通上款均爲郭嵩燾個人。這些信札的書寫者身份大致可分作以下四類。第一類是與郭嵩燾有過密切交往的高級官員，如方濬頤、吴棠、李鶴年、孫衣言、崇厚、裕麟、張凱嵩、沈葆楨、葆亨、鮑源深等人。

第二類是湖南籍的官員，如王永章、王德榜、郭松林、鄧訓誥、吴大廷、李槩、李桓、易佩紳、龍汝霖、易堂俊、彭芝亮、瞿遵訓、魏綱、蕭韶等人，還有在湖南爲官者，如夏獻鈺、朱克敬、於學琴、裴蔭森、守忠、齊德五等人。第三類是湖南鄉紳，這些人中有的是歸隱的官員，也有一些是商人及鄉紳，或兼而有之，如張自牧、黄瑜、黄济、朱昌琳、朱昌藩、楊彝珍、歐陽述、羅勳、袁祖綬等人。第四類是與郭嵩燾出使英國、法國相關聯的人物，如李鳳苞、馬建忠、張斯栒、姚嶽望、陳遠濟等人。《郭嵩燾親友尺牘》還保存了中國近代歷史上難得一見的重要人物的信札，例如深研經史、著述宏富的學者王先謙，創辦實業、究心於維新的啓蒙思想家鄭觀應，近代槍炮製造先驅韓殿甲，博學淵通、精於訓詁文字之學的羅汝懷，詩名動於三湘的易順鼎，湖南民主運動的先驅者之一唐璆，中國近代數學的開拓者丁取忠，諳熟機械製造之術的通人殷家儁等人。光緒元年（一八七五）二月二十八日，發生了招商局『福星號』被英輪『澳順號』撞沉事件，遇難人員中有浙江津局委員、候補同知石師鑄。在《郭嵩燾親友尺牘》中保存有一通石師鑄寫給郭嵩燾的信札，其中涉及石氏捐官之事，還有其與金安清、張自牧、何紹基、黄冕等人的交往，並委託郭嵩燾代爲請求曹耀湘轉向楊昌濬説項。此通信札的意義在於對研究石師鑄生平及交遊起到了補充作用。

這批信札還呈現出一個特點，即部分信札的書寫者出自同一家族，他們與郭嵩燾之間存在着或親或疏的親屬關係，如羅汝懷與羅式常、羅堯、羅蘗喬梓；胡棐翼、胡子勳喬梓；喻增偉、喻貢瑾叔侄；朱昌琳、朱昌藩昆仲；黄瑜、黄濟昆仲；李槩、李桓昆仲；周譓枝、周諤枝昆仲；陳遠濟、陳遠謨昆仲等。這些人物的身份、職業涵蓋了官商兩界，與郭嵩燾有着諸多利益牽連，從鄉親里族的角度來看，如曾氏、左氏、胡氏、劉氏、羅氏、朱氏等湖南大家氏族鄉紳與郭嵩燾家族之間存在着複雜關係。這批信札中很多人與郭嵩燾交往密切，凌蔭廷、孫士達、曹光漢、劉曾撰曾經是曾國藩的幕僚；徐申錫、劉崧駿、唐壬森、曹登庸、胡壽椿、鮑源深、白恩佑等人與郭嵩燾同年考中進士；夏在倫是何紹基、劉崐的弟子；孫宗穀、袁緒欽是郭嵩燾的弟子，後來均考中進士；唐懋瓚、李長蕃、周諤枝、陳嶙等人與郭嵩燾是終生好友。又如張啓鵬、羅勳、楊任光、羅汝懷、鄒孔搢等人先郭嵩燾辭世，其墓誌銘由郭嵩燾撰寫，另外陳士杰、喻恭瑾、舒運昌、胡棐翼、湯柄璣等人的家族墓誌銘也是敦請郭嵩燾執筆。《郭嵩燾親友尺牘》中保存着數通求郭嵩燾賜撰先人墓誌銘的信札。

由郭嵩燾主持編纂的《湘陰縣圖志》三十四卷歷時十四年之久方纔完成，在《郭嵩燾親友尺牘》中留存了參與此部縣志編纂的唐懋瓚、黄世崇、熊壽徵、羅鑒、閔孝愉、酆甲堃、盛國光等人的信札，記録了《湘陰縣圖志》編纂過程中的人事安排、局務協調、體例探討、進度規劃、刊刻校對等細節，爲這部名志的成書過程做了必要的注脚。

郭嵩燾與李鴻章、沈葆楨爲同科進士，彼此交往密切。光緒元年（一八七五）三月底，郭嵩燾出京赴福建就任按察使，至八月初交卸差事，在不到半年的時間裏，郭嵩燾協助沈葆楨處理臺灣事務。令人遺憾的是，郭嵩燾光緒元年日記僅存正月、二月兩個月。在《郭嵩燾親友尺牘》第十一册中保存的七通信札中，六通署名『葆亭』，一通署名『葆楨』。查其内容，『葆亭』六札中所叙述之事爲鋪設馬江電綫、臺灣彰化和嘉義縣令任免等事，可知是時任福建布政使葆亭致郭嵩燾者。尚有一通署名『葆楨』，落款時間爲『本日辰刻』，經過對比手迹，知爲沈葆楨所書。《郭嵩燾全集》第十三册中收録了郭嵩燾致沈葆楨一札，其中涉及委托沈葆楨代爲郵寄謝恩折和致李鴻章信札事，落款時間爲『十六日燈下』。讀《郭嵩燾親友尺牘》中沈葆楨信札文字，知爲解釋未能代辦郵寄謝恩折，並建議委託李鴻章代呈之事，落款時間爲『本日辰刻』，由此可知，沈葆楨此札書寫時間爲八月十七日辰刻。沈葆楨與郭嵩燾之間往來信札連貫對讀之後，可將郭嵩燾在交卸福建按察使差事前後事件恢復起來，呈現出其中的歷史細節。

光緒六年（一八八〇）五月二十五日，郭嵩燾在當天日記中寫道：『郭斌自天津回，又帶到馬眉叔一信，並云四月廿六日曾劼剛發電請示，言俄人有信阻其行，不受使命。此亦勢之必然者也。』馬眉叔即馬建忠，郭斌乃郭嵩燾專弁。在此則日記中，郭嵩燾僅言及馬建忠在信札中轉告有關曾紀澤出使之事，並未涉及他事。《郭嵩燾親友尺牘》第六册中收存了馬建忠兩通信札，均爲殘札。第二通殘札落款時間爲『四月廿四日津門椷』，且在殘札中言及『（上闕）大人出山與否，至再至三。日前郭弁至津，挽職道間向伯相緩頰。伯相云，事之有無，不得明知，惟既有公文，宜令之勿露爲妙。且令之回楚求大人代解爲是，而郭弁思得一言以爲進見，用是不揣冒昧爲之直叙伯相之言如此』。將馬建忠此通殘札與郭嵩燾五月二十五日日記相對讀，可知郭嵩燾在當年四月具折上奏崇厚與俄國所訂十八款條約之事後，内心中諸多不平静處。然而，郭嵩燾在日記中並未袒露其内心深處的真實想法，在馬建忠殘札中或可尋得蛛絲馬迹。郭嵩燾欲通過馬建忠間接問詢李鴻章一個相對敏感的問題，這就是信札中通過專足郭斌之口所説的『出山與否』，而李鴻章之回答則是遮掩而已，未能明瞭。將《郭嵩燾親友尺牘》中馬建忠此通殘札與郭嵩燾日記相關内容進行對讀，大致可以還原彼時郭嵩燾内心的揺擺不定，在鄉居與出山之間難以取捨的狀態以及希望得到李鴻章明示，進而爲下一步舉措做出判斷選擇，也可推測其對崇厚與俄國訂約之後的朝政預判與因應之策，甚至可推知其對左宗棠辦理西北軍務過程中的態度變化。

《郭嵩燾親友尺牘》第十三册中收録了鄭觀應的兩通信札，此時鄭氏之名尚寫作『官應』，兩通信札皆未有書寫時間。在第二通信札中，鄭觀應向郭嵩燾介紹了經李鴻章批准之後，在上海仿照西洋之法興辦機器織布招商局事宜，還介紹了合股諸人的姓氏，並給郭嵩燾郵寄十本《招商章程》，希望能够賜序。此通信札見於鄭觀應《盛世危言後編》卷七『工藝』篇中，題作《上英國公使郭筠仙侍郎書》，收録在今人夏東元所編《鄭觀應集》中。查閲《郭嵩燾日記》光緒六年（一八八〇）十月初一日有如下記録：『又接黎蒪齋、黄玉屏、鄭陶齋各信。陶齋見示機器織布招商局章程，始知陶齋重承辦織布機器，同事丹徒戴子煇恒、侯官龔仲仁壽圖、鄞縣蔡嵋青鴻儀、丹徒李韻亭培松、上虞經蓮珊元善共六人，並求爲製一序。予實深知其無濟，不樂爲之贊揚也。』如此，可推測鄭觀應此信札當寫於光緒六年（一八八〇）九月間，此時鄭觀應在上海任機器織布局會辦。郭嵩燾與鄭觀應往來信札密切，在日記中多有記録，而目前所見，僅爲留存在《郭嵩燾親友尺牘》中的兩通，彌足珍貴。

在郭嵩燾出使英國期間的日記中，經常出現『張聽帆』之名，此人即爲張斯栒，其時擔任郭嵩燾翻譯隨員。郭嵩燾回國之後，與張斯栒往來信札不斷，張斯桂、張斯栒昆仲也曾至長沙拜會過郭嵩燾。在《郭嵩燾親友尺牘》第八册中收存了四通張斯栒信札，第一通書寫於光緒五年（一八七九）閏三月十六日，《郭嵩燾日記》記載爲本月廿日收到；第二通書寫於四月初四日，日記中記載於本月廿日收到；第三通未有書寫時間，根據《郭嵩燾日記》記載是在光緒六年（一八八〇）四月廿五日收到，此信札當書寫於倫敦；第四通書寫於六月廿七日，日記記載於八月廿四日收到。張斯栒平生未有著述，事迹散見於當時出使英、法、德等國外交官日記中，這四通信札是張斯栒目前僅見手迹。光緒五年（一八七九）正月初十日，郭嵩燾自巴黎乘船回國，善後事宜委託張斯栒辦理。如第一通信札爲張斯栒甫至上海之時所發，涉及轉交相關物品，另外還告知郭嵩燾，由馬清臣即馬格里所郵寄的兩箱花樹已經由漢口轉寄湖南，還有一玻璃瓶荷花種子由福州寄到。郭嵩燾後來將這些花樹、種子贈送給了長沙富商朱昌藩，在《郭嵩燾親友尺牘》第二册收録有朱昌藩致郭嵩燾信札，其中寫道：『維多里亞荷種謹已收到，即當於浩園中别拓一池，深淺如法，漚以糞土，未知何者爲得。容俟天氣熱至八十度時再爲下子，計在秋水澄鮮之際，能得奇花盛開，當謹備碧筒杯奉敬也。玉葡萄一種，前承見惠，活者已多，現在尊處種尚有餘，示及家山可以栽種，是大快事。』第三通信札是張斯栒自倫敦所發，郭嵩燾在離開倫敦之前，曾經委託馬清臣代爲多冲洗幾張自己的照片，並且將冲洗費用『英金洋二磅』交由張斯栒轉致。在此通信札中，張斯栒轉告郭嵩燾，馬清臣説由於倫敦照相店業經將玻璃底片打碎，無法冲洗，衹能用以前照片翻照後再冲洗。信札中所説的這張照片，即是爲世人所熟悉的郭嵩燾肖像照片。

《郭嵩燾親友尺牘》第十二册中收存了歐陽述一通信札，此信札發於光緒五年（一八七九）閏三月廿六日，郭嵩燾日記中記録於四月初八日收到，並未提及歐陽述信札内容。歐陽述在信札中説：『昨在寧晤姚彦嘉刺史，據云渠見幼帥，語及輪船通商湖南之議，幼帥不甚主張，謂湖南民氣强悍，恐滋事端，將來又要歸咎大人等語。』可知姚嶽望在南京向沈葆楨提議於湖南設置輪船以通商，兩江總督沈葆楨却擔心此事一旦生出事端，會牽連到郭嵩燾聲譽。此時郭嵩燾回國尚不到兩個月，正是謗聲滿天下之時。郭嵩燾去世之後，王先謙在《兵部左侍郎郭公神道碑》中曾説：『謗與身滅，積久彌輝。』這一『謗』字概括了郭嵩燾自英國出使歸來之後，雖閑居長沙一地，而數年間的外部聲名却依舊争論不斷的狀况。

《郭嵩燾親友尺牘》涉及内容頗爲廣泛，如崇厚信札中言及自上海啓行的具體時間及叮囑留用德明之事；吴大廷信札中説到楊嶽斌與沈葆楨之間交往，也談到沈葆楨、丁日昌兩人將在上海會面；夏獻綸信札中提及三位將領因臺灣瘟疫而病歿的情况，也談及臺灣籌辦防務分作南、北、中三路次第經理開闢；殷邦惠信札中羅列了其伯父殷家儁的數學、地理學、天文學著述，並將其推薦給郭嵩燾；唐懋瓚信札中詳細陳報了洞庭湖紅船救護往來商民船隻之事；秦簧信札中提到地方官員未能盡責辦理捐輸設卡和堵私緝私等事。除此之外，《郭嵩燾親友尺牘》中也記録了家庭瑣事，如陳遠謨信札中提及郭氏家人生病和移居長沙選擇住宅之事；楊任光信札中轉述了曾國荃傳來的陌生人出現在紫禁城長春宫的奇聞。信札中尚有很多宴飲聚會、求書求館、位置差事、告貸求幫、調解糾紛等事，這些紛擾令郭嵩燾苦不堪言，以至在日記中發出『終日爲此無謂之干求。末世人失其職，請託公行，人心浮動，尤君子之所憂也』的無奈慨嘆。從另外一個角度去看，退隱的郭嵩燾以鄉紳身份繼續活躍在湖南官商兩界，並且成爲鄉紳中的中堅力量，以鄉紳而涉足政事，且操控有餘，這也反映出同光年間湖南的政治生態。郭嵩燾親友的這些信札，多角度真實地呈現出十九世紀七八十年代中國政治與社會面貌。

張凱嵩在同治三年（一八六四）信札中轉述鮑源深評價郭嵩燾之語：『長才偉抱，有真性情。』《清史稿》本傳中寫道：『嵩燾雖家居，然頗關心君國。朝鮮作亂，法越釁開，皆有所論列。逮馬江敗，恭親王奕訢等去位，言路持政府益亟，嵩燾獨憂之。嘗言：「宋以來士夫好名，致誤人家國事。託攘外美名，圖不次峻擢；洎事任屬，變故興，遷就倉皇，周章失措。生心害政，莫斯爲甚。」是疏傳於外，時議咸斥之。及庚子禍作，其言始大驗，而嵩燾已於十七年卒矣。』這些看似冠冕堂皇的評價背後是一個活生生的郭嵩燾。其朝廷二品大員、首位駐外使節、湖南鄉紳領袖等身份的細節之處，通過每一通信札一一展現出來。這批信札所透露出的多重信息，從旁觀者的角度勾勒出郭嵩燾在同光時期這一段生命歷程中的諸多真相。

《郭嵩燾親友尺牘》信息量頗大，不獨可以補充郭嵩燾研究現有文獻之不足，更可以彌補與郭嵩燾研究相關之文獻輯佚。這批信札的時間大致是清王朝『同光中興』之時，郭嵩燾作爲這一歷史時期的親歷者，見證了許多重大歷史事件。這批信札中保留了彼時大量各階層人物活動軌迹和信息，是研究同治、光緒兩朝時期湖南社會政治、文化、經濟、軍事、外交的珍貴文獻。將這批信札與《郭嵩燾日記》以及散落於各處的郭嵩燾手札相對讀，可以還原衆多歷史場景，更有利於深入研究郭嵩燾其人其事。

《郭嵩燾親友尺牘》大體是按照姓氏筆畫順序排列，其中亦有誤排之處，或將同一人信札分作多處，同一人信札也並非按照時間前後順序排列，第十五、十六兩册收存了部分有名而無姓氏者信札，其中包括郭嵩燾好友羅汝懷在内的四十三通信札以無名姓者而排入其中。今根據郭氏日記及相關文獻資料，已考證出信札作者。第十三册中鮑源深一札闕中間部分，第十五册一通未署名信札闕上下部分，從内容、筆迹以及使用箋紙種類上判斷，當爲鮑源深所寫。

此通信札亦見於《郭嵩燾日記》光緒二年（一八七六）三月廿九日記録。如此，鮑源深此通信札得以合璧，合併整理在十三册中。第十一册中收録龍光甫三通信札，十三册中收録龍光輔二通信札，第十五册中收録樹棠一通信札，今統一作龍光甫；第十二册中收録劉麒祥、劉麟祥信札，實則爲同一人，乃劉蓉之子劉麒祥，今統一作劉麒祥。這批信札排列方式不甚嚴謹，或非郭嵩燾在世期間整理，而是後來者進行粗略編排，以致誤排某些信札次序，今按照原影印順序整理。信札中雙行夾注皆排作一行，字號較正文小一號，以示區別。信札中行間旁加之文字，酌情插入正文，或作爲夾注處理。信札中錯訛字，正字用（）表示；增補脱字用〔〕表示；漫漶不清或者缺損部分用□表示。部分信札書寫者有名無姓，或名姓暫未考出，用『某』替代其名姓，也期待學界博通者指津。

感謝華東師範大學丁小明教授的悉心指導，還有王家葵教授、吉辰老師的無私幫助。限於學識，在整理過程中或有訛誤之處，敬請讀者批評指正。

整理者

二〇二二年十二月十六日

第一册

丁取忠（三通）

一

筠仙先生中丞大人閣：

前陳劣紙，妄乞大筆，昨欣悉業已書就，又前存有嚴永思先生《資治通鑒補序》一本在尊處，均祈檢付去手爲禱。今日雖晴而陰氣猶盛，杞人之憂方大耳。閣下筆參造化，當必有挽回之法也。手此，即請台安，不備。

愚弟期丁取忠頓首　廿七日

二

徐君青先生《務民齋算學》並其續刻一本，均已□出交莊漢翁，尚祈早爲吩咐，以便趕緊發下照謄爲禱。兹奉臘肉一塊，聊晉田家風味，知無當於尊厨，祈哂存之。張蔚卿將以望後赴永州，昨特請訓，未蒙見教，因囑附筆禀知。手此布意，即請筠仙先生中丞大人早安。

期丁取忠頓首　十二日辰刻

三

貴大人：

前月廿八日，弟始來局，奉到手示，敬悉一切。所囑繪圖一事，貴邑各處取忠向未到過，莫辨東西，謀之子翊，據云惟晏奎齋踾過，已將尊示囑之矣。黄恕軒館事胡宅已經下關珏軒處，弟爲回復可也。此復，即請筠翁中丞大人著安。

愚弟丁取忠頓首　十月朔日

丁鈞義（一通）

世愚侄丁鈞義謹禀老伯大人尊前：

敬禀者。小侄於二十一日領照出京，徑直到省，前蒙俯允致書丁雨生中丞，即乞擲下爲禱。小侄未嘗學問，甫入仕途，加以人地生疏，自覺非易，得蒙栽培，則成全之德感戴靡涯矣。蟻私之求，諒所洞鑒。肅此，敬請崇安。

侄鈞義謹禀

于高勝(二通)

一

雲翁大人閣下：

敬禀者。敝邑西鄉，月之初旬突起匪徒，焚劫普迹鎮頭市各鋪户，燒毁居民房屋。高勝奉檄剿辦，初七馳抵該處。該匪於初五晚經鋭新右營擊退，仍退竄普市一帶，當即派隊追獲匪目胡祖亮等二名。頃瀏城防勇亦到，分紮各要隘。該匪進退受逼，即行潛散，以次會同在防各軍四路搜捕。敝部現獲要犯，訊明就地正法者計十八名。至被脅被誘之徒，隨時保釋漏網要匪，除派勇緝拿外，並飭各團族尋蹤追捕，隨時捆送，尚稱踴躍。善後事宜，現奉撫檄委章麗翁明府辦理，現於十七日到防，並瀏陽新任盛朴翁、舊任汪晋翁，亦均到防會辦壹是。知關藎廑，肅此奉聞。恭請福安，伏希垂照，不一。

教晚于高勝謹呈

二

雲翁大人閣下：

逕啓者。敝部明日又修理院署後墻垣，未審大厦尚需土否，即祈示悉爲荷。恭請道安。

教晚于高勝頓首　十四

方濬頤（一通）

敬肅者。前得上海賜函，當即泐復，仍由馮卓儒觀察轉遞，計當達覽。頃從金□老處奉到手教，誦聆壹是。敬惟筠翁憲台老夫子年大人鼎祉增綏，履祺多祐，慰如所頌。眉老之事濬頤無不竭力爲謀，但淮南各商散而無紀，舌疲唇焦，難得要領，今將尊函發交總局，令向各商曲意開説，以我公德浹兩淮，群情仰望，一紙書賢於十部從事，或竟宛轉以底於成，眉公庶可藉以娱老。幼帥不識何時可莅，兩江軍民翹盼，此間公事如恒，惟暑雨稍多，江水盛漲，低田不無可慮。肅復，敬請台安，伏惟亮察。

屬方濬頤謹肅

毛英杰（四通）

一

筠翁表兄中丞大人閣下：

日前奉賜復書，以弟所求約二三月之交必爲一謀之，有成與否，雖不可知，而關念之盛心，不勝感激。但涸轍之魚，全望西江水以相濟，目下未審消息何如，仰懇俯錫回示，便來丁通知，以舒懸切，是所至禱。肅此，虔請台安。

忝表弟毛英杰頓首　三月十七日

二

筠翁表兄中丞大人閣下：

前月初次男立賢晉省應命，曾將下悃縷布一函，度已早登崇照。邇維暑祺納爽，潭祜逾常，敬以爲頌。兹啓者。志局波分一席，尊意原欲弟安硯其中，因弟於白市已有枝棲，遂商懇以次男庖代，此實老兄拳拳厚愛，亦何敢再商瓜代，致瀆清聽。惟今春弟處白市，不料次男已邀學徒三五糊口縣城。前命次男趨效通志事宜，原另請友人接居其館，乃以賓東不洽，各主家似均欲次男了此殘局，未便有初鮮終。兹求老兄一愛再愛，許以三男紹賢代庖數月，一俟次男早爲撤館，即仍唤三男歸家，並非藉代庖爲進身之計。三男功候雖亞於次男，而校繕事宜有胡表侄及商農侄左右其間，自不至於貽誤，在次男原無戀縣之意，在弟更何敢存换易之心，實以各主家均欲次男踐言，遂不得不與老兄談通，以期了此殘席。竊念雅兄去後，寡嫂猶沐鴻施。今者志局生涯復令愚父子得沾餘蔭，闔家感戴之處，正非楮墨所能罄其高深也。肅此再懇，敬請鈞安，統希慈鑒，不盡。

愚表弟毛英杰頓首　五月十六日

三

筠翁表兄中丞大人閣下：

久違鈞誨，屢切神馳。兹際海甸春回，引企臺階慶集。敬惟撫景延釐，順時篤祜，至爲欣頌。弟去歲白市僑寓，館地不佳，八口之家實難照料，又困於水衣笥典完，左扯右挪，虧纍不少。目下饔飧不敷，計無所出，因思各縣甄别伊邇，仰懇格外栽培，鼎薦襄校一席，稍應燃眉，所謂涸轍之魚不能不急需此西江水也。小兒立賢尚有糊口之處，惟紹賢閑居已久，並懇俯賜本邑志局繕寫一事。出自恩情，以上所求恃在至親，當邀另顧，總祈老兄一言之下，玉成其事，弟闔家不勝銘心刻骨，即異日亦當結草銜環，以圖報於萬一矣，是所至禱。伏乞回示，以舒懸切。肅此，敬請台安，兼頌春祺，統希心照，不具。

忝表弟毛英杰頓首　新正十五日

四

筠翁表兄中丞大人閣下：

去冬台旌莅縣，適弟外出，未親欬誨，歉仄良深。即辰敬惟起居百福，心迹雙清，至符欣頌。弟今歲館於蔡雲濤家，聊可糊口。現寓吴魯民宅，房屋計五六間，日昨吴以此屋出當相屬，弟實力歉然，不當則吴催遷甚迫，自難支展，且即另賃，其價亦復昂貴，當則除湊辦外，尚差青蚨廿竿，何以歸款，弟之進退實爲狼狽。因思邇年來屢承老兄提拔，感激在心。兹狎恩恃愛，特專丁來致，肅蕪緘呈上，求借青蚨廿竿，理合長年二分行息，共成廿四之數。附書手揮一紙，伏維莞存，以濟一時立契之資，以全一家棲身之所，不獨弟銘心刻骨也。自慚受恩未報，又求借貸，萬不敢以頭息奉還之約稍有違誤，致負老兄通融之德意耳，是所至禱。即乞俯賜回示，以舒懸切，幸甚幸甚。專此，虔請台安。

愚表弟毛英杰頓首

毛英鍔（一通）

筠翁中丞先生大人閣下：

不親道範，又經三年。間有自湘來黔者，訊及起居安勝，爲慰爲頌。鍔赴席營未幾，研翁以恙南旋，又承薦至唐益之軍門處，辦理文案，兩載於兹矣。自顧庸愚，毫無建白，所幸苗疆底定，亦得濫入其中，因人成事，止此差慰塵懷耳。每恨浪迹頻年，未克親炙德容，開其茅塞，歉仄奚如。兹有啓者。故弟英勃往歲竟蒙終始成全，殁存均感，曷可言宣。近聞我省將欲纂輯《楚軍紀事》一書，未識可否附驥，如可採入伊平生之事迹，惟在新市者早知，久邀洞鑒，其救援廣西之全州，克復通山、通城，功績昭然，亦均屬有案可查。至在東安幕，賴君全倚賴之，其行政之處迄今猶嘖嘖人口者，故弟之力居多。不問他人，現有席研翁、葉介翁在省，若賜詢及，均能道其詳而悉其實。若帶勇一節尤爲近今所未有，即是廉潔之士，薪水正項不爲苟得，故弟愛勇如命，盡歸作賞犒，此千萬人所共知。惟瞿家人因故弟做寒衣賞勇，鍔以新市公事均未填其欲壑，以故於賤兄弟處從不道好，鍔每以大度包之，從未計校。然事皆既往，偶爾及之耳。天氣凝寒，伏乞爲國珍重。肅此，敬請福安，并叩年喜，不具。

姻教弟毛英鍔頓首

毛英毅　湛　煊（一通）

夫子大人函丈：

受業毛英毅、湛煊竭誠拜問，毫無別意，衹因遠違師範，曠慕德容，今幸近在咫尺，思一親炙耳。伏乞賜見，以慰葵衷。肅此，敬請師安，恕未具稟。七月十九日申。

毛姓合族（一通）

筠翁中丞大人閣下：

久欽山斗，每切瞻依，况復錦還，尤深葵向。兹際鴻鈞甫轉，鳳籥方更，恭維大人新祺篤祜，道履延禧，翹企芝雲，曷勝藻頌。敬啓者。新市局石鼓團與黄谷局小江團毗連，其交界處，敝族公山最多，客年族内有人往局，適閲地圖，殊采訪誤載，將我族大塘嶺、東塘冲、高公塘、横嶺冲、盧家坳等處均實係石鼓團内所屬，俱載入小江團内，伏思我族公山有田有屋，均係族人居住，衆目昭彰，不能隱諱。况此等處先年曾與周姓搆訟，今載入小江團内，未免鼠牙雀角，又起事端。敝族搆訟，縱置不論，而同治五年近案，石鼓團與小江團因社穀分局業經於憲判斷，現有案存，其社穀及團費門牌造册以及各項戲費，皆歸石鼓團内，與周姓小江團毫無干涉，此固風馬牛不相及也。似此誤載，不惟敝族有詞，即石鼓一團亦未免無事，此非争團之大小，實以一切費用、社穀等項不能歸於畫一耳。當經敝族人向采訪商論，殊伊執見不改，微窺其意，難免受周家囑託，是以袒護，不然公事公辦，何注意乃爾。兹特繪地圖一紙，賫呈台電，敦請著紀到社局經承查案，如果周姓所載等處穀費不歸在石鼓團内，任伊誤載亦可，若邑乘與縣案不符，則事出兩歧，轇轕有下□□□矣。□□□大人義宣梓里，合邑感戴，莫可名言，而相助爲理者，不能體其德意，大有負委用之初心，誠可惜也。率泐奉達，敬請勛安，仰希霽鑒，不盡。

毛姓合族頓首謹啓　新正二十四日巳刻冲

王先謙（一通）

筠仙老前輩大人閣下：

手示敬悉，譚君之事元以渠屢次懇求，勢不能不作再三之瀆，迺辱關垂逾格，寒畯蒙庥矣，容即轉致前途，以慰廑注。晚患病將及一旬，日來頭痛不可解，蓋因風寒已入陽明所致。省中無良醫，雖微恙亦須淹至十餘日，服至十數濟方能奏效，可笑人也，容再趨談壹是。手此，敬請道安。

晚生先謙叩首　借箋上郭大人

王永章（一通）

筠翁中丞大人閣下：

小住會垣，獲親慈範，渥聆麈教，彌感㒵私，敬惟樂叙天倫，恩濃露湛，慰如所頌。章自初八日叩辭後，刻即束裝解纜，由水路啓行，徑向沅江滄港進發，清釐各項，望日仍轉資江縣城。因奉上峰檄調，敝部各軍移駐各隘扼要分防，容俟布置妥善，再當續達以聞。匆匆率泐，順請台安，伏帷垂照。

王永章頓首

王廷翰(一通)

受業王廷翰謹上夫子大人鈞座：

敬稟者。竊廷翰忝列門墻，渥蒙恩植，拜違杖履，倏易寒暄。日前摳衣晉謁，祇領教言，仰見夫子大人頤養謙和，升華鼎重，知心憂天下，志樂林泉，景企霽光，益覺道愈隆而望愈重也。侍教之餘，下及近況，猥以鯫生榮落，上繫藎懷，又況前年沃荷帡幪，惠頒薦帖，比以隨檄東征，未克賫奉親投，空負春風之作育。惟是年年奔走，壓綫徒勞。自從戎以來，初爲仁勝軍司筆墨，既而理其營務處，旋又兼帶護衛中營，名雖管帶，實在薪俸月不過四十餘金，所入不敷所出。是以計利則十年戎馬懸磬依肰，計名則四次保題頭巾如故，命途淹蹇，學識荒蕪，慚荷培植之恩，愧無尺寸之效，何敢以無用鉛刀更求一割也。第念一事無成，家貧親老。覩同坐井，敢云帷幄而運籌；志切請纓，願託風雲而附尾。月前仁軍書來敦促，方擬辦嚴就道，私心竊計，往無大益，不往宜另圖，輾轉躊躇，莫知爲計。轉念此際餘腥未凈，時事方艱，籌兵籌餉，在在需才，籲懇夫子大人可否賜之提挈，或楚南，或楚北，或西安，或帶勇，或轉餫糧餉，均願勉效一得之愚，以供奔走之用。自維樗櫟，恐負裁成。然牛溲馬勃，待用無遺；朽木糞墻，與進不棄。想夫子大人古道熱腸，提拔寒儒不遺餘力，凡屬知與不知，無不仰託高厚之恩，咸使各得其所。以廷翰之庸愚跛劣，或亦不惜階前盈尺之地，屏之門墻之外也。頃聞濱陽周壽公調任陝撫，或南北不便就事，即求夫子大人賜給薦函，以便西馳投效，若此間有公事往陝，並求賞籌惠委，尤爲德便。廷翰學淺才疏，汗顔干瀆，罪悚難名。倘蒙覆載之深恩，俾鷦鷯幸得一枝之借，異日稍獲寸進，畢生之銘刻靡涯矣。肅箠禀懇，未便唐突面求，俯賜允准與否，祇候訓示遵行，不勝惕息待命之至。再廷翰前託陳崧生兄代禀壹是，想已均邀慈鑒矣。謹肅奉懇，恭叩崇安，伏維垂鑒。

受業王廷翰頓首謹上

王叔蕃（一通）

筠仙星使大人閣下：

日昨接奉賜翰，敬悉雙輪迅速，二字平安，早已吉抵津門。惟是道經滬上，騶從枉顧，有失恭迓，至今歉仄。伏稔星軺莅止，諸大吉祥如頌。出洋之使當遲明春，袍褂均需應用，前承寄存衣箱兩隻，帽盒三個，照單發交盛京輪船帶奉，至祈查收爲禱。示及船價一節，兹託便人帶津，別毋須付給也。耑肅，敬叩崇安，諸惟垂鑒，不具。

晚生王叔蕃謹啓

敝執事陳品兄附筆請安。

王述恩（三通）

一

敬禀者。奉鈞諭謹悉，瘡膿出不甚多，乃敷藥不得其法之故，請用鐵箍散密密敷之，每日三次，藥不離手，無不奏功。瘡口用恒令之升藥，蓋以解毒膏甚妥，至左手敷藥，今日易蟾酥錠塗之，醋磨，日三易，疔蟲觀音膏等項似難雜進，總之病無難愈，苦於外症，重在眼法手法，雖有良藥，所謂徒法不能以自行。卑職實因刻無暇晷，稍有公餘，仍當面叩。肅此禀復，虔請崇安。

卑職述恩謹禀

二

敬稟者。接奉鈞示，並蒙寵錫多珍，且感且愧。謹拜登細葛一端、紈扇一柄，以冀服之無斁，奉揚仁風，青蚨兩竿，已遵命頒賞群僕，共沐鴻施，大君子之惠人無微不至，欽感奚如。蓋體手瘡小有結核，俟日久氣血冲和，自能漸化。脚跟濕熱作癢，宜用藥洗後貼觀音膏，以免擦損，則易於生肉而不致復發。兹奉上薄貼十紙，伏乞查收。肅此稟謝，敬請崇安。

卑職王述恩謹稟

三

接奉鈞函，敬聆種切。右手瘡勢既衰，左手用升藥提之，膿亦不致過多，但服藥方内應加黨參五錢，炙耆四錢，倘飲食不佳即不用炙耆，請酌核。兹送呈三仙丹一包，膏藥十張，乞電收。敬請崇安。

卑職述恩謹稟

王朝治（一通）

敬禀者。竊沭恩渥蒙慈訓，茅塞頓開，仰戴仁帡，涓埃未報，寸衷銜結，尺素難宣。恭維中丞大人盛世名臣，熙朝柱石，前此恩隆百粤，輿頌猶存。今當澤沛九重，綸音載錫，兼圻即晉，悃祝良殷。沭恩自旋里後，賦閑數載，用費之煩，酬應之雜，如入山陰道中，寔有應接不暇之勢。前蒙格外栽培噓薦，中丞已承允諾，登高之呼自然衆響皆應。現在城上及常安水師各營均有更動確耗，不揣冒昧，敢求大人再沛鴻慈，俯賜催及，倘得高借一枝，全家奚如感激。肅禀，恭請崇安，伏乞垂察。

沭恩王朝治謹禀

王德榜（三通）

一

筠仙姻仁兄大人閣下：

啓者。端節前二日曾肅一椷，並弟所捐《楚軍紀事》書費銀四百兩，及敝部各將官所捐柒百兩，共銀壹千壹百兩，交敝部前管帶定西副後營徐遊擊大田凱撤回南之便帶呈，未審已蒙察收否？查徐遊擊係籍居長沙静江口，自由甘起程回里，時日已久，想早到湘，然尚未奉到覆書，深以爲念。敬維履祺暢懋，潭祉蕃臻，定符私頌爲慰。弟隴上典軍迄今四載，毫無建樹，每切歸思，差幸所創修嵐關坪一渠，上下七八十里均早已告竣。現在壩堤鞏固，本年即已著效驗，秋稼豐登，兵民安謐，堪以奉慰藎懷耳。至弟所捐前項銀兩一俟到省，即祈惠示數行，以慰懸繫爲禱。專此布達，祇請台安，維希鈞照，不備。

姻愚弟王德榜頓首

二

筠仙姻仁兄大人閣下：

隴雲湘水，遠隔天涯，雖魚素時通，究不若親炙教言之爲快也。敬維林泉養福，潭第增綏。起霖雨於東山，拜恩綸於北闕。封疆復任，鄙頌恒殷。弟忝領兵符，虚縻餉項，四年遠戍，萬種離懷，愧寸進之無聞，無以告慰。所幸關内肅清，各軍漸次凱撤，敝部分駐洮濱，惟播種而助軍糈，開渠而備歲旱，現在風鶴無驚，兵民安謐，堪以奉慰藎懷耳。弟擬秋間將經手事宜理清，即當卸甲北上，屆時或可便道回南，一與諸君細談時事也。《楚軍紀事》一書誠爲千秋美舉，得吾兄輩總理其綱，自必告厥成功，指日可望。傳於來兹，所有敝部各營官共捐費柒百金及弟自分四百金，計壹仟壹百金，兹已如數交敝部前帶定西副後營徐遊擊大田凱撤回湘之便，囑其領解到籍，轉呈閣下查收入局，聊助薪資，伏望老兄於該遊擊解銀到省之時，轉達吴、羅、曹三公，並祈惠賜覆書，是所盼禱之至。南望崇暉，時深景仰，尤冀箴規下賁，俾有遵循，則感荷雲情多多矣。專此奉布，祇請台安，諸惟愛照，不宣。計附上湘平銀壹仟壹百兩，南、硯、鏡翁各仁丈先生處均此請安，希恕未另。

姻愚弟王德榜頓首

再啓者。謹附上敝部各督、帶、營官履歷捌分，敬煩採納入書，以公美舉，並另將捐項細數開呈，望希查閱爲荷。

弟榜又及　五月初七日

三

雲軒姻兄大人閣下：

自别台顔，屈指已一年矣。遥想芝輝，無時不念念於心也。九月間曾布一書，敬問起居，不識已邀青照否？辰維履祉綏和，潭祺叶吉爲頌。弟自蒙左宫保留營委辦營務處，由平凉隨同□□□進静寧，復進安定，弟叠奉調派帶其親軍雕勦，亦幸得手，不月餘，已將安定附近回逆一律掃清。惟河州狄道前敵各軍，因有洮河之阻，屢渡均不得手，傷人尤多。宮保甚爲焦急，當著弟前往察看形勢，究屬有無可乘之機，詳細明白報告。弟遵而行之，當往遍閲該處地里賊情，回營禀知。然地勢險阻，非出奇兵暗襲其要道不可，必須智謀勇敢之士領兵前往，方能行此險事。宮保即令弟將□□爲奇兵，如何爲接應，如何搭橋，如何渡師，如何分道進勦，詳細開呈，弟開摺陳之。宮保極喜，即委弟任之，弟亦不便固辭。當於九月二十四日領大營親軍二千餘人，由小路抄出賊脇，連戰皆捷，已得賊之要隘多處，浮橋已成，隨會合諸軍，不月餘已將鄧家灣、三甲集、祁甲集等處縱横百餘里，賊之壘堡數百座，一律攻克。弟不幸兩次帶傷，均勉力裹瘡辦事，實難負痛前敵，是以禀請宮保賞假回安定調養，乃蒙批允，委舫仙廉訪前來代□□□□□□，初五日交卸，回安定就醫。然傷損骨脱，此地又無藥可采，據醫者云，非草藥不可，弟擬來正辭宮保，南歸奉養，另圖别業。現甘省内地祇河州、西寧有逆，惟嘉峪關以外遍地回氛，伊犁又爲哦囉斯所得，廷寄令左宮保派兵鎮過嘉峪關，劉省山軍門出關勦辦，省翁以病力辭，自舉曹儘臣軍門去，亦邀俞允。但此方餉項萬分支絀，軍糧又借采於陜，轉運亦非易事。我□□□□□□□真令人棘手，如此光景，西方之事肅清邊疆亦難望其刻期，弟承宮保留營委辦營務，入營□□面稟，立功後即歸養，今已稍立功績，以報知遇，而遂私心，故不留連也。兹付上辭功稟批，鈔呈台覽，便知弟居心耳。泐此，敬請升安，並賀年禧，不宣。

姻愚弟王德榜頓啓

甘承謨（一通）

愚晚承謨頓啓，筠翁中丞大人閣下：

謨賦質愚頑，知識淺陋，非獨於古學問文章未獲窺其堂奥，即人世一切習儀容工智計，可以惑當時驟榮顯者，皆貿然不知所爲。然而吾鄉碩望，當代名流，竊心儀之，而思一就其裁制。伏惟中丞名傳中外，學究天人，當其撫巡百粤也。導利除弊，志在民生，遐邇共欽爲生佛，而其節返鄉闕也。表孝録忠，功存志乘，婦孺亦諒其襟懷，斯誠卓異不拔，名儒名臣兼而有之者矣。謨何不幸，相慕殷而相遇之疏也；謨亦何幸，得接於寶樹齋，時領德言容止。而大人又大肆包荒，不以卑鄙見遺，儼然欲有以教而成全之也，由是公之庭日容謨之迹矣。私心自計，謂駑駘雖無用，一得側身門下有所策勵，或激而可使奔騰，亦未可知。乃事與志違，遭家不造，見公之年秋八月怙逝，越六月而母繼亡，呼天搶地，痛不忍言，甚且水患頻加，其家力耕之業，前年蕩於秋，去歲復淹於夏，一家千苦，累負已深，勢有不得不作周遊自進之想者，謨由是不克奔馳左右矣。去秋九月遂自家束裝西走，水陸兼程，今來秦隴有日，雖困憊異常，亦未敢苟合而妄干也。族兄子謙軍門總理楚軍前路全軍營務，兼帶右營，聞之招至幕所，且見謨能躍馬彎弓，每出行隊，命隨之左右，以資商助，夫以柔弱士授之鋒敵之前，未有不懼心者。謨微幸生長草茅，艱虞備歷，故遂隨其境之所授，慨然處之如平日事也，雖然戎機大事，未可妄圖，伏望大人少垂憐焉，不以在遠而時錫教言。俾謨始終知所循率，則含感益無涯涘矣。肅泐，恭請福安，並乞

垂照。

晚生承謨謹肅

筱筠世兄大人均此請安。

龍汝霖（一通）

入鄉何日，念念。弟釋服後，庭除無一紅色楹聯，殊爲寡色，而又不欲得遠官貴人書以污吾壁。思惟長老碩德清望，庶足稱之，特附上朱聯一、宣紙一，敬乞老兄於三日内揮汗書之，固知觸熱見呵，但以吾室中不可無長老書，庶幾晨夕相對，雖遠隔猶一堂也，其欣然許之否？筠老大安。

白道人上言　初五日

石師鑄（一通）

中丞大人閣下：

每於眉老處，知垂注之厚，感悚無地，道途僕僕，久無定蹤，致稽音敬。前遇張力臣觀察，詢審起居康勝，著作日宏，數千里馳戀之懷，爲之稍慰。師鑄捐指浙省，集資千金，由輪船入都，八月十二日引見，十月來杭州稟到，粗材薄植，飄墮風塵，無一事可陳憲聽。惟北行四月，留心時事，所見所聞日不如一日。西疆報捷，外患日銷，譬之人身疥癬之疾已除，而熱毒内侵，元氣削喪，設有潰敗，必致不可收拾。昔周文忠言，疆吏不能辦事則無補於國計民生，一時觀之鎮静者未必盡非，二十年後必有深受其病者，其言卒如響應，合之上下内外，豈僅疆吏之不振哉？可爲長歎息也。貞老、南老棄世後，匏叟亦相繼而去，老成凋謝，萃於同時。師鑄與匏叟結契十年，極承獎掖，垂老羈旅，遽而云亡。月前，其嗣君來招，特赴滬送其歸櫬，身後事皆拂拭清楚，遺累尚復不少。眉老黔中保案，部中已允轉圜，燕趙之遊，頗多佳興，計早有函奉達。浙省大小差委悉歸中峰主政，師鑄與楊石泉中丞絶無按洽，難於求知。聞曹鏡初與石公道義交，擬乞大人囑鏡初先生草致數行説項，俾駑駘有可策勵，想亦大人所樂成全也。專肅，恭叩崇祺，伏希賜鑒。

石師鑄謹稟　十二月初三日

第二册

楊任光（八通）

一

筠公大哥大人閣下：

奉諭祇悉，澍先病勢危篤之至，闔室慌張，方法無人製造，具上青蚨壹串，乞轉託易君，請其製備，第恐待不及耳。即請台安。

弟任光頓首

二

筠公老兄中丞大人閣下：

久不詣候，伏維動定勝常如祝。頃回寓適奉賜兒子手諭，并另件藉悉種切，此事烈仙決不及知，當即轉達一切，并來諭原信一并送閲。屬其照辦可也。手此代復，敬請道安，不既。

如小弟任光頓首

三

筠公尊兄大人鈞侍：

奉讀手諭，承以次儿澍先一第倖登，寵頒厚賜，深用惶悚，惟念尊長之惠誼不敢辭，祇得敬謹拜嘉，即命小儿趨謁叩謝。周世兄婚費四十金亦已照數收訖，擬暫存弟處，俟其成婚有日再行轉交。我公謁告里居，境非饒裕，而惓惓故交，用情篤厚，此種風誼，求之近世實罕見之，感激之餘，彌用欽服。台從昭潭之行，往返不過數日，比因玉公甫到，箋札極繁，而江華事尚未禀報，即應趕於日内出去。是以更忙，俟杖履回省後再趨侍麈教也。匆復布謝，虔請福安，不具。

如小弟任光頓首　望日

四

筠公尊兄大人鈞侍：

前夕率復數行，諒邀省覽。頃續接沅帥書，節鈔呈上，乞察入。江華事尚是相持，廷太守適變出意外，事機之不順如此，恐一時未易了也。痞首盤成豪案結後，已飭永遠監禁，乃越獄未久，即有此變，江華今誠可痛恨也。手泐，敬叩蕃安，不具。

如小弟任光頓首　廿三

五

筠公尊兄大人鈞侍：

奉讀手諭，袛悉種種。劼侯前月十八日尚有電報到京，《申報》所云，已回倫敦之説自屬混謡，兹將伯相致沅帥書及劼侯電報照録呈覽。玉帥信來，十七日可到辰州，准以出月半前後到省。惟頃接江華稟報，麻江冲瑶人聚衆滋事，燒殺至蔣家河水口等處，與□湘營黄鎮家茂之勇開仗，互有殺傷。道、寧、新三州縣壤地緊連，俱爲震動等情，瑶民自上年與客民争租興訟，釁端早開，蓄謀已久，兹猝然聚衆燒殺，敢與官兵開仗，且據稟有勾結粵西匪瑶之説，如果屬實，恐一時未易了結也。知關蓋廑，縷縷以聞，屏紙奉上後，閲日即承賜書，感謝曷極。匆復，虔叩苐安，不莊。

如小弟任光頓首　十九戌刻

六

筠公尊兄大人鈞侍：

一昨厚擾郇香，邕聆讜論，銘佩無似。沅帥寄來各件檢出呈覽，外屏紙四張，昨承面允賜書，兹並送上。北事日來無耗，惟鮑帥尚在鄂省，似月内尚不定能起行否。手肅，虔叩福安，不具。

如小弟任光謹上　十二日

七

筠公尊兄大人鈞侍：

恪靖中途飭回之説，此中尚未有聞。江華事本令語多諱飾，鄰令辭極鋪張，皆不足據，已札調劉鎮樹元帶隊前往，斟酌情形辦理。至巡防一營係調去塡紮衡州，非用以剿也。玉帥於到沅日始得此報，頗深焦急，已兼程前進，趕廿九日到䈕，以兩日閱畢，定以今日起程回省，計十三、四準可到也。肅復，敬叩福安。

如小弟任光頓首　初二

八

筠公尊兄大人鈞侍：

頃間接閱沅帥來信，述俄事頗詳，兹摘鈔呈覽，用紓薹念。惟長春宫於九月初三日匠人上屋拆天棚，後殿瓦格上掃出洋火藥約斤餘，自來火五筒，傳旨令恩承查辦。適先數日夜間，内右門太監見一人手捧黄盒，詢之，自稱瓢五，現已拿獲。與任媽媽送餑餑，揭蓋視之，空無一物。該太監令其人站住，到宫詢問，出來其人業已逃跑。事屬可駭，外間不免謡傳，真咄咄怪事也。虔叩茀安。

如小弟任光頓　初七

任紹昉（一通）

筠翁中丞尊兄大人閣下：

屢次恭謁崇階，未獲一領清誨，心殊歉然，辰惟起居篤祜，静一招涼爲頌。小弟濫竽長署西席，以春仲涵養失順，屢違天和，所幸從遊，時與講課，穎悟過人，雖未十分用功，較去歲頗有進境。閣下兩蘭孫讀書天姿當是俊爽，轂詒之樂，諒必逾恒。弟敝徒年近弱冠，來歲想當回籍應試，夙叨雅愛，他處如有安硯之地，謹懇留心噓植。先生以泰山北斗之望，登高一呼，自然萬山響應。寒素從不律謀生，故不能不綢繆於未雨耳。刻下本擬虔叩致慰渴懷，然聞手不釋卷，恒惡無謂之應酬，兼恐炎暑逼幸，欲前裹足。茲呈粗聯數首，其二係弟自爲觀摩，二一贈族星洲太守、一贈李蕚樓成均。敬懇大筆淋漓一揮而就，想不以煩擾見拒耳。肅此，順請鈞安，不宣。

愚小弟任紹昉頓首　二十二日申

危榮漢　鄭遵權　張南坡　周組丞（一通）

筠翁老大人閣下：

辰維居祺式燕，履祉吉羊，爲頌爲慰。敬啓者。湘邑尖家古刹名山離縣城三十里，四圍古木叢茂，疆界宛然，載在縣志。有茶稅、有碑記、有僧墳。山最靈秀，有關合邑文風。至八九月朝拜者甚多，誠南鄉一鉅鎮也。嘉慶初年，長邑謝肇開盜葬妻墳，訟經各上憲斷令押扦封禁，永不進葬。不料武生謝森培於同治九年又葬妻墳逼近廟側，並砍古木。未控之先，漢等已在縣席邀局總紳耆商議控縣附禀，謝抗訴，反控府，漢等始控府控司，札飭湘陰斷結。本六月蒙胡憲已問初供，未獲押扦斷結，似此延擱，該山恐爲謝有，况此山乃一縣名山，又爲本縣南界，南鄉衆姓力小，難以恢復，祈大人高明裁之，指示如何行止爲是。肅此，敬請福安，虔叩節禧，希惟崇照，不一。

愚晚危榮漢、鄭遵權、張南坡、周組丞頓首

朱克敬（六通）

一

後學朱克敬謹再拜筠翁師丈大人道右：

海琴先生事已將尊指轉告右銘，逞請台示。海翁昨已相見，甚感雲天高義。季門事亦將我師先後維持志局苦心詳告皞臣，計必釋然也。丁叟身後能爲之立繼否？肅此，敬叩道安，伏祈亮鑒。

克敬再拜上　二月初九既夕

小筠遺稿務祈見賜兩部，又及。

二

後學朱克敬謹再拜筠翁師丈大人道右：

午間走謁不值，聞左厚齊遽夭，不勝驚悼。克敬與無深交而甚愛其才，枬梓浸衰，又失後來之秀，念此令人短氣也。晤陳右銘云，胡薊門事臯臣言之者，屢不省尊意究竟如何。楊海琹事太原公有曰書否，薪水若干，均乞示知，以便轉告右銘也。專此，恭叩道安。

敬再拜上

三

筠師函丈：

有致曾沅老一書，乞附入尊函寄去爲荷。《搢紳》一部並望擲下。此頌道安。

克敬頓首

四

�師函丈：

《邊事續鈔》特印草本呈教，伏求指誨，以便更正，此頌道安。

聞俄人已封遼河，鲍營有旨，未知確否？

克敬頓首

五

李相信稿乞借一讀，别有京都及海外信息，並求賜閱。新得川菜，特奉數枚，以佐先生之饌，且賀遷居。此頌筠老師丈道安。

克敬頓首

六

後學朱克敬謹再拜筠翁師丈大人道右：

聞彭宫保來省，其人豪傑也。克敬願求一見，意有所陳，顧非私謁。伏乞我師爲之先容，右銘亦同此願也。專肅，恭叩道安。

克敬再拜上

朱昌霖（二十通）

一

�老尊兄親家大人閣下：

日前返舍時擬再奉詣，藉聆教言，適爲俗冗所羈，不勝歉悵。頃奉賜書，敬悉壹是。台旆北發需舟，早已預爲留備二船，現泊省河，隨時可以聽用。至須匯兑一節，謹即遵照辦理，過三數日晉省奉繳，再面罄一一也。手肅布覆，敬請台安。

姻愚弟朱昌霖頓首　初四

二

筠老仁兄親家大人閣下：

手示敬悉，上游歸李、汪二君興辦，春公當面許可，日前見過，亦曾談及此，祇云上台現交有二人，亦不能不用或配用之，想不至有變更，不日仍當詣催也。手此布復，敬請台安，惟鑒不具。

姻愚弟朱昌霖頓首

三

筠老尊兄親家大人閣下：

日來天氣新凉，想台候多福爲頌。馮、李違言一節，次日將尊緘送去，馮世兄旋即來舍，據云雅意關垂，極爲心感。奈其事前初七日已有差人至家，渠以事至經官，頗失體面，當已專緘稟知乃翁，尚未接到回信，刻下礙難自專云云。回信附呈，此事將來總以説散爲是，暫時自不便相强也，統俟到省面呈。即請台安，不盡。

姻小弟朱昌霖頓首　十三

四

筠老尊兄親家大人閣下：

海天東望，軫念爲勞。頃得六月廿日賜書，知前肅寸箋途次已達霽覽，忭切下懷。惟以瀛眷登舟，敝處稍罄芹臆，猥荷殷勤齿及，往復循誦，深用赧慚。敬維動履延綏，肅政種德，體宣聖無訟之訓，宏虞廷欽恤之仁，化洽咸中，天垂渥眷，中台建節，旦晚券之，蓴菜秋風，幸毋遽動季鷹歸思也。心祝心祝。弟省門羈絆，鎮日勞薪，近事情形，味同嚼蠟，而外間酬應日益紛繁，年來鬢雪頭霜，已有蒲柳秋零之感，即精神一切亦苦不支，然又苦於刻難擺脱。現擬漸次收束，將各處局面稍爲更張，俟三數年後，理有端倪，能脱却渾身荆棘，則幸甚矣。流光荏苒，香到木樨，而暑氣□□。□□來函云，閩中奇熱，前接譚文翁信云及秦中亦然，抑何惔焚苦人乃爾耶！殊不可解。手肅布復，不罄欲言，敬請台安，并頌秋禧，不既。

姻愚弟朱昌琳頓首

舍弟附筆請安，兒侄輩侍叩。

五

筠翁仁兄親家大人閣下：

前月兩奉手書，藉悉起居增吉，忭慰奚如。鹾務一途極承關注，隆情摯誼，感戴同聲，已具節略。托力兄轉達，欣諗榮承恩旨，遠莅西洋，伏惟親家抱經文緯武之才，懷體國安民之績，聲名洋溢，中外瞻依。仗節鉞以遥臨，地誠逖矣；覽宇宙之勝遊，境亦壯哉！此日福星遠曜，遥瞻瑞靄旌旗；他時偉績銘勳，定卜名垂竹帛。望風頌祝，欣幸何如。弟緣俗務羈身，兼以賤軀多恙，未獲親臨滬水叩送行旌，喜君志遂鵬程，自吉人之天相。異日榮旋梓里，話舊雨以心傾，尚冀不遺在遠，時惠好音，臨楮神馳，不盡欲語。恭請台安。

姻愚弟朱昌琳頓首

六

敬再啓者。正封函間，接奉九月十七及廿七日惠書，誦悉種切，并承尊府出賜珍品各件，來從遠道，物意兩重，敢不拜嘉，謝謝。百年大會一局意在貿遷化居，中外互通，極是生財大道，第未審吾鄉中人能有此力量否？力兄抵澤何日，頗切繫懷。子美軍門近已旋潭，北行曾否定期，未之聆悉。如親家母即日解纜，敝舟仍前送至漢上，轉瞬又可團聚，異鄉度歲，頗不寂寞，慰甚慰甚。續泐奉復，敬請勛安。

弟琳再頓首　小春廿一日三鼓

七

筠老尊兄親家大人閣下：

菊秋力兄啓行，曾寄賀箋，計時亮達霽覽。遥想風檣迓吉，露冕宣勤，張博望八月乘槎，宗元幹萬里破浪，皇皇天使，聲震重洋，壯哉斯行，殊榮寵遇，正不獨長洲別島，備極大觀，令人健羨靡已也。弟省門株守，溷迹塵氛，長此勞勞，俗殊不耐，而素心舊雨可以傾吐肝鬲者，已多作風花聚散。今意兄又有淛江之行矣，在水一方，可勝悵惘。湘中天氣，春盎小陽，山花競開，亦見氣候之變。第未審海天光景，其爲陰晴寒燠，近復何如？異域長征，千萬順時珍玉爲禱。肅此布悰，敬請台安，伏惟勛照。

小弟昌琳頓首

舍弟附叩。

八

筠老尊兄親家大人閣下：

冬月肅上一函，歲内計達霽覽。頃閲邸報，敬悉欽承恩命，洊擢西曹，深爲蹇軒鼓舞。閣下榮膺使節，權綏行麾，以大儒經遠之才，掌常伯司戎之政，望隆三杰，職統六師，古人如元輔貞方元之精敏，當不是過，尚書正位，台斗聯班，可計日待也。羨羨。文正祠宇已新落成，昨於月之九日入主，官紳麕至肅祀，衢衕四塞，冠蓋如雲，洵爲吾湘盛會。其間園亭清麗，都有可觀，一時遊人不絕如縷，亦屬勝景，省垣從兹多一雅集所矣。弟此番董事，費用不貲，祠成除地基外，綜計三萬餘金，現惟收到公費一萬數千兩，各捐及領款九千有奇，約計虧累在一方以外，設法歸款，殊不易易。所有西偏書院尚須來春方可蕆事，其思賢講舍一席刻間經費無出，主講亦不能延，現請楊莳農、羅硯生兩先生主修《沅湘詩人遺集》，容俟籌有餘款方能定局也。一年容易，又聽臘鼓丁冬，歲事逼人，雙眉叠縐，除夕亦惟痛飲屠蘇，藉消此胸中煩惱耳。肅此，恭叩榮喜，祇頌年禧，并請台安，不儩。

姻小弟朱昌琳頓首

九

筠老尊兄親家大人閣下：

鄉居數日，冒雨入城。昨奉手書，讀悉一一，即維道履多茀爲頌。杭生兄事辱承台命，斷不敢飾詞推卸，溷瀆清聽。惟弟處近情迥非昔比，舍間去春析箸，兒侄輩雖各派萬二千金，弟與舍弟亦各得數千膳養，皆係以省城房産及下游田業、黑茶之類充數，其現存之票本、鹽本尚不足以償，各處存項必俟黑茶售脱方可清釐，此各親友共見共聞之事，可以隨在詢問者也。今歲年豐穀賤，街市緊逼異常，外間提取存款紛紛，百孔千瘡，真有日不暇給之勢，焦灼莫名。杭兄位置鄙人太高，令我不勝惶汗，去冬聊將臚悃，自思頗竭棉力。月前奉諭已與舍弟計議，渠曾設法籌凑百金，兹復承囑殷諄，弟亦當照凑百金藉副雅意，敬求於杭兄前，據弟家况轉達苦情，不勝感禱。殘臈無日，年事爲雪已紛，又以戴甥虧款大受波累，家庭之内日在勃豀，老病侵尊，愁城坐困。先生愛我者，其將何以教我也！呵凍手復，敬請台安，不盡欲白。

姻小弟昌琳頓首　十四巳刻

一〇

筠老尊兄親家大人閣下：

前日承寵召，適以剛服下濟，未得趨陪，悵歉之至。辰維茀履清綏如頌。奉讀《禁烟小引》，義正辭巖，發聾啓瞶，一片至誠，捄世之意，溢於行間。凡具有肺腸者，當亦無不各知警懼而翻然改悔也，敬佩且感。弟日來俗務紛如，不勝煩苦，且復宿疾時作，攻下頻仍，甚有不能自支之勢。擬往墓廬避静幾日，容俟到城再爲走叩，面罄一一也。手此，敬請台安，俯惟心照，不宣。

姻小弟昌琳頓首

再。賤字現改用「禹田」二字，或亦作宇田，社本末（未）刷成者，請飭易鐫二字，或祇易下一字爲叩。

外送呈狮毛冲園橘六十枚，乞賜收。

二

筠老尊兄親家大人閣下：

昨趨叩，適有客在座，未敢驚動，甚悵。貴邑易、吴二姓因墳搆訟有年，兩造均受拖累，弟與易姓昆仲多屬至交，曾爲轉懇意翁親家緘託貴本家槃翁從場調處。頃易懋卿兄來弟處，譚及台旆日内有返貴縣之行，託爲轉述渠等訟事之苦，現在急求了結，斷不敢稍存堅执。如會晤貴本家及李敬吾諸君，務須借重鼎言一爲提及，如荷春風嘘拂，俾可冰釋，永斷葛藤，仁人一言，造福無量，身受者感激其有涯涘耶！肅懇，敬請台安，統希心照。

姻小弟昌琳頓首　十九戌刻

一二

頃奉手諭，知有寄金陵信件，年内無便，請將尊函擲交弟處，俟開歲有信去，當附達也。悉復，敬請筠老尊兄親家大人年安。

姻小弟昌琳頓首　廿五

一三

筠老仁兄親家大人閣下：

鄉居數日，索寞無謂，手書見示，賜我月餅多多，啖之風味殊勝，忻感何可言。九月朔爲船山先生生辰，上年以是日開社會，今歲自應照舊辦理。日内正檢點到省，届期可以藉圖良晤并領教言也。手此復謝，敬請台安，俯惟愛照。

姻小弟昌琳頓首

一四

筠老尊兄親家大人閣下：

入城三數日，尚稽走候，甚歉。手教敬悉，所見極爲周密，現遵囑趕辦摺件，俟繕成即當送上。杭兄一款昨令舍弟面交，業已了妥，承念心感，容暇再走譚也。先此手復，敬請台安。

姻小弟昌琳頓首

一五

筠老尊兄親家大人閣下：

頃奉手教，一一領悉。舍弟以家有要事，準於明日旋鄉，弟則須服下劑，是以寵召不能趨陪，甚歉甚歉。公件已在趕繕，一切遵示辦理，總須將此件料安方下鄉也。匆匆手復，敬請台安。

乾益墊款均未計息，自應注明，祇領遵繕，感甚。

姻小弟昌琳頓首

一六

筠老尊兄親家大人閣下：

公請之局當即緘達仲兄，適渠拜客未歸，尚未得有回信，聞中丞亦請十八午刻，自不便辭。柑子園一局業經雪芹宫保致信仲兄，統改作十九公局，有此一舉，則三局變爲一局，可省無數周折矣。想力兄亦早肅布也，因恐懸盼，特手數行奉聞。敬請台安，不罄。

姻小弟昌琳頓首　十七

正封函間，適接仲兄回信，並以附呈，又及。

一七

筠老尊兄親家大人閣下：

昨由力兄處遞到手教，一一讀悉，社會已遵照辦理。原應屆時趨赴，免飲罰酒，惟賤辰適在日内，聞朋輩中竟有擬唤梨園子弟來者，此種大熱鬧不敢當場，因出自北門趨而避之，藉免受敵。今日方命之處，容日負荆請罪何如。手此，敬請台安，惟照不宣。

姻小弟昌琳頓首　廿三辰刻

一八

筠老尊兄親家大閣下：

望前以小孫偶患傷風返舍，昨日始到城，未得走候爲悵。頃奉手示，敬領一一。即惟道履綏嘉爲慰。周處銀摺收到，遵即請銷。兹送還本紋壹千兩，又息銀十兩，希爲轉交是荷。手此奉復，敬請晚安。

姻小弟昌琳頓首

一九

筠老尊兄親家大人閣下：

近以宿痞時作，下劑頻仍，久未奉候起居，不勝悵歉。奉手示敬領壹是，惟街市近情迥非昔比，不獨茶事頻年虧折，即論鹽利，如票非從前自有，彼租辦所獲亦不及一分，來源日微。即生計日竭，目前求一結實可靠之家殊不多覯，即有一二相知處，亦不願爲人代存。兹奉台諭殷殷，暫請存諸弟處，惟其息祇能作周年一分，以目前票號之息，係每月七八釐也。仍乞達之，前途如得有相安之處，隨時取去可也。存摺送呈，即祈轉交爲幸。手復，敬請台安。

姻小弟昌琳頓首

二〇

筠老尊兄親家大人閣下：

奉讀教言，敬領壹是。維多里亞荷種謹已收到，即當於浩園中别拓一池，深淺如法，漚以糞土，未知何者爲得。容俟天氣熱至八十度時再爲下子，計在秋水澄鮮之際，能得奇花盛開，當謹備碧筩杯奉敬也。玉葡萄一種，前承見惠，活者已多，現在尊處種尚有餘，示及家山可以栽種，是大快事。專工領取，即祈飭發，以便運鄉植之。小園異時壓架累累，醍醐釀出，又當獻以夜光一杯酬君雅意也。手此道謝，敬請台安。

姻小弟昌琳頓首

舍弟今已來城，明日即當趨候也。又及。

朱昌藩（二通）

一

筠翁仁兄親家大人閣下：

前在省垣，快聆雅教，匆匆别後，倏覺月餘。敬維杖履康娱，撰箸宏富，慰如私祝。刻際火傘張天，炎威大肆，遥想泉清煮茗，荷浄納凉，得句撚髭，别饒清興。以視山村鄙俗，日與農夫野老爲伍者，相去何啻霄壤也。弟歷碌如恒，無善可告，米鹽瑣屑，俗務勞形，惟幸遍野黄雲，豐登有慶，篝車穲稏，正在安排，此則山中人所堪告慰者也。附呈菲物，聊伴空函，一紙迢迢，藉通情愫，容俟出月到城，再當趨叩也。肅此布臆，敬請台安，諸惟朗鑒，不盡。

姻愚弟朱昌藩頓首

小兒侍叩。

二

筠翁仁兄親家大人閣下：

自別芝輝，迭更裘葛，望風懷想，時切依馳。屢次到省，得於家兄信中欣稔履祉延庥，禔躬集祜，慰如私頌。日昨來省，幸悉恭承簡命。榮莅西洋，秉節鉞以耀遐方；福星普照，仗旌旗而臨逖土。霽月遥瞻，既幸壯遊恢廓，極宇宙之大觀，行見偉績丕昭，與日星而並焕。看此日星軺奉使，大展屏翰之良謨；欣異時雲旆榮旋，定卜陰陽之燮理。弟以迢遥遠隔，未獲走送行旌。肅泐數行，藉伸鄙意。衹請台安，伏維朗鑒，不戩。

姻愚弟朱昌藩頓首

朱　炳（二通）

一

筠翁老師大人左右：

日前縣城時親道範壹是，均蒙照拂，多費清神，陰霾蔽障之中忽得陽光一照，再造之恩，直不啻生死人而月白骨矣。不料黄禧堂、鍾以智因府札提黄運泰等到省，著伊跟交，伊竟於十八夜重賄爺們看役啓鎖縱逃。十九日，胡憲查明，重責看役，一面飭差捕拏。昨接省信，黄運泰及其子晴帆已於十四日到省，府署内外俱已料理，俟禧堂、以智到，即有委訊並押之謀。今禧堂、以智亦已投到，值炳患瘧湘城，旬日不愈。現在禁風不能動履，惟促被控之鍾力田先行赴省，俟炳病勢稍減，即趨往候訊。所慮者黄廣錢通神，奸詐百出，炳一介寒儒，受拖受病，假使將炳并押此，寃將何以伸？哀懇秘音達府，預爲調劑，庶兩造曲直不顛倒於錢神，一念慈祥，荷帡幪於活佛矣。病腕無力，乞恕不莊，恭請道安，諸惟憐鑒。

晚生朱炳謹稟　四月二十二日燈下泐

二

筠翁先生閣下：

久未趨詣崇階，想福履增綏，撰著宏富，敬頌敬慰。兹有懇者。世兄黄磽叟舊友鄭應僑、何啓燿録科未取，又舊徒謝貽和今歲遠館江西，亦未取録，固别處無門可投。特敬呈名單一紙，伏乞先生垂憐寒畯，廣爲栽培，達之當道，俾得遂其觀光之志，則感激不獨在身受者矣。敬請升安。

晚朱炳謹上

朱孫詒（四通）

一

筠仙仁弟親家大人閣下：

春間奉寄一函，想邀雅鑒。閲奏禁烟一摺，規模闊大，謀慮深遠，不勝欽仰之至。從此事事推求，其有裨於天下萬世者，當不知凡幾也。兄自三月初一日出都，水陸平安，於五月十九日到家。大水之後，繼以疾疫，人民之外，遍及牲畜猪牛，景況蕭然，令人處此，如臨深淵，如履薄冰，可想其况味矣。肅此奉候，即頌勛安。

姻愚兄朱孫詒頓首　七月十一日

二

筠仙仁弟親家大人閣下：

台從已抵使國，貴體調和，眠食如舊，不勝欣慰之至。兄駐京四載，殊屬無聊，茲已定三月初一日與魏賡臣結伴出都，到家當在三、四月之間。賤軀頑健，足慰綺懷，還朝之日，當可再晤。知關錦注，用敢奉聞。肅此奉布，恭請勛安，伏惟霽照，不一。

姻愚兄朱孫詒頓首　二月十八日

三

筠翁仁弟親家大人閣下：

匆促之餘，尚蒙惦念，仰承厚賜，不敢不收，愧領而已。初二日移寓，當親造彼作賀也。肅此鳴謝，即頌台安，敬賀年禧。

姻愚兄朱孫詒頓首　除夕

四

筠翁仁弟親家大人閣下：

日前枉駕，失迓爲歉。十六、十七、十八何日得閑，請填定一日，以便令小厮往請二位陪客。此三日不閑，即填二十一、二亦無不可。若不光降一回，大是缺典。此懇，即頌台安，伏惟愛照，不宣。

姻愚兄朱孫詒　初九日

朱晉熙（一通）

夫子大人函丈：

日前仰承槼教，兼飫郇香，感謝無極。敬維道躬康茀，恭祝恭慰。生本寒士，事畜維艱，原不可一日無館。前承席間垂詢近況，已奉稟三載閑居矣。兹聞之友人云，本城雞公坡劉培元總鎮家本年所聘西席彭上尊號子謙孝廉，明年以會試辭館北上，劉總鎮仍須另擇西席。刻下外面謀此館者甚多，而劉總鎮概未定妥，以延師課子所係匪輕，非其人必不能信從也。伏聞大人於總鎮處亦嘗容其造門請見，特當此杜門謝客之餘，不得因此而破格耳。懇祈即賜手書，早爲薦引。聞束脩一百餘金，本城謀者甚多，恐稍遲則無及矣，且大人亦即在數日内回縣。則數語吹噓化作一家飽暖，銘感奚似。肅此，恭請道安，伏維愛鑒，不戩。

受業朱晉熙謹稟

何探源（一通）

啓。

敬啓者。去臘肅具縑函，藉屠觀察代呈，諒蒙鈞覽。方愧維桑俗敝，動煩馴鰐之心；忽看小草春回，又轉調鴻之運。恭維老前輩大人履綏八座，泰啓三陽。嚴虎旅以籌邊，塵清函夏；樹蜺幢而布闓，澤沛熙春。會當甲算初開，黼黻贊御龍之治；况值辛盤始薦，醁醽拜錫爵之榮。椒頌彌殷，葵私曷罄。源叨依樾蔭，借席橡城。每對膏油，時深淪浹。龍門在望，庇雲厦以千間；梟謁仍遲，隔星郵於千里。春杪書帷稍暇，自必摳趨鈴閣，面領箴言，仍希寵翰時頒，以當書紳作佩，無任翹切。肅薰縑束，祇賀年禧，虔請福安，伏惟慈鑒。

晚生何探源頓首

余世松（一通）

伯固長中二子今晨抵省，言其父初十始可動身，三數日間計當至矣。復此，敬請筠翁老伯大人道安。

侄制余世松謹上　九日

余政瀚（一通）

筠翁先生大人閣下：

敬啓者。瀚晉謁三次未獲一見，舅父張子衡先生前有詩稿一本，面求斧政，因歸家抱病未及奉書，兹令瀚趨叩臺階，代陳一切。如已荷批削，即祈擲下，以便寄鄉；如尚未改，仍懇加墨爲禱。肅泐上達，虔請崇安，仰候回示。

余政瀚頓首謹啓　廿三日

余澤春　梅　埰（一通）

筠仙先生閣下：

敬啓者。前在省門得遂摳衣之願，猥以敝郡請爲惲大中丞建祠斧削呈稿，感何可言。敬譾道履綏和，禔躬受福，無量臆祝。澤春等於初三日遞呈撫轅，未候批示，次日即俶裝遄返。聞台旆下鄉，未獲叩辭爲歉。抵郡後繕呈遞府，適因太尊晉省在即，返署時始得上詳。澤春等自分草茅，方隅遠囿，將來玉成此舉，俾敝郡人士得以争獻區區，仍惟仰賴斡旋，不勝翹企禱祝之至。耑肅鳴謝，敬請崇安，伏乞垂察。

晚生余澤春、梅埰謹啓

余肇鈞(一通)

筠翁中丞大人執事:

久未展謁,傾想□勞。敬維起居多福,至以爲頌。拙刻叢書蒙允賜序,以光簡牘,未卜已否脱稿。近編成此書,自録一通,並塵電鑒,所借彙刻書目想已閲過,因叢書未成,時須檢閲,此書如已閲完,即懇賜還爲荷。前奉面諭,命代購諸書,近始覓得,謹遣價呈上,伏乞檢存。兹有懇者。弟家居食貧,謀生日拙,邇值歲杪,諸債叢集,久叨摯愛,得從書局之役,盛情噓植,極所紉感。奈近况拮据,諸務摒擋爲難,伏思久蒙執事垂愛,故敢爲將伯之呼,可否惋假百金,藉蘇涸轍,俟明年再行奉趙,敬懇示復爲荷。冒瀆尊嚴,悚俟來命。專泐奉懇,恭賀年禧,伏惟荃照,不盡。

姻愚弟余肇鈞謹啓

吴大廷（一通）

自七月來紛傳厚帥、幼帥有蒞滬之耗，未敢遠離。前數日厚帥已去，幼帥來江尚早。本訂初十日督操出洋，因旌節遄臨，是以中輟。公小住江干，酬應鮮暇，又不日北行，未能獨籌細論一切。而幼帥、雨帥月杪必集滬上，大廷又須隨金陵一行，不無耽擱。此後天氣漸寒，海氛恐有不靖，各船必應梭巡，則平日所熟練西法水戰諸技易至生疏，是以未及候送，萬分抱歉。即日出洋，明知冒涉風濤，何補時局，而一日未去，不忍不盡一日心力，不得以身將隱矣，焉用文爲藉口偷閑也！舟過寶舟時，專誠奉謁，而公已上岸拜客，未及一見，尤爲悵歉。轉晌台從出都，必在滬祇候，盡日返隨以彌此番之闕晤。合肥相國千乞致誠，以近日函稟雖疏，一以節相入都，一以別無新事。而企想無已。以迂闊書生講實際而不務虛文，當然諒之。此叩筠老先生大人軺安。

吴大廷百拜謹上　九月十四日申正舟船遥寄

吴文錫致咏翁(一通)

迭承麈教，仰見鴻猷卓識，而公忠體國之忱，溢於言表，尤令人欽佩無似。日來公事想略有端緒，在念前諄屬將條陳拙稿呈電，本無遠略，殊不足觀。而閣下虚懷若谷，不敢自藏其陋。唯弟既無記室，又無書寫，家人謹將原本封呈，未免不恭太甚，乞望恕爲禱。此請咏翁大公祖年大人歲安。

治年愚弟吴文錫頓狀

賜閲後乞擲還。

第三册

吴丙照（一通）

春初本擬叩謁尊庭，面聆鈞誨，緣郵書趨速，又挂帆北下，至今歉然。六月間方得主講城南之信，即爲楚南人士之慶，南軒而後振興文教者，惟我公是任焉。辰維筠翁中丞老師大人道履綏和，德躬篤祜，定符鄙頌。湖北書局《史記》《通鑑》均初刻成，尚未改錯，未知繼此再刊何書，要其經費甚形支絀也。客冬《文選》等書諒蒙賞收，兹寄上《説文義證》一部、樵本《禮記》一部、《名法指掌》一部、《儀禮》一部、《儀禮圖》一部，俱係秋初刷就。因無鴻便，是以遲遲，伏乞原恕。丙照愚拙，沐曾宫保栽培，得厠身書局，除終日校對外，無善可狀，深用自慚，如此間局不少延則叨教有日矣。八月底由舍間遞來直翁賜函，雅意肫肫，并開示一切，銘佩無量。謹此布達，恭請崇安，伏乞垂鑒。

丙照謹上　十月廿八日

意翁、直翁仁兄大人刻安未另。

吴經邦（一通）

敬肅者。頃承賜覆並法書對聯，睹烟墨之香濃，秀奪梅花之色；感苔岑之契重，益傾葵藿之忱。惟諗筠翁中丞大人，既抱西河之痛，又增奉倩之悲，境遇多乖，以致起居欠爽。聞信之下，同增於邑，伏念中丞大人今雖頤養林泉，深繫蒼生之仰望，務祈保我金玉，待膺丹詔以匡時。且逝者已矣，亦屬無可如何，今已祥琴在御，更宜曠達爲懷，心境既寬，自可早占勿藥，是則私心之所切禱也。邦蠖伏鄉園，駒陰虚擲，粟碌依舊，穀狀毫無。承示近事，殊爲浩歎，不知後面文章究竟何如耳。肅此布覆，敬請鈞安，仰希垂察。

吴經邦謹肅

吴國佐（一通）

筠翁中丞先生大人閣下：

頃接手示，具悉壹是。嵐生之弟傳甲號梅生，隨營入川，已保同知。又曾傳性、傳忠均係其堂弟，亦曾在營幫辦營務，其人膽氣血性過人，均以母老留家。自匪滋事，地適當衝，現在募勇，自備口糧，均其昆仲與各糧户聯絡而成。內凌應高係嵐生部下，驍勇善戰，後隨左宮保入浙，歷保至總兵，加勇號。前署浙江黄巖總鎮，丁艱回籍，使准其請，於地方不無補益。其餘名姓俱助口糧紳士。再，家母舅係因警回鄉料理，非回潭城館所也。然亦必候取到所存尊處信件方肯放心回鄉。盼切禱切。並囑筆代詢前日面托先生另謀一安硯之所，其事若何？並候回示，祗請台安，不備。

後學吴國佐謹啓

再，歐筱翁之信與此信不同，凡軍事其探報與目擊情形間有稍異，未足怪也。

吴　棠（二通）

一

筠仙尊兄大人閣下：

昨布寸箋，計登籤室，兹奉手教，敬聆壹是。承示鹺務弊端，洞若觀火，此實因兵戈擾攘，積漸使然。今得長才擘畫，行見利興弊除，上裕國課，中佐軍需，下便民用，佩祝奚似。南鹽不銷，借運之議自可從緩，黄倅已到浦面叙一切矣。通州各犯尚未到淮，容俟到案即當核辦，此輩叛逆豈任稽誅，因必確有供招始可達部耳。壽州已於前月初四日不守，撲帥已檄各軍退扼六安等處。臨淮軍情如昨，蒙城亦尚支持，協餉陸續到來，似可進取。撲帥所撥舢板、炮船并弟處所派黄殿臣以水師均已在途，不日可抵皖境。乘此河水漲盛之際，猛攻懷遠，當冀得手。弟又陳請僧邸南征，如奉諭允，則皖事可力挽回矣。知念附及，肅此布復，即請勛安，惟照不一。

愚弟吴棠頓首　初四日

二

筠仙仁兄大人閣下：

昨復數行，計已早登記室矣。伏維政躬懋介，絢履罄宜，引睇吉暉，良殷抃頌。弟前因浦餉萬絀，曾有江運八萬引仍歸江運之請，仰邀俞准，旋因都、富兩帥以有礙南鹾入告，奉旨另籌安辦，迄未定議。查江運本係舊案，並非創始，而當南鹾疲滯之時，各營争饟之際，誠恐或有流弊。酌議僅將弟處捎鹽四萬包，由棧商帶運，則爲數無多，於淮南藩籬亦不致有窒礙。適值南鹽滯銷，暫從緩計，曾於喬方伯詳内批答有案。兹者福星莅止，整頓一新，矧當江面通行，自可日有起色。而弟處窘迫日甚，且此後援師赴皖，需用尤多，不得不再申前議，除備公牘外，用泐奉布，務望仁兄大人俯念大局，設法代籌一切。不盡之言，並囑許緣仲觀察代爲轉達。祇請台安，諸惟朗照，不具。

愚弟吴棠頓首　七月初八日

吴運鵬（一通）

睽侍霽顔，載更歲序。前於春初家母來城，伏蒙垂慈，格外感荷無涯。頃聞二月之吉，誕育嗣君，遜聽之餘，曷勝額手。恭維老伯大人祥徵呱子，運值生申。玉樹滋榮，共蓀枝而擷秀；文茵靄瑞，貽子轂以延□。□報欣傳，福緣彌積。侄情殷燕喜，頌切螽斯。翹企華筵，竊幸蘭芽之競茁；用伸芹獻，願同葑菲之不遺。惟冀俯賜察收，曲加煦育，使瞻韓之得遂，亦御李之有由。庶幾吹竽者可以濫託，彈鋏者得以作歌，是侄之所竊祝也。侄現在沉疴若失，家累滋深，誠恐空乏既久，必致困阨難堪。前家母曾謁李仲翁觀察家，仲翁雖未便爾接見，已蒙許爲位置，更乞代爲説項，不棄菲材，則感戴私忱，闔家共祝矣。肅稟即賀大喜，虔請崇安，並希慈鑒。

姻小侄吴運鵬謹稟

再稟者。舍親楊澍森自去春晉謁後，已蒙春風嘘植，而格外賜予，俾潤行囊，雖未遇夫機緣，其仰叨慈睞，已不啻生成涯被矣。今春赴省投刺，適值騶從未旋，霽光載隔。昨又擬偕行陝甘戎次未果，家母以猶子之愛，爰命附筆及之。俯祈雅賜栽培，隨所位置，則感激之私又不特澍生身受也。

吴德襄（一通）

筠仙先生大人閣下：

去秋在省走謁左右，值假未得仰瞻鈞範。嗣蒙寵召，準擬趨侍，以聽麈譚。今藉詢外洋風氣，奈是日頓冒暑虐，適值疾作，竟不能前，嗣更日深，杜門難出，未克一詣門墻，親承緒論，至今猶誨恨不已也。秋深敬維道履佳勝，籑箸日宏。外洋事紀述否？倘有印本，乞惠視一二，俾荒遠末學亦得略識時務也。《石笋山房題咏》附呈二帙，手民太劣，不足觀也。聞先生於曾文正祠辟啓經舍，想不乏高才生也。楚南得長者爲之提唱，或者經學從此更臻昌明乎。襄舍下有一小兒，學名新祐，年二十有奇，意頗嚮學，苦乏師貲，未審經舍亦尚有廊廡餘席可許其同居弟子之列否？如不以竽濫爲嫌，即求頒賜鈞諭，當飭其負笈而來也。率叩不莊，敬請道安，伏希鈞鑒。

吴德襄百叩上書

倘辱賜片，交府學陳丹皆教授處即可收到，襄又叩。

吴壽芝（一通）

筠翁老伯大人侍右：

兩次晉謁，藉伸謝悃，皆值公出，良深歉疚。昨家母舅來函詢慈旌何日出都，以便在中恭迓。再，何小翁已放浙閩，前懇浙江建德王令一節，可否面懇交其一條之處，禱求酌行爲感，何日得暇，再叩崇階。肅此，敬請尊安。

世小侄吴壽芝謹肅　望日

吴錫齡（五通）

一

大叔父大人閣下：

敬禀者。正月十八日曾寄上寸禀，恭請福安，諒早邀鈞鑒矣。粤局之事業已算結，料理清楚，此次共餘銀三千七八百兩，悉照前次榜樣分派。侄因謹遵來示，未敢與人相争，惟前後三位總辦每人實得銀數千兩，其分給各小委，未免太過於刻薄也。現在内中有一小委擬欲將浮收實在情節通信到京城，竊恐日後難免無事也。侄此次所得分賬銀兩了結禀到一事的虧空尚不能下地，亦祇好徒嘆自己命運不如人而已。王、沈兩公大約二月中旬内可以起身回南銷差。侄因易林墅公館太側不好寄居，現與張忍安公佃房間同居，即是做援捐局之屋後進也，每月一人租銀二元，公用家人一名，火夫一名，諸事立加省儉，每月一人總必須八九元銀之譜。現在已將皮袍、皮馬褂典去，以作租銀火食之用。惟恐再閑住二三個月之久，勢必不能不典棉夾衣服矣。去歲黄菊臣、范子昂來粤，稟到未久，均早得優差事，皆皮小帆、黄式度一信致運台之力也。侄今在此無至親密友可以相求託，惟叔父大人知我最深，愛我獨厚，若不立爲設法援我，則勢必流落於此地。叔父素以仁慈爲心，其又何忍耶？况侄家計之艱難，不能擱筆一日，原吾叔所深悉，毋庸侄再述矣。第此番别七十餘歲父母，出數千里遠門，辦如此重大事體，若不得數百金歸家以清賬目，不惟無面以見家庭骨肉，且亦無言可以支銷各賬主。目下兩袖空空，實在歸家不得，非敢於作無厭之貪求，忍心流而忘返也。吾叔大人久不酬應，自是清高，况其中尚有難處，侄亦知之矣。總之，侄亦成騎虎不能下背之勢，務求格外垂憐，乘此運台兼署臬司之際，速賜一函與鍾大人道喜，並爲栽培，託求一護幫差事，使侄稍得有餘資，好早歸家侍養父母，則闔家老幼當感激鴻慈盛德，無量無涯，至懇至靠。專此具稟，敬請崇安，伏祈原鑒，不宣。

愚侄錫齡謹稟　正月廿八日申

二、三叔父大人前均此請安，恕未另稟。

新臬臺已放李文敏，大約三四月内必到，企望叔父早賜成全之信。切盼切靠。又稟。

二

敬再禀者。新授廣東臬憲俊大人，即湖南廷芳宇大老爺老弟。昨奉上諭補授廣東布政使司，其鄧大人進京另候簡用。張壽荃大人尚是潮州道原缺，其餘原任并無新聞。侄昨接南省朋友來信云，沈曉翁回南，逢人謗訕謡言，此人真是一張嘴哄殺人，其心術比豺狼更勝，何也？去年伊與王小峰受黄小泉所挾，無處申訴，即求侄致書到叔父、力翁大人前，要將黄小泉撤退，用伊兩人當總辦，一切事件當與侄相商照辦，決不外視異言等語。侄即輕信以爲實在，所以有信到兩位大人處，求换沈、王兩君也。黄固於公萬事下不去，侄若不因沈、王兩君有許在先，又何必得罪於黄小泉？此乃至情至理，凡明白大道者，決不致説侄無理也。昨伊兩人接辦，僅餘銀四千上下兩，惟沈曉樓恨不得一人獨得，莫分一釐一毫與他人方好。沈曉樓若如果公道正直，伊係幫辦，王小峰乃總局坐辦，分銀亦當以道理做事，何得竟自先將捐項私收一千有零，假言對王小峰説未收到，至後王小峰應許與伊均分，其未收到者，何沈曉樓竟肯撥於自己一人名下？可見其人口善於諂佞，心比豺狼更勝矣。至於侄在捐局一切公事，自己問心竭盡心力，毫無過犯，嫖賭二字，亦可以自問一足未至，如謂好吸洋烟，局中所置器具，常買烟存放局中者，概係沈曉樓動用公項，以備款客之用，并非侄敢如斯耳。況吾叔屢次囑廣東乃繁華之地，一切務宜加意謹慎，侄常存言猶在耳，豈敢有不自愛自重乎？但此事雖自誓自表，他人亦不能盡信，何況於吾叔乎？敬求叔父大人細問由粵而歸之商宦便知，劉輔卿、左正華、胡哲臣、洪少堂諸君，現居省城，并非援局同事之友，豈能一一爲侄隱瞞乎？望乞叔父大人勿偏聽他人謡言，致使侄流落異地，切禱切禱。專此，載請崇安，統求原有是幸。

侄再稟。協餉兩月一解，八、九月分昨已解來，今年尚有一次解，懇求叔父與侄代求明年正月分一次，禱切靠切。又及。

外致張力翁、二叔、三叔信各一件，敬求飭管家照送爲感。

三

大叔父大人閣下：

敬稟者。侄蒙栽培，薦辦援捐，自問到粤以來，無過無錯。即去歲黄太守在局一手遮天，公事不商大小委員，祇商自己親戚子侄，以至局中大小委員及别來司事者人人恨極。所以沈、王兩人再四託侄寫信暗稟，張大人得知當許侄要，如果弄調開黄太守，能交他兩人辦理，總斷不致外視於我也。昨沈、王兩人收局一場，餘款亦存有四千兩上下，侄料必自有公道，必踐前言，無須向他説也。誰知沈曉樓奸心極矣，使王小峰硬當不分給於人，至後各人不依從，又來分派。小委員之忠厚者莫如夏保成、饒岱霞，每人分銀壹百乙十兩、六十五兩，小委唐咏齋係上海裁撤者，粤局禀留，又奉駁不准，其爲極强，係鍾少爺與他下地，竟分銀三百餘兩。司事之忠厚者莫如李吉初、洪少堂、徐乾初，每人分銀二十六兩、六十五兩、九十餘兩。司事之强量者莫如李少舟、李焕南、沈春池，每人分銀二百零兩、九十零兩、壹百六十兩。此中不公道，真令人人腦（惱）極矣。昨後同事俱已分完了，并不打侄的算盤。祇得寫信與沈、王兩人備述自己苦楚，求他兩台總要公道，務必要踐前言云云。且説得唐咏齋奉駁委員尚能分銀三百餘兩，我係原委來之人，似應加倍矣。今亦不與兩公争多論少，總求兩公公道而已，如定要比唐君少一點，亦祇要兩公心安可也。延至端節日始送廿兩，并去歲長用捌拾四兩，合共得銀壹百零四兩，此則未免太看爲侄不起。今不記前情，不踐前言，均不要緊，就是視侄如司事不抵，令人恨極之至。侄將前一切情節告知諸同鄉，人各不服，有的向沈、王前代説好話，有的要候他動身，如不多多送，即通禀到湖南者有之。至後伊大恨於侄，動身時又送來廿金，前後共得一百廿四兩。去後，昨有伊至好來侄公館談及沈、王兩公南旋，要告知大人，要寫信與運台參爲侄的官等語，侄今諸事當矮子，諸事放讓，伊兩人反説出如此話語，真不能忍耐於他。兹特將一切細情禀明大人，容緩數日再具禀到撫、局憲前，再爲他理論，俟辦好一切當付張大人一閲，再懇轉發也。去年黄太守回南時，因餘現銀叁千二百餘兩，暗託我邑胡折臣盡買海味帶至湘潭發賣，長銀四百餘兩，致送七十兩與胡折臣兄酬勞。今沈、王兩人因見去年黄太守得利，伊家人與湖南犯人陳萃喜相商，私帶洋貨、廣土二十餘箱，伊兩人與長沙左正華亦買洋貨一千有零兩，均想需圖利息，不完關税。誰知行至三水卡，經巡船勇丁查獲，罰銀二百兩，完税數百兩。運台聞之大生其氣，真是與湖南出醜也。侄前所寄絨占帳料因人延誤，尚未寄來。昨又交饒岱兄之老人家轉呈叔父查收，想此次必然妥貼，又不至久延也。特此肅禀，教請福安，并求慈照，不宣。

愚小侄錫齡謹禀　六月廿日申

四

敬稟者。昨晤尊管楊升，詢悉大叔父大人福體康强，倍於往日，德門喜慶，聯綿不已，雀躍殊深。侄所寄微情兩種，前因友人之誤，後因岱兄父親之誤，遲延至今，將近一載，實屬愧顔無地。昨日適李次翁大人令侄解餉之便，始於岱霞兄父親處取出，另託帶來轉交，想在不久必欲送到，務求原宥慌唐之罪爲幸。侄查街差事滿期在邇，雖餘蓄則一文没有，僅可望得僅先超委一次，知關錦注，必須附及之。查佐雜儘先超委一勞績，前藩憲王大人，曾詳過制臺，儘先超委者，即歸入著委一次，祇要有人向上司説話，隨即可以委缺也。現在易林墅委署黃鼎司，即此勞績所得，此事侄固不敢望。如吾叔或有可以栽培之處，即求栽培之，斷不得忘恩不招矣。惟此刻侄朝夕所深慮者，如此差一停止，所有棉夾皮衣均未贖歸。身邊又無半元餘積，將如何度日矣。况廣東此時謀事之難，無人不言迥異往日，若非得大力之人相助者，終莫想得當一差事，非有大帽子信來，亦莫敢望得一差。遣其同鄉中僅祇方柳翁尚能與上司説話，侄自到粵以來，新舊將及三載，拜候亦有十餘次，總不得見面一次，每與伊老弟方晴瀾、琴齋言其查街苦楚，伊老弟云，總要叔父有信來託伊老兄柳喬，方能濟事，不然伊雖屬兄弟，不能與朋友爲力等語，此謀事之苦，真述不盡述矣。侄實因流落數千里之外，况家父母又望子歸家之切，倘不謀一解餉差事，真不能贖取衣服，并無盤川以動身。以上所陳如有假意，天地神明自當鑒察矣。吾叔大人雖與此地久無音信往來，惟此次必欲跪求發慈悲善念，作救困扶危陰德，或於鍾大人前，或於方柳翁處，遇便賜寄一書來粤，俾侄得解餉差遣。此餉係由票號匯兑，並無現銀，毋庸躭心。不過文書交委員投解耳，兩個月解一次，本年分内早已定人，明年正二月分，尚未定委員。况此事係運台主政，敬求叔父代侄轉託運台或方柳翁，即得之也，至懇至靠。就便回家一轉，不特侄當頌叔父功德無量，即家父母亦當感激鴻恩，永遠不忘。切禱切靠。肅具寸禀，恭請鈞安，伏祈慈鑒。

愚侄錫齡謹禀　九月念日申

五

敬再禀者。侄在粤苦境，想前岱霞兄回南必備述之，今毋庸陳贅矣。查街差事，昨雖蒙臬憲留辦至冬月，總僅止能敷繳用，不能餘勝一分兩。凡同鄉中，遇有紅白喜事，有差事當者，總不量人薪水之多寡，未見有放過不派分子者，况秋天將至，所有夾棉皮衣，盡在典中，家慮之重，今年亦未付寄分釐。且昨接家父母來信，云侄大伯、五嬸母均去世，秋航二家兄，亦於今年不在，不獨家父母望子歸家之切，侄於遠地得聞其信，亦恨不得欲插翅飛到家中矣。總之現在兩袖空空，衣服川資，概行没有，如何有面能見江東乎！再四思維，必欲設法求一解湖北協餉差事，始可以取出衣服，有川資動身矣。聞南省督辦保甲局，官名黄式度，與侄已故岳祖黄式南號羲堂者，皆五服之内也，雖屬至親，苦於未曾見過面。惟伊乃弟菊臣、藻臣，知侄最深，現在菊臣在運台署中管理印務，亦係屬員，不便爲我出力也。黄南翁老長親，與運台在湖北時至好，如得黄南翁一信來粤，事無不諧矣。又唐二大人，其在湖北與運台亦至契好，侄昨見有由南省持伊兩公信而來者，均得委好差事也。况解協餉及河下護幫差事，均係運台主政，又係頗好之事，吾叔大人既不便爲侄寫信致運台，不敢强求。兹必欲懇求叔父大人，向兩公處代求一書至運台，即可救侄歸家，當感激莫大之恩，生生世世不忘，至懇至靠矣。再請鈞安，立候德音。

侄錫齡又禀

吴錫齡致岱翁（一通）

岱翁仁兄大人閣下：

昨接到華箋，敬悉起居佳勝，滿門迪吉，雀躍殊深。弟如恒栗，亦無善足告，惟賤軀耐勞，堪以述知閣下也。沈曉樓、王小峰後與弟大相得罪，將不久即欲禀明撫、局憲耳。至後分賬之事，唐咏齋得銀三百零兩，李焕南得銀二百餘兩，沈春池得銀壹百六十兩，李少舟大相噪鬧，祇得銀九十零兩，李吉初得廿六兩，洪少堂得六十四兩。弟待他人皆分清楚，即書信與他兩人，延至動身頭一天，送銀四十零兩，合共得壹百貳十零兩，此中之不公道，天地鬼神亦當有報應也。沈曉樓、王小峰邀湖南犯人陳萃喜相通，私帶洋貨、廣土數十箱，想瞞關騙税，大家發財，不料天地鬼神亦不依，行至三水卡，被巡船查獲，罰銀貳百兩，還正税數百兩。想老兄得聞此信，亦爲心歡快暢耳。兹有致敝親一要信，即請速交爲禱。近日弟實事多，未便細述，廣東一切之事容數日再詳細告知耳。專此布覆，不盡欲言，敬請近安，餘希心照，不宣。

如弟吳錫齡頓首　六月廿八燈下字

弟之苦況蒙備述，敝親得知，實是感激之至，謝謝。

吴鏞（三通）

一

筠翁姻大先生大人閣下：

日昨接讀家書，據稱台節已於月初到縣，所懇之件早荷，鼎賜吹噓，已許設法別調等語。祇聆之下，銘感無量，并譾起居萬茀。棨第雙清，翹首卿雲，曷深抃祝。顧鏞有所懇者，日來拮据萬端，勢難久待，既蒙嘘植，伏祈立賜裁成，庶可以濟燃眉而蘇涸困耳。鏞倘得即獲喬遷，無復有轅下之跼促，則吹竽一一，自可以錚錚細響佐厥笙簧，斷不至如不舞之鶴，一朝誤却羊公也。臨楮不勝待命之至，所有苦情容俟不日來省面述，暫無庸贅。肅此上懇，敬請福安，并候兩姨太太閫安。伏祈垂鑒，立賜回諭，以慰渴懷，是所切禱。

姻小弟吴鏞謹啓　四月二十六日自辰州督銷局肅

滿世兄乳佳，孫少爺均好。

二

筠翁姻大先生大人閣下：

去冬屢蒙噓植，俾得棲枝，銘戢之私當已肅函申謝，計達典籤。獻歲以來，祇因赴局匆匆，未獲趨叩年喜，此衷歉然。辰下敬維鼎祻萬苐，棨第雙清，亮符抃祝。鏞自月初在家解纜，至昨十九日始抵辰局，此地督銷專辦係易畇荄之堂兄號稑士者，人雖和平，奈此處局面太小，約計每年不過消鹹塊上十票外，并無鄰税可收。去冬局憲曾經委李世燊來辰設辦鄰税，彼因地方不能舉行，已於今正回省面禀情形去矣。所有此督銷局中同事共祇有六人，并無分局。鏞現所接辦之缺，係襄辦文案事宜，每月薪水祇有六兩，併茶、烟帶人工錢一概在内，又别無分毫出息。聞前此馬紳緣因此事太苦，故求介翁調去。兹鏞既千里奔波而來，原爲一家鹽米之計，不料出息如此，匪獨不能顧家，反使往返之間必至虧空盤費不少。進退維谷，當如之何！明知無厭之求，未便再三奉瀆，特以夙蒙摯愛，念切陶甄，故敢仰懇終始裁成。去冬介翁當面曾有暫時委屈，再爲設法之語。但此次别調，并祈代弄一札子來，庶幾做事不得掣肘，且可多得串薪水幾兩。即託介翁另調良地，或對調至常德局中，俾得鏞於薪水外款月合得錢二十多千，藉可分潤家口，則感荷再造之施，自當倍力奮勉，斷不敢以烟酒誤公，有辜栽培之德意耳。臨楮不勝禱切盼切之至，容當面謝。肅此，祇請福安，伏惟垂鑒。

姻小弟吴鏞謹啓　二月二十六日自辰州督銷局寄

姨太太弄璋之喜，約在何時可以分娩？念念。

三

筠翁姻大先生大人閣下：

月前已兩肅寸函，備述在此苦情，懇即恩噓調動，想夙蒙慈注，於姻婭中别垂青眼，念切陶甄，當不河漢斯言而弗速假援手者也。日來起居定獲全福，毋庸鄙祝。鏞目下家中飯穀將近告匱，滿擬此番來辰月獲得薪水二十千，以半分潤家中耳。詎料現所得之薪資每月僅合得二五數，而油燭之費出於斯，帶人酬應之費亦出於斯，合盤除下，恰可在此保無虧累，計將何以謀升斗而顧家室耶？况且地隔千里之遥，又值此灘河之險，舟車屢换，約計一路來所貼出盤川總在十串外，姑毋論薪資之豐薄，而先已自破此鉅款無處彌縫矣。頃偵知李鏡吾先生有調動别局之耗，所遺常德戢私局缺接辦亦正需人。因念摯愛拳拳，恩同骨肉，故敢祈鼎力吹薦，俾得委鏞接辦常德鄰税局務，則此項薪水每月足有叁拾千，不獨可以顧身家，且可稍自蓄積以備荒年，此再造之施，自當戴山知重矣，斷不敢少耽安逸以致隕越貽羞，有負尊昆仲先生終始栽培之盛德。如常德已經委人，總祈另爲謀一局面，以救我涸轍之魚也。臨楮不勝待命之至，餘容面述。肅此，敬請福安，伏惟慈鑒。

姻小弟吴鏞謹啓　三月十一日自辰州督銷局寄

兩位姨太太閫祉，孫世兄均好。

再啓者。鏞官銜係安徽試用從九，葉公處未便致函，祈轉達一切爲荷。

再啓者。此次如蒙成就，俾得顧全身家，於願已足，斷不敢再有干求，有厭聞聽也。又及。

吴鏞 吴鈞（一通）

敬啓者。前月祇奉手諭，摯愛甚殷殷也。并蒙惠寄《禁烟公社論道篇》三部，再四諷誦，有裨於世道人心，誠非細故，如此暮鼓晨鐘，使流傳而廣布之，斯盡善矣。堂侄丁山自幼既少讀書，日就長大而童心未净，彼意方慕讀書之名甚美，而於師保教言如水投石，洎至再三開道，頗知一誤，不容再誤，他日噉飯著衣非易易事，故使之習賈以謀其生，此身一大機關也。易姓所選來錢件八十千之數，以四十交長侄春生，以了其母喪葬之借項，以四十歸丁山交其岳父磻溪兄掌放。兒女之愛，此情亦何忍辭，惟丁山習賈，莫如擇錢店一行更爲生活而毋奈。鏞面孔甚微，無處可尋一學貿之地，竊思陶甄在念，良切鐫紉。鏞本體雅意，兹特附陳，至於格外栽植之施，則不便替丁山之所妄想也。肅此謹復，恭請福安，伏惟垂鑒。

吴鏞、吴鈞頓首謹復　八月二十二日申

吴鏞（二通）

一

筠翁姻大先生大人閣下：

到辰後曾經上達數函，迄未一奉回諭，但未審所懇之件早荷俯賜裁成，俾得即出幽谷而遷於喬木焉否也。寸衷馳繫，鵠望彌殷。辰維麟趾呈祥，鳳毛標美，喜棠華之并茂，映蘭玉以騰輝。慶集德門，尤名教中樂地，亮符頌祝，曷既懽忻。鏞此際旅況，諒在鑒中，固毋庸贅而玆之，所以再三瑣瀆者，實迫於家計不得已，始陳情於先生之前，并非效市井無厭者流，妄作得食求魚之想也。夙叨摯愛，當必格外憐之。現在鏞日盼德音，直同望歲，先生果不以鏞爲不肖，終始成全。伏祈即賜一示，以慰渴懷，是所切禱。臨楮不勝翹企待命之至，容當面謝。肅此上懇，敬請福安，伏惟曲鑒。

姻小弟吴鏞謹啓　四月朔日自辰州督銷局肅

此次果蒙札調，庶免致事體太卑，薪水太寡，禱切禱切。

鏞官銜係安徽試用巡檢。

二

敬禀者。夙蒙庇蔭，彌望栽培。乃因修謁之不誠，以致慈顔之莫接，瞻依未遂，悚惕時深。日來天氣清凉，敬維大先生大人鼎裀篤祜，履茀鴻延。晉公優遊於渌野，太傅寄興於青山，暫托足乎山林而關心乎廊廟。聖明倚重，寵錫頻頒，家慶國恩，曷勝頌祝。鏞家業凌夷，廢書謀路，蓋以母老累重而坐食，何以爲生。忽於去秋頓患頭痛，卧病一年。然非家蔭薄存膳田以供粥食，幾至未知嗽飯何所也。所幸者舊病現已全愈，固不能在家閑居，此則仁君子之所深憫者。兹次之來省謀戎幕，伏祈垂恩嘘植，鼎力玉成，俾得枝棲尺地，力效寸長，則他日稍能樹立，感荷鴻施，真無既極矣。肅此禀懇，祇叩福安，統希慈鑒。

吴鏞謹禀　七月二十六日申

吴鴻漸（一通）

筠翁中丞姻兄大人閣下：

久仰儀型，時縈寤寐。兹值松標勁節，梅綻芳苞，遥想道體凝禧，德門篤祜是頌。小子錫齡屢承昆台眷注，銘感難忘。粤東之役亦是好差，惟冀恩曜始終照臨，則尤荷戴靡既。昨接小子手稟，云有信件等項寄到尊處，未知是否屬實，專丁詣問，如果不謬，請飭紀帶各件至楊中和瓷器店及王義泰客棧兩處，憑交來手爲荷。耑此布達，恭問福安，暨閤潭均吉。

姻愚弟吴鴻漸頓首

令弟意、志翁均此奉候。

小侄嘯篴名昌彦，屬筆云有對聯壹副曾求法書，如已写就，即請擲交來手爲感。又及。

初五日戌杪

李光燎（二通）

一

芸翁老伯大人侍右：

省垣捧檄，星夜遄征，奉別於兹，倏經半月。龍、益屬境，小醜跳梁，蔓延資江南北兩岸，數日之内襲破兩城，接壤鄰封同時震動。侄領率輕隊兼程進勦，十九、廿一兩日擊賊於益北之迎風橋、軍山鋪等處，敗之，賊即竄往楊林坳。廿二日我軍由間道横出新橋河，復與賊戰於烈公橋，又敗之，斃賊三百餘名。此岸之匪紛紛南渡，麕聚桃花江、陳家灣、橋灣、大水洞等處。廿四日我軍渡河進勦桃花江，該逆千餘人見官軍至，退踞橋灣，侄親率中營隊伍分路兜擊，又敗之，斃賊四五百名，陣斬僞楊大王，生擒僞軍師鍾玉勝，並悍酋十餘名正法。陳家灣、大水洞兩處賊匪繁勝撲滅之，斬馘甚衆。廿五日又擊敗賊於尖粟山，殲除幾盡。該逆勦敗於迹已魂消魄落，各自逃散。近聞龍、益屬境既已肅清，連日出隊搜捕匪蹤，亦已盡淨，但脅從之衆散而爲民，整頓清查誠非易事。右營有守城之責，不可久留，現已飭令於初一日凱旋回省。敝部新募之勇不日可到，將來即駐紮寧、益交界之處，以資彈壓，而便清查，務期根株盡淨，後患不萌。斯爲盡善，知關廑念，合並縷陳。倚戈草肅，敬請道安，統希垂鑒，不莊。

世愚侄李光燎頓首　廿九日

二

芸公老伯大人閣下：

頃奉中丞面諭，明晨開差益陽，十七之召未能副命，伏希原宥是幸。匆肅，敬鳴謝悃，即請道安。

世愚侄光燎謹啓

李法甲　周鳴鶴（一通）

筠翁先生大人閣下：

敬啓者。本邑東關外之鄧婆礄，乃晉省通衢，日中車馬絡繹不絶，此上下之要路也。近因河伯爲灾，礄根石脚不免奔潰，倘再不修培，則日甚一日，將來之工程愈大，其用費自必更繁。現在通盤打算土工、石工約花小叁百餘串，至少在貳百以外，諸君子念念在心，力不能及，躊躇再四，莫可如何。聞閣下於先年不知爲何項起見，曾捐有青蚨三百串文，比時捐而未用，至今積累頗多，詢之令弟磻兄，均稱實有是事。其錢交李君管理，現已有數年矣。用特公同酌商，懇將前此捐項改作修礄費用，未審以爲可否？想於彼於此無非爲利物濟人之意，倘蒙俞允，則行李之往來不至臨河而返，由此碑傳户口，自當頌功德於靡涯也。手此，敬請福安，統維朗照，不一。

愚弟李法甲、周鳴鶴頓首　二月初一日

李長藩（一通）

世伯大人鈞座：

頃奉手諭，敬承種種，兹從中丞師處覓得舊黄曆十二本，李仁亦送來十二本，封上敬乞賜收。肅復，恭請鈞安。

世愚侄李長藩謹上

世姨伯母大人前敬請痊安。

大孫世兄日就健好，至念至念。

李廷柱（一通）

筠翁先生仁兄大人閣下：

日前趨謁，未聆教言，殊深悵歉。昨風雪中辱承枉顧，不料小價無知，妄阻台駕，尤覺不安。罪甚罪甚。兹有懇者，前聞張力臣兄傳述尊命，各開履歷彙入邑志氏族表内，兹謹另單開呈。先嚴及賤兄弟職名可否列入？伏候鈞裁。瑣瀆清神，容遲叩謝。肅此，敬請著安，不一。

愚弟李廷柱頓首　十三日

李保邦（一通）

筠仙中丞先生大人閣下：

去因在省晉謁，承賜寵翰，貺以珠聯，置之山水屏障間，真覺几席生春，蓬門增色。謹當珍重，祇切拜嘉。歸時稟辭未遇，甚覺歉然。伏念先生大人文章經濟標炳册書，操一代之鑒衡，司群倫之風稚，秉筆則揚清激濁，立言必顯微闡幽，凡蒙齒頰之芳，輒以品題爲重。邦弱冠從戎，勳猷未建，十年養拙，懷抱莫攄。居家雖課讀爲娱，伏櫪尚壯心未已。所期策蹇略同，昂首以長鳴，是布鄙忱，益切撫衷而自愧。肅此，恭請鈞安，諸惟崇照，不備。

晚生李保邦謹啓

李高頔（三通）

一

筠翁先生大人侍右：

頃待命旅館，近五旬矣。本欲不時晉謁，又恐干瀆尊嚴，而延頸舉踵，固無刻不依依左右也。辰維道履榮暢爲祝。頔内外交迫之情，前書已履言之。今則妙手空空，外且難堪，遑云内顧。將欲力圖歸計，已爲觸藩之羊，欲少事勾留，又如失巢之燕，進退維谷，如何如何！伏念先生之於頔所以噓植而成全者，固不一而足矣。無如命蹇才庸，既無以仰副期望，而又不自振拔，悠悠忽忽以至於今，分當匿迹銷聲，埋頭空谷，復何顔咨且囁嚅，依人以求生活哉！特以家貧親老，即菽水亦待圖謀。時亂年荒，非筆耕莫資事畜，故不得不靦顔人世，謀升斗以贍困窮。

然而今之大人先生既無暇培植寒畯，而士之及其門者無論知與不知。而豪奴健僕見其咨且囁嚅之態，蚤已叱而出之矣。士何由一見顔色，待士者亦何從一宏吐握耶？先生之於嶼雖無盧此，究之雲泥分隔，情即難以遽通，不然何數十日之久，僅僅一面耶？至意翁處并一面亦不可得，既不便頻事干謁，又不敢再煩紙筆以取厭惡。惟覬先生始終加惠，俾無根小草猶有向榮之機，不但一人感恩，抑亦全家被澤矣。況碩德徽聲，當塗仰重，一言之下，豈至無成。若云癬疥之患不足以煩盧扁，則將坐待其斃而不一引手救乎？揆諸愷悌慈祥之心，當不如此。窘迫之狀，莫可名言，以速爲妙，未遑計優劣也。不盡主臣，恕其檮昧。耑肅，敬請道安，伏惟矜察，不宣。

李高嶼謹上　四月初十日

二

筠翁仁丈先生大人侍右：

夏五揖别，自秋徂冬，六月間曾託羅獻廷帶一函，想邀省覽。辰維禔躬曼茀，道體康愉，眷屬均安爲祝。高嶠負曝茆簷，毫無穀狀。閑居寂處兩載，於兹蠅頭微積爲日用七事，所耗業已無餘，而前路茫茫，又未知稅駕何所。三十年老門下爲慈塵所係，爲福蔭所庇者屢矣，故敢質言無隱也。前晤嚴茀君孝廉談及推薦之事，渠謂吾丈一言之下，於綠埜公處無不響應者，緣嶠名次少殿，故一時難及耳。然引領以俟者，亦有日矣，而得失尚不可知，吾丈其將何以策之？擬於明歲新正趨赴崇階，藉叩新禧之便，以圖新事，或另有一番新氣象耳。專肅，祇請鈞安，伏維垂鑒。

李高嶠頓首謹啓　長至前十日肅於龍陽小南門

三

筠丈中丞大人侍右：

閏月曾託陳鏡吾寄上一函，諒塵省覽。曜靈急節，倏届秋中。伏維桂尊曼茀，蘭戺揚芬，企脚南榮，傾瞻北斗。高嶠於月中旬仍續舊遊，諸凡托芘，頗復如常。數十年錮疾爲中丞所深惡，爲衆人所藉口者，現已極力捐去。失之東隅，輒欲收之桑榆。門墻雖峻，或不終於擯拒耳。

惟此地白衣蒼狗，变易無端。尚覬遇時庇覆，或能更上一層，則感佩無既矣。再。鏡吾歸去已久，外人頗有閑言，嶼曾一函速駕，亦未見復。如有便拜幸函致之。耑肅，恭賀秋禧，祗請福安。

李高嶼頓首

第四册

第四册

李高頎（一通）

筠翁先生大人侍右：

踵謁數次，皆不獲見。頃聞茶陵等處掛牌，若局務難圖，即懇改圖館地以救然眉，感佩私忱，不僅身受耳。窘迫之情萬分無奈，遥憶家鄉，幾於坐立不安，非救苦天尊，何能拔離苦海耶？耑肅，祇請刻安，不一。

高頎頓首　十七日申刻

李光燎（一通）

筠翁老叔大人侍右：

拜讀鈞示具悉，陝西信件當遵示加封馬遞。小溪來使日内當迴去。韓君處小槍當令來足走領解歸也。率此，覆頌道安，不莊。

姪光燎頓首

李朝鎮（一通）

筠翁老師大人史席：

月前特謁志局，得覲謙光，倍欽師範。芻蕘不棄，莫助蒐羅。椽筆侍揮，騰資臨仿。惟是仰求薦牘，恨未曾獻拙於皋比。抑思謄晉帖，言恐不暇指疵於鷲嶺。曩讀《春秋左傳》，著小論於簡端，謹録數篇賫呈左右。區區管見，何可塵瀆方家；藹藹淵衷，或不鄙夷小技。敢擬同舟之誼，幸邀説項之光。俾安硯以有階，免賃舂於寄廡。統希鈞鑒，恭候崇安。

戚教弟李朝鎮頓首白

李輈（一通）

筠叟中丞仁兄大人閣下：

月之十八日接磐溪兄書，始聞閣下現抱西河之痛，驚悉之下，不勝太息久之。以郎君英隽之才，忽爾青年化古，自必刻難忘懷。然造物忌才，亦理數之無可如何者，尚冀達觀自解。念將來桐枝挺秀，即無殊桂樹敷榮，萬勿作此過情之悲，致傷玉體，是則私心所切禱者耳。弟客夏回里，多蒙德教，雲天高惠，銘感實深。無如時命多舛，值爾時大水爲灾，廬産盡成澤國。而一片閑雲，又不得不作出山之計。幸秋後抵鄂即有荆門之役，卸差後旋即奉辦樊口釐務，於冬月朔日接事，眷口亦隨寓此間。惟是公私交併，時有汲深綆短之虞，終日鹿忙，以致尚稽箋候，想大度優容，諒不以此責疏闊也。手此布唁，敬請鈞安，伏乞垂鑒。

愚小弟李輈謹啓

李　檠（二通）

一

筠仙長兄大人閣下：

日前面求法書格言，兹將屏紙謹呈，敬乞鑒入。暇時乘興書之，弟當奉爲圭臬，受賜多矣。專肅拜懇，敬叩台安，不具。

如小弟李檠謹頓首　十六

二

筠仙長兄大人閣下：

昨拜手命，並領到法書、楹聯、屏幅，本金石之言，重以明公之手筆，洵可實貴，已付潢池。俾得懸諸座右，朝夕詹仰，悦目警心，歡幸何可言耶！肅謝，敬叩年安。附上家作果子糧，並魚肉、武夷茶數事，乞哂存之。是幸。

小弟李槩謹頓首　廿八

李檠 李桓（一通）

筠翁長兄大人閣下：

新年詣叩，未獲登堂爲悵。廿六辱承寵召，理應趨陪，惟桓於各親友宴會均未到，渠是日塾師到館，不克分身，祇好心領盛情，繳還大柬。感悚之忱，當蒙鑒諒。肅此奉謝，即請台安，不具。

如弟李檠、桓謹頓首　廿二日

李　檠（一通）

筠翁長兄大人閣下：

一别經年，聚纔半晌，何會少而離多，却此心愈爲耿耿也。接讀手翰，復與意兄暢談，敬知起居嘉勝，不勝慰抃。承屬邑侯稟請鈔發各案一節，已經爲方伯言之司房，亦倩人具達其意，一時尚不能即有成説。所謂周七麻子者，當設法安置而恐赫（嚇）之，或不致中分爲祟耳。秋陽甚烈，得北風遂覺清凉，場中必有大福人。歲收豐稔，穀賤於前，皆大好氣象。聞琴從擬於重陽前後復來會，頃果爾，則芋園菊花有幸矣。匆匆肅此，敬請箸安，惟幸愛照，不莊。

愚小弟李檠謹頓首　初十

甫弟屬候。

李　楨（五通）

一

世伯中丞大人閣下：

敬稟者。昨張力翁去後，拱候多時，探聞尊事甚冗，未敢再求侍教，不辭而出，歉悚奚如。所懇之件，實出於萬不得已。于曦翁處三月之久，不見分文致送，負欠既重，眷口亦多，妙手空空，無以爲計，必得一枝之借，始能少有轉機。他處稍有可圖，斷不敢再三奉瀆。既承垂注，務望速賜栽培。涸等鮒魚，立思借潤，倘蒙日内設法位置，則心感無盡矣。唐突之罪，尚祈原之。專肅寸稟，祗叩崇安，伏乞朗鑒。

愚侄期李楨謹稟　二日

二

世伯中丞大人閣下：

敬禀者。日前所言石馬鋪之地，尊處地師曾否往看？念念。諄懇之件，祇乞栽培，如有好音，祈即賜諭。侄近况窘到萬狀，又苦不能出省覓館，所求庇者，惟樾蔭耳。專肅，敬叩台安，不莊。

世愚侄期李楨謹禀

三

世伯中丞大人閣下：

敬禀者。昨晚榜發，賤名竟落孫山之外，楊蓬海兄獲雋，所遺志局一席，務乞以侄補之，出自栽培，不勝感禱。子敬亦同被屈，可爲扼腕，殆亦文章憎命達也。所懇如蒙恩植，望賜復諭。

專肅布叩，祇請台安，不莊。

愚侄。

世愚侄期李楨謹禀

四

中丞世伯大人閣下：

敬禀者。傳聞志局余君鳳笙有北上之意，擬辭局事，異日出局之後所遺一席，可否以侄兼之？出自栽培，不勝虔禱。專肅寸禀，祇叩崇安，伏乞慈電。

世愚侄李楨謹禀

五

中丞世伯大人閣下：

敬禀者。新委署清泉趙蓉生司馬聞出門下，該縣縣考計在明正，自必需人閱卷，敢乞俯賜

噓薦，務令及早訂延。侄際此殘冬，窘迫尤甚，倘明正得此接濟，即不啻台端之所賜也。司馬
啓行在即，祗乞日内面訂爲禱。專泐寸稟，恭請福安。

世愚侄期楨謹稟

附名條一紙。

李壽鼎（一通）

筠翁太年伯大人鈞座：

敬禀者。昨日接侍山斗，如坐春風，不覺塵襟之頓釋。惟自恨學問太疏，輩行甚晚，不敢屢瀆提命，爲抱歉耳。昨承示先大父集中多有訛誤，祈將原本敕下，再細心鈔録完全，呈上鈞覽。惟先大父墓誌、家傳，俟秋凉氣爽，然後拜求鴻文，以垂不朽。太年伯與先大父金石之契，或者一爲泚筆，不辭辛苦，而侄孫亦感且不朽矣。敬請道安，伏希慈鑒，不宣。

世再侄李壽鼎頓首謹上

李慶曾(四通)

一

昨領鈞誨,欽佩無似。張家近事盡改從前局面,一切諸歸節約,凡銀錢均張四先生主持,另派謹飭者司籍,可無妄費。惟藥資、殮資並將來歸殯之資,通計須千二百金方能了事。劉咏如太尊已送,此外尚無從設法,蒙允張羅,感激涕零,不獨張家存殁與俱而已。聞鄒觀察宗孟將於日内言旋,此公殷實,與此間亦尚有交情,似不可失。仰懇賜速圖之。專肅,恭請太世伯夫子大人鈞安。

受業世再侄李慶曾謹上

二

夫子大人鈞座：

敬禀者。頃晤張喆卿先生，謂城外屋小，恐不能成禮，擬念四日侵晨，或晚間無外客來時，備輿敬迎朱香蓀先生，便即趨詣奉商。仰祈俯允，幸甚。

又王中丞往歲爲慶曾薦郴州東山書院乾館，邵中丞相仍未改，頃聞李中丞思大更動，伏乞械懇惠留，否則志局即裁，他無可問津。如中丞前不便徑託，或求楊砥翁轉達，歷歲關書皆誤父號，請託械書李屏南拔萃免歧。中丞見正料理此事，遲則無及矣，仰懇賜速圖之。曾父署中即有斷炊之虞，仰惟夫子憐而曲成之。至禱至禱。肅此，恭請鈞安。

受業世再侄慶曾謹上

三

夫子大人鈞座：

日來兩次晉謁，均適師駕他出，悵歉無似。張喆卿先生擬開正送靈櫬歸蘇，葬畢將攜侄往謁。何小宋制軍於閩省，意求夫子賞械爲介紹，可否，俯允所請。至禱至禱。

又劉生振愚名鐸，往應經課，屢在前列，肆力經史之學，四書尤其所專，年初弱冠，造就已邁等倫，楷法夙精，六書尤熟，祇家貧親老負米無從。前聞夫子所訂注各經，須覓深曉此道者爲之繕寫，用特舉劉生所學，據實以聞，可否傳見，進而叩之。寓理問街寶墨齋内。夫子愛才若命，倘恕其冒昧而優與栽培，銘感之深，直同身受也。

慶曾今日啓程赴辰，來春再坐春風。倚裝肅此，恭請鈞安。

受業世再侄慶曾謹上

四

夫子大人鈞座：

月來三次晉謁，不獲面領教誨爲歉。張喆卿先生擬請賜爲東墅先生，於本月念四日成主，屬慶曾敬謹先達，明日再躬詣叩求。竊念東墅先生平日所欽仰者，惟夫子一人，伏乞矜全，至深心禱。專肅，恭請鈞安。

受業世再侄慶曾謹禀

又寄劉、何兩制軍訃，他無妥便。聞尊處時有書往還，用謹附呈。仰祈賜遞黄堇腴太史胞嬸壽聯一付，仰懇賜書。慶曾再禀。

李鳳苞（十六通）

一

敬禀者。前蒙咨准外部留嚴生再習格令次年功課，以求深造，茲届西十月朔開學，伊邇若仍僦屋居住，則耗費甚鉅，且來往不便。謹查該生向到學館就繕，稔知空屋甚多，儘可在館歇宿，朝夕觀摩。茲擬華文函稿呈請削正，應否發交洋監督譯繕簽發，謹候鈞裁。再，前在彥嘉處讀手諭垂詢，禀告情形互異。乃未接電信，則曰想回團聚。既接電信，則曰歸去亦好。因敬如函已呈覽，不必再瀆也。至威使妥議，本無此説，倘前禀有此，或是夜深誤筆，伏乞鑒原。正繕禀間，又奉十八日手諭，囑易去禀字，謹查司道署院未接印時用禀，况舉主與座師相埒，誼屬師生，何可僭妄。肅復，恭叩崇安。

附呈唐道原函，並華文咨外部稿。

職道李鳳苞謹稟　八月二十日

二

敬肅者。日前肅復，諒邀鈞鑒。昨奉十四日手教及天津件，敬悉憲體違和，未克光降，甚爲悵悒。抄示致總署函，不但力爲玉成，且有裨大局，銘感實深。此間亦風聞中國與德國有釁，停派公使，衹令監督照料之説。昨晤土國公使云，我們東邊國與西洋交往甚難，且詢云日後中國究竟仍派公使與否云云。昨接巴洋使函云，與外部函商，署使因不合面君，但今係盟國，似可請示以客禮相見。苞即復云，既不合例，不見爲是。倘未請示，可作罷論。前十六日晨，送劉生上車場，途間告苞曰，自到西洋，惴惴恐懼，直須脚踏粤地，方能寬心。苞答曰，我們衹仰不愧，俯不怍，便無須害怕。劉生嗒然無語。又云，一年在此，錯誤必多，總求掩蓋，其心神沮喪如此。承囑稷臣四件，已令陸續查復。和約十條，亦令追憶。唯近日慶常送劉生去，暫令和伯與傅蘭雅譯書，遲日當有以報命也。柏林商會新聞西初十日云，劉使昨離柏林，誇張之氣雕喪已近，其初見德君時，聞有甚背謬處，故朝見後，以爲德國有意藐視，所行禮貌與其官皆不稱，推其自尊之故。本於斷定西洋學問一切不及中國，飭令隨員及生徒之在武營者仍遵中國制度，不准習西洋分毫。聞其所撰日記甚詳，不日印行，更有一番新聞矣。何日本善學西洋，而中國如此自尊，殊爲不解云云。此所聞名曰愛克司春治路耶□，與蘇格蘭所見之商會相同。此復，敬叩鈞安。

李鳳苞謹肅　十月十八日

三

敬肅者。昨奉十七日手諭，據眉叔風聞敬如、博郎陪送粵生，致疑『周旋太過』，總因十五日肅箋尚未達覽爾。粵生經赫稅司專派扞手伴送，久候巴黎，唯百林至巴黎需人傳話，渠欲陳、博同行，今派慶常一走，唯書箱十餘件，瓦罐、泥爐、食物數箱，共行李六七十件，聞係廣東寄來，需人照顧，再三請飭慶常陪至馬賽。聞考侖、巴黎、里昂俱暫息一日，心神沮喪，何心遊歷？似皆眉叔風聞之誤也。十七日午後連接多郎電報，學生劉懋勳病危，念前派斯幫辦看梁丙年已誤，今因敬如適欲往巴黎取行李，并交卸文案，遂派敬如於十七日晚十點起程過巴黎，祇與日軍門一商，囑勿令粤生聞知。今應早抵多郎察看學生矣，回時可由巴黎取行李來德也。承詢報銷稿已於前月造竣，曾詢博郎置買什物，尚無浮冒，惟畫屏、磁瓶不甚切用，又酌留食物值銀百餘兩而已。此等食物固屬無用，然駁令帶回，亦耗公中路費，價幾相等。除移交銀八千餘兩外，具載四往册中，應否駁斥，則在總署。前有抄咨，云統歸前任截報，以免糾葛。似非接任者所能顧問。移交什物，均飭敬如會同原手查閱細摺附卷矣。承囑開刊款目，俾可互相考訂，係屬正辦，謹飭抄四往册呈覽。劉和伯十條日促遲憶開呈，渠擬赴英面呈，至瀕行所慮，乃揣和伯不開之故，非有疑於執事也。諒不誤會，無庸置辯。肅此，敬請鈞安。

李鳳苞謹肅　二十日早

外附抄册。前日銀票曾否達覽，念甚。

四

敬肅者。前肅一箋，諒登鈞覽。承委覆促劉委員將狂吠十條開列呈覽，該員每日追想，屢開屢止，總因憶度開呈，恐干期飾。所記者不過披衣、聽樂、迎王數事，其餘大半云洋人喜某事而郭亦爲某事，毛舉细故，渺無影響。近又想出摺尾有述藍書所載一事，苞亦未知顛末，不解所謂。今令親叩崇階，明白禀復，并將記憶之條切實面呈，尚求賞見而垂聽之。苞屢承諄囑，是區區者不能報命，歉仄殊深。然該員詞意急切，十分悚懼，當繕摺時，經粤生閉户逼寫，曾竭力勸阻，極遭呵斥，至今記憶不全。又指天誓日，力求表白，熟察情形似非有心狡展者。至於苞之留用，一擬寬限追憶開呈，一因該員敏達可以造就，歷蒙賞識。前因粤生傲上凌下，以致困郁放浪，不修邊幅，今方杜門供職，刻意勤慎。念彼數萬里飄蓬，既不能圖寸進，尚冀滿役回國，聲名完善，是以體愛才之心，姑令寬期追憶，毫無徇庇留用，有心立異，諒執事明察秋毫，不致遇慮銷責，無須贅辨。唯該員既肯面陳，應不稍事隱諱，但恐記憶不全，未愜憲意，仍求□函示，容苞婉諭請假，萬望勿登白簡，以示保全。然素仰執事陶成教育，爲國培才，必能格外矜全，無容贅請也。傳人電報一箱誤寄來德，兹呈請賞收。肅叩鈞安。

李鳳苞謹肅　十月廿七日

五

敬禀者。清晨奉到七夕鈞諭，敬悉外部文件已蒙照咨，其巡船月費因未早付，致被外部函催。職道等明有難辭，既蒙諭飭羅委員照付，實深銘感，此時銀票想可由斯幫辦寄英矣。承示近患頭暈眼蒙，想係心神勞頓所致，似與虧損者有別。幸憲體篤實，遠邁往喆，惟求静養精神，排解憂憤，自可勿藥早占，以慰社稷蒼生之望。洋醫每用猛劑，未必相宜，諒憲台自具卓裁，不致過信。職道養痾山中，飲某泉、浴某池，一惟醫言是聽，雖未必盡效，然不辭跋涉，聊盡人事，亦差勝養癰遺患耳，非全爲逃避計也。諒已早邀鈞鑒。馬委員已領遊費到英考訂，亦屬照章，似可聽之。草率禀復，恭叩鈞安。

職道李鳳苞謹禀　日監督附叩崇安

七月初十日谷泰山村

六

前奉面諭，諄囑，謹擬稿呈政。唯洋商數十家，委員千百人，向視采辦爲利藪，大府亦未必真知灼見。今欲各省專托蒲君承辦，恐勢必不行。與其抱歉於日後，不如罷論於事前。況今日日監督來函懇派總領事，若派蒲君，則不但日監督宜派，恐自薦者且紛至沓來矣，尚求大人三思之。今日職道擬繕禀節相，似領事一節未便述及，且俟鈞裁定奏後再爲禀達。未知當否，尚求訓示。

職道鳳苞手禀　三月十九日

外禀稿一件，日監督函一件，並呈覽。

七

敬禀者。職道旬日間往來英、德，未及肅禀，歉仄奚如。敬維憲體康健，閤潭曼福，一苻叩祝。職道叩辭後，於本月朔晚抵百靈，分投函訂，至初三日得晤巴提督，初八日始晤德羅他。閩溪耳提督避暑未回，遂令王弁來署面詢。其斯邦道三弁習看大操，於初四晚回營，楊弁亦由拜晏就浴方回，均經驗試，漸有進境。計與劉京堂坐談四次，所謂背謬者率未明言，大約不外偶批斗篷之類而已。都中勸阻封事，始諉全不記憶，繼云總因詞鋒太銳，恐取咎戾耳。詢以願留威使妥議之，語則云當時亦未卒讀也。再四叩問，率皆類是，亦無牢騷怨恨之語，諒因既奉廷寄，渙然冰釋，唯日想請假回粵，一家歡聚耳。聞曾函商總署矣，適初二日五點接總署派署之電報，次日即向職道賀喜，並云須早來百靈將一切信件詳細交卸，接任一禮拜後，即須起程，語次亦無愠色，莫測其意也。職道於初九日午刻上車，初十日晚抵倫敦，遵命暫住使署，設榻於下層飯廳，十一日往商水雷艇等事。今十二日聞鳳翻譯云威洋使不日起程，職道念前在京城曾蒙答拜招飲，似應一往送行，適黎參贊亦願同去，遂與羅翻譯往。詎料禮拜日須晚九點方有回車，於是看書閱畫，涉山臨水，徘徊竟日。臨別詢職道云，近日接到電報否，聞外部有電報，允准請假之信。職道亦答云曾風聞之，並述憲台静候巴黎餞別之意。則云大約西曆十七日起程，然尚未定，總須挈眷到巴黎小住，面罄積愫，無須備饌也。敬録其語呈候憲覽，職道以至愚極鈍，渥荷裁成，雖暫事代庖，實虞綆短，猶望匠門在邇，得以事事禀承，倖免隕越。乃又聞俞允錦旋，斗山迢隔，提命稽時，恐捫燭扣盤，深堪滋懼耳，一俟下旬星駕旋英，面承訓示。□肅稟達，恭叩鈞安，虔賀節禧。

職道李鳳苞謹稟　十二日夜二點鐘倫敦手肅

八

敬稟者。日前叩别憲旌，風和日暖，早卜馮夷效順，穩送星軺。今午展讀手諭，敬悉榮莅巴黎，夕陽未下，少大人亦安適如恒，一爲私祝，忻慰翼如。前奉核發之照復外部稿當托羅稷臣與馬洋員翻譯洋文，旋據稷臣云，已與解明經、馬洋員將洋文原函收去，應允承照辦，是以何時送簽，何時封發，未便過問。至於稟合肥相國稿早已遵録攜帶懷中，因叩送時疑爲不急之務，未及面呈，委係偶然疏忽，兹謹附封呈覽。丁韙良刻送之書總署即使與聞，决不以曾否收到爲詢，劉倅以此飾朦，宜乎難逃洞鑒。黎牧與鳳苞在丁雨帥幕，深悉其書猶本色。近日情節極似爲粤生輸誠，殊不可解。幸賴憲度包涵，必體國家需材之意，以開其覺悟，早就陶成，不勝額慶。鳳苞於廿一日抵奥士福，承天文師引觀軒轅雙星及所推《堯典》中星圖，次日又承掌院收乏爾留膳，引觀博物院、藏書樓及學堂八九所。來格華名理雅谷等囑請憲安，並道謝茶會。二十二晚回倫敦。昨日病濕疲甚極，想早日渡法面聆鈞誨，奈須精神稍健，略爲收拾。頃詢湘浦亦云尚須休息數日，遲至六月初二日可以同行，已函托陳翻譯預定客寓爲鳳苞與稷臣歇宿之所矣。肅此稟復，敬叩鈞安，伏祈垂鑒。

職道制李鳳苞謹稟　五月廿四日

外附呈函稿。羅翻譯附叩崇安。

九

大人閣下：

敬稟者。昨日叩送憲旌，風和日麗，早抵英都，曷勝忭頌。職道今晨赴愛舞來閱農田機器，不外中國耕耖碌碡諸法，而概以汽機運之，較用牛馬者省費十之四。土性不同，器具亦異。歷試美、英、法三國農器十五六種，俱極便捷，同閱同飲者三百條人，其主人代賅乏爾爲專造農器之廠主，酬應周至，囑請憲安。六點後回寓，地亞士行主密臘來訂初二或初三日起程同赴考耳，閱看廠工，閱畢即往伯靈查看。肄業幼弁半月内可以回英。陳翻譯方在温課，且恐憲駕回法時有應辦公事，是以不帶同行。今嚴、方、薩三生與羅翻譯回英，擬將格令三生調换來法。附呈片稟一扣，謹求鈞鑒，咨會施行，並將洋文附呈憲覽，以便照叙咨稿。羅翻譯抵英時可否恩准暫住憲署張翻譯住屋，專譯律例，待職道回英再行僦寓之處，出自憲施。肅此，恭叩鈞安。

職道禫李鳳苞謹稟　六月三十日亥刻

附呈會稟並附洋文。

一〇

敬稟者。今晨八點與日監督到礦學院商議派徒進習，已承允許，俟稟商憲台，函懇工部，即可定奪。並悉今日下午凡賽知府于一點鐘叩謁憲轅，面訂禮拜六恭候騶從到鄉用膳，閱看學館、炮營等處。又今日下午二點之前須請憲駕到削德來戲園，前爲進地溝之處，因訂定二點十分進地溝也。肅此稟知，恭叩鈞安。

鳳苞謹奉　二十五日

一一

敬禀者。職道叩送星軺後，本擬略爲料簡，于初三日赴德查課，奈連日感受濕熱癬疥迸發，夜不能寐，精神日憊。昨訪布醫生，用輕粉搽敷，痛甚，益不能支。今晨訪官醫普賽云，若不速治，蔓將難圖，必貽大患，力勸速往温泉洗濯。適日監督亦擬往浴，遂訂今晚上車，同往西班牙交界之比力牛司山，兩禮拜可回法都，敬肅禀知。如學生上船之事得有英海部復函，敬求諭飭羅翻譯致函法都辦公所，職道當趕回遵照辦理。再，馬翻譯建忠昨經考中法國詞章史事之科，現回巴黎與職道同寓，擬本月中旬前赴英都遊歷，以資印證。藉可面承鈞誨，謹先附達憲聰。肅此，恭叩崇安。

職道李鳳苞謹禀　七月初五日巴黎寓齋

一二

敬肅者。午刻接奉二十七日手教，即請傅先生同讀。渠定於今夕九點上車回英，既蒙代出艙位價，無須再給護送薪水，感激之忱，容當面謝也。遵購里士叨芬查礦第一書及芬摩爾克之書三種，又金錢三種、銀錢五種、鎳格爾錢二種、銅錢二種，以上書價五十八馬克半，鐵樣價四十三瑪爾克八八，均由博郎付給，爲數無幾，不擬開呈。既承垂詢，附肅以聞，萬里錦旋，積誠叩送，以表區區。謹於正月初十後親詣巴黎領教，因傅先生匆匆上車，附肅，敬請崇安。

李鳳苞手肅　元旦

一三

敬禀者。昨廿四日奉手示，嚴生進院居住，已由日監督托遜順辦理。而次日接日監督函，囑職道面懇提督，未知何故。今晨擬謁提督，而嚴生知提督未回，應先函商掌院，俟有回音或須憲咨，或應面懇，再行稟知。其復謝外部文已於昨日譯發，兹將華文呈覽，其原洋文已交在初存檔。昨於彦嘉處讀憲函，知巴洋使曾到英與威洋使密商，情殊詭秘，惜憲駕未回，不得與之暢論也。近日雖可在巴黎聚晤，而大局已定矣。肅此，敬叩鈞安。

職道李鳳苞謹稟　八月二十八日

附呈復謝外部華文。

一四

敬稟者。今日接劉和伯函云，厘金之事，月之廿三日劉京卿又復行文于外部，大意主正子併交及兩個二五之説，緣從前該外部曾詢及中國實在辦法，故以此答之，亦節取總署來信之意也。至彼之不允，固不待知者而知，姑一言之，以完面子文章耳。其四月間所上條陳及捐賑附片均未奉到批旨，頗深盼望云云，謹抄出稟知。敬叩鈞安。

職道李鳳苞謹稟　九月初二日戌刻

頃發電信諒已達覽。

蒙示各函，切實穩當，並無妨礙，俟羅翻譯繕洋文函後，可以對寄克鹿卜矣。惟各函背面須加洋文，庶投遞時不致歧誤，其應否另加官封，亦候鈞裁。

一五

敬肅者。日昨清晨起程，不及叩辭，一路托芘平善。初八日晚抵柏靈，初九日拜闕接印，並收總署原函及抄案二十一册，並致總署之函稿一本。雲生定於十五日晚起程，是以乘其未去，晝夜翻閱，隨時詢問，以致疲精勞神，未肅寸箋，殊深歉仄。外部訂於今日三點偕雲生往謁，其巴使、勞使俱未便先謁，照該國之例，既無總署文憑投遞外部，祇與原任委代者相等，所謂桑賽兑費即是也，不能列入明尼士得爾，亦祇聽之而已。此間寫摺起稿一切向經劉和伯手，祇好暫行留用，實出萬不得已。囑詢之件已切實轉詰，據稱實未抄存，不過約略記憶，俟公件辦清，雲生動身後，當想出繕呈，似是實情，想不至托詞狡展也。近日風和日暖，望星軺於二十日左右光臨，當可追隨聆教，惟二十日以内須手復函件詳閱抄案耳。臨行時蒙諸位相送，適行李運價不敷，承彦嘉稟懇撥墊，感謝之至。請飭開墊數示下，以便清繳。早知行李太多，擬由貨車載運，馬清臣阻云，查係同價，不如常去，豈知竟有六十餘磅，貴於貨車四倍甚矣，更事難也。匆匆肅請鈞安。

陳、羅兩員附筆叩安。

李鳳苞謹□　十月十一日

一六

敬肅者。前日接奉初九日手教，敬悉一切。從前出入迎送乃事長之禮宜然，何事答報，是日先期發軔，正恐勞動憲駕出送，且行李太多，略須點檢耳。乃不責以未及叩辭，而蒙以不及枉送，備致殷拳，感激悚惶，莫可言喻。前日謁英公使，面致威函，承允隨時垂詢，總可面罄。昨謁俄公使云，我兩國接壤，較他國爲親近，若將來西北火車路成，當更親暱也。又謁意大利公使，亦極謙恭，與言孛羅利瑪竇久爲中國欽佩，彼亦甚喜。今日謁法公使，亦謙恭，談及在法肄業生徒，則云總與中國視同一家，盡力照應。又土耳其公使訂拜一往拜。澳公使不在此，其餘皆二等，可次第投刺矣。畢司馬能否謁見，當無函復。今日巴提督來，云渠弟感冒甚重，少痊當來拜。昨已接郭大人函，俟君回，當乘便述明應否面君再定。巴提督又私向陳委員曰，莫如姑勿提及，免致德君心疑。前以劉某唐突，今又不明派公使似□□□通好□。上午接巴使函亦云，俟君回當代謀之，並請郭大人□。苞已囑博郎復謝，云姑俟緩商，安之而已。承教勿聽人言，以謹和爲失體，致變易所守，實深銘感。惟常念温良恭儉讓，則可聞國政忠信篤敬，則可行蠻貊，故不敢以虛憍傲慢相將，實非過爲謙和也。密斯盤窮極無賴，實無道理，其造藥機圖已留製造局三四年，係招徠貿易之常事。及徐仲虎擬開山東藥局，始函托照辦，函尾云，倘近年已新改妥善，須照新改之式，而盤始則以此語鋪張，繼則云雇人另繪新圖，須加辛工。及傅蘭雅到伯明恩面詢造機之廠，則一切圖皆廠中自繪，其機器全照英國華登阿比造藥廠之式，是雇人繪圖，全是虛僞矣。惟因尚有千金在盤手，不能繳還，遂以從前説定每千兩加經手十二兩半者，今欲加至十分之一，皆無理圖賴，與此次水炮事相似。水炮馬格里深悉之，可不贅，但望鑒此前車，勿以錢款相托爲要。廣東生定於十六晨動身，派慶常送至巴黎，想憲體頤養健復，早占勿藥，二十日外可以光降，謹當掃榻以待，此間屋寬也，□絶無湫隘囂塵之氣，來此小住，定能愜意，是所盼禱。前承姚支應稟明鈞裁，墊付行李運費、賞僕等項，實深感謝。今連前次代墊映相款共奉繳銀票柒拾壹磅，敬求飭付收賬。其映相再請酌留太陽光者四張，其餘十二張敬求賞收，以便榮旋後分送友人，是爲至幸。再，頃聞劉步蟾在地中海之居伯魯島抱病，擬請假回倫敦調治，如有海部公文奉詢，敬求俯賜書諾允准給假爲感。肅此，敬叩鈞安。

李鳳苞謹肅　十月十五日

附呈七十一磅銀票乙紙，敬求飭付支應委員查收。羅、陳兩委員附請鈞安，羅委員承委之事已催令查覆，早晚當可報。

李燿南（十三通）

一

筠老中丞大人執事：

昨奉復示，隨即往縣署探聽曾中堂消息，岳州一帶尚無溜單到縣，即是否由輪船至岳，縣中亦渺無準信。台端或俟岳州有準信再雇一船沿途迎之，其計甚得。抵岳即當面囑衡公，一聞下游消息即爲飛知。燿南即於明晨獨自成行，所需三十金業已安排在海豐，如開行即可飭丁往取怡怡。原摺奉趙，因不即行，暫可不往取也。志館存項豫泰一筆，係燿南之過，以當初開店時生意甚好，紹晞再四求存，又見志公有分，因欲助其發財，故有此妄存之過。現不次力追準約，售出江湖嶺一莊即歸三百緡，聞現圍中已有主說買賣，成則歸交海豐，零數俟設法找清云云。恒豐雖係陳逢亭經手，冕南欠考究，而愷仲接手該店尚來往，因微分係冕南關係，畛域愷仲，閉店即此時也。不盡力追取，故爾吃虧，旋燿南接手將該店押莊錢又并貨物約和收共有三四十竿，其餘似無可著追也。吴伯良十兩七分不待追，而定歸交海豐，渠係有本者，其意已欲如此。至九年冬月初六，海豐所付五百緡，查係三先生手收。據鏡湘云是年各圍皆潰，志公曾云恐尊府之有圍堤無力修復者，意欲照户派墊，有秋即於該户租谷内扣還云云。十年八月十六付銀五十兩係易鏡在省送考，親詣尊府，在花廳内面交尊手，比尚帶有於桐軒明府致志公函，志公他出。一併付交台端接手，即放茶桌上，惟時炳文亦在廡中，鏡湖入門時尚係炳文通知云云。因八月以前望溪叠次函致燿南，催付陳黼廷費銀換用，故渠來省時親自帶呈。吴桂卿及周河清二户即當出票差催，阜南去臘所付二十串係展奇經手代用，石灰及籮夫力錢等項共計廿串零一百幾。渠自碩付志館廿串，囑燿南止找清零頭，故爾將扣收恒豐數内找清渠之尾數也，外當存二串零在該店。志公所批原紙仍繳還。城陵告辭一節務乞隨時留意，毋令捷足者先得也，是所至禱。手此，復叩道安。不盡縷縷。

燿南頓首　初八日午刻

又附海豐抄單一紙。

二

筠老中丞大人執事：

自尊處歸後，公事私事十分忙迫，心亂如麻，館中一切急難結載清晰，惟館中所存銀錢概在各摺内，所已捐未繳及繳而未清各費，概已另抄一簿，經手幸無分文支扯，俟冬間旋舍再行細意注明。襲暇臣處存項昨已頭息全歸，其中有八十千係渠已名下捐資，故未算息，時八局内應改之名業已商之胡明府調册更改，源塘原有此塘，清溪原有清溪礄，故二局名仍舊未改。其餘情節并已細商，但未知果能如法炮製否也。刻下水勢大極，舍間下棟已進水，下岳惟岳局紅船最穩，因與唐羲臣併用。現該船已至河下，可否於明日來縣登舟，晚間開動，初八詰早長行也。以初八憲書注明不宜出行也。謹將館中存項摺拾貳合、欠繳捐簿一本、廿八局抄單一紙，合併齎呈，即乞察收。捐票概存海豐。昨雲潭自省歸，據云愷仲已上辭稟到省局矣，一併奉聞。殷竹伍處節前已耑送廿四竿，並伊子薪水。聞昨往長樂河，一路用費已不輕，以此推之，將來恐非數百千可以了事，奈何。耑此，即叩道安，餘容面罄。

燿南頓首　午節後一日午刻

三

筠翁中丞大人執事：

承示敬悉。省寓近五旬矣，欲歸不能，實深焦灼，何當途之不體恤人情，一至如此也。自台從發行後，直至初九黄昏候，始由張力翁處遞送一札，札内係經赴城陵磯聽候虞紳派往臨湘扼要設卡，薪水照舊，每月卅竿，由虞紳處開支云云。薪水之多寡并不計較，惟思臨湘乃入南之門户，繁難十倍於城陵磯。與華容一樣，華容局昨因緝私搶劫一空。虞君居城陵磯，不啻高處深宫，其事順而易，獨當其難，而轉受至安且易者之節制。士爲知己用，當途既偏重虞君而輕視燿南，如此不堪，雖當十分窮迫，亦不能不退札辭事，以故立定主意不幹。次晨面晤力翁，將札退還，渠手備告以不合則去之，意擬於是日即歸，力翁再四定要挽留一日。晚間張君來信，據云渠已説明一定刊發關防，更札另開一局云云。比即回力翁信云，鄙人之辭非故高自，位置亦實不合，則去之意，兹承轉旋，原不敢方命，如非出自當途真切之意請，亦不必相强也。次日力翁來寓告以即行改札並關防送下，介翁實無意見等語，又隔五六日之久，札猶未下，現實進退維谷，恐尚有三五一七方可回縣也。梯翁事早已面與力翁説明一定司賬項，尊庶燿南不時問及，内外皆安吉如常，廡報比已妥復。聞老五取縣案首，不勝歡喜，未審三先生藉此可少解其憂否？晤教匪遥，餘容面罄。復此，敬叩道安，不宣。

燿南頓首　十五夜二鼓

四

筠翁中丞大人執事：

月初周滿返省，藉塵一函，計已早邀青睞。比維襟期秋爽，祜與時新，忻慰無似。燿南逐隊朗江，愧無報稱，所有一切情形，前函業已詳達。惟敝局專抽鄰税，向無此局，係督銷局派一人寄食於釐卡，其鄰税即照釐卡所完之數依樣完納。嗣因川私充塞，局憲去冬即飭譚紳同卿、李紳曉白另立專局抽收鄰税，詎局雖專設，而鄰税仍係照釐票斤兩折扣收繳，是未設卑局之前，鄰税不加少，局用薪水幸不加增。既設卑局之後，鄰税亦未加增，而修造房屋及薪水局用等項所增正復不少，若竟因循而過，與其虚設一局以虚糜多費國餉民膏，燿南實不忍，以國家有用之錢，而同受此無謂之惠。已將卑局實在情形稟明局憲，概係與子敬兄共商者。并請飭派炮船數隻，添募巡丁，庶便漸次遵章辦理，鄰稅豐而淮銷自暢，務乞大君子晤及介翁方伯時婉爲道及，俾燿南稍有把握，或可於公事稍有起色也。餘難畢宣。肅此，敬叩道安，並賀秋禧，伏惟愛照，不既。

燿南頓首謹上　八月十二夜三鼓

蟄翁處别來兩月，一種心曲，倉卒未及作書，如來省時乞叱名請安，容即有書奉達也。

五

筠翁中丞大人執事：

月前辱荷品題，載聆訓示。濃情叠至，既浹髓以淪肌。温諭詳加，益書紳而刺骨。伏維道躬萬苐，歡喜無量。燿南於叩别後隨即雇舟旋舍，不料未至舍而四亡兒已夭，雖曰庸醫之誤，亦自恨未能修行所致也。不數日即與令侄子瀞偕行，沿途風色阻滯，直於去月廿八日始抵德關。細察德關一卡，乃專爲抽鄰税而設，無所謂私，且無所謂緝，蓋川販之繞越偷漏不在關以内，而在關以外也。關内祇一條往辰、沅之總河，所謂牛鼻灘、滄港、牛鼻灘武陵所屬，滄港龍邑所屬。

毓德鋪龍邑所屬。及龍、沅兩邑等處，在在皆行私之道。各分汊皆由澧安、統口而來，清源必自澧安始。概歸常德之督銷局所統轄，即德關之鄰稅局究亦子瀞之局所分屬，關内無私，所有關外之私，實非燿南分内所歸宿，故不能緝。且不僅不能緝關外之私，即關中應抽鄰稅章程就地加緊，亦未便擅由燿南自主。以鄰鹽之稅，歷係照釐卡所填之觔兩爲行止，釐卡照實觔減半，且安知實中尚無虚耶？數欲稍爲從加鄰稅，局苦無查船量尺之人，意欲添雇一人，又限於薪水，局用之月有額定，并限於動静之不能自作主張。燿南識微見淺，碌碌依人，既無權勢之可乘，且無責令之專屬，縱欲認真辦理，而呼應不行，真亦無從認起。倘仍照舊疲玩，誠恐有負大君子抬舉至意。及介翁方伯真切辦公之苦心，不盡心於公，無濟於心，亦不安一盡心，則又在在棘手，勢處兩難，自問魯鈍，實難勝任。如介翁不棄兹材，或可別爲裁成，自當竭力報效，否則容當頓首禀辭，免致羞貽隕越。非故爲是矯廉之舉，爲此光景實難整頓，亦知難而退之本心，務乞台端勉其已至，誨以未能，既蒙造就於前，復賴曲成於後，一晤介翁，便中希爲婉及。所有現在應辦情形，燿南已與子瀞熟商，均係督銷專責，并囑子瀞另禀，游夏不敢擅贊一詞也。所有燿南應禀情節，俟續爲申明局憲也。餘容縷達。肅此，敬叩道安，并鳴謝悃，不既。

燿南頓首

張力翁前在省竭誠一候未晤，今抵常郡又適兩相左，實歉然也，乞并道意請安。

六

筠翁中丞大人執事：

頃奉來示，敬悉種切。周夫人靈柩十五一早啓行，盡可從容就道，不待半日即可到山，山中一定如是日安備也。鄧婆橋一節承命後，昨宵已與諸公商定，均已允諾。各公共挪穀一千擔，興賢六百石，書院三百石，文廟百石。各書穀票明日帶呈尊處，即乞費心到朱乾泰棧易錢千緡，一面雇定石工，尅日興工，一面回明邑尊出示，排樁立柵。如果工堅費省，工程總在數百緡，而又不能不籌出一竿，恐動用不足，急難籌畫。有此一竿，或者湖上橋工程亦可無慮也。本擬今日來山聆教，緣天雨未果，明日定持穀票來山也。筱兄詩稿讀之令人欽慕無極，其三本當即呈之邑尊。天氣甚寒，山中未識有火盆否？萬望珍攝爲慰。此復，敬叩道安，不盡欲白。

熠南頓首　十三午刻

七

筠老中丞大人執事：

頃奉來示，并樹老所復尊書，敬悉業已受關且約燈節後即行到館，足徵樹老於解組歸田之後尚以教育英才爲樂，誠可欽佩。惟燈節後是否遣丁走迎，并訂以何日，即乞函詢以便遵照。至應請頓整之處，現已公議數條，條内有不實不盡之處並削正添議，另抄呈覽。總之必期山長專候風厲，能使書院中端士習、慎交遊、勤討論，則感栽培自無涯涘。所有院中應用器具自當安備，後面房間及一切應行修葺處所均當一一料理也。張覺老擬於十一月内來白水局勸捐，即請往新開江一看，如該處油榨果有礙於縣運，一定公同酌商，即爲毁禁爲是。前此所查縣城往喬口與長益分界陸道，昨因吴霞翁家之管事陳德川者往沙田莊上有事，專託其親往三邑交界處確爲查明。渠實查得由縣城直至窑頭山道里均無訛，惟窑頭山至三邑交界之處道里稍有不合，另開附呈，並乞更正。又姚智泉家現捐置有義山，另條開明，亦乞收載爲禱。眼銀并盒已收到，各圖甚費苦心。一切志稿請勿過急，老年心血，務望時時加意珍攝也。復此，敬叩德安，不盡縷縷。

樹老原函奉還。

足力若干，乞示知照付爲要。

耀南謹上　冬月朔日

八

筠老中丞大人執事：

昨志公生辰，本擬親爲走賀，緣其現在病中，一去既恐懲動他人，恐令其多勞一番唇舌，以故中止。細詢張覺翁，據云志翁之病因服熱藥過多，偏於補陽，難免不傷元氣，而脈之數亦因乎此，必依其所擬之方連服卅劑，脈自復元，體亦可愈。覺翁已詳開醫案，寄交皕思塘，未審果有當否？志館事件原稿既鮮存者，從新清理甚費清神，萬望緩緩圖成，用心過急，誠恐有傷尊體也。尖伽山與喬口之沙嘴兩陸道均已查明，另開奉上。手此，敬叩道安，不盡欲白。

耀南頓首　十月十八日巳刻

九

志公昨宵服張老師方，似覺相宜，惟痔疾是其老病，不能有救急方，且黄涑忽轉紅涑，積熱已尋去路，即是轉機。據覺翁云，腹泄斷不可止，今晨又擬一方，已服頭次，亦尚相安。覺公道及此病并不足慮，今晨之脈已好於昨天，數日間標症即可概愈也。雁公關書已收到，今日因覺公牽留兼以賤軀過重，夫足悄行逃去，準於明日旋舍。覺公尚留住一二日，屋場尚未看定，開門行路之處再行奉告。馮樹公關到縣即爲繕好，并足力均交局中火夫帶呈，即乞由鄉間耑足直送關聘，并乞賜函代爲敦請，是所切禱。瘡藥已造好奉上，敬叩道安，不盡縷縷。

燿南謹復

尊瘡癢極時斷不可用指甲搔之，以指甲生風，愈搔愈甚，癢時即以此藥擦之爲要。

一〇

筠老中丞大人執事：

劉霞翁作古，名宿中又弱一個，誠可痛也。志公標病已除，本病非即刻能愈，覺翁已擬定一方，囑其多服。歸後細詢覺翁，據云其病甚不足慮，並非寬家人之意，祇要守方，不難愈也。兩處路程現因有一老住該處者，尚歸，在城做買賣。不數日即來，必俟渠來時問明開載方能的確。關書奉上，由尊處專送圖稿各件，力資并乞由志館一代。字畫太小，甚費目力，非用收光眼鏡不行，茲將賤目所用收光鏡奉上，乞即暫用一時，庶免尊眼吃虧，請一試用何如。復此，敬叩道安，不盡縷縷。

耀南頓首　十一未刻

一一

筠翁中丞大人執事：

柳紀至，奉讀手諭，敬悉初六日抵局甚早，諸凡無恙。惟於志務釋手數年，驟尋頭緒，不免多費一番心思。鄉榜已放，湘邑僅中一莫君炳琪，係去年入學，現住靖江。聞長沙有十九名之多，善化亦有九名，黃麓溪之子若侄已皆中式矣。命查之件一俟查明，隨即開送奉上也。此復，敬叩道安。北風甚緊，天氣漸寒，萬乞不時珍攝爲慰。

燿南頓首　初八燈下

一一

筠老中丞大人執事：

前奉鈞諭，尚未作答。頃又奉到尊函，再詢來使，藉悉道躬無恙，潭弟咸和，曷勝懽喜。紹西鄉田僅三石零，莊錢已坐二百緍，業次亦不甚高，現實無主，即令有主志館之款恐尚不敷，似難了及尊款也。述古支款疊爲面索，并邀同望溪來舍與渠算帳，總以刻價原經冕、愷、石三君酌定等語搪塞，并寫字之工另要算錢，若如渠算參差約在三四百緍之間，勢不能不動氣。因欲送官監追，渠又再三央求，不得已勒令限至廿日歸還。現錢貳百緍并暫書述古手票五百緍，眼同望西與渠結算已刻字數，姑不作價，俟明正照通志局字價扣算，已刻之字價應給若干，即於該手票内批付，其餘再爲找清，至通志局所定字價究係若干，即乞查示，以便遵照。樹堂山長條式似不必爲此辦理，板亦暫爲刻好，可備而不用。催費一節一定開數專工，决不由縣票催也。高泉山碑石已函託該處鄭蘭汀，據云臘底石工不暇，該處石工無多。必俟明正方可舉辦，原件故未寄去，一一如命奉繳，乞察收爲荷。手此，復叩道安，不盡萬一。

又承示雍正年間有某中丞修城奏稿一道，乞寄下一覽爲禱。

燿南頓首謹上

一三

筠老中丞大人執事：

去臘揖送湘江，未盡欲白，一年易又是春風。昨盛君展奇會肅一函，計已早邀台覽。比維道積厥躬，祥凝潭第，懽喜無量。胡明交卸在即，聞係尊奮屬之昌君接手，此君既出自大匠之門，不問而知其必中繩墨也。兹有蔣斌者，長沙人，在湘邑署中多年，頗知事體輕重涇渭，人地極其相宜，曾蒙薦在胡君處，派以税契錢漕事件，每遇胡君之官親非爲事件，輒面叱之，其人實明白誠實，在在可靠，意欲仍投冒君宇下，伏乞成全力薦，并懇派以錢漕詞訟事件，庶於地方亦有益而無損，如邀栽植，則感戴不獨身受者已也。局中辭稟臘底已耑丁送上，擬於二月内晉省面聆大教，兹因蔣斌面求前來。手此，敬叩道安，不盡縷縷。一切即希面詢蔣斌爲禱。

耀南頓首　正月廿一日

李燿南　盛國光（一通）

筠翁中丞大人閣下：

前在縣簡慢之至，自登舟一往，想必御清風而還矣。就譎起居萬祜，潭第咸綏，至祝至頌。兹有蔣彬及左仁前向閣下求薦至胡君明府處就用，承閣下允諾，至蔣輩之爲人實屬者成，向在署内辦事，今因安坐家中，别無生涯，衹得懇求閣下。昨再三向弟處哀求信一函轉託閣下，今蔣彬來省，伏冀栽培，則匪獨蔣受知感矣。草此，敬請祜安，恭賀年禧，并叩滿門均吉。

愚弟李燿南、盛國光頓首　臘月立春日申

李運芳　李燿南　楊世俊　郭崑燾（一通）

筠翁中丞大人閣下：

前者台旌小住湘垣，閟聆棨訓。匆匆揖別，月琯將周。望光霽而神馳，企斗山而意切。敬維道躬納祜，邑志宣勤。擅史筆之精神，慘澹倍營乎心匠；託名山而考校，規模待劂於手民。桑梓同瞻，枌榆起頌。兹啓者。仰高爲文教所關，院長尤師儒所繫。黄孝廉北遊，已定來歲主講斯席，必須預訂名賢，然非藉先達以作先容，則芳等聞見囿於一隅，亦不免悵經師人師之難得。前芳等省垣送考，物色惟殷，曾聞有長沙王雁峰太史學邃品端，可期俯就。此次糾合同事，再四籌商來歲主講之謀，均有延請雁翁之意。仍仗先生轉達一切，以期來春早莅仰山，則院長教育之功與中丞贊成之力，均令羅州人士感戴於弗諼矣。肅此，公請台安，仰希愛照不盡。

李運芳、李燿南、楊世俊、家崑燾同頓首　九月二十九日

李瀛（一通）

筠翁中丞表兄大人閣下：

不親棨訓已閲六年，其中事會遷延，嘉祥迭集，均未獲登龍叩謁，藉達微衷，疏忽之愆，自知久矣，幸中丞之能鑒而諒之也。恭維福履延綏，潭第集禧，仰睇瑞靄，曷罄頌私。瀛窘守家園，病窮交迫，早歲承差権務，因養病而告退回山，此時生計何存。欲籌持而彌形窘手，務乞鴻恩，優及噓植曲加，庶幾樾蔭遥沾，朽株得活，此誠關垂逾格，恐非野人所敢妄希者也，則亦惟鈞命是俟。小兒錫祺承乏莊館，已歷三年，來歲學東，萬難仍舊，既自顧之無計，復迫以待哺之艱，竟日焦思，苦難言罄矣。尚冀垂憐，始終俯賜矜全，推愛屋烏，俾有棲託，則仰蒙培植，詢生世之銜結無量者，亦即瀛之所銘感靡涯也。夙叨至愛，諒必鑒原，耑此奉懇，俯聽好音。恭稟崇安，統希慈照，不盡。

愚表弟李瀛頓啓　十一月朔日泐呈

李應昌（一通）

筠翁仁兄大人閣下：

疊次登府，未一聆教言，想道履安和，以慰爲祝。去春弟以先祖遺稿請叙於先生，既蒙俯允，感不可言。今者弟又將往澧，如叙已成，乞即並稿發下，存殁均感，容當面謝。此達，敬叩台安，不一。

李應昌頓首上　二月初五日

李鶴年（二通）

一

頃奉諭復，一俟雇有船隻，即赴潭局，候有機緣再乞培植。曾宫保處并求轉達爲感。陳茂才薦函遵已謄正，祈檢收。肅復，恭叩筠翁我師中丞大人鈞安。

鶴年百拜謹啓　廿五

二

筠翁仁兄大人閣下：

徑啓者。本月十四日接準兵部火票，由六百里遞到軍機大臣密寄光緒元年七月二十八日欽奉諭旨一道，相應恭録函送冰案，一體欽遵。肅此，並請勳安。

愚弟李鶴年頓首

李續寬（一通）

筠仙先生親家大人閣下：

久睽榘範，時切葭思，邇維福與春深，道隨時化爲慰。弟以家務羈身，疏親知好，欲陳無善，良深歉仄。兹有懇者。舍從弟璞階，其人性豪，未從軍時家小康，既從軍不顧家口繁多，歸省後日益支絀，家下子侄以故各欲自謀。有侄名光垣，號蔚溪，年已弱冠，其人甚誠慤。去歲兄弟肄業東臯，試復不售，今欲於省城覓一枝之棲，藉爲讀書應試之計。閣下董理志局，敬祈惠予一席，此子有成，不獨身受培植之感，弟亦當鳴謝無涯。名條附呈，特此先陳，彼當緩來叩見，想閣下愛惜士子，必不我棄。本省鄰邦近狀何如，倘蒙見示，俾山林中人得領佳趣，不勝幸甚。耑此，仰企心鑒，祇請道安，不莊不另。

愚弟李續寬頓首　二十四日泐

杜瑞聯（一通）

筠仙星使老前輩大人左右：

睽侍杋暉，倏經六載，祇以星軺遠發，駐節重洋，尺一罕伸，致形疏闊，而寸衷馳繫，究無時釋然也。舒蘭蓀刺史來滇，拜展賜箋，渥蒙垂注，詢悉福躬迪吉，杖履康綏。昔富鄭公奉使歸來，洊登台鼎，而高年碩望，五福兼隆。老前輩文章氣節與鄭公若針芥之符，將來名位攸崇，福壽無量，固當後先媲嬙矣。承論時事，見解之超，持論之正，非深悉古今蕃變、中外情形，烏能指掌列眉，明晰若此。刻聞敦促還朝，蒲輪絡繹，務望上紓丹注，下顧蒼生，仍當借箸以籌，乂安大局。東山洛社，暫非藎臣頤養時也。侍猥以菲材，謬膺疆寄，開辦善後，以錢糧場廠爲大宗。因前報肅清，求效太急，而民生久困，元氣未蘇，仍事追呼近於操切。疊經爲民請命，而吏議森嚴，日與蔭帥徒仰屋梁，莫能補救也。偉人垂念邊隅，尚望有以教之。刻值秋闈，擬借重蘭蓀刺史同襄試事，揭曉後當可履新也。肅修寸啓，復請台安，統希垂察，不具。

侍杜瑞聯謹肅

第五册

於學琴（三通）

一

筠仙中丞大人尊前：

敬禀者。憶違榘訓，倏忽三年。雖音敬時修，而孺繫之深，無日不神馳左右也。恭維禔躬篤祜，凡百吉羊，頌慰無量。前聞以避囂故習静山中，仍以邑乘自隨，想筆削餘閑，碗茗爐香，别饒清福，如白太傅之香山結社，肩輿往來，恐尚遜此高曠也。所尤爲欣抃者，昨由志翁三先生函中快悉公子誕生，龍駒鳳雛，自是不凡之品。克閒佳氣，喜弄掌珠，固知天佑達人昌熾，正未有艾也。卑職邊隅遠阻，肅賀收稽，惟祝富貴長生，並頌緜緜於瓜瓞耳。此地五月間大雨，大水幸消退甚速，嗣即暄潤得宜，被淹田禾頗資挽救。未審珂里濱湖一帶能於轉歉爲豐，不致過形減色否？至以爲念。專此，肅叩鴻釐，敬請福安，虔頌潭祉，惟祈霽鑒，不莊。

卑職於學琴謹稟　六月十六日

二

敬再稟者。春間恭奉鈞答，極承垂注殷肫，猥以去秋職内捐廛，猶復上勞慰問。兼之徵蘭，有幸吉語過情，且感且慚，非楮墨所能罄述也。此間權篆倏已經年。昨因歲科兩屆開考，文武童軍，甫於既望蕆事，地方尚稱安静，雨暘時若，可冀有秋，惟是綆短汲深，仍不免衝途之累。屢聞張力翁道及憲懷，息息相關，有加靡已，春風遠被，噓拂無形。卑職自愧不才，有如鼇戴三山，益知其重矣。手肅鳴謝，敬叩禔安，未及作楷，乞恕不莊。

卑職學琴謹再稟　四月十七日

三

敬再禀者。近聞憲台與華太史有同奉朝命辦理湖南通商之説，不知確否？如果屬實，湘中迴非他省可比，甚不易辦，專望士爲四民之首，不設成心曠觀時勢以通權上喻，朝廷之深意庶克有濟耳。此間地當孔道，民情亦甚浮動，殊切隱憂。伏乞訓誨時頒，俾有遵循，不勝禱幸之至。肅泐，再叩勳安，仰祈鑒恕，不莊。

卑職學琴謹又禀

周沃棠(一通)

前奉二函，計邀原鑒，敬惟筠翁夫子大人禔躬篤祜，潭第凝綏爲頌。啓者。小女源貞幼許漢舟兄次子立坦爲室，不幸命蹇，小女遂矢志靡他，於今年尤痛念患病，臨終時囈語郭廡某而逝，保靖知縣陳名忠煐者悉知事迹，不忍没其幽貞，於臘月十八日具禀李中丞，附請奏聞旌表。兹抄原禀呈閲，伏乞面晤李中丞時述及此事，以便無阻滯之虞。再者李中丞具奏時，不知房科要花費一點否？倘要花費一點，祈酌多寡示知。弟開春二十邊到省驗看時奉款，又京都禮部不知亦要花費一點否？伏乞吉便寄一音與京都令侄名虎宣者代爲關照，京都倘有花費，亦自歸款。以成此舉，餘容俟覿面時縷陳。先此肅叩道安，並請舅母夫人坤福。世兄輩均此。

姻愚弟周沃棠頓首

並乞將此舉通知漢舟親家爲荷。

學院藩臬均經奉禀，附及。

意翁仁兄大人前均此，叱名問安，恕未另。

周炳枝（三通）

一

筠翁老師尊兄大人閣下：

日前兩次登龍，未獲一晤，鄙衷難達，爰藉紙傳，邇年荷賜矜全，俾厠志局，噓枯潤槁，惠我良多。惟以夙累未清，食指日衆，猶思稍有餘蓄，預爲北上之謀。現家兄昌甫一席業轉付鄙人，諗知胡府定議不在人謀，實由枚卜，蓋亦有天幸焉。知關綺注，用以奉聞。人物一門暫以考據不全，裒成大略，過此當極意搜采，俟來歲再行繕呈。兹以家慈誕辰將近，臘初又係小兒星期，擬在至日前回舍，事無可已，想至愛當必曲原。耑此代面，順請道安，諸惟心照，不戬。

世愚小弟周炳枝頓　廿三日

二

筠翁老師尊兄大人閣下：

前肅寸函，亮蒙清照。昨偕家兄昌甫趨謁崇階，適諸貴盈門，未便排闥。然芝輝未覿，彌切景行，瑣瑣微忱，仍將筆訴，得隴望蜀，本疑過貪。第貧苦原不足恤，顧思當禮闈屢設屢伏，衡茅微獨，己心不安，即先生亦不我許。前乙丑歲曾聞會試諸公各蒙先生重貺，維時鄙人猶以未獲赴都爲憾，誠知先生之提挈寒儒，期望後進者至切且殷也。兹鄙人就館亦祇爲將來北上之謀，并不敢於公事有曠。昨聞外間圖志局者，紛紛以爲得館即當開缺，竊志局中原有兼攝之例，如前此姚裔雲之兼督銷，未聞開缺也。今兹黄石珊、周漱安之兼縣志，未聞開缺也。至如余雲濤、譚信輔諸人又皆各兼教讀，而志局之缺亦不必開，若羅少庚者兼教讀亦兼釐金，而其人且在衡郡，何獨於鄙人就館而謀事者遂皆謀及此缺乎？胡府距志局不遠，生徒又止一人，原不難兼理公事，鄙意亦祇欲叨一歲脩脯，則日後行囊頗裕，即可無事多求，惟乞登高一呼，杜外來覬覦之心，全夙昔關垂之德，倘荷異時稍有寸進，皆仁人再造之恩也。抑或事勢實無可原，則願仍守其舊，即將胡府關聘退還，猶爲未晚。謹此俟命，即請德安，不宣。

愚小弟炳枝再頓　廿七日

三

筠仙老師大人侍右：

每於日間趍謁，輒公出，不獲一面爲悵。前承枉駕敝館，面懇代謀志局，尊意以近兄窘迫萬狀，遂惻然欲爲近兄謀此，亦仁人悲憫之懷所發於不自已者，鄙人自有同願也。惟是鄙人亦不可一日無事，邇年屢承關注，頗得潤槁而濟枯，來歲倘又失謀，豈不依然涸轍乎！兹值歲晚，勢難久需，亟望大力嘘植，凡或局務、或書啓館、教讀館、閱卷館均乞於各處書送名條，以圖一遇。知叨錦注，諒不以瑣瀆爲嫌。幸使得借一枝，曷勝銘感。即請著安，並頌年喜。

世教弟周炳枝頓首　初九

周謌枝（六通）

一

筠仙老師尊兄大人閣下：

聞騶從旋里，本擬即日趨候，以俗冗未果，至歉至歉。啓者。先安愚詩集内《漢宫篇》、古風，首二句云：『漢宫三十六，亭亭結重欒。』《漁父》七律，首句係『數十年來一短蓑』。二詩，一老發以爲誤刻黄山谷、陸放翁作，而家中無二公全稿，無從查核。懇祈撥冗向黄、陸全集中查實示知，以便翻刻時定奪。相别日久，馳念維勞，附呈拙作以代面談，并祈削正擲臨，幸勿見外，奉此順候著安。弟不日有下江之行，匆匆不盡百一。

周謌枝頓首　廿六

二

此緣下問殷勤，聊陳管見，以備蒭採，如不足寓目，即請批還，不必爲外人道。大作《西使紀程》相借一觀，《食笋齋四體石刻》侄孫康芬奉求一部，小徒亦奉求一部。

三

筠仙老師尊兄大人閣下：

頃讀覆函，敬悉一切。先安愚公文集中有《漢宫篇》、五古，首句係『漢宫三十六』。《漁父》七律，首句係『數十年來一短蓑』。二首，往年有友人以爲誤刻黄山谷、陸放翁二公詩，擬照摘出。昨老礪云，放翁集中無此詩，恐未見放翁全集，前請閣下查示，未得回音，兹擬翻刷先稿，不知所措，特此再申前請，懇祈撥冗檢對開明，不勝感激。手此，順候勳安，餘面覽。另件附。

弟諤借筆頓首　十七日

四

筠仙老師閣下：

前交舍侄孫和萬定甫信一封，係緊要之件，懇祈擲給定甫手，幸勿再延。兹送上節烈婦一傳，請飭送志局，文字有未妥之處，斧正爲幸，少閑或當趨候也。即問刻安。

弟諤頓　十二

五

筠仙中丞尊兄大人閣下：

聞縣尊委人下鄉捐救荒費，從三石田起，此事聞由京下府州縣，自是不可得已。第我鄉土瘠民貧，樂歲恒苦，若遇凶荒，籌保本地尚形不足，何能遠及城市。况從三石田起捐，未免將地皮刮盡，其何以堪！懇致書當道，事不得已，請但捐上户而寬其中下，庶不至大傷元氣。想台端係有心人，當必爲地方造福也。手此，即請箸安。

名心叩　冬月十九

六

小兒回云，羅海翁一席閣下以爲不能作主，此殆夫子自道耳。用下不能作主，誰爲作主者？鄙人賦閑日久，計無所出，緣叨世好，素蒙眷注，特忘其愚而再陳之。幸帷心照不罪。又叩。

今歲承雅意嘘植，稍濟然眉，來歲之課不能不預。

周賢杰(二通)

一

夫子大人函丈:

前月拜見慈顏,稍申孺慕。日來數次稟謁,均未得見,瞻依山斗,深憾緣慳。恭惟夫子德躬豫泰,道履休嘉,定符忭頌。受業以樗散庸材過蒙滋植,如初育之鷇,夫子實翼而長之。承命往見子敬世兄,蒙渠青目許於常府位置一席,並囑受業於出月初徑往相見,雖子敬世兄雅意關注,要皆夫子先命之也。慈恩高厚,刻腑浹膚未足以喻。惟是受業初志冀於省垣得一館局,可以朝夕親炙慈範,而鄉場不遠,得於公餘讀書,免道途之還往耳。刻間受業決往常德,尚乞夫子鑒諒愚誠,推恩格外,倘於明春各局瓜代之時荷恩得一省局,則受業寸有所進,實夫子再造之。非受業得隴望蜀，亦以受恩既深，不敢有懷不達，若薪水厚薄固非所敢計也。兹當歸辭，敬達誠悃，仰企琴書，曷勝依戀。肅此，敬稟道安，伏祈慈鑒。

受業周賢杰謹稟　九月十二日具

二

夫子大人函丈：

睽違琴杖，孺慕時殷，仰企斗山，虔心頌禱。恭惟夫子大人道履冲和，福躬康豫，無窮忭頌，定愜寸丹。春律新調，即當趨稟慈幃，恭祝釐祉，奈家累羈身，不遂摯悃，俯求淵冲鑒諒開罪。受業兩遘水灾，窘迫實甚，連年遷播，未有定居。久欲仰乞恩慈，援置鹽局，捫心自摽，舌結莫言，無如拮据日深，束手無計。去冬肅稟上呈，計登慈照，伏乞俯念寒微，拯此飢溺。倘於近縣各局賜薦引置，則行有餘力，尚能温理經史，刻求精進，莫非洪慈所賜也，不勝仰慕悚切之至。肅此，敬稟慈安。

受業周賢杰謹稟　二月二十一日具

周煥聲（一通）

蓉顔久隔，榘訓頻違。落月興懷，暮雲增感。幸飛鴻之適，便尺素能通。欣鳴鳳之遥詹，寸衷稍慰。恭惟筠翁姻大人升祺遹駿，履祉延鴻，上展周召之經綸，下傳孔顔之道學。謙恭接物，範垂父子君臣；恩德乃人，感遍州閭鄉黨。福田廣種，義憒常伸，引企芝暉，曷勝藻頌。敬啓者。我境四都晏公神一廟，創自前朝，後因衆姓募捐，頗有香火田業，公舉三人經管，議定三年更報，已百餘年矣。迄今丰碑屹然，成規悉在，幸生殖漸廣，租收三百餘石。除賽神外，以爲都内緊要之需，乃關有謝啓高父子鑽充首士，裂毁舊章，拉收公穀，强糶殆盡。并私造十家合約，口稱社穀瓜分有無，僕等當即查實，曾竊我等人名，蒙稟前邑尊請給告示，都人激於公義，群起而攻，業已據實稟明在案。蓋即屬社穀，歷年何不救荒？即名社田，當年何未存案？且既是社所，何以内修神像，外書廟名？以及印契、簿據、佃字，何以均載晏公神廟？揣伊情節陽托經管之名，陰懷侵蝕之念，我等不忍坐視，閣下諒亦難容。前月公舉李菊潭親聆指示，今復爲之濟告者，以伊違示抗訴。 匪第輕視都人，且藐朝廷法律，爰是覶縷敬呈，即希鼎力主持，以便遵照辦理。 一則免耗神惠，一則免散人心，不勝企禱。

謹再啓者。 僕與家兄文霖之田地名彭家大屋以及打鼓塅，共計拾餘石，檢閱各張印契均係余家塡水蔭救，閣下接買大屋塲將立契前。 僕雖未爲中，曾與植翁并中人等談明與僕共塡情節，僕遂歸家，諒必均照舊事。 去年旱魃，僕佃照舊車蔭，奈貴佃游姓阻止，僕當會通塡内胡壽山、業主楊禹堂、舍弟可堂等檢閲老契，一一清確。 本春游姓又將老圳填塞，僕當遣可堂理論，可遂至伊處阻止，伊置若罔聞，意圖上水以省車工，不思田高塡低。 值昨六月天氣，元陽需水甚急，塡聚月餘之久，尚不能放蔭限，僕佃欲放不能，欲車不能，坐以待涸，即寶莊亦然。 且將塡口加高，一則恐致崩潰，一則塡水漲慢，則溢塡側胡姓墻基、菜園、飲井。 僕祇得復遣可堂業主等再三攜契與楊瑋堂先生閲明，轉達臺前，伊以遲緩一二日答之。 不料僕總企望甚切，伊乃速即歸家，有舍弟可堂囑仍照舊章。 今將契據抄呈，懇賜青覽，並乞雅度迢荒，深爲原諒。 植翁前賜華翰云，必爲區處清楚，不勝企望，是禱。 統希丙鑒，不一，順請鈞安。

姻愚弟周焕聲草頓

嘉慶廿三年吴毓文一契，地名打鼓塅，田壹石六斗，係余家塡水蔭救。 文霖管業。

道光六年吴湘武一契，地名打鼓塅，田壹斗貳升半，係佘家垻水蔭救。文霖管業。
道光六年吴家林一契，地名打鼓塅，田壹斗貳升半，係佘家垻水蔭救。文霖業。
道光六年吴首萬一契，地名打鼓塅，田壹斗貳升半，係佘家垻水蔭救。文霖業。
道光十七年彭定金一契，地名彭家大屋，田貳石伍斗，佘家垻水分内全付。
道光十七年彭錫疇一契，地名彭家大屋，田四石伍斗，佘家垻水分内全付。
道光拾七年彭源澧一契，地名彭家大屋，田壹石，佘家垻水分内全付。
道光拾伍年黄盛朝一契，地名彭家大屋，田叁石叁斗，係顔山塘佘家垻水蔭救。文霖業。
咸豐四年吴瑟庵一契，地名打鼓塅，田壹石壹斗，係塘水及梓樹垻水蔭救。梓樹垻即佘家垻也。

又録楊明世親筆抄來老契。

嘉慶三年李輝四賣與吴錦章契載佘家垻圳邊壹石貳斗。上節抵圳邊，下節抵吴席珍田塅，餘俱抵江邊洺水共田拾柒坵，均係佘家垻水蔭救。

周鴻模（三通）

一

筠仙表舅岳大人尊前：

敬禀者。今年屢遭大故，耗費不少，兼内人尚未出殯，葬期在即。將來舊欠之外又復增築債臺。刻下年近歲逼，正是還債之期，欲於他處生方實難啓齒，景况窘迫，莫可言宣。伏乞垂憐，格外函囑莊翰翁准支明正薪資以救眉急。存歿均沾，臨穎曷勝悚惶之至。肅此，祇叩

鈞安。

表侄婿制周鴻模謹禀

敬再禀者。乾升棧息銀伏祈飭紀取回擲下，侄擬明日回衡。模謹再禀。

二

筠仙表舅岳大人尊前：

敬稟者。昨接鈞函，謹悉壹是。敬維禔躬篤祜，撫序延釐爲頌。模自秋杪回鄉展墓，計期將近三旬。本擬即日晉省料理張廡改墳一節，因敝内抱病沉重，咳嗽多痰，口渴肚瀉，背脹氣痛，遍體發熱，頭足俱腫，飲食鮮思，服藥罔效。此爲醫藥所誤，從六月起病至今已有半載，初以爲有孕，即敝内亦疑信參半。及模歸家後，另延名醫，始以月經不調治之。據醫云，好否消息在冬至節前後。暫難抽身，俟稍愈後，即當束裝就，至改墳一舉關係甚大，自必盡心，奚敢怠忽。況骨肉相關，尤宜謹慎。耑肅寸稟，敬請福安。

表侄婿制周鴻模謹稟

三

筠仙表舅岳大人尊前：

敬禀者。前呈一禀，度蒙鈞覽，敬維禔躬康健爲頌。侄時運不齊，命途多舛，自開正以來幾無寧日，先嚴見背未久，而内人相繼而亡，何寒門不幸之至，於此極也！今年屢遭大故，耗費不少，舊欠之外又復增築債臺，將來竟不知如何了局。伏乞大人即將乾升棧息銀擲交來手帶回，以救眉急，曷勝感激。耑此，敬叩福安。

表侄婿制周鴻模謹禀

表舅岳母大人前祈叱名請安。

周讜枝（三通）

一

筠軒侍郎尊兄大人閣下：

伻來蒙惠書並關書一封，敬領敬悉。鄙人賦閑無賴，辱承厚實，不勝狂喜，幾至忘其爲貪也，謝謝。幼雲同年來提之賜，受之有愧，却之不恭。忙未修函，乞爲轉達。專此布覆，順請台安，欣惟心照，不盡。

世愚弟周讜枝頓首

令公第附筆。

二

筠仙老仁兄世大人鈞鑒：

前上函致請，枉讀清神，時命之衰，何敢尤怨。前上諭以臨武學來代，事尚紓遲。昨岳州府忽接撫藩札，著令訓導吴焜委暑，弟已將印送繳，數日内準起程回籍矣。但弟精神尚爲完足，若得館地，自可爲俯高之資，前已託爲鼎薦，諒蒙錦注，事已急迫。耑此，再瀆聰聽，仰希崇照，順候台安，不宣。

世愚弟周譓枝頓首

本邑仰高一席祈寄札與董事諸公。

三

雲仙仁兄世大人臺電：

天使南旋，衆所欽仰，弟以微職在身，未能離任走謁，歉甚。啓者。弟因年衰改就武職差，幸去繁就簡，可以養息精神，無慚覆餗。邇來氣體頗旺，耳目亦尚如强壯之年，不料倏得風聞言中丞另派他員相代，懇乞力爲噓植，俾得滿任告歸，是所禱也。肅此，數由前定，無可如何，此生宦情已矣。差幸精神完具，尚可理舊生涯。懇乞大力噓植，薦一書館以爲殘生衣食之計，并爲嗷嗷待哺之資，生死肉骨，允當没齒不忘耳。此呈仁仙侍郎世大人，仰希崇鑒，不具。

世愚弟周謜枝頓首

令弟意翁均此致候。

易佩紳（一通）

送上文照各件共一封，祈先生點收，轉交訓導公，未悉其號。並屬其補領。照文字到局備案，以後有再需者，可隨時備文具領也。金陵之行今日已辭各處，云明日行，然行不及，蓋須屏絕酬應，稍緩一二日方能收拾一切，故尚未走辭台端也。有致侯相書否。此上，即請晚安。

佩紳上　初二

易　奎（一通）

承賜真化橘皮，謹領祇謝。孫女孩本才彌月，所得之症似驚非驚，今日略爲稍减。各郎中所開之方并未輕服，不過自將清寧丸暨京中所帶定驚丹和薑葱敷灌少許，或冀可有轉機。瑣瀆清神，容當晤謝。復頌筠老尊兄年姻大人台安。

弟易奎頓首　即日

易經浩（一通）

筠翁姻伯大人閣下：

侄晉省後三次走叩，台端適值公出，未獲一聆麈訓，歉仄良深。恭惟履祉增綏，鼎祺叶吉，定符私祝。侄樗櫟庸材，蒙派局事，因先君於二月内棄養，不免羈遲。初五日面晤何仁翁，據稱尊意垂憐，仍命入局。惟是舍間近狀艱苦異常，前託令弟達珊叔呈函代達，懇轉囑何仁浦擲給今春薪水，伏冀栽培逾格，摯愛憐貧，涸轍重甦，曷勝感激。肅此，敬請鈞安，統希雅鑒，不宣。

姻伯母處祈叱名請安，閤廡均此。

制姻愚侄易經浩稽首　初十日

乞賜回示。

易順鼎（一通）

筠仙老年伯大人閣下：

自丙歲拜别後，雲霄在望，霜曜屢更，每憶陪侍清塵，習聆雅教，不翅目前。續聞乘張騫之查，秉蘇武之節，海天萬里，冰蘗三年，卒全大局而歸。不負平生所學，此固勞臣之抗誼，俊桀之識時，豈不以北山之獨賢爲未純，東海之可蹈爲尚氣哉！邇既玉門生入，且復金闕辭榮，湘上養痾，益令鼎神往不置矣。使節遄還，其於重洋要害，各國堅瑕，中外之何以永孚，劻弱之何以能敵。輕重利病，久暫虚實，必有窺其深而得其故，資其用而取其長者。崇論竑議，僎造必多，尚望寄示草茅，俾溝猶瞀儒得稍識經世要務，幸甚。劍甫同年兄供職京曹，學業想大精進。鼎讀書眠娗，仍如昔狀，深恐負閣下嚮者□期耳。前於都下蒙假百金，已由高雲亭孝廉手還璧，此係丁丑歲事，諒早達矣。專此，藉請攝安，不儩。

愚侄易順鼎頓首　六月朔

易銑鼎（二通）

一

中丞大人日安。復稟者。昨承札示，銑隨邀李作霖兄同至炯齋兄處，值伊抱恙，勉將圍事商及。伊因受恙，仰託作霖從場費派，多寡無不從權。旋將尊意至署轉達，值上控批到，縣主徒以外了爲妥。若再堂訊，蔡必再行具呈，則可似此揣其意見，甚不作主，並聞准伊取保之説恐作拖案，未可測也。迨與陳、楊、劉等勸散，伊均彼推此諉，上控批到，尚作佯佯不知，叮實之間又以圍内各業户推諉含混支吾。昨胡笙二爹來舍共商，云照堂斷數目或些微少減，再令伊承認進莊帑銀兩款，庶其找現有幾，便伊易了。奈無從得伊真言，銑等不敢擅説，恐了不成反爲斷局，此中曲折難以盡申。惟尊札所云二人情藉實無此舉，略將道達，俱各愕然，兼屬至親，銑亦未便將尊意直達，其五拾竿之數已親交蔡綿生收訖。謹此，並具野鴨八翼聊達寸心，伏祈管納是荷。肅請崇安，並叩賀先太夫人吉地佳城，深足慶倖，餘惟斗照不備。

易銑鼎謹禀

另上控緣詞一紙附呈。

二

中丞大人日安。敬禀者。竹翁於十一日午刻至城，隨將千里鏡面交訖。炳文少爺昨已受業，其贄敬實意堅執未受，所付省票百金已在小店暫换零星本票三拾金作下鄉路用。竹翁並云，下鄉所用數日概交炳文少爺手登，以便日後核算，即此三十千之票亦當交炳文少爺手。於本日仍回營田檢點一切，並買舟俟炳文少爺料妥家事，約在十五、六日一路同行。先由營田至古湖一帶，先商於各局選一紳士爲之鄉導，誠恐難以盡善。故署中將各局、各團保正名目逐一辦本清册，仰飭保正作鄉導，伊可耐勞以便易於採問。頃磐翁云有輿圖前呈在大人處，望祈擲付來縣，仰交炳文少爺帶去。謹此，肅請升安，不宣。

易銑鼎謹禀　四月三日泐

易盛芝（一通）

筠翁老伯大人左右：

夏初趨謁崇堦，屢親塵範，猥蒙教益，莫遂追隨，叩别之餘，特深依戀，敬維褆躬納祜，履祉凝庥，引領下風，傾心上頌。侄本庸材，自慚鳩拙，東西奔走，徒歷風霜，幸樗櫟凡材亦得同沾雨露，倘一旦得所枝棲，何莫非老伯大人之所栽植也。蒲節後自家起程，七月初始抵河南荆子關，詢及周壽翁大營駐紮河州，距荆尚有二千餘里，山路崎嶇，人烟稀少，必需結伴而行，大約九月盡方可到營。近聞甘肅一帶軍情均稱得手，知關塵係，合肅稟聞，敬請鈞安，伏乞慈鑒。

世愚侄易盛芝謹稟

俞錫椿（三通）

一

筠仙先生函丈：

客秋歸里，頻得侍教，忽忽又一年矣。養知在望，時切景行，遂聞温詔來湘，重任將寄，大地大衆，相與彈冠。錫椿更伏念偉人挺生，事業已輝宇宙，林泉小憩，一旦奉命出山，誠爲熙朝盛典。然或曩者未及置身清要，則江湖廊廟猶是或進或退之常。其幸而清望翩翩，容與林下而堂開緑野，徒爲詩酒徜徉，等是望繫蒼生，亦未免虚拋歲月。若夫藴真愜遇，隱見相時，山林容與十數年，俾得堅確其道心。而考訂半生著述，一室千古，乘時出爲甘霖，此中遭遇攸分，即抱負亦非可同日語也。昔賢惟温公與鄴侯得之，似天心位置，良非偶然，先生此行將毋類是，則尤令天下仰望，額頌無涯矣。榮發約在何時，錫椿須臘底歸來，恐未得祖道旗亭迎上黄太尉書也。專肅，祇賀大喜，敬叩勳安，不莊不備。

俞錫椿頓首謹上　重九日

硯生先生尊前晤時乞代候安，外復介弟志老廡中西賓周定軒廣文一函，敬求妥寄。椿又叩。

二

手諭祇悉。明日召食當紀綱來時已共家兄敬辭，俟場後方飫領也。兹知邀陪王君，未審王君必至否？如必踐約，仍求派尊紀令下午示知，明日辰初必到，否則仍俟三月何如？非敢方命也。稱謂仿時派，兹奉諭殷勤，不敢一一拘執，夙深杖履之仰，謹銘泐如昔。賤名不足輕重，酌量從時，當荷允可。先肅，敬請筠仙先生福安。

世愚侄俞錫椿頓肅

奴子飭令叩謝。

三

筠仙先生函丈：

昨午由潘刺史遞到復書，晚間又奉賜示，並新刊奏疏，又珍物四事，敬謝不盡。大雅心事，仰止有年。前者自京歸南，尚謹攜作別手書，恒遞有心人觀之。兹將新刊攜去，仍令多士得閱，以解厚誣，即冀有裨時局，而後學亦藉可問津洋務。至同謀加功云云，秋九月林叟到來，一問即恍然也。椿今日登輿，九月再侍教，祗請箸安。

世愚侄錫椿叩　廿日

姚炳奎（一通）

筠公老大人台座：

久違麈誨，心切瞻依，辰維覃祉吉羊爲頌。客歲拙集付梓，蒙賜大序，一時傳布，紙貴洛陽，讀者莫不嘆爲名言，想千秋萬歲後，區區薄技亦得附尊集以留名宇宙，豈不幸甚！自愧寒酸，無以爲謝，謹獻脩脯二束、德禽二隻、乾魚二尾，非敢爲潤筆之物也。所謂享多儀儀不及物，亦聊以明誠耳，望賜哂存。承宋公楚卿之招，今日始入城，明日巳刻專忱踵府拜竭，高山仰止，時得親見丰采，亦讀書人幸事也。敬叩道安，諸維台照，不一。

弟姚炳奎頓首　二月十日

姚騰漢（八通）

一

筠翁仁兄同年大人閣下：

音向久疏，時深繫戀。兹值蒲觴又届，敬維潭祺安泰，履祉綏和，不勝欣頌。弟南溪自鋒並狀毫無，幸台署均叨平順，堪以告慰雅懷耳。兹有懇者。内侄高厚前在粤省曾摯民太守任松樓軍門各營辦理文件，由廪貢保薦教職，伊父曙雲已蒙保薦縣令，現在粤省充當差伕，時深感戴。内侄厚去秋由粤回籍，鄉試下第，本年尚無館事，寒士生涯，甚難尋覓。倘蒙於總志局内得一棲枝，就以潛心肄業，斷不敢計較薪資多寡也。尚希格外垂憐，感激如同身受。專此布達，敬請勳安，並賀節禧，不戩。

計呈名條一紙。

年小弟姚騰漢頓首

二

筠仙仁兄年大人閣下：

黎都司回述兄拳拳之至意，已書女命，由塘遞尊處。兹吴舍親專送手示，誦悉一切，即細開次女生庚，俟張發男庚，即懇飭書回覆。聞張有姬妾常搆釁，並煩查有侍妾子女與否，全無後慮方可回庚。兄視吾女爲己女，自必慮周藻密。次女略識字，兼諳武事，在滬有盜至堂中用短棍雕門，女搶棍在手，喊起大衆趕逐。且伊母在時曾割肘醫母病，常願侍奉，不願出嫁，故遲留至今，又無相當者。但耳根稍軟，輕信人言，未免柔弱之性耳。身體亦好，惟近悲母過傷，時患氣痛，今年作喜事，賠（陪）嫁有一使女，奩資難辦，寶城穀賤，束脩收不起，勉强不來，諸事從簡，我亦不科派男家，惟兄斟酌行之。再者，聞北候補同知吴國杰係弟親家，才識明練，現起復往鄂，託懇閣下便中説項，不勝銜結，伊與張力臣有來往，可以詢悉其大概。此復，即請崇安。

弟騰漢頓首

三

筠仙仁兄年大人如晤：

意兄來敝署，述及尊足患疾，計已調理全愈，念念。張子遇又託瀏邑辦釐委員，轉求滬溪捕所，胡子韶函詢弟意，以兄言爲定。胡信呈覽，即懇裁酌行之。此請近安。

弟漢頓首

四

筠翁仁兄年大人如晤：

有府學附生龍富昌係我邑龍媒村之子，被人頂名録遺，學院牌示褫革，各處求人設法，想到閣下與學院有書札往來，再四託弟代求援手，弟以兄自洋回並不見客，不應酬，恐於此事不能理會。又諸多人要弟懇大力挽回，因思龍數千里歸來，情殊可憐，祇得將稟籍呈閲，或蒙俞允，亦大功德。如不能行，亦祈示知，聽伊另打主意，望賜回音爲禱。專此，敬請鈞安。

弟漢頓首

五

筠翁仁兄年大人如晤：

送試後，弟痔漸發，恐行走發惡，故未出門。龍福昌事學使雖無成見，不能獨行，被案房稟實批呆，龍頗難於翻身，奈何奈何。舍親高矚雲候補十餘年，光景極窘，省城三處用度，力不能支，劉制軍照應香貢差，去年引見回粤，尚無好事。前廣東惠潮嘉道張觀察係兄門生，現升臬司，可以説話商託，弟懇大力賜書張君，代爲嘘植，銜結無既。其子少裕妻婦住北門城隍街，弟擬俟伊空屋暫爲借寓，容就近面叙一切。昨藩吏房來寓報，弟八月選賓慶府教。合併布聞，此請鈞安。

弟騰漢頓首　十七日

六

署寳郡蔡教授商量兩處書吏，意圖壓憑，故冬月十六到憑，廿六行司，已壓十日，司中又壓不上達，使考驗遲延，不能趕開正院試。前書所云遲速皆書吏主之，詢不誣也。藩憲處又遵示託李仲雲一催，未知何如，特此布聞，可見弟非不考察切己事也。此請辰安。

弟名心叩

七

奉示遵辦，不獨該生感戴，即鄉人亦皆銘泐。但假龍出日，學台問府學老師是該生親身報名否，他答應是親身報名。故揑詞報名，後患病回家，不牽託友一節，考遺較歲科試，自憲而府學詞虚心怯，可否叙親身報名，爲此再求札示遵行。今日有考府學，擬俟明日點過坐後帶他到學台處具禀邀恩，全仗慈雲暗護，該生銜結於無既矣。此請已安。

弟名心叩

八

筠仙仁兄年大人閣下：

敬啓者。弟因送試，接閲邸抄，推選寶郡教授冬月廿一日京憑已到，並無牌示，至今尚未行司。現值歲暮，即懇閣下代求中丞，請於封印前考驗，不勝感禱之切。專此，謹請鈞安。

年愚弟騰漢頓首

姚騰漢致郭嵩燾、郭崑燾（一通）

筠仙、意城仁兄年大人閣下：

初六日接誦手示，祇悉張家過禮，已煩清神料理，謝謝。兹即遵札將小女送省，吴家新親諸多客氣，特囑小女登府敬懇主辦，求在尊處開容，所有小費、轎費並祈代墊開明。又前函託力臣兄代辦被帳等件一併照單補還外，兩小兒、兩長隨、一伴嫁僕婦同送瀏邑。又兩雇工挑李徑送瀏署，合併布聞，此請鈞安。

弟漢頓首　初七日

弟止有三小女在省，當會姊妹以外無一男女親戚來府。又及。

意兄薦盧升暫在弟處，容覓好事。

姚騰漢（二通）

一

筠仙仁兄年大人如晤：

初三日令弟竟鑒過寶□郡，縱談一會，大慰渴忱。詢及前事，聞未提及數信並異詞計早送到，統俟尊意主辦。辰州遊擊題補官奉參將蔣澤斌現已進京，遊擊出缺，黎都司既調邊防，資格可望，代懇鼎力培植，不勝銜結。專此，敬請鈞安。

弟騰漢頓首

二

前日禁烟社一會，應有文章，想已脱稿。所云木子之惠，頗悟其旨，意在畏其文章發摘太露，不能終身揜著以售其欺。所謂小人之善於彌縫者也。嚴福君昨日到省，列在書院弟子之班，明日前來謁見，乞飭司閽者勿阻。龍場局新派分辦，前聞任宇田所薦，究之名是而姓非，正不解隱之者，果何居心！已撤之人，慎重正徑有餘，而又毫無過犯。盛楙丞名昌德，善邑廩生。福君知之最深，認真辦事者求之惟恐不得，如此則今日之人心其可畏也。查盛楙丞在局，去年二月接辦舊欠二萬兩有奇，去年除舊新追獲不計外，下欠祇八千兩有奇，而又著實可以歸源。以考績論之，應優異之以示鼓勵。而其所見惡者，去年催追鹽行詞嚴氣盛，不顧情面，使該行主大紳無以自安，此其一也。又有岸商號夥於去冬欲强之變通成法，渠以應候常德總局分示，不能自主，却之甚堅，該號夥拂意，又其一也。此外毫無異議。今日晤嚴君得悉其詳，頗爲不平，尤爲時局憂也。天晴擬回鄉一次，四五日即來，小兒患病頗重，須自調理。耑此，敬叩福安。

名另肅

姚學瀿（一通）

頃奉示敬誦悉子介先生，瀿早經留定，當已面允。日内並無辭館之説。謹復，敬請筠仙先生中丞大人鈞安。

愚晚姚學瀿頓首

胡子勳（三通）

一

筠翁太姻世丈大人尊前：

頃奉到先嚴、慈墓誌銘，捧讀再三，見此文可以傳當時，垂於後世，再侄對使拜領，感佩交深，有費清神，容當面謝。肅此，順請道安。

姻世再侄制胡子勳謹啓

二

筠翁老前丈大人左右：

來書敬領，所寄信物共八件已收到。日内即有人回益陽，當即將各件妥寄也。來書並當寄桂隖兄一閱。謹此奉復，敬請鈞安，不莊。

姻再侄胡子勳謹泐

三

筠翁中丞太姻世伯大人尊前：

數日之間，未親塵訓，彌深景仰，敬維興居集祜。著述日隆，是爲欣慰。先慈銘墓之文，再侄前月廿四日叩謁慈顔，聞大人云即在此數日可以完畢，兹特走書領取，倘有事不空，即以草稿寄來亦可，從緩擬就亦可。再侄登府數次，未免摧促太過，然在尊長之前於此罪甚，敬希原諒。肅此，恭請勳安。

姻世再侄制胡子勳頓首

此件是否可用，抑或尚須删改，均乞酌奪，再繕亦可能也。寄信即於今日下午要送，面上須寫酒錢百文。

十五日呈

胡和鏞致庶翁（一通）

庶翁號兄大人閣下：

八月内曾肅寸械，附竹報寄呈，諒鑒及矣。辰維雙祉綏和，潭庭多祜爲頌。令嫒何日安抵錦署，内人甚爲惦念，前擬作伐數處。昨楊舍親自瀏來，言及郭筠翁爲張明府與二令嫒作蹇修，現張子遇甚有求援繫之意，稱張君年雖四十二三，而丰采不過如卅二三之歲人，才品均佳，宦迹尚有大起，在南日必長久。自屬佳婿，弟意似可允許，未知尊意若何？如以爲可，敝親家與子遇大令亦在交好，亦欣同執斧柯也。弟求調事一蹶再蹭，刻劉咏翁已歸，更乏吹嘘，將來恐仍回瀘苦任，無善可述。小兒已於初八日爲之完娶，粗了向平之願，差慰人意而已。兹乘羅華卿明府於役之便，特泐，敬請雙安。令郎、嫒均祉。

小弟胡和鏞頓首

胡棐翼（二十七通）

一

筠翁姻丈大人閣下：

前在省兩次拜謁，俱不獲晤，嗣辱寵召，復未克赴，相見緣慳，祇增惘惘。歸鄉伏蒙賜教，眷愛過厚。爲感佩者，累日人事因循闕然，久不報，悚仄至今。孟冬薄寒，敬維台候萬福，甚慰馳仰。敝邑志書見與同人分校成稿，自分見聞淺陋，於箸書體例多所未諳，謹擬謄與齎省，還求大君子不吝教誨，筆之削之，俾無貽誚後來則幸甚。舍侄教讀師見已聘就貴邑周昌輔茂才箴言一席，則謹遵臺屬，延請笙陔先生主講，但恐館穀無多，不足以當一盼，特專足送上關聘，如笙翁果不鄙夷，乞即飭交，並將居址開示，來春當專丁奉迓也。敝友吴雲亭孝廉超然少年好學，頗異庸流，莊味生方伯都講箴言，倆爲高弟，惟困於際遇，復丁内艱，不能不以筆墨爲生涯。老丈古道照人，如吴君比可否推屋烏之愛，爲謀一教讀，或書院館，則拜惠多多矣。又舍親蔡雨棠即貴邑西關所居者，亦以連被水灾，不能不作糊口之計，老丈肯爲之覓一釐局乎？明知尊處請謁者衆，未便啓齒，然以親友再三之託，復博長者之愛，當不以區區見遣也。匆泐，即請台安，鵠俟還雲，不具。

棐翼謹啓

二

筠公台鑒：

連月三數上書，未承賜復，不知我公定於何時入覲？鄙人所求之件希一并惠示數行，無任翹足以待。謹呈《益陽縣志》一册察存爲荷，午橋屬筆致候。率布，敬問台安，鵠望還雲，不具。

制棐翼頓首　九月初一

三

敬再啓者。先慈喪葬事宜多未完畢，兼以斬焉在疚，未便出門。蒼陽局務有關切要者，都以書來告商，然須兩日以外始能赴局，非敢曠職也。執事如晤孫春老，乞一言之。鄙人小照如蒙題就，即懇轉託意老、次老、研老君子一題何如？祠堂碑銘亦希大筆一揮，瑣瑣之求，殊報不安耳。手此，再請台安。

棐翼稽顙　廿四日

四

筠公大人鈞座：

初二匆匆解纜，率布一紙，計入臺照。鄙事數承關注，何敢重瀆清聰，特以萬不獲已之衷，不能不向長者前作此不情之請，前途消息畢竟如何，乞便中示悉。天寒道遠，依戀殊深，敬請台安，不盡縷縷。

壽山靈櫬昨已抵家，定於月之望日厝泉交河，并及。

期棐翼謹肅　初五夜

五

筠仙中丞大人閣下：

久未奉書，時深歉仄。辰維鼎裀篤祜，簪紱凝祥，芝檢遐頒，楓宸促覲。起東山而再出，虛右府以登延。行見赤舄衮衣，美征東之姬旦。命圭相印，答平蔡之裴公。湘嶽藉以生輝，朝廷因之增重。遥詹勳閥，曷罄軒蘉。棐翼讀禮之餘，衹形栗六，幸公務尚無貽誤，足以上慰廑存。將來開府大藩意欲勉策駑駘，稍供指使，異無棄於菅蒯，淂濫託於甄陶，禱切之私，匪言可盡。碑銘、小照敢乞大筆一揮，感何能已。肅此，衹叩台安。

制棐翼謹啓　七夕

六

筠仙中丞大人鈞座：

敬啓者。自違塵範，莫展魚私，奉誦台函，備荷殷拳慰唁。並蒙頒賜隆儀，纏幄敬懸，焚芻爇告，叩謝之次，銜結難名。伏稔履祉吉羊，鼎祺遹駿，檮輝引企，荃祝曷勝。棐翼鹺局借籌，堊廬偷息，日來經營窀穸部署，漸及完工。在疚餘生，得邀眷注，涕零感激，莫可喻言。承賜譔墓銘，一字一珠，序次古綴，俾見光生泉壤，褒及幽潛，以此彩筆鴻題，附諸松楸之間，定爲千秋不朽矣。謹呈微儀數色，先達哀誠，容緩再當匍匐申謝。肅布，祇請台安。

棘人胡棐翼稽顙

七

敬啓者。前肅蕪函，計已早登簽閣。比想臺候增綏，至以爲祝。棐翼釁積厥躬，慘遭大故，終天抱憾，痛不欲生。惟念本生母老病在堂，先慈喪葬事宜，尚未部署，不得不苟延殘喘。

且先慈生前懿德在人耳目，爲之子者詎忍湮没無聞，謹和淚濡墨撰成行狀一通，取諸倉卒，亦祇道其梗概而已。先生之道德文章固所謂數百年而有者也，况復立言不朽，下筆如神，儻肯錫以墓銘，俾光泉壤，子孫世世，感且何窮。用特專足賚省，敢希淋漓大筆先寄稿來，勒石以納壙中，允足傳諸後世。匪恒寵貺，曷罄哀誠，涕泣陳書，伏維矜鑒。

棘人胡棐翼泣血稽顙

八

筠公鈞覽：

日前奉拜并爲志公道喜，荷池亦曾一至，俱不得一見爲悵。益陽團事紛紛，其論迄今尚無定局。前安化都轉君所擬之稿公已見之，頃益陽人復擬一通，將於日内遞院，蔡稚雲、周芷湘諸君屬將兩稿送上，究以何者可行，乞即明示。周劭虞書來，再以譜叙相託，能否撰就，即於還鄉時帶交更妙也。手此，敬問台安。

期棐翼叩　十二日

九

筠公台覽：

方在芷湘處率泐數行，歸來適奉手教，敬悉一切。局務即到手，亦不能用多人，陳貴既於譚府不甚相宜，即行遣退可也。并已告之。介翁、笠翁兩處消息，求便中一爲探討，此事發端雖出自小溪，而贊之實我公，望終始成全，不勝感荷，明、後日有確信即乞見示。手此奉復，敬問台安。

期棐翼謹叩　十七戌刻

益陽志稿乞於收掌處一詢，并乞閱正帶回可也。

一〇

筠公台鑒：

鄙事辱荷摯愛，得以濫竽鹾務，感激圖報，未有已時。所求大序，如蒙不棄，即懇椽筆一揮，棐翼與趙午翁均訂初二日解纜，志稿删削請并先期擲下。再，公官粵東，所帶紫檀木器必多，如有小箱及書桌上所用之都盛盤，即盛硯臺筆墨等件者。請見惠一二何如？手此，敬問台安。

期棐翼拜啓　九月晦

一一

頃詣辭，適有客，不及請謁爲悵。見已挈眷登舟，俟北風稍息即行解纜。舍侄亦從還鄉，出月仍來省，知有見惠之件，請飭交五福堂轉遞爲感。午翁信乞擲還。匆匆率請筠丈台安。

期棐翼叩　廿四日

一二

筠公大人鈞座：

日前展誦賜書，感甚慰甚。舍侄館事既肯鼎力玉成，當可就緒，昨令往拜葉觀察矣。省居不易，而房價倍甚，見擬二十外率舍侄挈眷還鄉，所懇仍望隨時留意，明、後日當走謁也。趙午翁信附上一覽，傅君所行如此，乞於研老處知會一聲，幸勿志誌稿給領，恐渠秋後來省後有詭譎之行也。手此，敬問台安，不具。

期棨翼謹叩　十九日

一三

伻來承詢舍侄病狀，舍侄舊有痰疾，近因夾食帶發，延易醫薰園調治漸就平復。介翁原信謹以奉繳，少頃舍侄來謁，懇即面加訓示，俾知有所遵循，不勝感謝。肅此，敬請早安，餘容面罄不盡。

期棨翼謹叩　廿九日

一四

筠公大人鈞座：

頃讀手示，領悉一切。舍侄既蒙噓植，深感深感。明日當令登龍叩謝，即由尊處往淮鹽局拜謁也。介翁原信即交舍侄奉繳。手此，復請台安，餘容趨教時面罄。

期棐翼叩上　廿八日初鼓

一五

筠公鈞座：

連日爲舍侄痰病竟無片刻之閑，而親友就試者復紛至沓來，不及詣商一切爲悵。華容館事應令刻期前往，惟其妻病勢沉重，且須還鄉料理十餘日，恐宜展至中秋後始克就道。況其眷屬回益陽不能在省，復無人照料，擬屬令挈之同行，家無顆粒之餘，祗一母一妻一子求存活足矣。周少如茂才勤勤之意求譜序，頃其從子來送竹簟、茶葉並信一函，屬爲轉交，乞即察入。手此，敬問台安。

期棐翼叩上　七月晦大早

一六

筠公鈞座：

張力翁處本擬再往一拜，頃署覃侄喪其妻，不能不爲理料一切，令其還鄉，其家拮据萬狀，華容館事能否對調，乞與張力翁商之。力臣之太翁係何科鄉榜、會榜，劉中丞聞係戊子副舉，當時似非此名。黄泥段事究竟何如，能否即日成局，均乞隨時示悉。前交屏聯，乞書就擲下。手此，敬問台安。

期棐翼謹書

一七

筠公台覽：

昨展鈞示，藉悉種切。稟稿已交芷湘辦理，當於日內呈院，中丞處尚須借重一言也。鄙人約在二十内外挈眷還鄉，它時當再走辭。兹有黄心菊明府舊僕陳貴，聞尚勤慎，來此求薦，適聞貴紀需人，可否留用之，一聽鴻裁。《食笋齋詩》乞再惠二部。手此，敬問台安。

期棐翼叩上　十四日

一八

筠丈大人鈞座：

撫藩稟稿業已繕就，送呈台覽。擬於明日分遞中丞處，仍求鼎力一言，倘蒙批准，則敝邑更賜多多矣。明日午後當偕芷湘面陳其詳。此請台安。

期棐翼叩上　十七日

再稟者。壽山兄忠柩已於七月十五從潯州啓行，慶侄來函云，於西安尚有月餘停留，大約十一月中，方能到家，知注謹聞，賢杰再稟。

一九

筠公大人台覽：

日前率布一書，計登記室。即日伏想臺候勝常爲慰。奉懇之件當蒙早達上峰，無厭之求本未敢瑣瀆清聽，恃叨摯愛，用特冒昧一陳。前途消息如何，還希見示，不盡感之。手肅，祗叩崇安。

期棐翼拜啓　嘉平月望日

二〇

筠公丈大人鈞座：

連日酬應頗繁，未克踵候，歉歉於懷。昨承手教，敬聆種切，楠木器具亦佳品，尤重君子之所貽也。志稿叙文請并交下，擬於午後登舟，恕不走辭，此問早安。

期棐翼肅上　初一日

二二

敬啓者。日前本已登舟，適北風三日不能行。旋得益陽滋事之信，仍即還省，見寓營盤街，舍侄寓寶南街，敝縣事非得良吏辦理盡善，終難絶其根株。仁人之言，其利溥不能不屬望於我公矣。壽珊之死，以廢官小功之侄，又托詞於但少村處接銀兩，視此兒戲，亦可懷也。其子聞赴不奔喪，鄙人深不爲然，周氏無深識，不足責。昨傳言竟有謂名公卿亦以其母年高，不妨從權之説，此而從權悖禮實甚，竊有所不取也。質之我公，以爲何如？手此，敬請台安。

期棐翼叩上　廿九日

一二一

筠公大人鈞座：

逕啓者。舍侄之杰，窮年鬱鬱，近復爲境所累，甚不堪矣。五月初曾薦葉介唐觀察，渠已函諾，尚待缺出准補，今復月餘，恐記事珠不及刻刻摩挲。聞葉君于公同年之好，可否借重鼎言，便中一爲提及，或緝私局亦可。於事必諧矣。附上石刻一分，不審尚如法否？傳肖巖處已爲轉達，業已回縣并聞。手此，敬問台安，立望賜示。

期棨翼謹叩　十四日

小兒扇，求賜書擲交。

一二二

筠公鈞鑒：

久不獲見爲悵。比想道體康安，至苻慰慶。昨晤笙陔先生言，常德提臺來文撫署，有龍、益連界烏牌村滋事之説，未審尊處得有確信否？李廷章、劉樸堂兩君見在駐軍何處？久不見鄉人來，頗以爲念。黄經畬究竟係何處分，此時計已奉有廷旨，亦乞密示數行，至感至感。匆匆率布，即問台安。

期棐翼謹呈　廿七日

二四

筠公大人台覽：

昨來省門趨謁台端，適從者未返，不得晤叙爲悵。楊春森書法頗佳，附上一紙。亦復沉静好學，擬於開年屬令來省，親承教益，於薪貲固不計及也。黄恕軒學者關訂聞已送交，現諏正月廿四啓館，乞轉致之，彼時能屈大駕一惠臨何如？手此，即請箸安，不具。

棐頓首　冬月十九日

二五

筠翁姻丈大人閣下：

省門小住，渥聆教言，返棹匆匆，未及告别爲悵。昨展惠書，敬悉種切。箴言一席，李次青、丁果臣兩君曾薦意老同年王太史，甲辰解元。已有成局矣，其里居、别字未得其詳，乞便中開示爲盼。長沙、洪澤、皋上舍年三十餘，課讀殷勤，筆下亦尚不俗，以教小兒不無裨益。譚府西席如尚未聘人，擬以是薦之，其脩金亦不甚豐，約在三四十緡之間也。又敝鄉楊春森書法絶佳，端楷秀潤，較周雲齋而百倍之，吾丈箸述宏富，必須鈔手，此君洵堪勝任，如能録用，筆資每月約不過二三緡，以其人固寒士也。或通志局可以位置，在吾丈酌之。周少如太翁墓誌如蒙撰就，即望寄稿前來，以便登誌。匆復，即請台安，不具。

棐翼頓首　九月廿日

二六

筠翁姻丈大人閣下：

前在省門匆匆告歸，頃展賜書，誦悉種切。箴言書院一席，李次青、丁果臣兩兄曾薦意老同年王太史名兆麒，聞係甲辰解元，忘其字号，請並里居開示一簡，敝處當於冬月初吉送關訂來省也。湘潭黄曙村明經承屬爲舍侄之師，現已高之家嫂送關聘來，務望轉達爲荷。匆匆布懇，敬請台安，不具。

棐翼頓首謹啓　九月十九日

二七

（上闕）

讀二年諒所深悉，歷年來舌耕糊口，涸鮒待蘇。現在敝縣小試，將近示期，聞邑侯朱烈仙司馬閱卷，尚未聘定，敬懇台端賜緘推薦，如蒙允准，定可拔取真才，感荷雲情，直同身受。叨在愛末，故敢瑣屑再三，統希原諒。肅此奉達，敬請台安。

期胡棐翼謹啓　二月朔日

胡棐翼致冶城（一通）

冶城仁兄大人閣下：

與君别甫十餘日，而變故頓生。十三日黎明有書塘、竹篙崙、新橋河等處哥會劉大美、昌三槐等直犯縣垣，焚署劫獄，殺戮搶掠，慘惻特甚。案檔、試卷多已焚毁無存，此蓋天之所以降罰也，除縣堂外各署均經碎毁，東關厘局亦焚之矣。黄明府驚惶無措，竟敢棄城而逃，由東門徒步出城，至今人民猶稱之。先是其首匪劉大美之父某曾入哥會，經明府查拿到案，其族出具保狀，明府允爲開釋，聞昌三槐之兄弟亦有繫在獄中者，劫獄之時聲言報仇，但未知其實否。但須保費六百貫。此番劫獄有許多交代不清者，騙了黄太爺這幾個錢，已成笑話。是以案懸未結，至十二日其黨聚集多人，醵金爲酒，昌言攻城戕官，毫無忌憚。該處里總劉春恬、教職必乾莫之能制，兩次禀請明府親往彈壓。時武試遇步箭，有武生教習者力陳防守之策，明府不謂然，乃集士紳於白馬廟會議。時舍侄署覃亦與焉，既不能捐廉召募，復不肯親自督師，僅招團丁百餘，大約爲惜費計，亦夏仙梯逢迎官長之力也。令城守瞿定國駐岐市上之接龍堤黃溪橋防堵，明知無濟，亦聊以粉飾耳目而已。不爲稍顧大局，公然自坐衙齋，計圖脱免，且以其夕眷屬下河，銀錢、服物裝載滿舟。未五鼓，城守策馬而還，辨色，明府先去，以爲民望賊偵知，遂從北關長駈入矣。此署覃所目擊實在情形也。昨聞禀上之詞有募勇數百、親督水師出城防剿等語，如果屬實，是無天良之人也。試問渠何曾出一個錢，何曾募一個勇，何曾出城一步！一心收拾，棄城而走，所招之團丁皆城堡按户派費，豈肯解囊以相與哉？假令稍恤民隱，顧全大局，即以城内之百姓與衙門書差站至城垛，虛張聲勢，而該匪自然望風而靡。利令智昏，即此可見，惜哉！所在商民號泣於道，紛紛遷徙，雞犬一空。十四日明府率各官回城，日往行臺，夜宿舢板，船上百姓之笑之、駡之者，蓋不勝其辱詈矣。一籌莫展，僅賴舢板捉獲餘匪周佐廷梟示，而該逆於十三夜間竄回竹篙嵛一帶去矣。聞其禀上作爲首逆，大約又想得軍功保舉。不可，解之至吾邑。不正之紳多半逢迎官長，要想爲他出脱，則百計以圖而不知其非也。弟恨此輩入骨髓矣。昨聞焚掠其市將及萬餘，馬匹亦復不少，似有負隅之勢。兼分一股竄龍陽，亦陷其城，未知的否。明府不足惜，但以數十之賊破益陽一城而使百萬生靈震驚惶怖，避地無方。聞其禀告上臺更有飾詞，不引以爲疚而反以蓋愆，廉恥喪盡，一至此哉。瞿定國所禀較頗真切，然不免多虛詞也，上峰倘肯採之輿論，則可得十之七八矣。尤可哂者，現在四城匪黨貼有能拿黃狗子送來者，給錢六百貫之語，前日之所爲一旦爲賊所發明，而猶靦然若是耶！鄙人憂患餘生，方引罪之不暇，豈敢非其大夫，特以一邑之大，竟爲市儈之子隳於一旦，蒿目時艱，何以爲命？閣下與昌輔師能於當道籌一補救之法，斯仁人之造福多矣。弟已寄書筠老，并請杏莊昆仲于笙陔先生處轉達，此意何如。此後若不整頼，則吾邑爲亂之日方長，大可憂也。敝眷暫居家嫂公館，俟弟來城當思别圖，以爲久安之計。時事至艱，復恐年歲凶荒，鄉中必不安靖，無他意也。匆匆泐請近安。

棐翼叩頭　二十日

昌輔先生均此致候，杏莊、哲成兩君晤時希爲道意。

胡壽椿（一通）

敬啓者。珠江暢聚，備聆教言，蒙摯愛之殷拳，荷隆情之稠叠，寸衷志感，尺素難宣。恭維筠仙中丞年大人纁旆增綏，鈴轅納祜。藎猷楙播，敷福蔭於羊城；倚畀逾隆，拜温綸於鳳闕。際此薰延，槐閣仰占，吉叶芝幢，即晉兼圻，曷勝欽企。晚河干解纜，途次遄征，諸叨平適，於四月廿五日行抵章垣，維時寇氛密邇，風鶴頻聞，即將先慈及亡室兩櫬暫厝山原，俟卜有塋兆再安窀穸。知蒙垂注，用敢縷陳。璞翁於五月中旬到江，家眷現寓省垣，不日治裝赴任，並以奉布。所幸棠棣近接，翹瞻棨戟之華，伏祈荃教頻貽，永式韋弦之佩，益深跂禱，無任神馳。專肅蕪函，敬鳴謝悃，恭請鈞安，統惟琅鑒，不莊。

年晚生制胡壽椿謹啓

第六册

凌蔭廷（二通）

一

筠翁中丞老伯大人鈞座：

昨承面諭之件已託人探之，尚無回信，容再促之，俟得復音再行報命，先此奉復，敬叩

崇安。

小侄凌蔭廷謹禀

台旌即日赴鄉能否就緒，信由尊廡轉達也。又禀。

二

筠翁中丞老伯大人閣下：

前奉鈞囑，茲得回信。陳姓距望城坡數里，尚有一處地名侯家塘，計租百五十餘石，葬有祖墳。佃户楊姓乃墓莊也，此田斷不出售，本月十一葬其母於長茅嶺。老伯所聞地名，佃姓與侯家塘仍不相符。此外陳氏望城坡附近無大莊所，或係别姓之業誤傳陳氏，意未可知。蔭廷再託人查訪，如得確音另行奉復。耑此，敬叩福安。

小侄蔭廷謹稟　朔日申

唐壬森（一通）

暌隔鴻儀，時殷鶴企，頃承華翰，兼領感情，雒誦之餘，銘感無似。恭維筠仙仁兄同年大人績茂經綸，任隆節鉞。文經武緯，福星普照於嶺南；内靖外安，湛露渥承乎闕北。翹瞻喬采，快符頌私。弟久羈京秩，忝厠銀臺，愧建樹之毫無，每撫躬而滋惕。所冀箴言時錫，庶幾弦佩有資，是所切禱。肅此，布請勳安，並賀新禧，不盡。

年愚弟唐壬森頓首

唐啓璠（一通）

日昨晤教暢甚。汪君樹箴人極篤孝老成，蒙允推薦督銷局務事件，敬希格外栽植。俾得稍盡菽水之供，則生成悉出自鴻慈也。手此奉懇，順請筠翁先生大人台安。

姻愚弟制唐啓璠頓

唐懋瓚（二通）

一

筠叟中丞大人賜覽：

懋瓚叨教即回湘鄉試館，路途之間，思諭帖由太尊發必有官銜冠首，方接爲諭飭事，茲作書來前，若欲用官銜即請先生開來，以便刊刻。懋瓚實於公事不熟，立望果何以教之，此請晚安。

賤友懋瓚謹上

二

筠叟中丞大人賜覽：

今日下河即解纜回去，在城中日久，飽聆麈訓，議論闊大，下風拜服。善事一節全仗仁言一發，其利甚溥，感激莫可名言。日前敬求書宮扇四柄，條幅四塊，中堂一塊，是日即請書就。吴松岩兄尚在城中留連一二日即歸，可乘此便帶交，萬禱萬叩。皇天久雨不晴，甚是可畏，是歲大水爲害，又恐不能免，奈何！日後訂約，親領教言，屆期必至。此請福安，頌禱靡盡。

賤老友唐懋瓚謹上　初十辰刻

吴允固　唐懋瓚（一通）

筠公中丞大人賜覽：

懋瓚與吴松岩兄晉省籌費，來城日久。昨夜并今日求見張力叟先生三次，因貴客來往極多，以致會面良難。兹聞今日相約群英一叙，尚祈中丞於鹽票所捐項竭力玉成，并祈代求諸丈扶持。昨日至黄錦堂先生處拜會，此老慷慨好義，毫無推辭，每票鹽前張力老與志老面商每票給救生局十串之數，惟此老尚商從減一二串文事尤易行。現在救生局需費甚巨，吾輩因不敢貪多，又不願從少，敬求中丞與張力叟先生提綱挈領，許吾輩效奔走之勞，幸甚快甚。果義舉永成八百里洞庭，諸前丈大人種福子孫，莫可言罄。此請午安。

救生局勸捐晚生吴允固、唐懋瓚公叩

唐懋瓚（十二通）

一

再禀者。懋瓚四兒振嵐，本年二月代理舍弟松壽缺，尚未更名，城陵磯當道高搏霄云，舍弟松壽不到即禀撤。四兒來函云，九月初旬回家，未知撤否。如此席已割，敬求大人位置一席，賤父子終身感激。

懋瓚再叩

二

欽差世丈大人勳席：

舊聆返國一音，數千里之遥，盼望行旌日復一日。傳聞《申報》抵京期近，不勝歡喜。賢勞數載，不知先經過南省否？念念。敬思大人三年有成，一勞永逸，親沾德澤感其惠，漸被仁聲慕其休。不分中外，一道同風，下土群黎，頌禱靡既。瓚因會面良難，舊寄書羊城，敬候慈暉，即飭四兒錦春守候香港捧投，專忱拜謁，拱待垂青，盡在不言中。瓚居僻壤，别離生感，頃接敝親周伊洛一函，敬聆大人三月入都門，并自言久羈金陵苦狀，溯其由來，敢忘所自。往歲實惠旁及，將此君力薦梅方伯位置，先派瓜洲，後派河運，時日不久仍閑居會館，屢次來書以苦情訴，瓚亦無可爲何。今聞大人榮歸，舟泊此間，伊洛前來禀見，求勿摒棄是幸。瓚再求勿改初心接見，各大府便中請切託之，俾此君仰事有資，衣食有賴，敝親合室感激，瓚亦鏤骨難忘。肅此具禀，敬叩勳安。

賤老友唐懋瓚謹上　五年二月十六日

瓚行年七十，率書不莊，乞恕之。

三

筠叟世丈大人勳席：

久勞海外，時切榛思。自丁丑歲新正由麗思堂寄書一函後，此音問難通，感懷徒傷而已。前又三月榮歸抵罗城，席不暇暖，徑至麗思堂，大人手足情長，聚首談心，耋老之精神倍爽，敬頌德福兼隆，今古罕覯，風聲漸被，中外咸知。眄庭柯以自樂，撫孤松而盤桓。斯時宇内蒼生翹企，維殷大人精忠報國，必不忍恝置之。瓚居僻壤，逖聽好音，僉傳下車期近，正不久藏之，日爲他鄉福主，天下文明實利賴之，功崇業廣，萬世口碑，此際求見者紛紛。瓚於本月中旬晉省，趨詣德門，侍聆矩教，不棄衰老，感何如之。先此肅賀，敬叩鈞安。

賤老友唐懋瓚謹稟

四

筠叟中丞大人賜覽：

懋瓚去歲秋間拜謁，倏經數月，頻聆教言，謹志之不能忘。兹因道途迢遞，翹企德暉，又未知何時遠慰風雨夕。自先生移居省垣與名公鉅卿相往來，縱譚史事，真别有一種趣味，然應酬太煩，懋瓚早已知之，尚求起居珍重，爲幸爲慰。舊歲捧所賜書遠行，十冬之交擬往南陵，因敝族鹿鳴拐案，吴姓久牽連訟中未結，心欲動而身難移，以致方命，徒自覺汗顔之至。遠行一舉，卒不知先生之意究竟如何，兹將原函并路費、原銀寄蟄老處，以便不日轉交。懋瓚近日年老氣衰，精神亦漸減，自顧兒女成行，聊以此自快，丁多業少，債重用繁，又以此自慮。花朝前兒輩皆析箸，賤夫婦頗覺自在，惟讀書之子一切用度仍不能脱此煩惱。屢垂青睞，亦便中敬告之。三兒府試期屆，虔誠求見，勿屏門墻之外，是所切禱。前接修志館一函，晏圭齋兄欲親往東北鄉再覽山水，招小兒步後塵，即請圭翁先至磊石救生局與四兒一路同行可也。耑此謹復，寅叩鈞安，并頌潭祜。

賤老友唐懋瓚謹上　三月初四

五

筠叟中丞大人賜覽：

隆冬甚寒，佳城事了，即請迅晉省爲禱。兹寄來薄物兩項，亦恐山中不便之故，求即莞存是幸。昨日未載胡明府飭收米捐何人，今查實係北鄉穆屯局吴蕚堂之子海籌，此時住河家塘，收米捐凡未捐之户猶不可以數計，有無知之小子倚勢作威，其爲害不小，便中指名再禀。敬請福安。

賤友唐懋瓚謹上

昨日惠書已收。

六

筠叟中丞大人賜覽：

懋瓚船泊大西門外，至尊庭數里，往返維艱，又先生賓客極多，實難面會。兹作書敬候，即求今日邀朱宇翁一商，明日下午趨詣，奉命言旋。今又將意老所寄之函敬呈，閱後仍交來手是幸。遠行置業，吴松岩暨諸君望之甚切，亦應速往共商，各備銀兩起程，懋瓚效奔走之勞，亦應早歸料理一切，不獨了結訟事已也，立望先生何以教之。又米捐一節，丁明府翹企來諭，或可行，或難行，即求作書一函，翼日領取回縣。此請福安。

賤老友唐懋瓚謹上

七

筠叟中丞人賜覽：

日前飽聆塵教，每飯不忘。孫世兄偶染小恙，瓚解纜回縣，心甚不安，抵縣城即詢及醫師，皆云正氣不足，先服温補之劑，接服大補爲佳，日久氣充體肥，定有效驗。至於糖食等項，尤宜痛戒，念念。此時夏日可畏，伏乞中丞大人千萬珍重爲感。初四日夜間往拜冒明府，聞茶事具控上憲一節，以千金詐贓誣之，若輩藐視官長，胡至於此極！冒明府下車本打起精神，今得此音，一片熱腸將成冰冷。中丞所寄扼要之語已面交一覽，所屬各件一一備述，冒明府拱候教言，盼望情殷，日復一日。代求迅速來縣城，俾縣主聆仁人一言，闔邑公事爲益不小。瓚於初六日由縣城回磊石局，數載辦理救生事宜，洞庭東西兩湖岸頑梗之夫，亦化而稍知禮義。兹被岳局徐氏之子從中挑剔，於鹽票捐項又夥，謀減去一半，所行多阻，其氣餒矣。瓚磊石局一席決計告退，尚祈中丞與易、李、張各大家求轉達㪍意，擇一公正人補之。瓚一生名節全子孫慮脱，老年辛苦亦免，萬禱萬叩。敬請福安，並頌潭祉。

賤老友唐懋瓚謹禀　又六月初六辰刻

八

筠叟中丞大人賜覽：

懋瓚前番厚擾郇厨，飫聆德教，敬謝曷已。磊石救生籌費事，中丞提唱，衆皆和之，洞庭湖面安瀾永慶，遥祝功德無量。回局之後詳致書衡丈，亦幸蒙玉成善舉，概照中丞布置辦理。鹽票已行六府分途勸捐，又宜急不宜緩，滿擬本月初十日晉省躬侍左右，又何以教之。今歲湖中亦甚不清吉，恒有狂風損壞船隻，七月内已救活人口十餘名，每逢船沉貨散，卑局督率紅船協同漁船撈繳客貨，凡沉客貨救全者幾十分有九。惟七月分江西客人壞船，店開清泉縣，係惠孚南貨館，省城清平街亦有正太南貨館，皆此一家分店。昨繳貨歸局，爛船底上查出硫黄，又出船艙外撈撿者亦有。磊石救生局屋極窄，門外搭兩棚，有置之局門外，飭火夫守夜，大水時門外亦無人泊船，硫黄尤忌火之物，江西客所壞之船亦縶維局門首，查出之硫黄亦略有兩百斤存壞船，餘皆存局門首。磊石長江水師陳哨官意欲領去，卑局不敢私相授受，陳君之念終止。卑局歸咎客人，客即痛駡船户不已，稱硫黄皆船户攜帶私貨，此商亦退財不少，險中獲生，船户捐壞船隻，僅保全性命，誠堪憫惻。懋瓚即往麗思塘請蟄老，命逐一遵行。由麗思塘回縣，由縣回局，七月廿四抵局，頃聞太湖長江水師董哨官至卑局門首，聞此君係湘鄉人。恃勢索取硫黄，竟不至局詢其原由。卑局同事人又云，董哨官坐舢板船，廿三夜即伴江西所壞之船一宿，暗飭勇丁私買被難船户之硫黄，比時船户可以得手，又可以遠害，過秤售黄藥。相傳董哨官勇丁領取壹百捌拾壹斤，又相傳領取壹百零八斤。廿四早飯後，又拋黄藥三四十斤歸江西客，所壞之船即去。廿六日卑局即給客撈貨清單一紙，客商仍取現存之貨往漢鎮，船户亦領壞船回鄉。卑局就中所取硫黄共六油簍，連皮約計共柒百柒拾斤内外，此係例禁攜帶之物，立望中丞施雨露之恩，委曲圖全於客商，有益於卑局，善事亦無損爲禱。前蟄老已交禀藩憲稿，卑局公事不熟，謄真所呈之禀恐有不合式處，即求代覓人更換。蟄老又云，此禀仍求中丞轉遞陳怡珊觀察，代投又可稍免用費。硫黄六簍準於本月初十日解纜，即將紅船解繳火藥局，硫黄到省，面求中丞書條至軍需局，飭丁運至城中，庶幾不至因疑見阻，另生支節，諸求心照不盡。縷禀，敬請福安，頌禱靡既。

賤老友唐懋瓚謹上　初二日

九

筠叟中丞大人賜覽：

懋瓚由縣城至安莊，詢及康强逢吉，又始知卜吉移居，新宫納祜，合室增輝，曷勝額頌。夏間寄居省垣，於湖面救生事頻聆教言，幸先生爲之倡，衆人爲之和。今歲叨蒙福庇，查磊石救生局已救生廿七名，所撈貨物皆按章程辦理，八百里洞庭造無窮之福，皆由仁言一發，湖中共慶安瀾，吾輩唯唯聽命，斷不至一日稍怱。特惜水旱交加，費需鉅款，暫難措辦，勸捐緩急再奉示而行。敝族鹿鳴捞案一事，一縣之風化，吴姓亦有正人未出頭助惡。惟吴姓諸痞不待丁憲審訊，因拐犯吴國洪收押扛訟，户首吴星垣收押，諸痞即結黨，竟向上具控，藐法已極，有心世道者聞之莫不爲之太息，率不知吴痞横行到幾時。料此案必仰縣審訊，幸丁次翁有果毅風聲，想不日可了結。茲便中敬禀，所商遠行置業事，志老尚無定見，若彼此於推亦何能定行止。茲已發信一函至荷葉塘，一至老屋灣，如願置業，即據實載明置業錢，以便覓田業者有主張。若因道阻且長，日後以難照管爲慮，不妨直辭，庶免瞻望，均約九月中旬各有要信寄至先生處，即日晉省，果何以教之。又有請罪一節，黎雋卿無知之小子，忘恩負義，姑從寬溯其由來。黎雋卿之祖父黎瑞瑚與懋瓚結爲姻好，三兒即瑞瑚之婿，成婚時黎瑞瑚不獨不索聘儀，並破家財厚待，予深感其情，斯時瑞瑚家給迥非從前可比，伊兒孫輩不得不向外糊口。懋瓚一生所仰望在尊家，聞縣志開局，遂薦此子謬居繕寫之列。前三四年内，常察實此子亦無他毛病，不科久則生變，實出不知人，即有子若不率教，爲父母者亦無可如何，此子忘恩負義，不顧薦主，懋瓚實無知人之明。此小子亦不足責，惟予一人之罪，無所逃於天地之間。是歲懋瓚行年六十一，而知六十年之非，亦悔之無及矣。即日來城求見請罪，暫求原宥是幸。作書縷禀，敬叩福安。

賤老友唐懋瓚謹上　八月廿五

一〇

筠叟中丞大人賜覽：

前日叨教一切，感難言盡。懋瓚於十一日解纜回磊石局，又不知先生何日晉省，經過縣城猶可面會否？念念。朱宇老壞船情節，另詳開一紙呈覽。又有密禀一事，舊歲籌辦北鄉祇園局米捐，皆舍弟與黎照崑經手，向愛吾住灰山田，近大水甚多，客歲乃父身故，適逢兼辦喪事，舍弟從寬辦理米捐，胡明府竟派敝地不公正之小子收手逢迎官長，添出支節，昨聞發空白諭帖下鄉，又祇補捐一家，顯係作弊。中丞大人爲閤邑之福主，懋瓚今有所聞，先此預禀，俯求心照。敬請旅安。

賤友唐懋瓚謹上　初九辰刻

一一

監船過磊石地方，卑局常屬守埠紅船，不論水漲水涸，時時防備，萬不可忽略。前十月初旬，朱宇老鹽船泊黄花灘，亦不知往平江否，并未行動，鹽船因木吃石壞船，此地無石，或因錨傷則可。黄花灘相距磊石十四里，客人未報局，卑局亦不知此情節，當時鹽客報胡明府，即委捕署李公驗勘。懋瓚辦籌捐印簿，亦由省回縣，得驗勘一音，即寄信至磊石局，鹽船已壞，尤當細心關注鹽客。李公至救生局查實，客未報局，局亦不知，又不能冒昧妄告，卑局即訪問附近人，鹽客壞船，將鹽出售岸上人，便宜發去，以鹽包存船，亦不解何故，人皆如此云云。李公驗勘鹽船後，聞即著鹽客先赴縣城辦文，轉禀局憲，客人由河潭買小舟赴縣，遇大北風直上，尤幸無恙。至縣城對河西方亭子處，聞船夫欲至東門港上岸，鹽客欲至水門上岸，客云雨濕街道，由水門晉城，至寓所尚近，不至濕鞋襪。由西方亭過河至水門，皆横浪，將到岸時，必用篙子撑攏上岸，客人皆動身穿鞋子，被狂風擊覆，鹽客兩位云亡。

一二

中丞大人賜覽：

日前至麗思塘一叙，正相見有緣。兹接惠書，備悉種種。所致張力老書及吴南老要件，又家書一械、走馬樓一函即遵命妥交，不煩懸念。懋瓚明日解纜直上，數日即回縣，紅船泊城下，迅速專足至修志館，立望中丞登舟赴岳，懋瓚躬侍左右。黎少琨已開赴黔省，懋瓚晉省仍再探一的音。敬請著安，不盡頌禱。

賤老友唐懋瓚謹上　廿一申刻

夏光星（二通）

一

筠仙鄉丈大人尊前：

敬禀者。昨據左錫九師言，可將衣服、首飾等件持來換冷天衣服，晚即商之舍妹，據云夾衣等件，張一哥已經做出，尚未取回，晚即詢其做衣之錢從何處得來，舍妹亦云不知。昨廿六日有張子健之瓜葛親易某來伊家，值伊外出，即將錢票五串交舍妹云，伊收租之期未到，向我左此以作零用，舍妹即向張鏡湖之妻商之，伊謂權且收之，俟過一兩日以原項歸還，才可稍全體面。晚間伊歸家即索此項，舍妹問其來歷，伊便開櫃掄去，次日仍妙手空空，不知在何處花盡矣，而做衣之説竟是誑語。晚日内過伊家，伊仍欲舍妹以紗衣等項來換冷衣，適伊在家，即勸伊儉用銀錢，伊便横逆相加，辱及數代，偶一反唇，即揮拳相向，從前未遭之凌辱，今盡遭之。尤可怪者，舍親王大在伊門經過，向前排解，伊便謂晚邀來行凶者，即張鏡湖之妻，亦命其子四處投人。前悉投人來者僅二三人，今則有六七人之多，衆口鐃鐃，均伊族中子侄，質對時，張鏡湖之子女亦窮於理，不能説謊，遂將前情告之，否則餓狗叢羊，晚幾殆矣。前承尊命，相晤時勸伊改過，不從可用竹片打之，似此反遭凌辱，鄉丈聞之亦必爲我不平也。似此凶頑，苟與之同居，其禍豈既底止？苟以施之僕者，施之吾母則筋力就衰之人，豈不斷送他手？在彼固不足惜，而引狼入室之罪，誰其尸之？前張鏡湖之母勸伊學好，幾乎爲彼推跌，此則前車之鑒也。顧伊之凶横，晚能避之，晚之母亦能避之，而舍妹與伊晨夕相共，假令彼持衣去當，舍妹與之争持，則女人豈能敵一强梁男子？况女人之性急，而且果即不爲彼打死、急死，以終身仰望之人，如此荒唐，如此横行，亦必憂憤自盡死。言念及此，僕雖木石，能不傷乎？伏維鄉仗仁恩及物怄約爲心，每日以米數斗分給無告窮民，故邦人士嘖嘖稱道戴德，况舍妹之本所矜恤者乎？總望設法矜全，使之得所依歸，或代籌一款，俾度爲女道士，或每月酌給青蚨，伴母度日，則不啻生死人而肉白骨，即公亦必受公侯萬代之報。諺云，救人一命甚造七級浮屠，此之謂也。大凡人之能回頭者，能望之習慣之人，不能望之性生之人，以今之所見證以昔之所聞，則張子健之行爲是性生而非習慣，正孔子所謂，下愚不移。一流人幹正事則如不淺不知，行小慧則如鬼如蜮，其口辯能搬弄是非，其奸詐能結連黨羽，伊能回頭，抉我兩眸子去，公可不必望伊回頭。且前尊命令其妻管他，其凶頑不能管，其家族説誰不能管，女子不能敵，男子不能管，公爲彼之心雖極周到，奈彼不入範圍何！然此事固在鄉丈，而舍妹之事則非大力者不能爲少者怔之，是所切望於公也。敬請福安，統祈鈞照，不具。

鄉愚晚夏光星謹禀

爲有事相呼飭紀來判官廟對門袁家爲便，茫中泐此，字極潦草，祈格外恕之。

二

筠翁鄉丈大人尊前：

敬啓者。日前張葆臣一干帶領張子建來舍撫禮，並請將伊寄舍居住，央之再四，家慈始允所請。據云押子錢及所缺衣服、器皿等件，已蒙金諾且每月肆串不敷外，尚肯酌加一二串，是否屬實，均未可知。惟是舍間房屋逼仄，難容多人，急宜另佃稍寬的才好。現今考試伊邇，房子大不便宜，三間房之押子非六七串不可，張子建分中亦要三四串，所允之項或送給、或來取，抑或並無此説，均祈明示，俾及早籌處爲便。鮑爵處已蒙保薦，事雖未成，深感青盼。方今機緣不少，鄉丈又在上峰，總以隨緣垂顧爲禱。敬請福安，統祈鈞照，不備。

鄉愚晚夏光星謹稟

夏在倫（三通）

一

頃悉箸禮功深，未敢以塵俗見擾。適所以干冒尊嚴者，緣督銷局緝私委員李壽棻已委沅陵縣縣丞，倘倫獲補此缺，則甘旨裕如矣。或以丁憂人員恐不合例，則舍甥試用按司獄曹仲乾現派辰州差遣，是幼孤家姊孀居撫於寒舍久矣，迄今同居，倘蒙鼎言，當道立見施行，感戴鴻慈，更無紀極。舍甥雖未修晉謁之禮，要是學而未成，謹慎忠厚一流，果邀培植，絶不至有意外之異。貽有道憂，冒昧直陳。恭請筠仙中丞大人道安，伏乞慈鑒。

卑職制夏在倫頓首謹上　初九日

二

前遵諭往懇力臣觀察之件，竟屬無成。現聞新任辰州文太守昨已到省，來謁時可否爲小兒鼎代啓一席？蓋寒士生涯除筆墨外，别無它法，除求公外，更難望一枝可借也。唐突尊嚴，實非得已。肅此，恭請筠仙侍郎大人道安。

後學期在倫謹上　廿四日

附呈名條一紙。

三

培植用敢，冒昧陳情，諒辱鑒原，抑倫更有私衷未聞者。鼎兒讀書有年，無力回籍應試，二小兒明占籍黔中錦屏，獲博一衿，早瀆清聽，若仗鼎言，幸邀該營一差，尤屬感戴無盡。肅此，恭請筠仙侍郎大人崇安。

後學期夏在倫謹上

夏獻綸（三通）

一

老伯大人鈞座：

去年九月，肅布寸緘，諒邀鈞覽。比閱邸抄，欣悉擢任中樞，兼膺總署，想出使一層可作罷議矣。遡聽之餘，無任忭慰。臺事甫有規模，詎幼帥移節兩江，補帥遽爾作古，遺缺簡放禹生中丞，聞又疏辭，日内批摺可回未知如何，倍深馳繫。開山撫番分三路辦理。南、中兩路漸有頭緒，侄上年九月、冬月赴南路琅璚巡行兩次，將城工、炮臺、碉堡妥籌布置。中路尚有水沙連埔里六社地屬彰化，腹裏有平疇數十里，道光年間劉玉坡制軍議請開闢未果，現聞私墾田畝已有萬餘，各處匪類薈萃其間，而教堂復有數處，不可不並籌開闢以消異患，今年即當圖之。擬由吴鎮光亮督辦北路，宋鎮桂芳病故，接統乏人，已請省中遴委，防餉苦難接濟，現爲節嗇之計，不得不將營勇酌裁，然各項工程同時並舉，裁此添彼，仍恐難以支持。雞籠勘煤洋人回國購辦機器，約今年夏間可來安置一切，明年當可動工開採，至若煤利旺興則尚需時也。葆生家兄渥承栽植，得邀開復，今年擬即入都赴引。子衡廉訪已於去臘履新，知注縷陳。敬請勳安，伏乞垂鑒。

世愚侄夏獻綸謹禀 正月十三日

二

筠仙老伯大人閣下：

憶自庚申歲都門一别，十有餘稔矣。中間雖稍一通問，而馳繫之私，無時或釋。上年遂聞召起，旋即陳臬閩中，愉抃私忱，非言可喻。比惟旌麾榮莅，勛福駢臻，即晉封圻，曷勝頌禱。臺地自上年東事敷衍了結，外人仍涎視眈眈，善後籌防實不可緩，現分南、北、中三路次第經理開闢，雖稍具規模，而建置尚重煩籌畫，兼以經費苦難爲繼，竭蹶尤覺堪虞。侄以軡材際此時局，愧補苴之乏術，實昕夕之弗遑。所幸近接仁暉，夙叨摯愛，尚乞時加訓誨，俾有式循，不勝企禱。三家兄湘中音信常通，四家兄現署海陽，近況均叨粗適。葆生家兄上年渥承培植，尤深感激之至，並以附陳。肅泐，敬請勛安，虔頌任喜，諸惟荃照，不一。

世愚侄夏獻綸頓首

三

筠仙老伯大人閣下：

五月□□接奉鈞函，適值舉行科試，致稽肅復，歉甚。比維勛望增崇，起居暢適，至以爲頌。侄履臺三載，愧立寸長，上年因言路論列，而自揣力小任重亦恐滋貽誤瀝，請開缺未獲，所願頃悉，兩院密疏保薦，竟荷恩除，益增慚悚。臺事艱巨，斷非愚劣能勝，幸中丞東渡，鈞節又駐閩中，隨事秉承，或可稍免隕越。幼帥擬送淮軍啓程後再行，旋省當在下月中旬，船署所雇亨明古輪船一號已於十二日抵旗後，連日大雨，浪湧如山，船更不能出口，淮軍所起何日登舟，尚未據旗口馳報。此次病疫之多，不堪言狀，提督王德成、李常孚、副將胡國恒皆健將也，一病惟而殁，尤深悼惜。嚴令成儀因移鳳山，未宜改調武平，藉差内渡，人甚謹飭，尚係讀書本色，惟武平缺苦而難，亦未必能勝，倘有相宜之處，得一枝棲，則感荷成全者多矣。肅此，敬請勳安，諸惟荃鑒，不備。

世愚侄夏獻綸頓啓

夏獻鈺（二通）

一

世如侄夏獻鈺謹頓首：

老伯大人座前。敬禀者。頃間使至，奉到賜書，並黎方伯函件，仰蒙賞賜川貲，叩函開讀，感戴銘心。伏思侄屢荷厚恩，早已淪肌浹髓，今者復蒙長者之賜，禮不可辭，惟有感奮自新，庶期不負栽培之至意。肅禀叩謝，恭請福安。

獻鈺謹禀

附呈《文信國集》一本。

二

敬禀者。頃奉手諭，聆悉種切。侄因張力翁允有軍裝差事，及周渭臣軍門之書，且言其軍中參謀有老伯大人門下湘潭某君在焉，渠當代請一書，見時想已譚及矣。侄是以遲遲未行也，現有友翁觀察之便，月半前後又有一批軍餉，亟當擇一從行，不俟軍裝差事矣。敬叩福安。

世愚侄夏獻鈺謹禀

團扇謹已收到。

孫士達（二通）

一

暌違兩月，恍若三秋，每憶叔度，不禁神馳。敬維筠翁仁兄大人整頓鹺綱，新猷式煥，吉雲在望，欣抃奚如。弟勞拙如常，無可陳述，所幸洋火藥到過數批，藉濟急需，苟免顛躓而已。海門購來洋槍前送尊處一桿，茲又送上十桿，內有樣槍一桿，其隨槍什物已經內軍械所遺失，現在按十桿給價，因續來不及，原樣每桿減價五錢，共計規銀五十兩，業經荷翁蟄付，其餘之槍亦按五兩給價，爲浙省收買矣。浙省所需火藥者，時軍火不准進口，非定買不可，屢回少翁，不肯分給，然浙省需用良殷，弟商明松翁暫借二千瓶俾應急需。近節相專札松翁、荷翁、元翁籌分蟄金，每月四萬兩，由司道稟明達解，札上粘有彭雪翁爲蕭軍門請餉之書，酸苦情形不堪卒讀，松翁亦與弟籌畫，此舉本非群僚意計所及，而札到之後，少翁之牢騷亦爲必有之事。弟到寄雲閣適各洋行買辦會集，即將節相需餉情形細爲告述，各買辦無不色動，而鄭仁山倡議先由洋行按丁抽捐，每人一元，衆人無不樂從，可見節相之盛德服人，足以感慨興起。刻與荷翁議即先查保甲，暗中記載人數，然後由洋行抽捐起，次及鋪家，其手藝店面不與焉，捐及洋行者爲從來未有之事，非節相之崇德碩望不足以致者。現因保甲一事，花旗地面不欲舉辦，尚未編查，一俟查竣，即可抽捐，城内及夷場可得數十萬金，此舉專濟節相軍餉，出力紳董附名請獎，弟與松翁、荷翁商明惟當力成其事，鄙人萬不可附列銜名，恐少翁見之火上加油也。陳副將所坐洋船昨已來滬，弟趕緊與其清理，大致不至無著，可請放心。張存浩捐項前繳六萬，刻下又繳二萬，計尚欲繳二萬，其案未曾出稟，其人仍屬管押正犯。淮阿三業已就獲，供報富户甚多，存浩雖未被報，而此外株連波累亦殊可憐，執事便中施以楊枝水普救衆生，實爲幸甚。手肅布臆，敬請勳安，諸惟亮察，不備。

愚小弟孫士達頓首　七夕

二

敬肅者。前奉賜書，仰承注飾，莊誦之下，感與慚並，附來陳、吴兩信，當即分報。辰下敬維新猷式煥，勳履聿隆，封圻指顧，下頌心傾。士達於四月杪卸事，五月中浣抵滬，權作勾留，即當卜居常熟。近赴該處履勘毗山房舍，率毁於火，惟有購買空地草葺園庭，士達自知秉性孤傲，不合時宜，久戀宦場，恐貽後悔，故决計退休息影蓬廛。課子讀書已盡餘歲，仁山通守流沐栽培，感不去心，因其賦性樸誠，故爾後起有人，極可悠遊自適，以享天倫之樂，奈宦情猶濃，尚有趨事赴功之念。昨有信來，以明年浙江海運，渠在津門，欲求幫辦運糧差使，既資薪水，又可得一例保，士達重違其請，是以轉陳台端，未諗可邀噓植否？伏乞尊裁，如蒙復示，即由招商局轉交，不至有誤。肅此，恭請福安，惟希涵照，不恭。

孫士達謹上　七月廿三日

孫衣言（一通）

筠仙仁兄年大人閣下：

前聞旌節返自泰西，小憩滬上，並審乞假還里，暫緩入朝。竊意道經白門，當得一聆緒言，慰我饑渴，迺祟船上溯，瞻望闕如，惆悵無似。頃辱手教，具荷注存，即維安抵珂鄉，喜占勿藥爲頌。弟近得心腎不交之證，夜苦無寐，迭經陳請開缺，上游未以爲可，然多方調理，迄未全愈，蒓鱸之思，日益深切，執事其何以教我也。歐陽伯元賦閑日久，重以台命，弟無不在懷，惟局勢窘促，病軀又苦不能振作，如何如何。專此道意，敬叩節綏，不備。

年愚弟孫衣言頓首

孫宗穀（一通）

年伯夫子大人左右：

叩辭後於十二日抵館，諸凡叨庇平適。昨秋翘明府談及慈壽一節，曾丐大文爲壽，頃因誕期已近，匆促不及制屏，所制壽文容後補辦，屏幅寫上並囑爲轉達台端。如此，專肅布聞，恭叩道安，不宣。

受業年姻愚侄孫宗穀謹上　九月十四日

孫昌祺（一通）

筠翁先生中丞大人鈞座：

頃謁院，約明晨往見稟稿，即當照繕面呈，其如何見示之處容再奉報也。嵐兄頃見太尊，開誠布公，彼此意見似稍消釋，隨後公堂傳見團紳，辯論逾時，尚屬詞和氣順，酌理準情，惟此次仍未能結案，究不知如何了局。明日嵐生當趨陳壹是也。肅此，復請鈞安，惟鑒不莊。

小侄孫昌祺謹上　受業傳理附稟　六日申刻

徐申錫（三通）

一

筠仙仁兄同年大人閣下：

春間兩肅蕪緘，亮邀荃照。塵氛多擾，續蔄稽修，遥跂清輝，莫伸鄙悃。即辰敬維勛隆夏假，慶集天中。恩威遍浹嶺南，雨露渥承闕北。下風引頌，莫罄頌私。弟栗六逾恒，一無佳况，考試差日挽疾增劇，幾至不能完幅，草草塞責，無以仰副厚期，曷勝愧恧，惟長安居大不易，頻年支絀之狀，莫可名言。所賴家兄隨時接濟，略可支持，而本年家兄署任難冀蟬聯，客子生涯將益失所，恃計至秋間再難困守，不得不出京一遊，粤中尚多故人，冀其憐我，屆時擬航海而南，當謁崇階，並求援手耳。敝友冒哲齋大令澄，家傳忠孝，內行篤誠，與弟甚相契合，近知其奉委權篆饒陽，想見大君子於愛才之中，寓褒忠之意，下懷實深欣佩，尚祈多方誨植，俾益知感奮自效，尤所企禱。肅泐奉布，敬請台安。伏惟惠鑒，不莊。

年愚弟徐申錫頓首

二

筠仙仁兄同年大人閣下：

滬城晤聚，飫領教言，旋以匆猝北行，未遑面别，風塵回首，惘然於懷。抵都後屢欲裁牋一候起居，疏懶因循，輒復不果，已而閣下叠膺寵命，建牙嶺嶠，下風歡抃，莫可名言。思以一函奉賀，而雲山迢遞，殊乏便郵，惟惶瞻節鉞，額手稱慶而已。日昨接奉賜函，備承垂注，三復莊誦，感歉彌增，復蒙惠以廉泉，俾蘇涸轍，拜登之下，莫罄謝忱。敬稔履端集瑞，泰祉延庥，荷九陛之殊榮，作萬家之生佛。苴茅指日，頌祝尤殷。弟到京以來蹉跎數月，初夏始銷假補試，倖免劣等，旋充實録協修，自秋徂冬，日從事於編纂，駒光虛擲，鳩拙依然。惟孱軀尚能耐勞，趨公幸無貽悞，差堪告慰耳。專肅鳴謝，敬請台安，諸祈鑒察，不莊。

年愚弟徐申錫頓啓

三

筠仙仁兄同年大人閣下：

月前肅謝寸牋，託堯峰同年轉寄，計已早邀垂照。辰下敬維台祺萃吉，勳祉益隆，秩晉連圻，爵崇五等，仰詹喬采，莫罄頌私。嶺南自台旌莅止，跳梁之輩迭就誅鋤，遻聽捷音，時深抃慶，近想一律肅清矣。惟是瘡痍甫復，蓋藏必虛，而農部催徵屢申嚴令，想見損益之宜，深勞經畫也。弟粟六如昨，無善可陳。館務仍前迫促，又值考差將届，欲稍稍肄習而餘晷無多，竟難兼及，以久蕪薄植而冀有秋，何可得耶？知己將何以教之？肅此布悃，承請台安，不莊不備。

年愚弟徐申錫頓首

徐　漸（一通）

中丞所作咨稿，反覆思之，措詞似以稍挽爲宜。無論驅賊入粤果出諸帥之意，抑或傳言之訛，藉令實有此意，我以婉詞相商，尚難必其旨從與否，况以憤詞激之耶？適見中丞來信説及咨稿，恐即送去，故不憚竭其愚忱。伏祈大人垂察。

徐漸謹呈

殷邦惠（六通）

一

中丞世伯大人閣下：

敬禀者。前於易叔子兄函中得讀鈞諭，聆悉一切。蜀郡之行以資斧未備，天氣漸炎，須秋初始定。黎簡堂廉訪處終望賜介一函，庶免途窮之歎，俟晉省摳謁再面懇也。敬維德躬禔福，潭第凝庥，歡頌無量。恭讀縣志諸叙論，文章之美有過孟堅，且援引博而考證精，自秦建羅縣二千年來未有之杰作也，此書行則凡郡縣志皆廢矣。作異書讀，欽服何如！藝文志表彰功夫，搜羅尤富。亡弟廪生邦恕，年二十九賫志以殁，嘗著有《適其適齊詩草》，前别録一卷呈性農先生，已蒙選古今體詩三首入《沅湘耆舊續集》，今無有以此上達者，故志未列名。伏維大人顯微闡幽，片長必録，侄久蒙青眼，而亡弟不得厠名藝文，是亦爲之兄者之過也。用敢瀆陳，伏祈採納，諭飭令侄商農兄鐫列名目，俾附諸賢以彰，豈惟逝者銜結泉下。其詩稿存家，容當帶呈鈞覽，使誠淺俗，亦不敢爲求虚名也。耑肅稟懇，虔請台安，伏惟垂鑒。

世愚侄殷邦惠謹稟

二

世伯中丞大人閣下：

敬稟者。昨叩崇墀，仰親霽範，藉慰孺私。恭維福履康和，允符心祝。世嫂夫人欠安，想占勿藥之喜，敬念敬念。前代胡大令稟懇一節，仰承垂注殷拳，欽感不啻身受。昨渠函告，謂據局友云，將有查城之委。渠以前歷任瘠區，素形清苦，今服闋來南，尚有八旬老母在堂，急望美差以博甘旨，如僅效抱關之職，勢益難支。幸尚未奉行知，諄屬敦懇大人格外關垂，代爲設法，即不能得委署，亦求於謁上憲時嘘拂。俾得另獲差委，同深感禱。侄因舊好冒瀆鈞聽，袛切悚惶，尚祈恩宥。食笋齋墨刻什襲案頭見者，均愛玩不忍釋手，童誦南兄及敝同事均託代求，敬乞賞賜二册，以便分致。耑肅，恭叩福安。

世愚侄殷邦惠謹稟

三

中丞世伯大人閣下：

敬稟者。前肅寸箋，諒邀鈞鑒。家伯究心九章、方與（輿）之學，垂數十年，著有《克念齊算草》，未定卷數，《格術補》一卷暨《衡陽縣志》疆域圖、承源圖、揆日候星表，藝文志似應存名以見邑中著述之盛。在家伯深自韜晦，以爲未足列於儒者之林，而台端博採旁搜，甄録必及，見在藝文尚未發繕，伏乞諭飭炳文、商農二兄附載名目，庶使絶學不致湮滅不彰，則感佩不獨侄等已也。耑肅，恭請崇安，伏惟垂鑒。

世愚侄殷邦惠謹稟

四

中丞世伯大人閣下：

敬禀者。前叩崇墀，得親霽範，私衷欣幸，倍切葵傾。恭惟道履康娱，德望隆峻，桑梓蒙福，忭頌難名。侄於場後旋里，值一侄一子之阨，須自出月初仍赴昭潭館舍。兹有懇者。敝里黄陵古刹二妃石墓在焉，實爲湘中名勝，地自咸豐元、二毁於兵燹，近復爲水蕩析，瓦礫荒蕪，墓亦傾圮，向由近地殷實修葺，見皆中落，所費不貲，無力修復，遊者惜焉。今敝業師吴嵩階先生、敝友閔惺吾、易淑梓、雨初三茂才暨家兄獻民諸君慨勝迹之湮没，發思古之幽情，欲爲集腋鳩工，於本縣中及他縣樂善者書捐以復舊觀。惟是一邑盛舉，必得大人蓄道德、能文章者，爲之提倡，始足徵信景從，不同道旁築室之議。用特介以一函附呈，原録事實，伏乞椽筆賜序，弁諸簡端，並懇垂情照拂，以成盛舉，想登高之呼，當令衆山皆響也。冒昧上陳，實爲興復古迹起見，伏候鈞裁。耑肅寸丹，恭請鈞安，惟希垂察。

世愚侄殷邦惠謹肅

五

中丞世伯大人閣下：

敬稟者。久暌慈霽，恒切孺忱，舊臘曾肅寸丹，恭叩年祺，諒邀鈞鑒。新歲恭維福隆道泰，潭祉春融，欣頌無量。頃聞三世叔大人蓬島棲神，不勝駭愕。大人友於誼篤，諒必感念人琴，惟念三世叔大人功德文章並垂不朽，既備膺乎五福，自無憾於九京，尚冀勉抑傷情，自珍桂石，是所跂禱。惠緯蕭末質，樗櫟散材，見因家貧，親老食指浩繁，以直隸州判分發四川，藉謀菽水，暫無力辦理驗看。措貲先入蜀中，稚璜宫保師曾謁見三次，甲戌出都謁於沂州道中，蒙其賜金，第貴賤之禮殊隔，恐師生之誼終暌。黎簡堂中丞雖有瓜葛，亦未相見，如仍任川臬，均乞仁恩噓拂。賜介一函於摧酤之務，畀莢之場，俾借一枝以資事畜，庶半通之秩不至虚銜爲榮，千里之行得免窮途興嘆矣。再有懇者。阮囊羞澀，資斧缺如，擬迂道襄陽稍爲張羅，亦恐至如按劍相眄，並祈賜之月旦，使增聲價。惠蒙垂青有素，累荷咳唾爲恩，倘承噓植，異日得博升斗，讀書、養親，皆大人之賜也。二月内晉省，即當趨叩。敬謝鴻施，先肅稟懇，恭請鈞安。

世愚侄殷邦惠謹稟

六

敬禀者。頃奉鈞函，敬悉壹是。盛暑久未趨叩台端，恭維筠仙大人起居康祜爲頌。張治秋孝廉本歲主講耒陽書院，當即緘致福秩侯大令，屬其換送關書，其春夏兩季脩金應歸前任劉子昭明府致送，祇可俟其到省後面催也。初四日呈上茶陵孫牧送馮曉亭茂才脩洋三十元，想已察入轉交矣。耑肅奉復，恭請台安，伏惟霽鑒。

卑府邦僡謹禀

殷邦慶（一通）

愚侄殷邦慶頓啓筠翁老伯大人左右：

泰山北斗，頫深仰望之忱；良玉精金，每切欽懷之念。憶氛清東粤，單騎早震慴於群酋；慕切南州，生芻久興懷乎如玉。誠善用兵者，無赫赫之功而功自大；優於德者，裕謙謙之度而度彌高。固不徒文章在天下也。念自粤東歸來，凡國家大舉及陰邑公事，其賴鼎力維持者，悉徵學問之大，德行之高，公論固自難没。即曩歲慶以遭家不造之故，弊竇得蒙電情鄉里，欽爲月旦，雖御李無因，無日不爲之心感。今歲始聞抱西河之慽，繼聞貽小星之憂，愧以病軀未及匍匐來弔，甚歉然。然聖人爲人倫之至，達人有知命之明，尼山至聖，不以慟鯉見於經；周季南華，且以鼓盆爲自遣。想高明當亦如此耳。矧著書高嶺，自有千秋；掌教南邦，更兼三樂。行見文孫鵲起，以閥閲家聲，加以淵源家學，當如狄兼謨，綽有祖風耳。又況徵蘭之休還，可卜於燕姞乎！願以此瀆鄉間無異味，謹俱菲儀，聊申芹獻，仰希莞納，即請福安，不莊。

殷家儁（二通）

一

筠翁少司馬大人閣下：

四月二十三日曾肅蕪稟，恭候起居，並將從前局務轇轕之處附呈大概，想已均邀台電。辰維泰祺駢集，鼎祉龐洪，允符私祝。楚人多謠，辰陽尤甚。頃聞舉國喧傳俄夷入寇，都中徵兵甚急，此雖未知其審，不免因之而有感矣。昔公駐節西夷，凡一切政令，莫不推誠相與用，能信及豚魚，聞西土之人其尊禮愛戴之忱直有無。以我公歸兮，無使我心悲兮之概，彼昏不知，徒見當日之完璧歸來，遂謂楚不足與戰，天下事無不可了者，竟以無拳無勇之身毅然自任職爲此亂，良可恨也。禮曰：雖有其位，苟無其德，不敢作禮樂焉。斯言豈欺我哉！所可念者，牽帥小侯以至於此也。能與之講尚可求全，戰則無論勝負，其不爲蘇卿之續者，幾希興言及此，不禁爲之捏一把汗也。然則星槎之返，雖曰燭龍銜耀，照徹瀛寰，而其莫之致而致者，未必非禔躬之福厚使然。此日優遊林下，高風曠懷，籃輿看山，斑管著述，殊令人景仰，此行無異登仙也。雖然公固乃心王室者也，睹此時艱，其憂心如焚，有不待言者矣。我則謂我朝聖聖相承，迢越千古，從無幾微失德，惟德是輔之謂何。卜之天心，能不默相此如雲如雨之謀臣勇士，蕩此妖氛也哉！憂天之憂自可不必，儁今在此亦有隱憂之一事焉。所謂螘馱一粒，各效所能者也，所憂伊何憂，夫人之未能爲守兼優也。公其何以策我邇者，時逢桂序，志切瞻雲。特修寸稟，敢賀節禧，統希鈞鑒，不具。

世教弟殷家儁頓首　初八

二

筠翁常伯大人先生閣下：

月前晉謁崇階，祗承大教。舉艖綱之利病，極指畫之精詳，君子韙之，小子志之矣。辰維道體康强，桂蘭芬馥爲頌。別後一肩行李，數卷殘編。趁八字以西飛，春帆恰正。指重湖而直進，細雨無聲。憶自登程，時維春暮，日逢浴佛，路到壺頭。無何調閲卷宗，句稽册籍，乃知聞所聞者之宛然，不若見所見者之誠然也。舊欠新虧，撮鈔附電，窈雋庾膏昏鈍，莊櫟粗疏，壟畝盡廢於波臣，食指幾同於椒實。陶斾不至，馮鋏空彈。先生念切窮途，慈開廣厦，喻之以先庚後庚之義，致之於大酉小酉之亹。進服鹽車，獲沾升斗，微禽尚知夫報石，下乘敢至於駘銜，此志永矢弗諼。撫躬猶堪自信，惟是家逾千里，齒及七旬，蜑雨蠻烟，形單影隻。翹瞻神嶽，長牽異客之懷；俯瞰沅溪，亦切江鄉之感。特修蕪稟，用致謝忱，恭請鈞安，伏維台鑒，不具。

世教弟殷家雋頓首　四月廿二日申

秦 簧（一通）

夫子大人閣下：

省門趨叩起居，未瞻光霽，舟行匆促，深以爲歉。陳熙翁來，得悉我師於今年二月新得世兄，具見吉人天祐，兼承道體康勝，欣躍無似。簧七年自京回，局務因緣叠經辭謝，不肯作馮婦下車去，承朱宇恬及王輔臣二人推轂，復膺斯任，總分各卡次第舉行。聞前途稍爲人言所惑，不悉當局苦心，則亦毁譽聽之，不能枉道從人而已。敝同縣趙晉卿素行荒謬，去因派在一處公事緊要，未敢牴牾。該營於四月杪奉札移駐西港，截清常界，所有雷、永等處調淮商緝私船接替，因現來之船不敷分布，委婉函商將其所部暫留三號，免致壞已成之局。係屬因公起見，詎意該營不准通融，片刻難緩，四日之間三次催調，氣焰逼人，寔屬不顧大局。已將其謬妄各情開單禀呈局憲，現值淮務方新，曾文正一片苦衷，承辦其事者，自當斟酌用人以求妥洽。如趙晉卿等肆行無忌，互相引援，竊恐蹈弟子輿屍之失，尚冀我師維持補救，俾公事不致决裂，則受益爲不淺矣。再。辦堵緝事宜，二三月間於收税時隨時傳諭商販在即堵禁，四月以後一律辦行，均屬安静。知關廑念，並以奉聞。手肅，祗頌福安，諸希慈鑒。

受業制秦簧頓首　五月初七日由華容雷家灣堵私卡泐

袁緒欽（二通）

一

受業緒欽謹稟夫子大人鈞座：

日前渥承寵召，侍聆教益，私衷驚竦，深自感幸。日來復思趨詣，並請夫子所撰録經説及詩文雜箸各種，此時林園燕居得以從容編定，緒欽願橐筆日詣府中校寫，若秋間還朝，又將贊襄偉業，出總兼圻，恐未暇事此矣。昨緒欽以前摘録舊作詩稿一帙，請順生代呈，即祈俯賜指示，其他雜文尚多，以旌旆新自遠歸，方當頤養，姑俟稍遲再當繕呈也。竊念夫子以忠謀碩畫，清節名德爲世偉人，緒欽方髫稚之年，即謬蒙奬進，得以追逐時彦，撫膺激勵，常欲儲學練識，卓然成立，以勉副垂顧期望之意。惟今歲家居，迫於生計，玆急思仰望夫子噓植一棲息之所，得稍遂菽水之情，不論遠近皆當趨就。附上名條，務祈垂念，不勝依戀竦待之至。又自去秋續行昏禮，積有逋負，展轉彌縫，日形窘急。兹並欲婉懇夫子賜貸百金，一清夙累，稍遲即當奉繳。前此嘗歲暮稱貸於楊君瑞堂，賴其惠濟，並當速行歸款，極知瑣瀆僭妄，實緣情事迫切，尚祈曲賜矜宥。肅此，敬叩鈞安，伏祈霽鑒。

受業袁緒欽謹禀

二

緒欽敬啓。夫子大人道席，前承回示，敬悉一切。頃於二十六日，胡府著人送敦請黄曙軒先生關書及聘敬來府，並胡鈺軒先生寄呈夫子大人一緘，俱權收存。緒欽處，關書稱敦請曙軒老夫子甲戌主講家塾，歲奉脩金省紋壹百肆拾兩，月費貳拾肆緡，聘禮隆重，仰費夫子大人育賢之心，緒欽敢預爲代謝，已緘告黄先生矣。惟關書及聘敬現存緒欽處，理應隨胡先生一緘啓明夫子大人，不知可由緒欽將關書、聘敬覓妥轉寄，或由夫子大人緘寄，均乞示知爲禱。前聞尊體偶感微恙，諒已暢愈矣。肅此，敬請鈞安，恭候尊示，不一。

侍晚緒欽頓首　九月二十七夜肅泐

馬志超（一通）

筠翁先生大人閣下：

正初登龍叩賀，未晤悵甚。昨蒙枉顧，失迎爲歉。盛璞翁任内曾送廉翁乾脯省平紋貳拾兩零陸錢肆分寄存敝處，因無便可寄，是以久擱，兹特送呈尊處，伏乞覓便寄去爲禱。肅此，敬請元安，不一。

制馬志超頓首

馬建忠（二通）

一

敬禀者。接奉鈞諭，並致馬君一序及送春甫洋均收悉，即當分送。日前春甫兄欲求大人賜書一對，其紙已於日前交周巡捕，今伊欲卑職代爲一求。小水龍一百二十之數係銀兩也，卑職當同李司務往該洋行去問矣。兹奉上土鐵一罐，係由寧波寄出，祈察收。不能多耽擱多日，恐壞也。肅此敬請

下闕

二

上闕

大人出山與否，至再至三。日前郭弁至津，挽職道間向伯相緩頰。伯相云，事之有無，不得明知，惟既有公文，宜令之勿露爲妙。且令之回楚求大人代解爲是，而郭弁思得一言以爲進見，用是不揣冒昧爲之直叙伯相之言如此。謹肅寸稟，恭請鈞安，伏乞慈照。

職道馬建忠謹稟　四月廿日津門椷

第七册

裕麟（十二通）

一

昨日拜飲佳珍，率泐數行申謝，想荷鈞鑒。前禀實已附遞，夜間細讀原函，所指極有道理。雖據抱呈人前往備質，蒙州尊當堂給假，回城面稱情形，如是即木植現存之處，亦係鮑俊嶺查禀，其中恐有不實不盡，殊難憑信，不宜輕舉就令屬實。有錢刺史之廉明，亦不慮杜棍狡滑。特此再陳，即祈代達感忱，懇將連名紅禀塗銷，或封交貴紀擲還，且聽州中下回分解。此係三房族人之事，弟因義不容辭始任之，訟則終凶，可了則了，無成見也。至鮑俊嶺父子實已赴質並有呈遞州尊禀稿，蒙堂諭給假回莊料理清明祭事，劣奴鮑俊秀現尚管押，杜棍伎倆雖大，亦無疏紙，祇求札催返木則幸甚矣，禱切禱切。即請勳安，諸維亮照，不盡。

弟裕麟頓首啓筠翁少司馬仁兄大人閣下　上巳後三日申

二

敬復者。拜領多儀，並皆佳妙，叩謝叩謝。惠翰示件具承。昨日遣奴子馬順捧尊械一，並敝處紅稟一併送呈，接有回片，時值尹憲閲操，兩緘均存署中司閽處，不知何以未投，已命奴子前往探詢，俟回時再報。先泐奉復，恭請台安，並申感悃，伏祈霽鑒。

弟裕麟頓首

細思或因紅稟不協，須換呈式耶？原函中語意似並紅稟猶未見也，統容探明再陳。又叩。

三

諭言敬悉。昨讀原函，未肯明言紅稟之非宜，實寓教愛，關切之意，可感。蓋憲所查或有不實，無抱呈人名。無從質證耳。弟處所聞一切皆係鮑俊嶺面稟，是以直陳。今鮑俊嶺已赴營次料理清明祭事，無可充抱呈者，曾再四請問木植存處是實。北俗生意人一聞貨物來歷不明，通章。

即批存不銷，以待訟結乃售，並不隱諱。鮑奴所查不虛，甚易查。茲將原函奉繳，乞閱之便得京兆君卓識及關切公私兩到之意，所踏實地辦法令人佩服。不得已姑寫一呈仍用抱呈人具禀，不著痕迹，不求提究。京兆君或據禀行州，或派官役密查，或暫且不行，候州中詳復均無不可，弟絕無成見。先將抱呈人禀詞呈覽，祈撥冗披視，便得端倪矣。瑣瑣瀆陳，諒宥爲荷。率復即叩大安，不莊。

弟麟頓首

四

弟先後兩函，的是心腹之談，可否摘叙轉達並祈將另禀附去，抽回紅禀更便。京兆公老文。因推愛指示，卓識至言，惟有佩服謹從，不形固執也。過費清神，志感增愧，又及。

五

頃奉惠翰並示件，具承卓識，至論令人佩服生感。紅禀非宜，茲仍令抱呈人具禀，不求提究，第求京兆公據抱呈人稟詞行州呈矣。弟因家務縈懷，未暇思索，連名徑稟，疏忽孟浪，仰蒙指示並讀示件，頓悟頓悟，佩服佩服，同感同感。容遲日分途叩謁申謝，即祈代達是禱。匆匆率復，虔請勳安，不盡欲言，統俟面白。弟麟頓首上筠翁少司馬仁兄大人閣下。

外稟附呈，紅稟或塗銷或請封交尊處擲還均可，又及。

六

頃讀惠翰具承，歸遲未即作答爲歉，薄具肴饌不足供清品，勞齒後增愧。兹命小价帶同車夫兼餵牲口人楊三一名，青騾一匹，駃騠馬一匹送上，並馬鞍全副。一切悉遵示行。前承諭尊處自有坐車御者，敝車即懸而不用，故未一併送上。惟楊三喂養牲口甚相習，且知愛惜謹勤，擬仍如前説，其工飯五文由敝處按月照發，何如？函復叩請大安，不莊。弟麟頓首上筠仙少司馬仁兄先生大人閣下。

七

初十日晡送上香牌二塊，俱繫藍色綫，未審合用否？頃沈掌櫃松泉已將班指二枚開寬，即送請試之，如過寬，不妨交首飾店鑲一層薄裏，由貴紀在附近處可辦也。又附上香牌叁塊，係紅緑綫，或備細君隨喜，香珠兩串，均祈檢閲選留，留餘望擲還以便仍付前途，如添留一二件，不勞再發價，此萬萬勿客氣爲禱。即請大安，不莊。弟麟頓首上筠仙少司馬仁兄大人閣下。每一薄銀裏工料共二千文，弟處自辦，如是附以奉告，又及。

八

惠翰、票錢三拾吊具承，當將班指囑前途遵示開寬，日内奉上。先撿香牌二塊呈請選留，或用有齋戒字樣者，不妨發換，統候示定。即請大安，不莊。弟麟頓首上筠翁少司馬仁兄大人閣下。

十日申

九

廣西田州真三七近已難得，弟丁丑生於古邑官，舊藏已越四十餘年，極真且陳，謹分送一枚，可飭紀用酒磨汁兑酒，紹酒、汾酒均可。頻頻飲之，可愈内傷，補敷藥力之所不及，必有至效，曾試之，其驗如神。此上，即請早安，不莊。弟麟頓首筠翁仁兄大人閣下。

九日申

一〇

弟到京兩年，卧病時多，從未得遊，節次叨陪，藉親教益，欣快欣快。鼻烟奉上少許，嗅之似可解乏，不滿貯，恐減味，非吝也，告罄再納何如？烟壺係君家物，仍歸掌握，不勞移换。呈囑，即請筠翁仁兄大人日安。

弟麟頓首

鞍馬候銷假日送上，十六日尚可一用。

一一

杜憲章，古少正卯之徒也。刺史能拘之，非京兆之力不可，非今日大京兆之力不可。京兆不自居，令人敬佩，一路福星，行將移節，杜棍之幸，敝族人之不幸也。既不提究，更有何請，不如無言。萬一將紅禀録行，徒令刺史不悦，抑或挂批，杜棍有聞尤爲稱快，以復益張，故力求塗銷與封還也。一腔心緒直貢無遺，今已矣。委延任連可耳，屢屢勞神，不能不以實告。事機不巧，古今一轍，不足介懷，是所切禱。發來致前途書未敢拆閲，又未轉遞，仍奉繳，如係弟先後手字，即望付丙，勿塵案几，是囑。弟又頓首。

此啓乞一併付丙，勿容，再及。

一二

再。京兆公復尊處書奉發閱，記得已附繳，又似未繳，不復省憶，適於案頭紙堆中尋之未獲，如已奉上，請檢閱後知如矣。弟處當細尋歸璧，心緒殊煩亂，增愧增愧。又及。日内當到三處拜掃，料理一切故耳。

高文偉（三通）

一

筠仙大人鈞座：

敬謹啓者。春間肅呈下悃，嗣嚴司閽轉述，知已上邀鈞覽，並傳示諭，命以自圖趨向，再行陳請。具以仰見大人賜恩高厚，不棄菲葑，感激之沉，淪於肌骨。洎因友人招往湘潭幕中庖代書記之事，淹留三月，秋間解館回省，晉叩崇階，未瞻慈範。再晚伏以近年困閑之苦與日加深，雖偶有暫寄之棲，究莫補久窮之累。兹届歲莫，聞省外期滿，各州縣調動之處甚多，意欲仰懇大人賞將再晚名條轉交一當道之流，而栽培以囑薦之，事必有成，並側聞陳、朱兩觀察極肯栽培寒畯。而陳道所當局面亦在上峰紹介，尤易誠邀泰岱之一呼，其響固可立應。惟是再晚清夜思維，自先世文良以來，迍邅困躓，暨先祖仕宦之淪落，先君幕遊之飄零，及於再晚沭荷生成，始得稍積寸資，報捐末職，迄未赴都驗看。當此歲寒，一家數口浮寄湘中，禦冬之衣亦均質典庫，加以再晚身居旅館，時有追呼，行將臘鼓又催，誠有岌岌不能久存之勢。爲今計者，異圖轉危於安，可以籲請乞憐者，惟仰望於大人重施，不盡之恩，方有更生之幸，闔家頂祝，畢世不忘。倘蒙即賞數行獎引之書，飭由再晚專人送往前途，再晚便當一面獻以雕刻篆寫之物，俟藩轅牌示之際，俾得續向催之，則更期事成之速。伏候鈞裁示遵，不勝迫急，陳情待命之至，並呈名紙仰求附察。專肅丹啓，謹懇下情，恭叩福安，伏惟慈鑒。

再晚高文偉謹啓

二

筠仙大人鈞座：

敬謹啓者。再晚去冬仰蒙賜召，銘泐何窮，嗣即歸家度歲，春間來省，兩叩恩門，旋因患病日久，近始就痊。再晚自客秋醴陵解館回省後，至今困閑半載，時謀糊口之計，竟難一成數口之家，虧累甚重。雖已報捐巡檢微職，指發廣東補用，而尚須赴部驗看一節，籌畫頗難，現在誠有進退維谷之勢。思維再四，祇有仍求大人再賞一栽培之地，薪水之資，不敢奢望，惟冀枝棲得所，藉之餘積二三年，始能料理到省之事。伏思再晚自先君見背十餘年以來，渥荷大人曲賜生成之厚，以迄今日之一食一飲，並所以得捐微職，無非出自恩施，異日稍有寸進之階，則感沐鈞陶，終身不能盡矣。臨啓不勝岌岌待命之至，附呈名條二紙，仰求籤存，恭叩福安，伏惟慈鑒。

再晚高文偉謹啓

三

筠仙大人鈞座：

敬謹啓者。秋間叩見慈暉，慰深孺繫，渥荷厚恩垂問，稠叠優加，小草滋榮，五中銘感。辰下伏惟履端增慶，泰祉延釐，緬企崇階，心殷頌祝。再晚回館後一切如恒，吕居停之相待甚優，堪以告紓鈞廑。兹備呈冬笋壹石，計足佰斤，藉伸微忱，伏祈賞收，是所虔禱。專肅丹啓，恭叩年禧，敬請福安，伏惟慈鑒。

再晚高文偉謹啓

高寅亮（二通）

一

筠仙老兄大人閣下：

頃聞喬遷，特命子嵩叩賀。再懇者。該生昨由衡局回省録科，因聞號舍無多，取録甚難，謹將名條呈上，伏乞恩師提攜送録，俾得有名入場，藉廣識見，感荷無既。肅此，敬請鈞安，即賀遷喜。

愚小弟高寅亮頓首

二

筠仙老兄大人閣下：

日昨走候教言，不遇悵甚。藉瞻別業，精雅兼晤，兩孫世兄體氣清健復元，心竊慰焉。茲有求者，貴志館應試多人，必有中舉出缺者，乞鋪一席以棲拙身，則不事藥囊，免日受病者追呼。得習經史，可時親古人矩矱，不睹痛苦流離之狀，常聞金石絲竹之音，兩事比較，憂樂懸殊，舍憂取樂，誰謂不然，此山子惠諸友皆早有是意。惜不蒙總師傅招納，未敢擅容局地，今特自薦，即求分派局事，得以月支薪水，感激之忱，何可言罄。肅啓請安，并佇復示。

愚小弟高寅亮頓首　九月朔

崇　厚（一通）

筠仙仁兄年大人閣下：

暌違雅範，時切馳思，遠企賢勞，莫名忭頌。弟於七月間抵都後，得悉閣下蒙恩准予銷差，並有旨令劼剛接任，計已早達鈞聽。弟奉命赴俄國，擬於本月啓程，計十月望間定可由滬展輪，界時道經法國，想台旆尚未啓行，把晤匪遥，曷勝欣慰。尊處翻譯德在初前隨弟共事有年，頗爲得力，此次奏帶隨員摺内另片奏調該員差委，奉旨後已行文劼剛遵照在案，務希閣下轉飭該員料理一切，俟弟到法國後，即可隨行。除另具公牘知照外，爲此函懇，順請勳安。

年愚弟崇厚頓首　九月初六日

巢名楨（一通）

筠翁中丞老師大人台前：

久違塵訓，仰切高山。辰維文教誕敷，道躬篤祜，定如心頌。名楨久爲病魔所苦，無緣親炙門墻，愧甚罪甚。兹有懇者。小兒秉鑑、小婿劉泮槐、舍親劉盛暘現因赴省録科，恐爲學使擯斥，不獲入闈。伏乞格外垂憐，勿令作門外漢，則感泐無涯矣。肅此，敬請崇安，統希愛照，不具。

後學巢名楨頓首　七月初八日

巢紹修（二通）

一

筠翁先生大人閣下：

數次趨請崇安，不獲一見，殊自恨也。前肅蕪函並蠟箋對聯一付，代求法書，由貴管家馬姓者呈上，諒邀鈞覽。前函上瀆，肯爲舍侄炳甲於書局中謀一枝之棲，昨聞書局添入多人，不審已添入否，懇即示知。去年臘月曾蒙先生面許，云有缺出即示知紹修也，如今猶未添入，懇先生再爲設法，不勝銘感之至。手此，敬請近安，不一。

巢紹修頓首百拜

前送對聯款係濯吾，行一。

二

月初趨謁，閽者謂公出，竟未獲一見，悵甚。敬惟筠翁先生大人道履增綏，潭第多福爲頌。啓者。去臘半閑，曾覿霽顔，爲堂侄炳甲奉懇於通志局中謀爲一枝之棲，以作讀書計，即以作謀生計，比時已蒙應許遇有缺出即示知紹修也。昨聞酆慕唐已就張姓教讀館去矣，此缺可否將炳甲補入，出自鈞裁，如獲俞允，不獨紹修感同身受，而炳甲舉家更感激靡涯也。寒族讀書者絶少，自來間有一二可讀者，又苦於衣食不足，往往不能竟其業，良可歎哉。現在炳甲年二十，文理清順，字畫端楷，勉力丹鉛，或可有成，而其父兄欲其教書，又無館可就，此層缺限，實非尋常人之力量可能圓滿之也。先生以博愛爲經濟，具大力爲栽培，倘不拘缺分，即將炳甲位置，此間則又紹修所敢望而不敢請也。肅此上瀆，恭請道安，統希鑒原，静候玉音，不儩。

巢紹修頓首百拜　二月廿三日泐

再。舍親周濯吾景仰先生法書，託紹修代求八言對聯一首，懇於暇時大筆一揮，遲日當來走領也。

張自牧（四通）

一

筠仙先生侍郎執事：

去冬奉寄一書，並詩一章，交瑞堂附入竹報中，知邀鑒矣。頃晤意兄，欣悉台從定於正月十九日自馬賽登輪舟，計上巳前後可安抵滬上，極慰極慰。聞有即由滬上請假之説，鄙見似覺太急，三月二十六日爲穆宗奉安之期，公乃四朝舊臣，亟應謁送梓宫爲正辦，務請先入都覆命，俟四月中請假歸來未爲晚也。思賢講舍虛席三年，引領而望名師久矣，夏間到家當可面商壹是。自牧初擬赴滬上迎候，以得行期之信過遲，計由此間赴滬亦須上巳後始到，恐又相左，故不果行耳。手此，布請行安，不宣。

自牧叩頭　二月二十三日

二

手示敬悉。公請最妙，但次、宇兩公似有還席之意，初議並以自牧列之客坐，因自牧堅欲作主人，故鼎足而三。今公援此例，想必可行，容即轉告宇恬照辦，索性改至初十可也。六日便服，更竊鄙懷，惟便服乃可大嚼，向來衣冠之會未嘗飽也。上海昨有信來，法國議開馬路，有礙浙人公山，經四明公所董事具呈地方官，求免遷墳，地方官未能料量。前月廿日，滬上遊民數千人哄法界洋樓，法人開槍轟斃華人六名，華人縱火燒毁洋屋四十餘間，幾乎大變。幸法領事噶嚕吧立停馬路，民情始安，惟責令地方官賠修所燒樓屋，爲費頗不貲耳。實佩翁得協揆，周荇農得宫詹，皆三月初旬上諭，想公已見之矣。手此，復請筠仙先生大人道安。

自牧頓首　重四日

三

筠仙先生大人閣下：

適間忘述一事，陝甘軍務大決裂，劉壽卿於上元日陣亡，全軍覆没，逆回大股竄陝，湖北有分兵防守鄖、襄之説，西北不免震動。此王若農來信，昀荄聞諸王方伯者，李相征苗之舉恐尚有變更耳。此請道安。

尊處女醫生係何姓名，居址何處，乞示知。文孫清恙又覺減否？

弟自牧頓首　廿一

四

筠仙先生大人道席：

小詩録求改削，並乞賜同作爲幸。頃見邸報會總爲萬藕舲、李蘭生、崇樸山三尚書、魁華峰侍郎同考，湖南惟王逸吾、陳伯屏兩君，其餘皆近科翰詹耳。東洋大舉攻臺灣生番，其信已確，將來鯤洋、鹿島之間恐從此多事矣。初二日餞陳俊臣方伯，陪客次青、宇恬、劼剛三君皆到，想公必肯來也。子壽入山，得晴日可以相地，原約初八、九回省，不卜能如約否。手此，敬請箸安。

自牧頓首　卅日

吴大廷（一通）

別後風帆無恙，計早安抵三山，式焕新猷，使重見海濱鄒魯之盛，於公此行卜之，不止平反庶獄已也。幼帥拜兩江之命，於合肥可相得益彰。聞船政係公接辦，近已定局否？青折稟事，選留熟悉製造之人二者，目前最要之事公必已籌及之，勿俟鄙人贅説也。丁雨帥困於人言，請疚出都雖奉旨幫辦北洋，恐非所願也。夏雨過多，聞湖南北皆大水，江南秧苗亦被淹浸，心甚憂之。敝部兵輪皆在修理，不能親督出洋，□春又已回沅，閉户却軌，早經晚史，聊作書生過活。然靈性記性，汩没已久，雖終日埋頭故紙中，全無心得，公何以教之，藉頌台祺，餘不一一。

筠老閣下。

大廷謹狀　五月廿一日

張自牧（三十一通）

一

筠仙先生道席：

奉手示敬悉。鋭營前議已經定局，省防增三千人，湘中人可以少安。昨與廷章兄議，計調回六營，飭在寶慶駐紮，廷兄馳往該處，挑送精壯與新募四營併爲六營，其餘裁遣，就近還湘鄉，不准來省。此間先發月餉一批解往返號，俾得迅速拔幟，另籌欠餉一批交廷兄帶赴寶慶，以資裁遣之用。醴陵龔大令撤任，錢子宣代之，潭中團務勢難再責錢君，廷兄仍須赴潭搜查餘匪也。昨中丞奉廷寄，六省協餉皆照準剿匪專屬之廷章，如再有警，則交沅伯，寄諭於威毅，亦甚爲稱許，有威望夙著之語，想以後沅伯亦不能高卧矣。栅紳三十人當無撤换之事，前梁太守開列奉職不勤者七人。前兩名，一皇倉街劉君，一魚塘口閻君，乃蔭、仲兩兄所用，賴此兩君顔面，全局得免更動。尊處所薦之史道純、瞿景伊、蔡竹泉、張耀彩、鍾芷沅五君，請囑其耐煩勤事，三日内即發薪水也。承諭張、李、陳三君謹粘名壁間，俟栅紳有辭差者，當依次補入，但此事以年内爲止，非長局也。捐局所委員紳皆就本地取材，趙君爲永州官員，周君爲零陵紳士，皆非外來客紳。至石、向兩君則研公派赴江西辦轉運之員，與峴帥有舊，因而屬以捐事，聘廷似未可沿以爲例。此次辦捐惟閩、粤、滬三省係禀准勸辦，湖南、江西未奉明文，祇可託本地人私爲招致，不能如閩、粤等處之可以明目張膽而爲之。鄙意欲派聘廷赴廣東幫辦，取其本係粤中人員，且廣省局面亦較大些，惟赴粤總辦之大員初擬小溪，既力辭不任，繼舉顔及廷之弟，又有沮之者，須候方伯另擇一人方可。派聘廷隨往，轉未告聘廷者，恐一宣播，又有沿聘廷爲例以請者，實無以應之也。壬秋託鍾黎玉、左仲茗兩人囑薦之廷章，鍾爲竹塢之婿，左爲孟星之弟，於自牧鈞有交情，然廷章此來，自牧未敢舉薦一人當事，方以義民不受薦士爲賢，恐其慕而效之，故屢欲言而中止。昔人以進賢蒙上賞，今人以薦士爲厲禁，使一日進七人之淳于髡，説士甘如肉之韓昌黎生當今世，吾知其必遭大僇矣。今日適有所感觸，故具言之。手此，敬請道安。

功自牧頓首　廿三日

二

頃醴陵紳士吴星召來信稱，龔大令縱匪不殺情形，可勝慨歎。原信送閲，十二日之局，蔭、仲二公皆來可以通閲。放火匪徒猶敢肆行，居城居鄉皆有戒心，若仍是泄泄沓沓，恐禍至無日矣。道州距東安甚近，昨日已飛械排遞告研香，或能自顧其鄉里，不俟省中調度，亦未可定。院巡捕寧君署武岡州同，已有王君維屏補充巡捕，王君監印一席則韓君鳳喈代之。此復，敬請道安。

心叩　十一

三

手示敬悉。衡山勇丁統歸符介臣都轉管帶，陳世永必隸部下。兹致書郭、符兩公，想去一小隊長當不爲難，特送呈台覽，可否即交曾世兄轉投，如不便徑達，即付郵遞亦可。曾君原信暫存，如衡山能照辦，即行奉還，若有異議，似須留爲底本如何？手此，敬請筠仙先生大人道安。

名心叩　十五

外一件。

四

手示敬悉。自牧因餉事稽留，十一日始能成行，承訂先一日小飲，謹當如約而至，但治具請勿過豐，雖老饕流涎，恐不免將軍負腹耳。栅紳三十人竟一律裁撤，殆因台拱克復，道州肅清，故省防解嚴邪？自牧既辭謝防務，不宜再與聞其事，蔭、仲、壽三兄或當有新議否？手此敬復，即請筠仙先生道安。

功自牧頓首　七日

五

筠仙先生道席：

昨日得聞明論，律例爲三代以來舊有之書，非蕭何一人所能造。張太岳相業極盛，能綜核名實，四字全從此中得力，所見極爲精確，聞之頓發深省，乃知昔人之欲燒毁科條者，皆非真經濟也。雨勢雖斷，而雲華尚未開，若能得半月晴霽，則歲事尚有可爲，平糶之議日内即可開倉，惟各縣搶劫之案層見叠出，殊可危懼。郭海兄事已轉致詒山公祖，若有城門缺出，定可爲力。自牧定於十三日卯刻出城，肩輿兼程而進，計十四、五日可達沅州，所攜兩苗生當面交研香料量，倘撫局可成，實於大局有裨也。六月杪定當回省，違教不久，闕爲面别。手此，敬請道安。

自牧叩頭

十一日

頃聞金眉叟有來南之説，未知確否。次青想數日後可來晤，時乞代致意，恕未久待，又及。

六

探報二紙奉上，茶、攸既有吃緊之語，省防豈能稍鬆耶？湘鄉魚塘灣土匪滋事，燒民房數十間，已由縣團派勇往剿矣。黄子春兄於昨夜五鼓病歿，南丈以垂暮之年遭此慘慟，殊難爲情，並以奉聞。手此，敬請筠仙先生道安。

功自牧頓首　五日

七

廣西會匪大股北竄，本月初四日未刻竄入道州，衙署被焚，合城文武不知下落，永府已經閉城，情形驚慌之至。朱鎮軍於明日馳回本任，查永郡並無成軍之勇，僅恃鎮標兵丁何能有濟，似宜飛檄席公，就近撥數營赴剿爲是。一波未平一波又起，團防萬不可放鬆矣。手此，布請筠仙先生大人道安。

名心叩　初十

八

黃先生《經解》四函收到，方氏《春秋》當未校完，準於中秋後重陽前奉繳。時表一枚送上，祈察收，係純鋼八件，較他表爲準。今日原未開，臨時上鑰，已屆黃昏，無日景可測，祇就家中自鳴鐘對針，明午請以日晷校正爲妙。前日到六堆後奉謁，台從尚未移居，因得遍觀新宅，結構甚爲精緻，恐非二千金所能辦也。昨夕送呈研香方伯書，想已入覽。馬登科爲南岸第一大頭目，既來投誠，則八寨、丹江、古州皆可傳檄而定，臺拱孤城已成釜魚之勢，黔事似可計日告成功，真大快事也。手此，敬請筠仙先生大人道安。

功自牧頓首　十五夜

九

芋舲與唐生均經春公派充洪江局小席，請屬兩生來舍一談，即由敝處送往岳委員處相見。

芋舲尚老成否？可幫管收支否？乞密示知。鏡浯之缺，春公堅不委人，即責成委員一人專辦，以節靡費。原禀請設沅、靖兩局，洪江係沅局移設，尚有靖州一局，俟洪江開局後即當開辦。吴聘廷事春公約俟靖局委辦，聘廷與盧沼生相識，頗肯贊成，將來靖局開時必不致有更易。惟蕭生家鐸滿望洪江小席，今洪江無可位置，祇好將來塞往靖局耳。王中丞札飭周步瀛緝洪江一帶私盐，周君所部炮船甚多，局中不另招勇，王盛春竟無可位置，奈何。冒小山囑李鏡浯具柬請客，訂期初五日，仲雲已辭帖，鄙見似可無庸多此一集，亦擬辭之，公以爲然否？《東倭表》敝處本有兩册，兹分一册奉覽，乞察收。頃得石似梅信稱，眉生近撰《東倭表》，想即此書。近日申報局筆墨多出眉公之手，英雄末路，亦可慨也。手此，敬請筠仙先生大人道安。

自牧頓首 二日

一〇

手示敬悉。宇兄適有書來，所言略同，正思奉告也。長沙君於十一日在名宦祠見之廣坐中，未道及此事，昨日往拜未遇，大約一二日内當來答，俟詢明後奉復，聞已停差收票，未知確否。

目前且看樹兄如何回信耳。鄧府衣式及吉期容即取齊奉上，因楊月軒日内事忙，尚未送來，即往催取。頃李鏡軒兵部自都中來言，月之三日在鄂中見小泉制軍，言東洋當未開仗。昨日次青兄所聞於韩君者，殆非確耗也。手此，敬請筠仙先生大人台安。

自牧頓首　十四

原二件奉繳。

二一

賜餅謝謝，此兩種皆童時所最嗜者，近年久不嘗此味矣。喜期即往月軒處催取，送呈李幛公分亦收到。次、壽諸兄均未往行禮，自牧亦以小病未去，公更可無庸去矣。頃孫春翁見訪之，江督批詳尚未奉到，大約因海防焦勞，一切公事均延擱，即督銷局先後申詳各件皆久無回信，近日連尋常例行之文亦頗稀也。明日藎臣尚書生日，次兄約自牧巳刻去，在舍會齊，不識公以何時前往。敬請筠仙先生大人道安。

自牧頓首　廿五

一一

手示敬悉。龔信遵即改正，適繕書者外出，俟繕就送呈轉交。恒月珊爲魁蔭庭按察之子，前年公患手瘍，即延月珊醫治，自牧屢於尊處遇之，此次致信薦吴聘廷，聲明曾經王中丞札委月珊，自然放心，公再加一書更可靠得幾分，斷無不利試者。昨訪陳誠初，面約危生收派親兵，頃間陳公來言，因本船尚無缺出，囑令暫候，若派歸各哨，則可從速些等語。自牧暫含糊應之，三日内自牧當親詣金盤嶺訪黄雲岑與之面商，如能即補入親兵隊中，則無須候陳君水師之缺。以交情論，雲岑之於鄙人本較誠初爲厚，特以雲岑初到省時，自牧曾薦三人均收派親兵，始意不欲再瀆，今闞陳公神情，似不甚可恃，祇好再詣雲兄耳，乞囑危生姑待之。手此，敬請筠仙先生大人道安。

自牧頓首　十六

適索致龔君原信，始知王總兵仍取去，想是奴子傳言之誤，乞轉致王總兵，仍將此信送來。

一三

昨早程花樓來商辦潭中團練查匪事宜，飯後詣方伯，談頗暢，正擬上院，適往弔篁仙，於坐上遇星槎，具告一切。星兄謂中丞立意不肯調回西軍，調李營一層可無庸議，惟城守僅二百人，實太單薄，亟應增募以固根本，但將領必須請沅伯选择，玉叟一説亦俟沅伯來議議等語，上院之舉遂輟。午刻詣庭章，幫其部署，申刻親送之出城，全營均啓行，然昨日亦不過行二十里耳。勇雖新集，隊伍却整齊似遠勝於柳。花樓委札昨日催二次，晚間始得，今早花樓往見各憲，明日或可成行耳。于公續報勝仗，殺賊二十餘人，奪得旗幟、馬匹，頃得探報，所言亦同，度賊勢雖散漫，尚無大仗倆，未必敢犯潭城，非南竄衡山，必東竄醴陵矣。沅伯今日必可到，並以奉聞。手此，即請道安，餘容面罄。

名心叩　十三

一四

飛稟者。探得會匪自初六燒黄茅，另股燒山門以後，零星四出擄人，收鐵貨、布疋等物，尤喜火藥，雖少許亦要。淦田、朱亭、渌口、株洲各口岸到處皆有匪旗來往。湘潭城門已閉，搬徙亦多，總市團防甚嚴，沿街栅欄均有人把守。柳營於初十抵總上，住一日，今日過，何尚未前進。于營於初十日在白石鋪與匪打仗，殺賊十餘人，奪得旗幟、馬匹，匪黨仍踞山門，于營亦未往剿。聞大股共分七起，鳳凰山、五龍山、蓮花山等處現在打造軍器，惟火藥甚少，醴陵君子橋一帶亦有賊蹤。十二日未刻稟。

鈔録探報。

一五

手示敬悉。湘潭借銀之説實已無可致力，至收集油蠟、煤米、鋼鐵等物，亦尚可圖。麓谿似不必以此小事相煩，潭人士如李莘農志衡、王輔臣序翼皆能辦事，爲人所信服，似可酌用。台端見中丞定於何時？鄙人擬於午初往見仍先謁尊處如何？手此，敬請道安。

功自牧頓首　十一

一六

湘潭縣禀報，逆匪分股竄援醴陵界、渌口、朱洲等處，中丞札飭李庭暲兄帶所部四百人馳往兜剿，此軍久經戰陣，較新軍更有把握。鄙見與其別求將領，莫若即飭庭暲增募一二千人，便可一鼓蕩平，事後或留或撤，均易安頓，高明如以爲然，望先與中丞商之，弟晉謁時亦必面陳也。手此，敬請道安。

弟心叩　十一卯刻

一七

頃家丁自湘潭來言，總上雖辦團防，而訛言洶洶，屢拾匿名僞示，富商大賈挾重貲者紛紛買舟南下，有徑赴漢口者，有運來省城者。三日前尚有尋人寄頓銀錢者，挪借最易，今則大莊多已運去，往借恐無所得。午間所開浚一條乞即删去爲幸，至麓谿綜核之材籌餉，是其擅長之技，正不必資其告貸也。潭市各項大買賣皆已停止，雖無罷市之名，其實與罷市無異。搬來省甚多，黄沛皆家中差人來告，渠家五里之外即有匪旗遍插，劭坤夫人已奉母登舟，壬秋之叔步洲先生亦全家居舟中，旦晚均來省矣。淦田、朱亭、黄茅縱横數十里之内各縣匪徒雲集，晝則逆幟來往，夜則火把出没，而官兵尚未能撲剿，是可憂耳。手此，布請道安。

自牧頓首　初十

一八

筠翁先生大人左右：

前日席間談及吾邑水利，高論至爲精卓，先君子文集中有與龔方伯書一篇，足與尊説相發明，謹印一紙奉覽。手此，敬請道安。

功自牧頓首　廿四

一九

筠仙先生侍郎執事：

去冬滬上寄書交擣兒面呈，小除日擣兒歸言，公有報書先發，殆寄至津沽，遇輪舟膠涷而止邪，若然則二月内可得見也。前見除目執事以少司馬兼典屬國之官，將專對於萬里之外，仰酬宵旰，宏濟艱難，知大賢所勇爲者。惟大洋風濤之險，耆年如何可任，思之憮然。啓節當在何時？歸期遠近乞告我，以慰摇摇。蒙纂先公墓銘，已泐石，謹奉搨奉交摺並齎上，大文煌煌，榮闡幽壤，盛且不朽。自牧以螢尾熠燿之光，經蛾眉謡諑之後，不欲置辯以求諒於人，自分終老山林，無所用於當世。先生顧拳拳於懷，思爲湔祓，昌黎説士乃甘於肉。唐人詩云：惟應鮑叔能知我，自保曾參不殺人。請爲公誦之。在自牧一身之用捨，曾何是道，而大臣休休有客，不啻若自其口出，其風度爲不可及也。自牧廬墓讀書，謝絶外事，校刊先世遺箸，來年可以告成，報闋入都時敬當齎覽。年來取歷代史籍、禮樂、兵刑、職官、財賦、吏治、邊防諸大政彙刊爲表，意在合《文獻通考》《紀事本末》兩書爲一，于史家三派之外别成一格，名曰《史綜》，約計當有三百餘卷。目前姑草創程式，粗具綱目，他日成書似亦讀史者之一助也。《緯書》自唐以後散失略盡，明代孫賁居掇拾遺文，存什一於千百，黄石齋復以新義衍其緒，漢學不絶於縷。自牧少時嘗於注疏史傳中攟摭裒輯，積有篇帙，去年重加蒐訂，成《毖緯拾遺》四十卷。敝族丁口不蘇，而譜牒頗嫌其冗，近取舊譜續修，删其蕪雜，分世系、祠墓、田宅、宗約、家禮、傳記、藝文、雜識八門，成書六十四卷，以爲家乘。羅湘騷雅集，就周、黄原書增輯二十餘家，釐爲二十四卷，其餘詩文亦積至二十餘卷。頃募工分繕清稿，擬陸續寄求鈞教，前許爲《無知知齋詩集》，並言乞及暇時寄示以光敝帚，紉佩無量。瀕年遊上海，屢與歐羅巴人士相見，得觀泰西文字，及中國之講求西文者，大抵名物實義皆有可循，虚字則茫無可據。蓋泰西文理本不雅馴，無怪華文之不能吻合也。竊謂所貴講求乎西文者，取其華人能解洋語，如公冶長、介葛盧之類，本不必深求其文理，但覽其字而去其義，邦交之際不爲譯象所期足矣。若如近時鄺容陔、蔣魚雅輩專以洋語譯華文，是僅能使洋人通華語耳，於洋人則便，於我則無益也。又如涂芝松、舒文標輩殫精西學，而於中國文理轉不能通曉，足直一泰西人耳，於我尤無益也。輒欲取洋字名物實義之淺近適用者録爲一書，以中國反切之學爲宗，與洋人合音之法互證。如清漢對音之式，俾華人據此可以略識洋字，似於邦交尚有用處。惟自牧於此道僅通大旨，未能精熟，屢屬劼剛勉爲之，而自任參校，之後若能有成，足亦佉盧之許叔重耳。自牧本中人之産，同治初，曾文正招湘人偶運淮鹽，偶與麓溪、子壽試辦，竟獲倍蓰，家賴以裕，驯足擁富名者近十年。去歲甘茶之後，狃於前事，與次青、宇田踵爲之，而所辦較多，不圖一著失算全局皆輸，宇田尚可支持，而自牧之底蕴見矣，十年之蓄付之一擲。去復何言，猶幸南晦無恙，尚不失爲識字耕田之夫。昨婦子聚謀分敝廬之半出賃，減僕從，省酬應，力求撙節。夫由儉入奢其勢易，由博返約其情難，瑣瑣計較，亦大可笑。此情惟子壽、宇田知其詳，璹兒莫春到京，自可謁陳鄙狀耳。梅根病癒後轉矍鑠，惟與諮山不免兩賢相厄。移芝再來長沙，謀一書院不可得。自牧建議延羅、楊兩叟主選沅湘耆舊詩，既以集梓鄉文獻之成，藉娱二叟桑榆之景。約於三月初來省開館，其經費則於鹽務籌得數千金，生息足敷每年膏火，俟書成付刊，當廣爲募資也。《楚君紀事本末》一書久無成議，頃與劼剛、鏡初籌定，延壬秋專修。從前各軍捐項三千餘金，劼剛舉付銀肆，權子母以資壬秋日用。壬秋自限二年成書，訂於二月來省纂箸，書名擬稱《湘軍志》，凡粵、捻、回、苗及諸土寇，捐輸鳌金、團練、水陸軍制度各爲篇，軍事始末經之以表，俟凡例議定寄閲。海華、樾岑、香生時相見，興趣尚佳。西枝上年開期受戒頗有所獲，上林寺之漸有了期。鶴皋堅辭局事，司道詳委仲雲接辦。輔堂目疾已愈。次青將以三月來。《通志》已經發刻，年内可蒇事息柯，盼望惠書，宜有以答之。久不作書，一操筆則萬緒紛來，拉雜書之，不覺言之長也。手泐，敬請道安，北地春寒，伏惟珍重，不宣。

制自牧再拜　正月二十一日

二〇

筠仙先生侍郎有道：

今年兩上書，一由杞兄轉送，一交璹兒面呈，知先後得達。前晤幼梅，具知近狀。朝陽始翽，先傷鵜鴃之鳴；，老驥長嘶，争詑槖駱之背。此固非一身通塞之所繫也。聞有引退之請，故鄉同志群以爲幸。香生已修書速駕，志城則欲就前疏所建言，以去就争之。鄙見竊不謂然，大臣進退不宜有悻悻之色，前疏既寢而不報，豈可更卑其説？況謝病已荷慰留，自應稍緩數月，勉答恩遇。若急於求去，似難恝然，孟子三宿出晝後，不如明季賢者所爲。公出處分明，想以籌之至熟，假滿後正宜照常儤直，秋風起時，踵吾家季鷹故事，潔園熊掌未必遂讓松江鱸魚耳。思賢講舍齋房已落成，院長一席拱候高軒，若今冬能到家，則來春可開館矣。滇事尚無實在下落，格、達二君已取道緬甸，聞其所查訪者與公牘未盡吻合，且其志原不在馬嘉理一人，泰西國勢枝葉重於根本。英與荷蘭、西班牙皆小國，乃越海數萬里而闢廣土，遂能雄悵一時，自吕宋亞高立國，南洋群島駸有鞭長莫及之勢。英人始倚亞墨利加爲外府，彌利堅立國後則全恃印度一隅爲生財之總匯，迨俄人蠶食回部，兵踰興都哥士，漸及克什米爾，日以希臘教誘煽温都斯坦之人，此英國切膚之灾。故近日專務加惠印度，固結人心，頻遣其太子暨貴戚重臣鎮撫其地，今年三月竟自稱大印度皇帝，以情勢揣之，英人殆將遷都於印度，故以全力經營緬甸耳。馴是以推，將來法蘭西可遷安南，荷蘭可遷噶留巴，西班牙可遷吕宋，而泰西諸國乃囊括席捲於德意志，如古時羅馬之全有歐羅巴者。兩藏與雲南、廣西且將成極重之邊防矣，先生以爲然乎？自牧不善治生人産，以至貧然，非病也。今夏初肝瘴客脬，湧疝不得前溲，乃真病矣。惟蓑、右銘、壬秋、子壽四君皆曾病此，各以身所受者相告，大抵用凉藥瀉熱，乃爲柔湯，合黄蘗，黄連、黄芩、知母、龍膽草、生地黄服之，盡三十餘濟（劑），病漸瘥，而更調攝月餘，可期平復。病中久不出户，同社諸子間日見過，欹枕而談，枚生七發之文，虬髯五言之咏，頗不寂寞。湘中雨暘以時，未價豐賤，聞北方赤旱，盜劫鑫騰，得雨過遲，小麥恐無可望，念之憮然。温風日暄，伏惟珍衛，不宣。

制張自牧再拜　五月十八日

二一

昨日酉刻，春皋觀察奉到江督批示，所詳尖碱合局一案已經批準，足慰藎注。春公即欲委員赴沅請設局，宇兄力保汪緯齊大令，鄙人舉李鏡湣，春公擬即分委二君，並欲趨謁台端請教，如晤春公，乞力贊鏡湣數語爲妙。原批鈔奉，午間當走詣，偕宇兄奉謁。請不必枉顧。此請筠仙先生大人台安。

自牧頓首　廿九

一二二

手示敬悉。史道純已經派定管府正街掛號，蔡先咏派在司馬橋，張耀彩派在三興街，吴錫齡派在大麻園，皆就其居址最近之處，較爲熟習，且離家近，一切均覺方便也。竹泉未到，請於尊處派一人代之。史、吴、張三君乞由尊處通知，大約明晚即須到總局一會，方好分頭任事耳。瞿、黄、龍三君奉示稍遲，聞梁竹墟與蔭、仲二公皆有所薦，不知已滿額否。明早委員當衙參，俟其退食時往詢之，或者一人尚可增入，三人恐未必能，先儘景伊位置如何？然須俟明午回信，亦不敢遽定也。敬請道安。

功自牧頓首　廿九夜

一二三

摯民昨向心可言帶勇之難，大有遠識，如沅伯果出山，此材必當羅而致之。郴、桂等處聞有蠢動之謡，雖未必確，却是意中事。此次醴、攸、衡、潭無不募勇，而遇賊輒潰，團練誠不足恃，毋亦統領未得其人。據鄙見如郴、桂等處似可責成陳俊臣、魏質齋兩君，寶慶則屬之江達川、王潤生諸君，無事則練團查匪，有事則募勇援剿，均可倚靠，庶免臨時蒼黄。此外各府亦尚有鄉望夙著及久歷戎行之人，但得院札相屬，必於地方有濟，此層或俟沅伯奉旨復議之，如何？手此，再請晚安。

十九夜

一四

仲雲覆信暨兩日探報均送覽。蔡竹泉準於何日可到，乞示知。黎照琨送來條議，亦呈閲。於事理原委未能明晰而好發議論，頗似近日闊人脾氣，或當老運亨通耶？手此，敬請筠仙先生大人道安。

功自牧頓首　廿七夜

二五

午間探報，攸縣楊汛官帶勇三百人在櫝山禦賊失利，陣亡十餘人，龍太史村莊全行燒毀，廷章尚屯明月橋，是賊焰實未盡挫也。南門九犯據張立之兄覆稱，内有張松林一犯供出爲鄭大有、章有力二犯所誘，而鄭、章堅不承。所獲僞印布則云，在九犯宿房内地下拾得，非從身上搜出者，然此物何由得入九犯房内，是不能無疑矣。竹泉已回否？總派稽查紳士尚未定局，惟栅口坐更之局已定，若張耀彩不嫌小就，或即派守三泰街栅口挂號，薪水亦可得萬錢，乞轉詢示知爲幸。此請筠仙先生道安。

功自牧頓首　廿九夜

二六

昨夜三更後，泉、立兩君報稱，南城九犯徑立之提訊，内有鄭大有供出，白布號補乃張有栗所遺，並稱南門外王副爺係坐堂老冒，手下集有二萬多人，王某現居里仁坡烟館内，當夜即飭差帶同鄭犯縋城往拿，俟拿獲馳報等語。此案如果真拿得大老冒，真是大福氣，即如四更時如此大火却幸發於城外，且有大雨救之。天心仁愛，所以芘佑吾湘人者甚厚，可不勉乎！手此先報，餘容續陳。敬請筠仙先生大人朔安。

功自牧頓首

南城獲犯三日，必立之審問方得供認，可見縣署問案之難。南城外之團保能举发此犯，允宜獎賞，擬俟拿到王老冒後，函致團防、軍需兩局辦理，如何？現擬設立團防公局，合兩縣爲一，拿到奸細即由本局辦理，有罪者立辦，無辜者立放，不必到縣，以期迅速。

二七

王老冒本姓文，撫養王姓。竟於昨夜四更拿到，立之即刻會訊，認供不諱。並審出大頭目黄國正已入城，住塔公祠火藥局側，專管城内打探，另有明堂張矮子住城南書院側，專管城外打探，約會如官兵敗仗，即招呼同夥城内外一齊動手等語，已飛飭分别嚴拿矣。賊住火藥局側而人不知，幸而破案，真大造化也。午刻奉詣，另有要事相商，乞勿他出。此請筠仙先生大人道安。

家功自牧頓首　朔日

二八

頃得廷章來書，送呈覽。大致漸可進攻老巢，惟所云節節掃蕩，亦殊非旦莫間事耳。手此，布請筠仙先生大人道安。

原信閱後仍希擲還。

功自牧頓首　初一

二九

手示敬悉。團防必須通省合辦乃能有益，前日曾擬於各府舉大紳一二人肩承其事，若俊臣、質齋之於桂陽，幼陶、潤生之於寶慶，是已能與省城通氣，自然衆擎易舉，要非大府鋭意圖治主持其事，亦終成具文也。昨日探有城内奸細端倪，比委員捕之，則已遁匿。王老冒聞有即日正法之説，其所供各人尚未緝獲，近又密拿程尚材，聞係甯鄉大頭目，亦未知能到案否。查街各員史、吴皆先已到舍，故名單未及之，名單所開乃約其到局叙話耳。史生已任事矣。聘廷不願當此差，早已知之，衹好另派一人前去援點。捐輸比米捐情形不同，專恃招勸，不准寫派開辦。三月省局已得二萬金，各府縣皆交地方官及本地大紳招致，並未派一委員及客紳前去，惟廣東、福建、上海三處則有特委員紳前往，皆擇其熟悉彼間情形，能與地方大吏、大紳通氣者乃可去耳。聘廷欲得勸捐差事殊不易位置，容面商之。手此，復請道安。

功自牧頓首　四日

三〇

先集《詩經》一種刻印成書，敬呈台覽。其中尚有訛脱二三處，已飭手民補正矣。詩文集年内皆可成書。《春秋》卷帙較緐，當以來年冬間蔵事耳。手此，敬請筠仙先生大人道安。

功自牧頓首　一日

頃間得廷章來咨，與昨夕書中語略同，另有致尊處一書並送呈，祈收入。如有覆書可由敝處轉遞，較爲妥速也。又及。

三二

頃得廷章書，送呈台覽。日來湘鄉屢獲燒屋賊數人，供辭與廷章所訊供大略相同，賊雖受創，而伏莽實可虞。今日急務殆未有過於團防者矣。本日未刻省城團防開局，唐、李二公均未到，僅壽兄與鄙人在局周旋半日，晚間仍當前去一聚。各街挂號人準於今夜舉辦，史、蔡、吴、瞿、鍾皆補入，竹泉若未到，請飭一人代之，今夜必到局一行爲要。此請筠仙先生晡安。

功自牧頓首　初四

廷章信仍希擲還。

第八册

張自牧（五十九通）

一

筠仙先生侍郎執事：

正月杪奉布一書，交杞兄轉呈，計春杪可達。屢探廡報而不得惠書，深以爲念。前書所陳尚有二三事漏未叙及。一爲吾縣志書請交石珊兄校刊，縣志修於省志之前將及十年，今省志已付手民，縣志之刻似不容再緩矣。一前年公瀕行時同人有九老七賢之宴，一時詩歌頗盛，今將圖形文正祠壁間，乞公補一詩，再寄小像一幀，以便上石。此二事請勿忘却。聞格維納已入滇畺，所事似可就緒，公行期定於何時，務乞先一月確示，俾得趨赴滬上一送。吾湘人士好談洋務，而於海外形勢不免茫然，自牧取各國輿圖及其興衰大略，譜而録之，又綜時事之可議説此者，彙列而論次之，爲書萬言，名之曰《瀛海論》。若專爲不知洋務者語其大凡，俾具知中外地形圖勢而已，非欲奢談經世之用也。凡所著論，就鄙見所及，平心言之，不欲立異，亦不欲苟同，書成未欲自信，謹質一册，敬求訓削爲幸。自牧近頗憂貧，前言南畝無恙，今則又去其半矣，晦兒謁教時可面陳其詳耳。蔭渠尚書於五日前到長沙，昨日啓節西去，端午前後必可到昆明，知注再告。北方春寒，伏維珍重，不宣。

制自牧頓首　三月九日

二

筠仙先生侍郎執事：

前日奉覆一書，計半月可達。昨詣廡中，呼文孫多生出見，揖讓應對，彬彬有禮，諦審移時，無由測其病證。今日遣輿迎炎官世講，暨多生兄弟來舍便飯，在舍嬉戲竟日，妻妾輩導之言笑，炎官與順生固聰秀可愛，即多生亦不甚騃。試令背書認字，均無差誤。集醫生四五人診視，僉謂實非痰懂之證，因久病失於調攝，以致脾虧肝燥，因而神識不甚清明。其時發崛强之性，及夢涎遺溺等病，皆土虧火燥之故。既無痰之可攻，亦無虚之可補，此時若投以參茸、蓍朮，則益助其火轉生他疾。若用攻伐之品，則元氣太弱，萬不能當。惟有用淮藥、薏苡、雲苓以健脾，金石斛、玉竹、菊花以清火，白芍平肝，陳皮順氣，藥味雖極平淡，王道固無近功，衹宜緩緩調理。每日用燕窩三錢烝極熟，用精肉湯對和食之，不可加糖，以防壅滯，一年之後必有效驗。而尤要在用心調護，謹其寒暖飲食之節，生冷油膩、一切糕餅糖食禁不入口，俾一歲之中，無傷風、停食等證，小兒氣血日長，精神漸漸充足，知識自然開朗，其得力處又在藥餌之外。所言似有至理，已詳細告之侍嫗易氏，並手書一紙今送堂下閲看，燕窩方即可照辦，藥方擬送志城兄酌核，以後可時迎多生來舍查看也。侍嫗易氏似甚明白，如能用心調護，較舍間遣人前去照料，更爲妥協耳。先此奉告，餘容續布。敬請道安，不具。

制張自牧頓首　六月廿六日

三

台示具悉。盛樸人於鄙人有世誼而無交情，廉丞兄所囑即當爲之一言，並轉託子壽説項，以壽兄與盛公較熟也。昨日訪方伯所談各節，栅闌派人坐更挂號及由團防局員紳另派偵探兩事，均已照行。蔡生、史生、兩吴生名條均已開交委員，大約均可補充，午後再通知。各處城防增勇一説，果不出所料，然有尚須面談者，申刻當縷陳也。鋭營解餉一節，三日前自牧即發此議，昨日又痛切言之，雖允照辦，然尚須仲京、詒珊兩公籌畫，亦仍非旦莫間事耳。手此，敬請道安，不具。

功自牧頓首　廿六

廷章以五百人轉戰潭、醴、攸三縣，所向克捷，不得謂非良將。其初次增募五百人須廿三、四可到營。昨咨内所稱新兵即日可到醴者此也。二次增募之一千人須十月初方能成軍，昨已囑軍需局速解數千金與之，得此軍早到，方足以敷攻剿耳。又及。

四

昨夕詣詒三暢談，雖甚願意，然窺其神情，似亦與仲雲所慮相同。連日各門各街委員紛紛來拜，多未得晤，今日凌晨出門遍拜三十餘處，並詣軍需、團防各局，窮日之力，薄莫方歸。奉讀手椷並示件均悉，意兄所論，瞭如指掌，出處尤極分明，目前既無術致中丞稟派，計惟有速留玉叟爲第一要箸。昨早函致星槎，尚未見舉行，來日當再催，若仍遲遲，則當見中丞力請之。摯民留省尤妙，鄙人正有此意，明日當並告星槎耳。周金聲募勇已奉諭停止，錢子宣衹准帶親兵數十名護衛，皆出中丞獨斷，此皆昨日事也。曉岑所言深切箸明，而外間有笑其張惶者。今日午刻攸縣禀報賊入縣境，請發兵赴援，未識中丞如何辦法。通城栅欄應添者十餘處，已囑委員飭令即興修，户册、門牌已囑速辦，本期限三日造齊，而團總保正疲玩已極，各小委員亦皆視爲具文，鮮肯實心實力任事者。不惟團總應甄别，即小委員亦應甄别一番，方是正辦。然此議發自吾輩，則怨毒更叢集於一身矣。同人議論大抵皆如尊諭所聞，徒令人拊膺憤懣而已。明日午刻台騶當詣沅伯，尚有須面陳者。手此，敬請筠仙先生大人道安。

心叩　十七夜

外探報奉閲，仍乞擲還。

五

頃據探報，廿一日衡州嶽字勇會同衡山練勇在揚林橋出六成隊擊賊，賊不戰而走，追至龍潭橋，猝中賊伏失利，傷人不多，而火器軍械盡爲賊所得。有潰勇逃至朱亭一帶，查醴陵賀家橋之挫係十九日事，賊匪再勝，逆焰漸張。衡山、攸、醴均告警，其勢恐非旦莫所能了者。昨午北城拿獲形迹可疑一人，包袱内搜出洋藥銅帽九百餘顆，供辭閃爍，辭連城上勇丁劉姓，此不得不認真根究者。已屬委員唐君送交長沙潘公嚴審，以查團委員不能用刑訊，故請地方官親審耳。廷章請再增募千人已奉中丞批允，但省防實在兵力太單，恐將來必稍增防兵。沅伯既去，或暫留摯民在省小住，以備不虞，如何？捐局既擬請摯民辦邵、新捐輸，明知其必不願意，或即以此事留之乎？黎照琨力請勤辦本縣捐輸，鄙意吾邑籌賑籌堤原不能不恃勸捐，方伯既准以湘陰之捐辦湘陰之事，似可即用鏡吾、照琨兩君承辦，未識高明以爲然否，乞裁之。手此，敬請道安。

名心叩　廿四早

頃聞廷章於廿日到君子橋，廿一日到賀家橋。賊分踞鑿石、賈山一帶，此見醴陵縣禀報者，外間謡言則直云賊已竄入醴縣治，已派探子前去，俟有確信再奉報，暫時請勿傳播，恐其不實也。

六

頃得星槎覆書，謹送覽。玉叟事仍以暫緩二字見覆，看來此舉非沅伯力言恐未必能諧矣。廷章十五、十六兩日皆獲捷，已有公文見咨，原文已送院署，茲摘鈔大致奉覽。手此，敬請筠仙先生大人道安。

名心叩　十八

七

攸縣捷報奉覽，賊既刊有號補，亦儼然成一股逆匪，勢且滋蔓，省防自應從嚴。《易》云：『惕號，莫夜有戎，勿恤。』正今日之謂。飯後詣薇垣，當力陳。昨説晚間再復至柵欄派人坐更一節，陳詒珊力言必可行，而梁竹墟頗惜小費，吾謂一月所需不及叁百串，似無所容其吝惜。已函致星槎，並擬與方伯面定，勢在必行。史生、蔡生極相宜，吴聘廷、吴愛吾兩君皆足以任此，每月萬錢，亦不爲少，俟定局後即當奉邀來，不來則昭之耳。手此，復請筠仙先生大人道安。

功自牧頓首　廿五

八

早間走詣，未晤爲歉。頃奉手示，敬悉壹是。芷江令吴君名東慈，號拜庭，廣東人。樸麓名學澄，湖北人，壬子進士，曾官吾縣。未知垂詢者果何人也？瞿秉常係章貴營請餉委員，五月内章貴統領彭軍門具公牘來請餉，文内聲明請交委員瞿某承領，見其印文確鑿，是以發給千五百金，並取秉常親筆收字，隨附來文送局。不意其時彭公往鄉，秉常遂隱匿五百金，僅以千金交營中。昨彭公到軍需局查實秉常領字，向渠追問，瞿以弟處未付爲辭，彭猝來詰問，弟不得不以實告。彭公怒甚，即欲立置之法，昨夜弟力爲婉説，始免破臉。然督責甚迫，終難久延，目前惟有囑秉常竭力措繳，自然無事。此事在弟係據彭公來文指交秉常，故秉常之虧空，弟可置之不問，而彭公自督責其營中委員，旁人亦殊難爲之道地，奈何！手此敬覆，即請筠仙先生大人道安。

功自牧頓首　六夕

頃見陳詒珊兄已將海青北門一席説定，決無更易，又及。

九

手示敬悉。鄙見原不以昨日所聞爲然，特方伯與仲雲皆津津言之，請秘之。故未敢置辭耳。此君習氣頗重，聲伎豪侈，又好營利，但未知其勇略若何，然再進再蹶，恐未必可倚任。聞曾隸沅伯部下，飯後當先詣沅伯詢問詳細，即謁中丞力陳，既有關係，自不容緘默也。頃潭中義福號有人來言，李軍前抵株洲，零星散匪望風逃走，渌口一帶已無賊蹤，潭市人心藉以大定，客商有從舟中搬回店中者，足見廷章聲威尚好。此刻似不必更求將領，轉恐心志不能齊一，徒滋牽掣，計惟酌增李軍以資攻繳，調回柳營以固省防，留于軍駐潭以爲李軍後勁，于軍現駐長嶺有繼屯中路鋪之説。庶有豸乎！午後下院再趨叩。敬請道安。

心叩　請付丙丁

一〇

今日本應先見中丞，因沅伯適去，不欲同往，故詣方伯縱談稍久，出則天已莫矣，來日衙參散後準晉謁。日來屢詣帥府，昨晚奉札，明日去似尚不爲遲，如何？周金聲名蘭亭，家居魯班廟前巷，本記名提督，前年從合肥征捻，曾帶數營隸子美戲下，緣事撤退。上年投左恪靖，亦帶數營，金積堡之敗革職。頃聞方伯言周君求中丞，自請捐貲募千人助剿，希圖開復，中丞已許之。此舉原不甚相宜，然既以面許，勢難挽回，故不敢置一辭。惟周君實非將材，所募未必足恃，既屬捐貲報效，似亦無大妨礙。至於剿賊，仍須責成廷章耳。頃得潭中探報云，有江西會匪數百人打黑旗前赴朱亭入夥，有背軍器者，有背鳥槍者，但不甚多。涓涓不塞，將成江河，廷章添勇趣戰，決不可緩。來日見中丞當力陳之，午後敬奉詣，面罄一是。手此，復請筠仙先生大人道安。

功自牧頓首　十四

二

送上致益陽公信，乞酌定，如可用，即交談君帶去。高鞠生竟不得蟬聯謀館，可謂難矣。公欲爲棄世之君平，鄙人亦欲爲耦耕之桀溺。鞠生不謀館於四五年前而謀於今日，毋乃太晚乎！賤恙喉痛已愈，惟兩眼紅腫，不能看書，頗以爲苦。四月朔日五忠祠祀典當力疾一往，想公亦必到。三公祠工程可就，公會一詢宋長沙並商之誠初也。府文奉繳，即請筠仙先生大人道安。

自牧頓首　廿八

三

送上票錢廿四千，係竹泉五、六、七三個月薪水，乞察收轉交，並示復爲荷。淮商集議提商捐餘項充投經堂經費事，樂從者十之七，大約再議一次便可定局耳。秋燥乃酷於盛暑，直不敢出門，即在齋中亦不能讀書，真是苦惱，奈何！手此，敬請筠仙先生大人台安。

自牧頓首　二日

一三

手示敬悉。三日前見嶽麓院長，言已將尊椷傳示院中，諸生皆力言本院中並無妄議論鄉先達之人。芸公謂前年上林寺實無麓山士子在内等語，鄙謂但當講明事理，原不必考較已往之事，芸公亦以爲然。雁峰相距稍遠，曾往訪一次未遇，亦尚未來答拜。伯源將尊書送仲雲一閲，皆十日前事，自牧前往訪之，值其娶子婦，賓客頗盛，遂未登堂，僅投刺道賀，越日伯源亦循例答謝，均未相見也。竹泉薪水即可照支，但向例須月杪，能稍遲數日更妙，如竹泉夫人歸期甚近，亦可早幾天支取，仍乞示悉。聞李玉翁日内可到，局面又一新矣。敬請筠仙先生大人道安。

自牧叩頭　廿三

一四

手示敬悉。《騷雅集》收到，容細讀之，其中尚有遺漏應增補者。集内詩多者固應披沙揀金，若一人僅存一詩者，似不得不從寬收，所謂以詩存人也。高鞠生於自牧亦屬世好，得附名推薦，固所甚願。惟潘公於鄙人亦非深交，前者蕭恒士之館，一則新卸長沙未久，二則自牧方司營務，與地方官時有交涉，故所薦士如響斯應，今則局面一换，能否有成，未可知也。瞿翰池求館尤迫，張文心新得武岡，公肯致書一薦，自牧當力贊成之。去年慶弔公分祇有三起須派員，其餘多未收，可無庸出貲，承交四竿已覺有贏無絀矣。前日小飲，志在力求新奇，正嫌治具過少，承譽以『雅潔豐腴』四字，愧無以當之，十二日當敬飫盛饌耳。手此，復請筠仙先生大人道安。

自牧頓首　十日

一五

手示敬悉。《家禮》原書自牧竟未之見，平日所用乃《御纂性理精義》中所録，似非全書也。鄙見凡吉、凶、賓、嘉禮文自以《會典》及《吾學録》爲可遵守，故於《家禮》未暇討論也。危生事必有以報命，當須緩數日。自牧昨夜病哮，尚不甚劇，今日已漸平，明日當往賀宅弔喪，公如往弔，查先詣舍間偕去如何？公幛已早送矣。益陽令君已通拜，尚未晤。如作公局似可連桐軒一請耳，容商定奉告。此請筠仙先生大人台安。

自牧頓首　廿一

一六

頃梁竹書太守來之理問街栅紳瞿遵訓夜間曠不到栅，查景伊任事最勤，似無懶惰之理。然督查委員既如此説，勢不得不一加查考，乞諭知景伊，今夜務必到栅，庶查者無所藉口。手此，敬請筠仙先生大人道安。

名心叩　十七

一七

手示敬悉。初十日謹當趨詣，惟大柬列鄙人於首座，似不相宜。前聞欲邀研老，何不一併招之。研叟係總理皮殼處，亦坐中不可少之客也。柵紳頃又聞有復設之説，長沙各柵仍發循環號簿，究不知是如何辦法。日内見總查委員當悉其詳耳。手此，即請筠仙先生道安。

功自牧頓首　八日

一八

送上《春秋直解》四册、《通論》一册、《比事目録》二册，共七册，乞查收。《直解》《比事》無甚精義，惟《通論》尚有可采，已摘録廿餘條，此經殆非望溪專家也。又廷寄夷書一册，再奉繳。昨日龍、羅兩君偕來，龍似較羅更敏給，然敝處實無可位置，因向于羲民兄言之，于許派羅君差官，俟察看能謹守營規，即予十長，已與羅君言之，不識願意否。黄小泉委札今日始下，聘廷委牘當須三日後，緣須由藩署畫行始能送籤，故不能速也。惟事已定局，萬無更變，請囑聘廷稍待爲幸。明日仲雲招飲，肯一往否？初八日或能成行，遲亦不過初十也。手此，敬請筠仙先生道安。

功自牧頓首　初四

栅紳有一缺將出，前承示張、陳、李諸君，究以何人爲最，先乞示知，又及。

一九

筠仙先生道席：

奉手示敬悉。郭海兄已見之，蕭恒士兄亦願赴粤，祇好兩賢並薦，芸翁、大邱、道廣或能兼收耳。惟張石帥昨日解纜，芸翁送往湘陰，聞歸舟尚須往白沙洲鄉里小住，雖有月杪入粤之説，察其情形，恐在秋凉以後。自牧定於十三日往席營，往返須四五十日，回時尚可與芸翁相見也。自牧方爲辭捐務而去，郭、蕭兩兄乃爲求捐務而來，雖士各有志，原不必相同。然竊慮粤捐之未必能得心應手，緣芸翁到粤後便須請陛見，將來未必復回捐局，若芸翁另有簡放他省之命，此事必停止無疑，隨行各員似須審慎而出之，毋輕於一擲，高明以爲何如？手此，敬請道安，餘容來日走談，不具。

自牧叩頭　十日

二〇

筠仙先生函丈：

承命借《石齋遺書》檢出送上，乞察收。一月後仍希發還，眉生致次青書祈擲下，此間有便人往平江也。《春秋通論》《屬辭》二書，如得暇，亦求權示爲幸。敬請道安。

小弟自牧頓首　廿二

志城三兄大人已回城否。

二一

筠仙先生道席：

正擬走謁，筀陔言今日是家忌，不肯見客，來日敬當奉詣。聞廡中病者甚多，而省城良醫最少，自牧所知目前以高旭堂爲第一，趙蓉生、張立之次之。旭堂去年治梁竹君一家六七口，今年治歐陽曉岑長女，皆垂死得活，頗具特識。蓉生前年治南丈夫人暨劉霞老夫婦，並著奇效，立之去年治弟頭風亦然，三君似可參用，伏惟裁奪。此請道安。

自牧頓首　十六日辰刻

二二

頃朱庶子見訪，言明午尊齋宴集，意欲於未初奉詣，乞飭庖人早些治具，以晚間又有一局也，謹以奉聞。禹田適得下游信，吴子健中丞有奉諱之説，兩大府同時開缺，亦所罕見。適有少年行乞到門，襤褸如丐，自稱爲吴西橋之子，爲之駭愕。黄嚴家誠貧，然何遽凌替至此，得毋有假冒此耶？頃已薄周之矣。西橋在湘爲良吏，在湘爲詩人，於尊處有年誼，能知其詳否？如果確係西橋之子，似當謀所以捄之，如何如何？又有李元朗先生之曾孫字克臣者，年二十餘，頗能讀書，甚貧，欲於通志局中求一總校之館。此明德之後，公能爲力乎？自牧見張東墅世丈亦當力言之也。手此，敬請筠仙先生大人台安。

自牧頓首　廿三

一二三

昨日公宴，坐間得讀大文，閎議卓識，獨見其大，此有世道人心學術之作，不僅以文論也。舉坐傳觀，群推至言，青餘、次青尤深歎服。肯甫庶子則愧謝不遑，然專務實學，不襲用書院課試之法，則頗能堅持此義，與公有同見也。理論駢文前年在揚州得之，歸時因書箱重墜，寄存宇田兄鹽號。去年原擬下闕

二四

手示敬悉。壽兄生日乃本月廿一日，水禮雖具，知其必不受，故請公勿出分貲耳。屏本十幅，性蓀、次青各攜一幅去，爲日已迫，恐趕不上，故衹送八幅。意誠、鶴邨、予文、船齋、香生、子常各占一幅，約均賦七律，似不必畫格矣，畫格來不及，同係七律，不致參差。手此，敬請筠仙先生大人道安。

自牧頓首　十八

大作乞於明日發下。

二五

敬啓者。子壽兄五十初度，自牧製小屏八幅，邀同人賦詩，務屏聯又稍別致。玆呈上一幅，乞公賜題一詩，似以七律爲宜，以字數較少且求從速，日内即當彙送也。屏外略具水禮數種。公既賦詩，即毋庸出賚矣。手此，敬請筠仙先生大人台安。

自牧頓首　十八

二六

夏君子常名在倫，蜀人，前官辰州經歷，丁憂後入靖營記室，其人詩文字皆矯矯不群，本何貞老、劉霞老兩公之門人也。兹從儲鶴翹都轉來省，自以往歲曾荷公知賞，思得一見，又鶴翹之父竹塢秀才，石友訓導之胞弟，以孝友義烈戰守鄉里，積勞而殁，鶴翹求大文以表章之。因初見不敢冒瀆，託自牧代陳其情，如蒙允許，乞示知。何日得暇，即通知子常俾得賫行狀踵謁也。又前代王雲孫觀察求書兩扇，便中乞揮付，餘容面談。手此，敬請筠仙先生大人台安。

自牧頓首　望日

二七

筠仙先生大人道席：

頃得鄂中鈔件奉覽，細味批辭，殆欲重征淮商以助園工耶？川商既踴躍從事，淮商亦必有聞風興起者，視八兩頭之翰林，手摹大小不侔矣。曾文正稟重税鄰私箸爲憲令，今乃反其道而行之，時事可知，爲淮商者不畏强鄰之逼，且操同室之戈，可勝浩歎！適聞所呈團扇，敬求賜題，五日後便欲走領，不嫌迫促，能事否？實緣酷暑逼人，亟願奉揚清風耳。敬請道安。

自牧頓首　十三

二八

頃從漢口寄來蘋果，不及去年之大，而色味尚鮮，謹奉八枚乞嘗之，亦消暑之一助也。外間傳説園工各省派捐已有明文，湖南似是一百萬，亦未知確否。撫司送捐輸之外，餘將鳌金提解。手此，敬請筠仙先生大人道安。

自牧頓首　十七

二九

九日詩諸公皆於次日送來，惟裴、朱二家不至。昨日攜各詩訪樾公，頃間已將一字韻賦就。惟香生延宕至今，不見來章，實屬有乖詩政，雖不必詳參，亦當罰以金穀酒數耳。初記公已放舟，故未送閱，今乃知本日始成行，祇好俟香生詩來鈔録全詩奉覽矣。芷園事亟欲代謀，但邵陽已薦公符，恐難兼請，奈何！手此，復請筠仙先生大人道安。

自牧頓首　十二

三〇

《禮記鄭注質疑》二卷讀竟奉上，此書精核，多能通諸經所難通，發先儒所未發，從來談

《三禮》亦未有如此明白詳贍者。鈔本間有僞字數處，已隨手校改矣。雪後必霽，文正祠落成之宴刻日可舉行。聞六橋丈已到城，惟甕叟未到，若過三五日尚無消息，即擬以馮此老代之。六橋、雨舮、仙橋、鶴邨、蔭雲、研生、海華、性蕿、海琴九老合六百六十三歲，公與次青、澄侯、宇恬、仲雲、子壽及鄙人七賢合三百六十歲，賓主共一千零二十三歲，圖形作記，洵一時佳話也。子壽一事前路之紛紜，尊諭一忮字足以盡之。但人既出於忮，子壽即不能無所求耳，明日當婉致之。敬請筠仙先生大人道安。

自牧頓首

三一

大作雄健光偉，俯涵一世，下視拙作直蟲吟草間矣。然不有山雞之先鳴，何由見鳳皇九苞之采，則拙作亦何可少哉！甕叟生平不喜衣冠，嘗以便服見訪，自牧往覓亦然，來日之集斷以燕服，無可疑者。惟六日召飲座上有俞心如觀察，不審應冠帶否耳。昨與次青、宇恬兩兄議於佛日設宴，公請先生暨舫仙、子美、劼剛三君，頃聞有提前一日之説，大約係就三君之便，不知已送柬否。因其事歸宇恬承辦也，西公訂於初九日招飲，舫、美、宇、次及劉栗樵廉訪，蓋臣尚書之次君。黄雲岑觀察屬自牧邀公同作陪客，查六客中除次青外五君皆上林寺施主，此舉似不可少。或者山門合尖即在此一舉，未可知也。手此，復請筠仙先生大人道安。

自牧頓首　重四日

三二

今日公請孫、但諸觀察，明日公請府縣，原爲省費起見，不意先後均辭帖，通計請客至七八人之多，始終不煩杯酒片肉，有請客之名，無破費之實，若能人人如此，雖日日請客可也。一笑。此專爲我輩請人言之，若人請我輩則又不然。台從赴上湘當在何日，今日如不出外，飯後敬當趨詣。此請筠仙先生大人道安。

自牧頓首　廿二

三三

昨承隆貺，敬謝。門外事原不必知，所必應知者，友朋招飲之日期也。今日壽兄宴局，自牧不能到，明日公赴莊生之招，自牧敬當奉陪。蔭、仲諸君均在坐，可以暢談。敬復，即請筠仙先生大人道安。

自牧頓首　廿五

三四

昨日先詣西公，久坐時已過午，遂赴諸公之約。廿四日公請府縣，已經具柬，即在宛園設宴，王初翁、陳詒兄均辭帖，孫、但均來。二賓二主既覺太少，擬即添子壽作東，似亦省費之一道，想高明當以爲然。暨添壽兄作東，亦即就宛園治具，則省費之中又兼省事矣，當可添邀一客，李仲京何如？朱秬翁於壽兄及兩處無來往，故不便請。乞即裁示。手此，敬請筠仙先生大人道安。

自牧頓首　廿一

三五

廿三日柬已送去，公請王、但、孫、陳四位，廿四日即請府縣，係三主三賓，席或設宛園，或設潔園，容俟午間與壽兄面定，今晚送柬尚不遲也。兩公處既台端與樾公同到，自牧亦當一至，但不久陪耳。一切容面談。手此，敬請筠仙先生大人道安。

自牧頓首　廿日

荷葉塘信乞早些寄去。

三六

頃間奉復一椷，計邀台鑒。所商公請王、孫、但、陳四公一局可否即於廿三日舉行，即乞示知，以便具柬。西公來日之宴，自牧竟不能到，已辭之矣。西枝共請十客，庚颺、竹汀亦不得到，僅裴、畢二公，盡可改訂一日爲是。同席如舫仙、宇恬、仲雲、子壽諸公皆辭，似可不必治具，請函告西公，且俟子美到省時再邀如何？外致意兄一書，乞公轉寄荷葉塘爲荷。手此，敬請筠仙先生大人道安。

自牧頓首　十九

三七

手示敬悉。公請府縣之局日内即可舉行。三賓三主較爲輕省，王初翁與詒珊、少村於自牧均屬世兄弟，本欲治具一邀，惟壽兄不便入分，以係初翁門人也。鄙見即以二主四賓王、孫、陳、但，祇請一席似亦所費不多，即可於舍間治具。廿三日尚得暇，公如肯來即當具柬，乞速酌示。府縣一局或稍遲亦無不可，張文心、潘小蘐均未到，到則必極力爲瞿、高二君推薦，以事理論之，瞿必可諧，高則未可知耳。明日自牧與舫仙、宇恬、蔭雲、少雲、子壽、祝庭、香泉諸公團拜，西公請早飯，擬一到却不能終席，舫仙、宇恬、仲雲皆已辭，如公亦辭，則自牧亦可省却一事矣。牛乳服之相宜，劼剛已送來子母牛二頭，老母及小兒孫輩食之尚不能盡，故未向尊處乞取，此物能稀痘，嬰兒多食爲宜。手此，復倩筠仙先生大人道安。

自牧頓首　十九

日内有人往荷葉塘否？子瀞所屬籌貲已經就緒，擬致書告意兄也。又及。

三八

十三日赴河西墓廬，昨晚始回。奉手示敬悉壹是。金信即彙封交胡萬昌遞去，十餘日必到華容。主局者已至，危生得補局丁一缺，乞飭明早來舍一見，便可前去當差，似較當勇丁稍爲安逸耳。手此，敬請筠仙先生大人道安。

自牧頓首　十六日

三九

六點鐘是仲雲兄號令，頃間仲雲又來通知，明日渠有事不到，不解何故，大約明日到者亦不多耳。自牧與子壽兄却不能不早到，恐府縣至而無人陪，似不好看。天暨太早，公似不必來如何，散後或與壽兄奉詣耳。手此敬復，即請筠仙先生大人道安。

自牧頓首　十日

四〇

頃督銷局奉到江督公牘並函，臺事似已決裂，特召之典，殆欲倚長城以障東海乎？兹將公牘並函呈閱，即乞交去手領還，以便轉交前途。外李雨亭尚書有書致楊宫保，包封甚固，孫春皐大公祖不知厚公現住何處，恐致遲誤。聞尊處與厚公時通信，可否將此信送呈，乞轉寄之處，伏候示知。手此，敬請筠仙先生大人道安。

自牧頓首　廿九

四一

筠仙□□大人經席：

前承命小兒璹校《禮記鄭注質疑》一卷，兹已校畢奉繳。又小兒私纂《疏證》一卷，呈求鈞誨。此兒有志讀書，而爲舉業所困不得專心載籍，初擬思賢講舍落成，當遣負笈從遊，今公又出山，吾湘人更從何處覓經師耶！手此，敬請道安，不具。

縣志藝文一門似尚未發寫，乞將稿本見示，一二日即奉還也。

自牧頓首　廿三日

四二

頃間所呈之稿實出鄙人手筆，子壽兄並未與聞，荷鈞削後，益臻妥善，即當偕宇恬兄轉送前途。日内台從若見子壽，請勿道及此事，禱切。餘容面談。手此，敬請筠仙先生大人道安。

名心叩　廿四日

若見宇恬切勿謂見前稿，但道出日鈞裁可也。

四三

晚歸奉手書，謹悉壹是。《禮記鄭注質疑》遂已成書，真後學之幸。《玉藻》卷容即細讀校上，小兒蒙賜《説文》，尤深感躍，他日飭令叩謝。頃鄭雲生來言，烏龜橋有急足到報，稱黄麓谿兄猝中風疾，殤於今日寅時，此自牧三十年舊交，乍聞不覺出涕，爲此精敏果毅之材，既以目疾廢置其身，乃復不永其年，真堪悼惜。去年黄菊圃推其命，謂從癸酉交運起五年之内連有大喜慶事，至戊寅運盡當死。去年二子中式，群詫其術之通神，乃今年大數竟不能知，豈術者本不足憑耶？抑冥冥中真有所謂延年奪算之説耶？然麓谿之爲人亦絶無短壽之理也。小麓兄弟尚在江西，計星奔歸來已在二十日之外矣。家中僅一七歲幼孫送終，情景尤爲可憫，此刻小麓未回，亦不便往弔，知公於麓谿有舊，故具及之。手此，敬請筠仙先生大人道安。

自牧頓首　二日亥刻

志兄來信暫存，以信内具載男女年庚，擇日所必須也。俟向鄧家索衣式，並代託楊月軒選吉期。奉覆，又及。

四四

公有遠行，自牧本不能無詩，然實未敢輕易落筆。香生乃以顧子青考試之法相待，未免迫促能事，勉成短句六章呈教。藉香生之催逼，以文飾其陋劣，亦計之得者，附上書櫝四具，似於北道車行相宜，並乞莞收。此請，筠仙先生大人道安。

自牧頓首　十八日

四五

頃鄧明之兄送來衣式一件，乞轉寄志兄爲幸。手此，敬請筠仙先生大人道安。

自牧頓首　廿七

四六

送呈彙報四紙，官設之局所聞較確，據十一、十二兩日所報，海上恐不免用兵。火車今士來滬，吴淞鐵路將開，津門、鄂渚勢將繼踵而起，時局日新月異，伊於胡底！玉林與唐生是否在城，乞將銜名開交去人領下，即當攜交岳委員，先爲部署，再偕字兄訪春公耳。敬請筠仙先生大人道安。

自牧頓首　廿九卯刻

四七

頃取回前月廿八日《申報》四紙，係五月十三、十四、十六、十七四日之報，禮拜日無報，每月祇有廿六天也。又鈔滬信一件，所述倭事與十七日《申報》大致略同，而辭更詳，大約下卯亦必刊入也。《申報》並鈔信均呈閱，仍希發還，昨日初三又可接看新報耳。手此，敬請筠仙先生大人道安。

自牧頓首　初二日

衡州府學宫爲雷火所焚，與去夏南岳廟情形略同。衡人士群以爲文明之象，鄙人竊有杞國之憂，尊醴陵子壽之説，似確。又及。

四八

手示敬悉。札件收到，容即轉商前途奉覆。玉林及唐生、蕭生皆不可無館之人，同深關切，且俟總辦定妥後力爲謀之。鄙見黄君現有釐局，似乎尚可從緩，目前索性請以吴代李，可否如此，乞示復。可減薪水十竿，節省局用以爲玉林諸君之地，爲此變通辦理較爲爽快。日内子壽斷不肯出門，陸公處頗難説項，若黄調而吴不能補，未免向隅，非計之得者。頃聞汪緯齋另有所圖，則靖州一局將來可爲黄伯初謀也。又西征局已見明文，左公專委舫仙主辦，而以唐、李、易、黄四公會辦，札内有應即奏明辦理字樣，似勢在必行，雖不免苦累桑梓，而寒士却頗有銷路耳。手此，復請筠仙先生大人道安。

自牧頓首　廿八

四九

玉林與唐生文理、書法如何，能勝文案之任否？乞示知。頃聞奉商以吴代李一節，是否可行，再祈酌復。午後即當攜李札詣春公也。敬請筠仙先生大人道安。

自牧頓首　廿八

五〇

頃由滬友寄到《申報》六件，送呈鈞閲，其中議論頗有可聽者。至禮拜六、日直論恭邸降爵事矣。手此，敬請筠仙先生大人道安。

自牧頓首　廿一日

李鏡浯尚未見到，何也？孫春翁盼之甚切，仍乞加催爲幸。又及。

五一

頃間子壽兄奉詣，亦欲商定公餞之期。聞官場亦有公局，候紳局定妥後照辦。承示之云，容即轉致同人停止前議，本來酬應太繁，得省即省，何必以一飯爲敬。况既赴紳局，勢不得不赴官局，是又多出一番酬應矣。或暫記存此席，留爲來年接風之用如何？·公如真憚酬應，索性從此入贅樞機，出膺疆寄，則並明年接風酒亦可省耳。一笑。敬覆，請筠仙先生大人道安。

自牧頓首　十日亥刻

五二

昨晚又得眉生信，内有一函致公，謹呈上，如有回信可交敝處轉寄。眉公開復之説恐屬渺茫，以垂暮之年奔走六千餘里，而卒無所遇，廢然思返，其情况可想。究竟名山著作，自是千秋，區區一官，何足爲文人輕重哉！壽兄昨見訪，述在尊處所談頗詳，春皋公祖約於今日午前見過，須在家待之，午後或得奉詣。手此，敬請筠仙先生大人道安。

自牧頓首　十日

五三

筠仙先生大人道席：

賤疾尚難全癒，廿九日陳誠初招飲，竟不能到，壽兄因有事不去，聞沅伯亦有辭帖之説，想公未必獨往也。牓信尚未聞，豈十五人中竟無一人在省中耶？龔湘浦於前月廿七日殁於都下，吾省牓眼何不利如此，此亦省城風水所關耶？一二日内公如出門，乞便道枉顧，别有求教之處。敬請道安。

自牧頓首　廿七

五四

筠仙先生侍郎執事：

初六日得三月廿二日賜書，拳拳之誼，溢於言表。自維蒙陋行能，誠無可取，環顧其中未有足以當大君子宏獎雅意，而辱知辱愛，抑至於斯，伏讀獻欷，感悚交並。方今中外和同，舟車所至，幾遍地球之大，誠能控馭有方，維持鞏固，既無秦漢遠征之勞，不至晉宋降尊之辱，王會之盛，足以駕越前史，誠數百年久遠之業，而非規之於旦夕之間也。先生負經世之遠略，膺薄海之重望，知必有以綜攬嘉謨贊襄至計，宜不以人言而沮大猷。前聞春初以滇案輾轉遺誤，奏劾嘉州，而疏上不報，孤詣苦心不能卒白，俛仰嘿嘿。知質者必不欲焉，而兩次乞休，率荷慰留，不令遽去，可知朝廷倚賴之重。《羔羊》之詩曰：『退食自公，委蛇委蛇。』人臣之義，固如斯也。頃聞以六月朔日入直，不審近狀如何，遠處寡聞，末由詳省，引領新猷，竊自增氣。閏月中命三兒賫呈近著《瀛海論》一册，改前作爲上下兩篇，更增或問數條。閑居甚暇，就所聞見彙纂成篇，空山敝帚，豈敢出以示人，然以囿於耳目之陋，舛誤殊甚，未能自信其可否。先生宏覽中外，博觀圖籍，古今之得失，版宇之縱横，不待稽核，了然於心。特不遠數千里之遥繕寫呈教，伏冀俯賜觀覽，釜（斧）斥謬誤，而增益所不及，幸甚幸甚。年來删易舊作，都集《無知知齋古今體詩》二十卷，近年多唱和酬應之作，存者十三四，尚待編訂，先生前許賜撰序，文如以成就，請交三兒可速達也。自牧質鈍才劣，未嘗努力篤志於學問，奔走於衣食二十餘年，少時所誦讀皆荒棄不復省録，雖欲慷慨攘臂奮然文學之事，固已不能。然每見古今作者所著輙踴躍企慕，不自知其陋劣，竊效而爲之，年既久，所積日益多，自觀之甚不以爲是。然半生心血未忍遽棄，聊復存録，亦爲後人用覆醬瓿耳。北方亢旱而東南苦潦，吾湘屢患蛟水。壬秋寄居衡陽，宅爲暴水所蕩覆頃，頃移家來長沙。伐蛟之政久不舉行，蛇鬥雉雊，潛滋暗長，於深山大澤之中常有猝發之患。湘中人士擬於今冬謁大府一陳，請申舊典，未知肯信否。性農選詩已得百家，明年可望成書。省志已開雕，次青真健者也。吾縣志書似亦不可再緩，黄石珊今春在都中，先生與之言如何？長沙諸友無恙，惟海琴歸浯溪，聞不久亦來。劼剛盡室還湘鄉，最爲得計，無事不時時入省。自牧自廿茶喪資後，力頗不能自給，行將徙家入山，還我二十年前窮措大之舊也。廡中平安，知時有竹報往還，故不贅及。溽暑蒸鬱，伏惟珍衛加餐，不悉所懷。

六月十日　制自牧再拜

五五

頃訪蔭雲不遇。詣仲雲，持前説。仲雲謂蔭雲、輔堂皆有宣請意叟之議，是同人意見均屬相同。惟云此議須蔭叟一人入院署陳説，方爲圓到，若星槎與唐家至交，由蔭倡議於許公，方無痕迹。且免同縣標榜之嫌，目前先請沅伯專函，赴荷葉塘請客不必談及軍務，俟到城，蔭雲通知中丞堅請，必無異議。其説如此，似覺周愜。明早即詣講讓堂，商請專人赴鄉也。至留趙傻會籌省防及捐貲募勇之不相宜，兩説頃已作椷徑致星槎，並將手示封入，囑其轉呈矣。手此，敬請道安，不具。

功自牧頓首　十五

五六

昨日暢談爲快。頃承示筱筠詩稿墨刻，逸才慧搆，對之黯然神傷，然所造如此，亦自不朽矣。郭景純哭王述云：『嗣祖，安知非福邪！』生當斯世，壽夭復何足言。三日内有專足赴滬上，眉生書件正好附去，年内準可到也。點軍得詩數十首，擇其稍雅馴者寫求教正，明日下午敬當拱候。手請筠仙先生大人台安。

小弟功自牧叩頭　臘八

五七

看山數日，已得吉壤否？念念。本日午時立春，適於是時風雨似非休徵，然較去年雨勢爲小，或者來年氣象較勝於今年耶？嵐生頃看書來，送呈臺閲，仍乞發還。手此，敬請筠仙先生大人道安。

功自牧頓首　望日

研叟將歸湘潭，行期在廿日外，鄙意欲於十八、九日内謀一醉，尊處何日得暇，乞示知。又及。

五八

筠仙先生有道。自牧臥病數日，不與外事，承意城寄示手柬，讀之感激惶恐，汗流浹背，遂不覺霍然而起。去年命鈔先公事略及著述各書篇目，將以闡揚先德，載之邑乘，感淪肌骨，莫可名狀。伏念先子經術、文章、政事皆有所表見於世。《師白山房家集》各種中《講易》十二卷，《詩義鈔》八卷，已有刊本流傳於外。《講易》係從《折中》《述義》中摘鈔要義，而參以《本義》《程傳》，其釋爻象多用注疏古義，亦未博引虞、荀諸説。《詩義鈔》則全以《折中》爲宗而參用朱子《集傳》、吕祖謙《詩記》、嚴粲《詩緝》三家，其於鳥獸草木之名則採用陸疏爲多。然此二書乃掌教書院及家塾中口授講義，其時方以制藝課門弟子，故用制藝法説，經門人編録成書，因借鈔者衆，遂爾刊行。晚年嘗欲更撰《周易》《毛詩經義》二種，亦卒未果。《禮記輯義》六十四卷，《春秋經義》壹百二十卷則家中藏有鈔本。先子自云：『吾墨守《春秋》垂四十年，一生精力畢注於此，此書成，其他撰箸皆不能及。』又平日所爲詩、古文辭多不自留稿，大率隨手散軼，軍興以來，家屢播遷，《詩義鈔》書板毁於火，《講易》板漶滅過半，即制藝、課藝稍完，而脱簡間編亦所時有。頃者自牧次第修葺，甫將《講易》、制藝、課藝三種補刻成書。《詩義鈔》《禮記輯義》頃用活字板編印，散文、古近體詩十卷則已鋟板，計今冬來春皆可告成。惟《春秋》卷帙較繁，且爲先子專經，剞劂尤當鄭重，曩從羅研老覓得書手，頗能正六書字體，研老並許爲校字，秋冬間亦當可開雕耳。惟是先子當嘉慶中以進士觀政八閩，歷任興化、臺灣、侯官、閩清、莆田、歸化等府縣，所治皆有政績。顧賦性鯁直，嘗掊擊豪右，卒爲巨室所中傷，當時道路傳聞之辭，毁譽皆多失其實，而一二循政著於民者，鄉曲父老往往能道之。去閩十年，而莆田平海澳士民乃有生祠之建，蓋其時臺評與論各不相謀也。自牧生也晚，自束髮受書時，距先子去官之日已久，家中既無方書，而趨庭所聞又從不及閩事，故未能舉其本末。自先公捐館舍後，自牧走書燕、閩，訪諸門生故吏，屬遭離亂，鮮有報者。咸豐中，僅龔西園自奉天寄來散文數篇，又從子道寶自永平寄來公牘文數篇，於舊事略有考證。同治初，吴生彦成從桂丹監廉吏幕旨中見寄《三山謡》一卷，閩中士民上大府公呈一篇，皆先子去閩時士民所撰，其中叙論先政，覼縷可觀。吴生之父名贊韶，與龔宗丞文齡皆先子宰侯官時縣試所取門生，而吴君實稱都講，故當時事迹知之較詳。自牧摭拾載記，益以舊聞，撰爲年譜，數年來粗有厓略，而其間年月、地名、姓名、爵里往往所傳異辭，尚待考訂。上年吾族重修家乘，自牧與襄其事，自先祖父以上誥辭、傳誌、墓圖皆編纂成帙，惟先子年譜事實迄未就緒，蓋不敢以臆決傳會之辭厚誣其親也。屢詢意城、志城兩兄，皆言縣志一二年内尚未能成，竊計爲日方長，得以從容蒐輯。又值《家集》續刊各種次第將成，欲俟年譜編定，敬賫先集，謁於便坐，更欲拜求鴻文爲撰家傳一篇，以垂不朽，其未敢以草率奉覆者，職此之由。自牧極愚，至不肖，然此何等事，而乃度外置之乎！晚近士大夫意氣自矜，動以詆娸老成，排撼同類爲愉快。今先生修縣志，顧獨垂念於先子之行誼箸述，懼其日久湮没，而思爲表章之，而且慮及其子若孫之因循懶惰，墜厥先業，又肯以讜言儆覺之，此種風義，雖古聖賢何多讓尊。三復手教，言短意長，發人深省，已縣之坐右，用代訂砭之銘，謹再拜謝教。先集《講易》十二卷暨鈔本《春秋經義》首卷，《詩義鈔》一卷先送呈省覽，鈔本家無副紙，覽後伏乞賜還。年譜事狀頃已屬鈔，容續呈寄，並以奉聞。伏頌道安，不宣。

自牧再拜

五九

筠仙先生侍郎執事：

前月杪奉覆一書，遣潘把總賫赴閩中，計早邀鑒及，公既因滇事出吏，似應候没間辦理，略有端倪乃可前去。小泉尚書冬初當抵昆明，其魄力能否懾馭驕將，其誠懇能否感格頑民，總理牙門所投機宜能否一一辦到，此時尚未能豫知。聞格公使、麥領事又先後赴滇，萬一再有意外，如馬加利之案，是前波未平後波又將掀然而起，使者孤身懸之四萬里之外，於内地辦理情形尚無把握，又何以相報外人乎？鄙見似不宜汲汲趲行，能緩至今臘明春爲妙，事關大局，自當謀出萬全，非爲一身計利害也。眉公已在滬上相待，瑞堂擬來日成行，自牧亦即於三四日内輕裝東下，欲就公一陳所見，以中有楮生所不能宣者，愚者千慮，必有一得，或亦有資於集思廣益之一端耶？香生、劼剛亦各有所言，當代陳之，乞公少俟我數日爲幸。手此，敬請台安。

制自牧頓首　重九日

張炳堃（一通）

敬啓者。春明連袂，倏逾十年。每閲邸抄，欣稔始參戎幕，繼歷外臺，聲施爛然，下風翹溯。即辰敬惟筠翁都轉仁兄同年大人，正荚宣猷和羹，預兆桓寬鹽鐵之論，講習有年，自能條其利病。竊謂時事方棘，執事所欲致力於中原，與聖主之所以養成，夫偉器者，當更有在。回憶五六年前，先伯兄回自楚南，盛稱方略決爲經世奇才，振觸前聞，欣慨交集。弟自家鄉離亂後，旅寄於滬上者一年，洎乎繡斧東巡，而浮家先已渡江而北，嗷鴻翔鳳，相遇偏疏。祇以壯心未已，於去年夏月赴皖從戎，既而由皖而豫而秦，數月馳驅，頗違初願。本年春歸經豫省，適子青同年巡撫是邦，誼重同岑，歸途戴德。辰下杜門淮甸，遥托仁幈，非無攬轡之思，空有撫髀之歎。擬俟秋冬間攜眷入都供職，並爲明歲考差之計。惟以衰鈍之軀，操三寸不律，與英儁少年争一日之短長，自知無當耳。專肅布臆，敬頌台安，諸希荃照，不宣。

年小弟張炳堃頓首

如賜復函，可遞至淮城小羔皮巷中間路西。

張炘（二通）

一

分叨莩末，曾拜瓊嘉，祇以梗泛萍漂，未獲軒攀柱倚。今聞龍節榮旋，小兒鈞欲申詹侍，爰修蕪簡，以達微忱。恭維大人名世英才，治平碩輔。移使星於海上，遍探潮汐淺深。騰卿月於天邊，明照澨陬幽隱。在朝則丹心許國，還鄉又青眼垂人。此皆沅湘儒宿所公評，並非僑寓冗流之私頌也。炘頻年作客，到處依人。製就嫁衣，空擁郤生之幕；操來枯管，幾登王粲之樓。記從劫火初經，家山離却；由此烽烟屢告，廬舍蕩然。此飛蓬幾嘆飄零，而析薪猶思負荷。小兒芳齡失學，菲質增慚，品實駑駘，敢希知於伯樂，材同樗櫟，遑望削於公輸。惟是計鮮謀生，仰冀雲帡之蔭；心殷向上，希窺水鏡之光。以小子爲戚里後生，久深積悃，惟長者迺儒林前輩，應許垂仁大海，不擇細流，高山由來同仰，此則炘所禱叩不盡者也。肅此謹啓，恭請勳安，虔頌潭祺，不既。

張炘謹啓　端節後二日

二

敬再肅者。小兒納粟本欲求得指教再行遵辦，後聞停捐，盼望榮旌未到，始捐典史，指分雖在湖南，其意仍思長輩鞭策，俾知正軌。倘蒙俯允相隨，其應如何改途，或尚須籌辦之資，及驗看經費總共在二百餘金，尚能設措，奉到鈞諭即當寄呈，不致有誤。肅此，載請勳安。

炘謹再啓

張啓鵬(三通)

一

筠翁仁兄同年大人閣下:

頃友人來談及昨日爲老兄生辰,弟坐不知,殊歉然也。嶽麓示期初十上學,而外間皆云城南尚無定期,惟十三官課不上學者,其名恐不能入册,當囑芝房同年之令嗣名宗轂者,偕三兒百熙於初十日入大匠之門而受業焉。專此布達,敬請道安,不一。

年小弟張啓鵬頓首　初八

二

而彼處戚友頗多，一切礙難擺脱，家累甚重，不足以潤涸魚。羅小雲兄來舍具陳雅意，尤令人銘諸肺腑，蓋望公如望歲矣。半月抱恙，久未出門，遲日再當走候。耑此，敬請台安，不具。

年小弟張啓鵬頓首

（上闕）

三

筠翁中丞同年仁兄大人閣下：

渴别久矣，今晨奉謁，未晤爲悵。兹懇者。小兒祖同自都中歸，賦閑已久，正初家兄函託葉佁堂方伯於淮局乞爲位置一席，迄未有成。弟昨晤沅甫宫保，亦以此事相託，據云早向佁翁處吹薦數次，不日當可就緒。惟淮局出缺甚難，而捷足先得者亦復不少。現聞岳州城陵磯設有緝私一卡，曾委虞君愷仲專理其事，現在虞紳告退，接替無人，特求執事推情垂照，凡往佁翁處鼎力一言，以玉之於成。岳州爲小兒舊遊之地，於地方人情尚爲熟悉，事如有成，當令其盡心盡力，以無望培植之雅懷，則心感高處於無既矣。專此，敬請台安，不一。

年小弟張啓鵬頓首

張森（二通）

一

筠翁中丞大人閣下：

陰穴已覓就否？森至養知書屋數次，大人公出，宫墻外望，殊深惆悵。兹有懇者。森現在查河分局寫票，薪水每月數竿，食指浩繁，入不敷出。情因小婿盛賢聰在郴局多年，本冬歸家，明正打算不出，伏乞大人面晤局憲，鼎力吹噓，俾森得補賢聰之缺，如蒙成就，則森河局寫票事，大人亦可安置一人。當此時勢艱難，求事者紛紛，大人本難於一諾，伏冀甦附涸之魚，格外栽培，憐森窘迫，則恩同再造矣。森連日患氣痛，聞尊處有上桂，祈給三四分，飭交來手爲禱。手此，恭賀年禧，敬請崇安。如夫人懿安，令孫鈞吉。

張森頓首

郴局假期以四月爲度，逾期即行裁撤。盛賢聰本年閏拾月半間歸家，明年二月半間即滿四月之限。

二

筠翁中丞大人閣下：

接讀尊諭，敬悉壹是。承惠肉桂、沉香，服之見效，誠順氣之上品也。省城諸公素不相識，無可告語，伏乞大人爲森設法託一妥當人言之，則感荷培成，匪誠鮮矣。手此，敬請崇安，伏惟慈鑒。

森頓首　廿二月辰刻

張斯栒（四通）

一

敬禀者。初九日曾肅寸禀，並附呈《萬國公報》一本，麗如洋信一封，葛爾醫方一張，雷司白利芝姑娘小照二張，諒蒙慈鑒。所禀馬清臣寄來花樹二箱，詢據咏清兄云，已於初十日寄至漢口分局轉寄湖南，荷花子一玻瓶亦已於昨日由福州分局寄到，據云今日可以寄奉。又有萬國公會紳董所寄之書尚未收到，據云下次輪船想可到來。林樂知先生又囑寄大人《萬國公報》一本，兹謹附呈。閲新報知曾侯已於二月二十八日見英后遞國書矣。大人起程後，於次日卑職持大人片往見派利，坐談數刻，據派利云，伊曾往江寬船送大人行，已得見矣，甚爲欣喜。彦森兄尚寓介福綢莊，製造局還未定耳。肅此蕪禀，虔請福安，伏乞電照。

卑職張斯栒謹禀　閏三月十六日

二

委向馬清臣處代行致意，已遵鈞命信去矣。美前統領葛蘭德於前月廿七日到滬，廿九夜浦灘各洋行門首懸挂燈籠及煤氣燈，盤出字形不下數萬盞，又電氣燈並放西洋五彩烟火流星，宛如英國水晶宫。然又有操演水龍賽會之舉，以恭賀統領，極爲熱鬧。沈制軍入覲天顔，日前道經吴淞，未曾來滬。咏清昨日晤見，詢及馬清［臣］寄來書包，據云已於前月三十日收到，當即託森昌信局寄呈，想已察收矣。肅具蕪稟，虔請福安，伏乞電鑒。

卑職張斯栒謹稟　四月初四日

再稟。卑職準於十四日附搭東洋公司輪船先到日本横濱，嗣由該處再搭别船赴英。又稟。

三

敬再稟者。據馬清臣云，從前託其所辦之照，據照相店云，玻片業已打破，不能再照。馬清臣即將從前其自備大人之照分送各位，皆已分遍，遵諭辦理，尚有分剩三張，囑卑職寄呈，乞爲察收。玻片原底雖無，若由紙相再行翻照，仍可做得，第未能若原片印出之清明。如大人合意，乞即諭示，以便遵辦。若不合意，亦乞示悉。命帶照相之價，英金洋二磅，仍存卑職處，寄還何處，以便信致上海卑職之友寄奉大人。又云英國九十四歲老人潑老登數日前在倫敦極感念大人，又阿色爾公爵囑請大人安，亦極記念云云。署中各位請大人安。

四

敬禀者。卑職自五月初九晚登美國公司輪船名北京城，次早由横濱展輪東渡，至二十八日抵舊金山三藩城。承駐紮該處理事府陳茇南方伯留住署内二天，於本月初二日附搭輪車，至十一日到美國紐約。輪路一帶西半則岡陵沙地爲多，東半則皆鎮市及耕種之地，所過大小停車之處皆有華人，詢悉其數，自數十名至數百名不等，皆洗衣、種地及飯店爲僕爲多。十五日搭音門公司輪船名百靈城，由紐約展輪，於二十四日抵立文波，寓客店一宵，二十五日抵倫敦，拜見曾侯、陳劉二位參贊暨同事，各位均安好。卑職在太平洋十八日，有風浪僅兩日，在大西洋八日，有重霧數日，其餘之日則皆天氣陰晴，風和浪静。仰荷憲台福庇，一路平安，足慰慈懷。所有卑職安抵倫敦情形，理合肅具蕪禀。恭請鈞安，伏祈垂鑒。

卑職張斯栒謹禀　六月二十七日

張凱嵩（一通）

筠仙尊兄大人閣下：

東西闊阻，良覿無由。華潭同年爲述『長才偉抱，有真性情』。辛老自貴陽來書，亦盛稱『儒修純粹，風骨冠時』。戌月辰炯，輒深馳企。昔漢隆褒德，鄉黨縉紳，欣欣愛慕，願言之切，何以異斯。弟久宦邊隅，見聞孤陋。猶憶壬子桂林之役，與江忠烈登陴夜話，彼此以道義相勖，經濟相期。次歲維棹衡陽，再謁滌生揆帥，嗣復於石卿制軍幕府，得遇季高尚書，吾楚多材，出爲世福。十年來西南鼎沸，而張惶六師支撑半壁，皆以書生闡猷凝績，中外交推。閣下以文學侍從之臣，膺海疆節鉞之寄，明良契合，殆非偶然。側聞粲粲大才，優優敷政，吏治則釐之使正，民情則馴之使柔，而又籌饟裕軍，遠大是務。袁彦伯所謂懷獨見之明，而有救世之心者，豈異人任耶！粤西素稱貧弱，又爲天下發難之區，兵燹相望，瘡痍未起，撫兹凋敝，自懼弗勝，尚幸僚屬和衷，弁兵用命。上年有荔浦、新甯、容岑諸捷，疊拔堅巢，悉殲巨憝，天心人事，治象日臻。峴莊方伯一軍專剿貴縣黄逆，餉空師老，士卒至掘芋爲食，圍布當禪，然猶拚死忍飢，每戰皆捷。客冬幸承惠濟，士氣益覺奮興，現在黄逆跧伏寨中，我軍分布合圍，聲勢頗壯，惟賊糧充足，山路險巇，百足之蟲，三窟之兔，利鈍未可預期。近得該逆新刊《堯天五典》及《皇極授時》等僞書，瑣瑣逾三十萬言，雖則聊以自娱，而此中有人似未可以尋常土匪忽之。惟春雨淋漓，山嵐瘴起，功虧一簣，殊切殷憂。執事宏濟艱難，識微見遠，前有每月萬金之請，惟望高明垂念，接濟源源，俾克乘此事機，拊循而督責之，庶幾迅告成功，勿貽巨患耳。梧屬餘匪散之甚易，安之頗難，昨幸寄云制軍兼轄關懷，檄飭唐道啓蔭來西會辦，唐君情形既熟，物望亦佳，大資臂助，擬懇轉商制府加檄唐道，務與西省委員始終其事，以期一勞永逸，邊境肅清。一俟幾務稍閑，仍當專函奉致也。前午黔卒來署，投到辛階制軍兩函，内有致尊處一件，下走不慎，誤行開拆，幸内封尚復完好，用特加封飛寄，並道緣由，統祈鑑恕。縷縷作書，欲言不盡。敬請台安，惟希察照，不莊。

鄉愚弟張凱嵩頓首

張經贊（一通）

筠翁中丞年大人閣下：

久違鈞範，簡牘多疏。因塵悰逼仄，未敢以無謂之語輕瀆尊顏，而景仰之私無時或釋。敬惟福履增綏，繁祺益暢，詩書滿腹，不徒擁百城之豪，著作等身，更自爲千載之計。翹瞻山斗，曷罄頌忱。贊時運不齊，動輒得咎。前年在新會任内，因劣紳庇匪，認真查辦，遂至自盡，伊趙姓本家挾嫌，藉此捏控謀毒，因而京控，牽連不已，現在始有頭緒，或可了結，然已受累無窮矣。似此愈累愈深，不知將來作何究竟也。且慈親年已八十，喜懼交迫，更不堪設想耳。三兒義澍文字粗通，回省鄉試不過使諳風簷之苦，或知自勵，非有奢望也。特令其叩謁崇階，尚冀訓迪周詳，毋使荒嬉。又聞學憲考校認真，需地方官文書，小兒在粤生長，未曾回家，且武岡相距太遠，往返需延，是以照隨任之例，取番禺縣文結，當與地方官無異，諒屬可行。伏祈垂照一切，俾得録遺入場，則感荷栽培於無既矣。肅此，敬請鈞安，惟鑒不莊。

年舊屬張經贊謹肅

張錦瑞致郭嵩燾、李元度（一通）

久隔鴻儀，罕通鯉訊。念晤言之莫遂，實洄溯之彌殷。緬惟次青、筠仙先生大人宣勤志局，總理纂修，筆削則本於麟經，校讎則辯夫魚魯。名齊歆向，咸稱一代之史才；美媲董南，聿闡千秋之絕業。統勝迹遺蹤而紀載，舉名流懿行以褒嘉。梓里增輝，枌鄉胥慶。錦金陵需次，未贊編摩，莫分校録之勞，差藏拘執之拙。先父曾蒙彭雪琴宫保立傳，兹特寄上，即祈刊入志中，至舊志載張諱祖綬之妻張黄氏節孝，及張諱瀾本張蕭氏之行志，皆錦之高、曾祖父母也。並祈諸公仍舊存之，是所感禱。耑此，肅請鈞安，諸惟愛照，不宣。

外家傳一本。

錦瑞謹啓

尺海 第一輯·主編 丁小明

郭嵩燾親友尺牘

下

孫海鵬
王　瑜　整理

鳳凰出版社

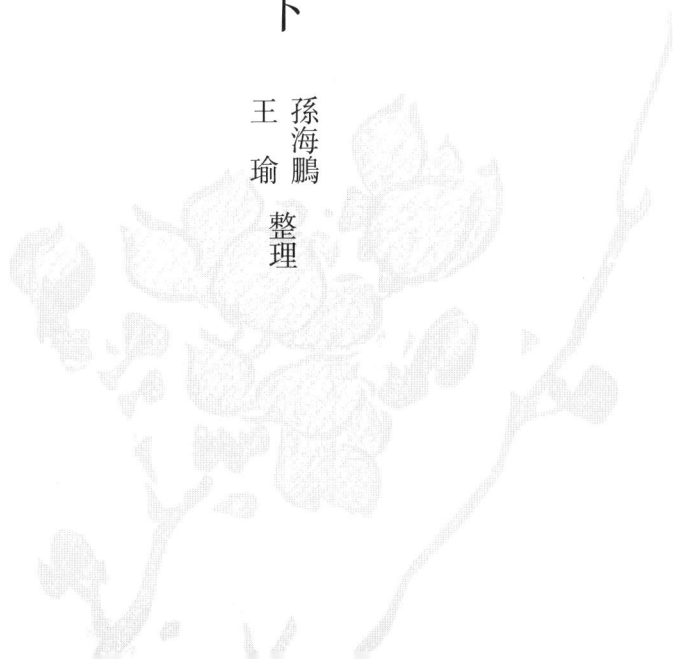

第九册

曹光漢（一通）

郭大人：

曹光漢頓首。奉佳，三日未得一晤。聞鶴兄不日赴滬，擬於明日中午相邀台駕，過我一談，如蒙許允，並邀梅翁、誨翁同席也。專布，即請筠翁觀察仁兄親家大人台安。

十七日

曹澍鍾（一通）

筠仙仁兄同年大人閣下：

曩者大旆賁臨，渥領雄談，藉紓渴愫。惟榮旋珂里，乍合乍離，轉深惆悵。捧奉手書，猥以內人病故，遠承慰藉殷拳，揄揚格外。並荷惠錫幛軸，光生泉壤，感深存没，益切懷慚。辰惟仁兄同年大人當代杰才，聖朝碩彦共仰，布恩粤海，曾留棠蔭之口碑，行看入覲，堯天榮荷楓宸之心簡，師幹即總，豫抃莫名。弟寄寓星墉，頻更月琯，感興佝於中饋，强作達於鼓盆。現率兒輩護送内人靈柩（輀）北旋，徑赴祖山，擇地安葬，並奉妥萱靈，修理祠墓，事竣再定行蹤。知關並附，敬鳴謝悃。祗頌台安，順賀年喜，伏希荃照，不盡。

年愚弟期曹澍鍾頓首

曹毓瑛（二通）

一

捧誦惠函，備承藻飾，重頒雅貺，益感蕪忱。兹際鳳律調寅，龍杓指甲，敬惟筠仙仁兄大人鼎台重望，柱石長才。建節海南，福鱗編之億萬；承恩闕北，荷龍眷於九重。引跂雲暉，曷勝露祝。弟樞垣久直，栗陸如恒，所幸各路軍書俱有捷報，足紓朝廷宵旰。江南自省垣無金收復後，賊皆麕聚於常州、丹陽一帶，爲死守計，兩月以來屢獲勝仗，未能即行攻取。然賊勢衰孱，大局已有把握，戡定之期當可望也。耑肅布臆，敬賀年禧，並請勳安，不宣。

弟曹毓瑛頓首

二

筠仙仁兄大公祖大人閣下：

星曉趨公，致疏音敬，緬懷汪度，葭結彌殷。敬惟豸采騫華，懋酬鼎晉，引詹駁栗，曷既歡臚。弟忝列樞垣，鵷濡倍凜，所喜鼓行各路，叠有起機。南部上游節經揆帥痛剿，江浙諸撫亦復辦理咸宜，跂幸之私，匪可言既。同鄉江陰夏君，名煒如，號永曦，以明經授徒里閈，夙於時務，備極經心。兹當繡幰巡行，吴中士夫景仰快覩，閣下如招之入幕，迹其才學當必有以副採垂也。至其光景一切，諒無俟弟瑣瑣爲矣。專此奉布，祇請勳安，惟希澄照，不儩。

治愚弟曹毓瑛頓首

梅啓照（二通）

一

敬再肅者。奉讀另諭，謹悉壹是。寧波釐局每年經收約六十萬兩，去歲鬧卡後，復請子瀞世兄爲之經理，倚重實深，現在尚乏接手之員，容稍遲再作量移之計。看守行臺委員向由軍需局委，更替時當轉致之。秦令簧誠實穩練，詢如鈞諭，易生、巍喬館事寧波洋藥節□□□□□，有紳士公呈，請提作省城義倉積穀之用，已批司核議，尚未定耳。海運紳董保案，上屆因人數過多，經糧道核減已於前月入告。承諭廣東試用縣丞一節，容俟下次補入。肅泐，再叩福安，啓照謹又肅。

閏三月初四日

二

夫子大人鈞座：

敬肅者。迢隔重洋，曾通音問，私衷孺慕，與日俱深。頃奉三月十八日諭函，敬諗使節旋抵申江，莫名慰忭。敬維功勳麟炳，福祉駢膺。一路星雲，荷帝眷絲綸之重；三年零雨，詹公歸衮繡之華。首景師門，心殷豫頌。受業湖山承乏，愧未建猷。浙中地方□是安謐，惟餉項支絀，籌畫爲勞，自顧輇材，倍深悚□，所冀寵頒訓誨，俾有遵循，是所叩禱。專肅，恭叩鈞安，伏維垂察。

受業梅啓照謹肅

許星翼（一通）

芸仙世伯大人尊前：

敬肅者。日昨謹上寸函，度已仰邀鈞鑒。頃閲邸抄，祗悉恭膺簡命，奉使外洋，非常之事必待非常之人，聖意高深，非蠡測管窺者所敢懸擬。惟念旌麾北上，航海必由滬濱，尚祈先日示知，以便侄買舟往滬，藉覲慈顔，稍申積悃，是則私衷所翹企者耳。敬再懇者。兹有舍親李筱峰從侄烇，自幼讀書，工於小楷，亦能耐勞，向在筱峰廨中襄理筆墨。侄深知其篤實老成，今以候選府經歷，趨赴仁帡，冀效奔走。敬求世伯大人推愛，量材器使，隨事栽培，不特筱峰感戴鴻慈於無既也。冒瀆尊嚴，臨穎惶悚。敬請崇安，伏希垂察。

世愚侄許星翼謹肅

許紹汾（二通）

一

筠翁中丞大人閣下：

昨承枉顧，得領教言，幸甚，日内即當趨謁也。送上致意翁要緘，敬求交妥便遞去爲懇。令郎遺集墨刻三本，寅伯哲嗣李祜孫欲得之奉爲模範，尚希檢賜爲荷。此請台安。

紹汾謹肅

二

筠翁中丞大人閣下：

久未晤教，企仰良殷，想祉福定增勝也。温味秋學使贈子澥試牘、詩集，屬汾轉交，謹以賫呈尊處，求飭便遞往爲荷。志局聞出一分校缺，新化袁公能否升補，渠囑轉詢，惟希酌辦。此請台安。

許紹汾肅啓

許道身（一通）

筠翁仁兄世大人閣下：

別後曾一肅函，未識已達典籤否？頃奉手翰，撝抑過甚，惶許難名。敬諗新猷，丕煥旉布，裕如式符翹祝。南鹺積弊已成狂瀾莫挽之勢，誠有驟難措手者，來示謂患在引路阻滯，商窮私盛，此真一語破的，非明眼人不能道。碩畫首以疏通引路爲急，尤得探源治本之意。鹽務利病不外暢滯二字，暢則利權歸上，課賦立見豐盈，滯則病根日深，商灶同受其困。執事于群言藉藉時，能細心體察，不爲苛激，尤非近來任事人所及，敬佩敬佩。山中苦熱，弟爲暑濕所侵，近日病痁頗形委頓，而關務每有洋人交涉之事，不能不力疾從事。前備坐船知尊處有可另雇，自不便令其虛縻工食也。德輝在望，未克時領教言，曷勝翹企。肅復，敬請勳安。

世如弟許道身頓首

某（一通）

筠仙中丞大人鈞覽：

張松林一件，昨晚晤盛明府，云已録供禀詳，撫憲奉批，著解回原籍押候。如查明的係良民，准其取保，未便在此開釋，大約一二日内即可起解，到縣後速令該户族具保，可即行放出也。肅此，恭請台安。

正肅

陳士杰致郭嵩燾、李元度（一通）

筠丈、次兄大人閣下：

僻處鄉隅，惟日疏懶，雖箋候未達，然耿耿寸心，未嘗不時縈左右也。頃奉賜章，知名公主持楚史，合馬班而成一書，湖湘山川人物從此增色多多矣。敝州志於七月杪刊刷竣事，竊意地方官必已齎送省局。刻下讀尊函始知未到，兹寄上二部，乞驗收爲荷。弟偃蹇無可告述。手此敬覆，順請道安，諸惟愛照，不莊。

小弟陳士杰頓首　又十月朔

陳秀廷（一通）

中丞大人鈞座：

日前趨叩崇階，多蒙垂愛，感激莫可名言。敬維福躬綏吉，潭祉咸和爲祝。晚家計貧寒，去年承許賞給噉飯之所，因家君仙逝，是以遲滯，現今諸事已草草料理，務乞函致令侄敬翁。聞敬翁月内赴常，特耑人前來，即求賜書交來人帶下，以便持往。晚本應親自來省，因瑣事纏綿，遂以未果，尚祈諒之。晚他日稍有寸進，斷不忘大德矣。耑此，恭叩福安，伏希回諭，不一。

愚晚陳秀廷謹稟

陳啓泰（一通）

筠仙姻伯大前輩大人閣下：

紀至拜誦手教，並頒到隆儀。長者之賜，義不敢辭，謹領，謝謝。行期準定初五，各處遲留，不能計日啓程，似難過緩，抵都後，容再布陳一切。桂陽前輩回省，聞尚需時日，寵召厚意，心領並謝。肅覆，敬請道安，不莊。

姻愚侄陳啓泰頓首謹啓

陳遠謨（五通）

一

筠仙年伯大人閣下：

楊紀今日歸去，肅復一函，日晡時當呈霽鑒。頃奉教言，詢東長街之屋，彼處雖係新造，昨據楊蓬海兄言，去歲有一人家移居彼處，入時十二人，比出時已者九人，其不祥至此。蓬海聞年伯買而復作罷論，爲之大幸。東茅巷之屋先函已詳言之，北門之屋爲棣樓先生家者，係楊紀經手定議，吉與否侄未得，當確查也。東茅巷之屋擬即刻往謁黄甄齋，瀫卿年伯之子，與陳宅爲內親。託代詢實價，並卜吉凶。此復，敬請鈞安。

年姻愚侄陳遠謨頓首　初三

二

筠仙年伯大人閣下：

前奉上兩函，當呈鈞覽。敬諗玉體康勝爲慰。省城屋已賃定，前數日内作竈，未卜何時遷居，念念。文孫多郎前幾日大便雖通，仍結澀，兩日來病似加增，頭低痰塞嘴動。昨請汪樹德診視，開方服藥，今日來復診，未肯更方，但囑仍服原方。侄等以多郎年稚，其疾且久，未敢專已，意代爲經理。年伯日内可否來城一次，以便臨時斟酌藥方，庶諸事有所主適。文孫疾稍瘥，仍可歸鄉料理移居事也，務望降臨，是禱是盼。肅此，敬請道安，並叩年伯母大人坤福。

年姻愚侄陳遠謨頓首　初十

三

筠仙年伯大人閣下：

昨日專足奉上一函，計塵霽鑒。文孫多郎之疾日增一日，頃聞神色更爲可懼，大似慢脾，其母憂驚之餘，方寸已亂，諸事茫無主適，侄等亦萬不敢作主。醫藥一切非年伯自來主治一切不可，兹特再行函達，務望即日賁臨，不勝盼切。肅此，敬請道安。

年姻愚侄陳遠謨頓首　十二日清晨

四

筠仙年伯大人閣下：

楊紀來，復奉台函，敬悉一一。東茅巷房屋一事，黄壽翁所舉者乃許姓之宅，現爲吕行之刺史住著。侄所説一棟，係陳姓之業，屋三進，頭進大廳、花廳、書房，二三進均係三開間上房，旁有厢房，復一進爲厨房、雜屋，惟價太昂，每月六十千，佃規三百金，有可商量。朝南當軒爽，頃據楊紀言，彭宅北門有屋一棟，已議定，則此處可毋庸議。文孫多郎大便不通有五日矣，順郎患頭瘡，侄有方一宗，以麻油和燕壘泥敷於爛處，四家叔之孫去歲得者亦患此症，即以前方治好，或函示令媳試一二次，此外治之法不致有損，其餘一切盡可放心。現在家姑母亦歸甯，曾與前年伯母相契，垂於繈褓事者頗資照料，鄉間之屋既不利以速遷爲是。現城中之屋賃定，不日當可圖晤教也，餘容面罄。此肅，敬請道安。

年姻愚侄陳遠謨頓　二月二日

五

筠仙年姻伯大人閣下：

世嫂來，復奉鈞教，慈愛之懷，惓惓弗盡，欽仰無既。世嫂依姊來居，世交至戚，何客氣之有。承示食用房租均歸自備，遠謨曷克敢當，先人交誼，高薄雲霄，區區之微不足置念，望年伯勿以客氣待侄是幸。舍間一切從儉，但恐寒士家風，殊多簡褻耳。省中卜居其屋，或買或佃，望明示之，以便代覓。現東茅巷有大公館一棟，什物俱全，但須訪其是否吉宅，尊意若暫僦屋而居，訪確後當函告定奪。文孫在舍弟婦自當善爲料理，請紓慈念。肅復，敬請道安，諸維愛照，不備。

年姻愚侄陳遠謨頓首　廿八夜

陳遠濟（三通）

一

年伯大人鈞座：

春初恭送行旌，駐立海濱，望雙輪東發，瞬息間烟雲縹渺，檣影模糊，悵然而反。旋奉賜諭，應即肅復，迄未敢草率從事，矜慎之餘，遂成疏忽，無可解免，伏乞鑒原。頃讀寄劫侯書，敬悉福星燦爛，吉抵里門，式符頌祝。湖南匿名揭帖齒及賤名，自惟碌碌，無足短長，乃蒙鄉人錯愛，忝附時彦之班。黨人一碑，遂爾千古所惜者，諸君筆墨未足昭垂耳。千秋毁譽，本無定評，事不經春秋論斷，雖龍門史筆，好惡猶不能悉稱人心，此外之見智見仁，要惟各是其是，莊生齊物，其有以乎！侄賦性魯鈍，體羸多疾，學業斷難有成，然亦頗思從事於斯。近者公事多暇，並習英文，又時取《周禮》誦讀，而紬繹之，證以彼邦政治，益信古人之不我欺。嬴秦無道，王迹蕩然，自來歐洲乃復覩先生遺意，竊疑老子以柱下史，西涉流沙，周家制度或與典册以俱來，不然何吻合乃爾？此説曾陳之劼侯，頗不疵謬，質諸吾丈以爲然否？惟汽機之利難過百年，彼邦近殆亦稍爲所累。前遊答令屯，有日記一則，曾論及之，録呈鈞覽。一知半解，何敢自獻于班門，冀吾丈進而誨之，又不敢自文其短耳。士風日下，誇誕相高，詬毁者固屬夏蟲井蛙，稱譽者又多浮光掠影，滔滔若此疇，是解人宜，吾丈之藴結於中，不能自已也。假期屆滿，節麾計已載途，東望海天，敬乞爲國珍重。肅此，恭請崇安，伏惟垂鑒，不莊。

年姻愚侄陳遠濟謹啓　七月初八日

二

鈞示謹悉，信與銀已檢入行篋，抵金陵時當一一轉交。侄定於明日登舟，遲一二日方能解纜，炮船尚未派下。今日往拜陳程初不晤，能求年伯再爲一言，則更善矣。肅復，恭請年伯大人鈞安。

年姻愚侄陳遠濟頓首

三

昨夜續案發王先叔之婿，夏陔平年伯之子名彝者，仍未補出，袖手旁觀，於侄心實有未能恝置，况其材已斐然成章，若向隅，殊覺可惜。兹特代求年伯，乞專條送宗師，俾得逐隊觀光，感激實同身受。附呈名條一紙，肅此布懇，敬請筠仙年伯太親翁大人台安。

年姻愚侄陳遠濟頓首　初六

昨夜衹發百八十四人，當有號舍可補。

陳遠謨（二通）

一

喻宅唁函。近因池弟患鼻衄，料理醫藥無心及此，且不知喪主字號。兹附上奠敬四金，謹乞匯寄，如必須唁函，請將喻君别號示知，晚間當趕繕也。此布，敬請筠仙年伯大人台安。

姻年愚侄遠謨頓首　廿七

二

筠仙年伯大人閣下：

昨奉復函。文孫多郎之病一遵臺命調治，但汪醫堅辭不肯來，即東林和尚來亦不肯開方，燈火雖打，亦覺麻木，此症大難爲力。頃間祇覺喉中痰格格作響矣。特此奉聞，餘容越日面罄。肅此，敬請道安。

年姻愚侄遠謨頓首　十四

陳遠濟（一通）

鈞諭敬悉。紙式兩種緑者誠不佳，然若再加洗刷，似尚可用。侄連日因移居事冗，未暇料理，遲數日當與尹和伯商之，若能加緑，再向楊義森借版也。肅復，敬請年伯大人福安。

侄遠濟謹啓

黄　濟（二通）

一

手諭謹悉。即刻派人到左宅同往一看。復請筠翁姻叔大人午安。

侄制濟頓首　十九

申後謹如尊約。侄瑜附筆。

二

頃撿出漁洋山人所録『風聞言事』一節，謹將原書呈閲。艾君元徵是否國初人，其人始末何如，乞示及。手此，敬請筠翁老姻叔大人即安。

侄制濟頓首

陳遠濟（一通）

筠仙年伯大人閣下：

曾文正公於本月十四日卯刻發引，須用寬大香亭十八座，損行各亭過於狹窄，惟城隍會上之亭似尚合用，可否求年伯向西枝和尚一言，如數假用，實爲至幸。如蒙西枝慨諾，此間即於初六七等日，著人前往搬運也。手上，敬請鈞安。

侄遠濟謹上

陳遠謨（一通）

葆凱臣所需炮船已承代致陳成翁見允，前途實深感謝。其船係釣鈎，現泊小西門河下，旗子係奏辦兩湖協黔局公務，仍乞函告水師，請將某船派妥。該管哨官於明日至雲貴會館中一謁，凱臣則諸事諧矣。今日倘尊紀無暇，即請繕函交小價持送各營中亦可，瑣渎殊抱不安耳。肅布，敬請筠仙年伯大人鈞安。

年姻愚侄功陳遠謨頓首　初四日

陳寶善（一通）

敬禀者。頃奉鈞諭，讀悉一切。北門城差一事，研帥雖有議調張君之説，至今尚未奉到公文，其缺故久未出，一俟張君赴營接手，必屬郭君也。諭薦尊紀，湘潭人多，恐難位置，當於新任瀏陽極力推薦。肅此禀復，恭請鈞安。

卑府陳寶善謹禀

陳輝境　吴樹紀（一通）

筠翁中丞大人惠覽：

久疏音候，時繫馳思。日昨奉到尊函，謹悉一切。敬維福體安康，潭祺叶吉，是所禱頌無量。兹啓者。查貴堂鋪租滿年所獲約計一百八十餘千，已付去各項錢貳百一十，内外除收數外代付廿餘串，一切細數倉卒間恐有遺誤，未便開呈。請將八月内，子青四爹帶交一摺便中擲下，逐一開明以便查閲爲要。至承屬臘生一項，未能如命，悵歉殊深，無奈歲逼錢艱，無從設法，伏惟諒之。敬請福安，並賀年禧，不備。

陳輝境、吴樹紀謹稟

陳　驥（一通）

世愚侄陳驥頓首謹上筠仙老伯大人尊右：

春初祗奉鈞函，備承廑注，更荷不遺譾劣，遠潤廉泉，大賢之賜，重軼瓊玖，沃膺鏤臆，莫喻寵榮。竊思驥值家門雕落之後，浮湛□海，寥寂自甘□□節海疆紛□□錯乃廑□憶之末，嘘飾枯孱。又詢及諸伯叔弟昆，情至委曲，眷逮之深，流溢楮墨，即思罄瀝所懷，肅書陳謝。而及春以後，忽遘沉疴，幾瀕於殆，延至夏初，始離床蓐。爾時粤中解京饟者，有一二素識，欲浼爲書郵，又恐因是有所諈諉，非侄分所敢爾，故復不果報答，愆遲悚縈。魂夢比者，暑退秋新，伏承臺候曼福，願言騰宜，文武威風，千里畏信，□祝無量，歡喜無量。仰維朝廷求治若轉圜，用賢如不及，老伯大人公忠在抱，康濟爲懷，所以上副倚畀之隆者，知必夙夜孜孜，風行草偃，所望神明操縱於文理密察之中，寓寬裕温柔之意，興利除弊，固可以不疑於行，計事程功，或不必迫期其效。粤東夙號奥區，富饒之名最今古，近年兵火之厄又較他省差少，故尤爲濁流所争趨，轉饟徵兵，税斂之重亦尤甚。鄙意雜流中或有幹才，必無循吏，捐務中但求其不病民，不必慮其病商。近金陵克復，東南計日可奏膚功，嗣後餉需或可少減，然即合宇昇平，其一時不能遽撤，而亦無庸議撤者。惟釐捐一項，彼商賈販賤而糶貴，計母以權子，必不肯折閱以市，取之雖重，不病乎商。其中爲款鉅，而取之不害者，以洋藥、茶、絲三者爲大宗，而行之於粤東，則尤爲不涸不竭之倉府，籌度得宜，寔可經久。但疏設卡，望少用官吏，得一金可爲數金之用，省一官可備十人之需，總大綱丢泰甚而已。至於擇吏以安民，與其得能吏而使貪使詐，收奔走之小才，不若求循吏，而月計歲稽，培凋弊之元氣。流品猥雜，嚴以汰之，悚其精神，振其廉恥，即所以慎名器而清後來之仕路也。遠聆風采，知與制府毛公方伯、李公皆清約率素，威惠在人，惟曩者厠末坐，侍清光，竊見老伯大人嚴以律己，而待人過寬，以此接引後進，足以見宏奬之盛心以待僚屬。抑有不盡然者，昔漢丙吉欲魏弱翁爲治，少霽威嚴迂妄之見，微與不同，芻蕘所及，罄慮以陳，仰承垂詢，用效千慮之愚，不足備采擇也。侄閑曹備數，局促轅駒，近兩年來又復加以羸病，杜門自攝，月不數出。而都中風氣，泄沓恬熙，大氐如昔。館署之員，上者車殆馬煩，以奔走營求爲務，下者徵歌逐舞，蹈玩時愒歲之譏，士夫節概，掃地無餘，目見耳聞，令人意盡。侄久在京華，而有不可一日之思，徒以家君年老薄宦，望侄僥幸一第，秋試若仍被放，即日南旋。自維弱植駑資，無分寸可見，鉛刀一割，夢想不留，從此侍親讀書，銷聲匿迹，終焉而已。家君新興場業經序，補八口饘粥，賴得自存，屢奉安諭，尚述老伯大人厚誼高情，侄銘感靡涯。三家伯塞垣昨有書來，幸尚安善，夏間，將軍保奏，仍奉嚴旨報聞，已見邸鈔，明年期滿，恐未卜何如。葆珊舍弟奉母閑居，京國進退觸藩。大家伯去冬旅歿秦中，同叔家兄赴陝後，因江西道路梗塞，尚挈眷僑寓。懿叔、從父在蜀在秦，此間不得音問，知辱綺注，因便肅布。覼縷遂多，南望卿雲，依馳無已。侄作字素稱拙劣，長者之前又不敢倩人代書，潦塗塞紙，不恭之甚，尚乞恕察。附呈種參、方靴，聊伴蕪函，伏冀麾存，敬叩勛安。惟爲國自愛，千萬不宣。

侄驥載頓首　甲子孟秋十一日京寓申

敬再啓者。戴公肇辰與侄家數代世交，爲侄丈人行，少時久困場屋，後以知縣從戎皖省，擢至郡守，守東牟時，正捻匪肆擾，戴公業以憂去職，尚墨絰登陴郡城，恃以保全。兹奉命守廉州，侄浼帶信函，因略述梗概。其爲人沉練詳重，老伯大人接晤時可以知之，不煩贅陳耳。謹又上。

郭松林（四通）

一

筠仙老伯大人閣下：

頃奉賜諭，渥承奬飾。前於七月初九日在西安曾奉寸布，由長沙府轉交，不識已達典籤否。敬維頤養冲和，撫時晉祜，至以爲慰。侄自西安起程後，嚴束部伍，日夜戎途，荃相自晉赴津，侄則由豫取道行至衛輝。途次叠接荃相手書，謂以曾侯相力主和議，是無戰事，可知前者師行入關，正與荃相籌商剿運及分屯各地。戎機方定，又奉羽檄至，荃相與恪靖公經侄往來函達，業已消釋前疑，書問殷殷，温然道故，私謂師克在和，庶冀共挽全局。上慰宸衷西顧之憂，詎料邊鄅未安，長征旋赴，馬背風沙，士卒疲勞，昨已師抵鄴城，暫行屯駐，聊以小息。並讀荃相手書，囑在附畿屯紮，查該處米麵麩料，在在昂貴，擬於運濱東昌一带往駐，籍資南糧，以聽後命。惟夷務久爲心腹之患，今雖暫行罷兵，恐不免養癰成患，杞人之憂，當不獨杞人憂之也。侄領此重兵，虛縻歲月，未除隱患，難釋雄心，况受恩至渥，何敢自外生成，伏析指示方略，俾資書佩。泐奉，虔請福安，伏希垂鑒。

宗愚侄松林謹肅　八月十六日彰德營次

二

筠仙老伯大人尊鑒：

秋雁南迴，辱承手示。並展誦賜撰《義莊記》一編，欲其守而弗失，固符私願，而與文正公相提並論，毋乃善善從長之過，恐未免古人笑我也。文能不朽，藉以永傳，感幸私衷，究何能已。秋風易老，明月重圓，道履冲和，彌增嚮慕。侄自奉還鎮以來，幸尚歲稔民恬，相安無事，惟昨夏秋之際，皖豫小有不靖，鄂僅備邊，不煩言戰，然亦未幾，即將李四、李六兩酋先後俘戮矣。合肥相國函陳一節，事有常變之異，正未便强以相概，尊處既勞作答，當更相喻以心，不復再饒筆墨也。肅此言謝，祇頌崇安。

宗愚侄松林頓首　八月十九日

三

筠仙老伯大人閣下：

頃奉手諭，敬悉種切。承薦何公，頃與細談，真是少年英杰，器識不凡，足見老伯大人巨眼識人，百無一誤，令人欽佩。惟侄此時所向未定，尚不能即行委用，如往陝甘，則道路遥遥，驅馳甚苦，其本人亦不甚願意，容有信征黔，定當奉邀。侄新屋月初恐難搬進，未識老伯大人能否略緩移居。再，老伯赴鄂之意，侄必當轉達雅情，另日再當詣府領教也。此復，敬請道安。

愚侄郭松林頓首　廿九日

四

筠仙老伯大人尊前：

手示祇悉。滕軍門屋現已空出，尊處儘可賃住，如欲往觀，請即示知時日，侄當奉陪。辱承招飲，實不敢當，然長者之賜又不敢辭，敬謹領謝。《國策》《國語》特交尊紀帶呈，祈查收。此復，敬請道安。

宗愚侄郭松林頓首

某(一通)

敬禀者。侄一介庸愚,屢叨樾蔭,捐埃未報,銜結難忘。且吾叔去歲北上時,侄又未獲躬親叩送,至今耿耿,殊切悚惶。兹際泰啓三陽,春回萬家,恭維大叔父大人撫時建績,順序凝庥,遥聽玉陛,恩濃早慶,金甌卜協,下懷翹企,忭賀弗勝。侄去夏别八旬老母,其趨赴閩省者,原冀長依覆幬,藉望稍沾餘閏,以供高堂膳養之資,以救舉室啼饑之急。詎料方遂嬰兒待哺之忱,旋增慈母見離之感,命運之不濟,至於此其極,侄惟朝夕仰天,徒自嘆不已矣。且在臺賦閑三月有餘,竟至賣冠鬻履,幾及托鉢於沿門。何也?承吾叔所賜銀兩當被龍敬和挪去拾元,原應允隨即歸還,不意伊一往,竟一紙之信不寄也。幸遇秦協臺適至,侄將到臺被困情節具實以告,極蒙過愛,隨與夏道憲言,及至十月初三日,委辦瀨東鹽場,幸而免無顛沛流落之虞也。竊此缺僻處海濱,地瘠民窮,每月薪水火食僅念四金,除出用度,一月所餘無幾,侄亦祇得淡白自甘,冰兢以守,惟期無負吾叔與秦協臺垂憐關切之至意耳。近日投奔臺陽文武人員紛紛雲集,無非是高位厚爵者書信相與，爲之汲引也。侄今雖蒙吾叔、秦大人栽植，得有一枝之棲，私衷惟恐事不長源，則來閩之倩，斯時獨難了楚，其汪洋重海，又將如何能返，因此朝思夕慮，時刻難安。兹特直陳鄙悃，惟有跪求叔父大人矜全葭末，無遺在遠，於籌國暇時賜寄一書與臺灣各上憲前，成就侄於終始。或另調一總管差，倘小草有向榮之日，悉大德所培植之年，然螻蟻尚解知恩，小侄豈有負義之理，至懇至禱。同侄一期過臺熟友劉拙莽，道憲已委幫理營務事件；王茂欽宋鎮已委管帶一營；龍敬和傳聞已派哨官，與衆不睦被撤，已過海，未知真否；談孔書已派委修城工差，性情過異，同鄉中十有七八不與伊相合者，現已被高軍門責退，道憲亦分示渠回家。知關廑注，便此稟聞，侄觀同鄉在臺辦事文武人員

（下闕）

莊曾燮（一通）

侄外孫莊曾燮謹稟伯外祖大人臺前：

敬稟者。自去歲台從入都，旋聞陳臬福州，久擬肅牋叩賀，祇以郵傳乏便，是以稽遲。今秋又諗榮膺巽命，出使海疆，仰見勳望，懋崇特隆倚畀，即卜頭銜，晉秩異數，酬庸遜聽之餘，曷勝頂祝。敬惟褪躬篤祜，福曜榮移，不審星軺何時端發耳。承惠家母白鏹十金，謹已拜領，伯外祖垂念盛情，有加無已，惟有銘心鏤骨，感戴勿諼。舍間現寓省垣，愈形支絀，每月惟家伯幫給六竿，此外並無進益。昨外祖與二、三叔外祖商妥，將閤宅移寓縣中，即就居伯外祖西門老屋，已擇日内買棹至縣，庶日用一切更可節省矣。舍間自家母以次均庇平善，知關綺注，謹以布聞。專肅鳴謝，敬請福安，伏祈慈鑒。

侄外孫曾燮謹稟　十月二十一日

喻恭瑾（三通）

一

筠翁先生世大人閣下：

不逢驛便，書滯多年，摯誼縈懷，暮雲徒企，每致意城兄函，藉詢佳況，未審得附清聽否。邇來喬遷疊慶，棣蕚聯輝，吉語時傳，常深忭舞。敬維勳隆砥柱，澤溥梅鹽。本醞釀之詩書，發淵源之經濟，從此朝廷倚重，任寄封圻，慶雲當空，盡沾膏雨，下風引領，禱祝毋量。弟□□從戎，奄忽四載，去秋棘闈逐隊，倖附賢書，迺以病體糾纏，張羅未及。賴劉養素方伯畀以走馬之資，得隨公車之後，惟是初效觀光，何能入彀，春闈報罷，有負殷期。擬即夏首南旋，而明冬又須北上，長途往返，貲措維艱，益以拋荒，徒勞僕僕。現已決計留京，藉以靜理舊業，第米珠薪桂，大不易居，雖有將伯之呼，恐乏助予之望。閣下勤拳雅意，素荷關垂，區區之忱，特以布之左右，尚冀春風遠被，惠以箴言，鞭策有資，玉成實賴。拙卷順呈斧政，翹盼好音，感甚幸甚。家叔業定月季出京，曾郵寄一書，未知已達籤掌否，並問。專肅，敬請崇安，兼賀大喜。諸希青鑒，不莊不備。

世教弟喻恭瑾頓首　五月十二日肅於京都萍鄉會館

二

再者。劉印翁制軍新駐保定，聞廣厦萬間，需人棲止。弟長安之居，恐一時難於接濟，擬彼處得一枝借，則半年薪水足敷明歲膏火之貲。而毛遂未能自薦，得仗大筆數行爲之先容，必當有濟，尚希極力吹噓，是所至禱。前月已致書意兄，託其推轂，第道遠或一時莫達，故復商之臺座。肅此再布，復希惠照。

弟謹再啓

三

（上闕）

鈞注，用以奉陳。家慈近來無恙，聞今春遠頒重貺，備荷殷拳，菽水有賫，感深拜賜。曾經家兄肅音祇謝，想當早塵座右。家二兄恭綬幸依仁宇，深荷青垂，尚冀格外裁成，感同身受。專肅布臆，敬請台安，伏惟霽照，不備。

世教弟喻恭瑾謹啓 八月廿九日書

喻增偉（五通）

一

敬啓者。桂秋肅寄寸緘，祇布菲忱，度已得登籤記。敬惟筠仙中丞世大人，節垣懋績，崇福駢臻，仰跂三台，式符頌祝。弟家居兩月，稍慰烏私，秋杪俶裝將赴皖江一帶，抵省後適逢鄉試，遂乘便入場，不意榜發乃得附登鄉薦，名成傲幸，且喜且慚。刻下諸事了辦，擬望前即由省計偕入都，杏苑探春，雖未敢更存奢望，第已得叨寸進，祇好逐隊前行耳。前懇賜函推薦一節，諒經遞發，此時業須北去，未克往依，有費盛心，感謝何既。附呈拙卷一本，伏祈郢政爲禱。專此，敬請台安，祇賀年釐，統惟惠照，不宣。

世愚弟喻增偉頓首　嘉平月初七日章門客次

二

久違台教，時切依馳，敬諗筠仙中丞世大人，福祉凝釐，節麾翕吉，慰如所頌。近聞現奉諭旨，行將回京。遥想前導鳴騶，登程不日，從此天顔喜近，渥被龍光，釋重任於封疆，踐崇階於台斗，來歲手操玉尺，歷膺典試，樹公門之桃李，補從前所未及，以彼易此，樂何如之。蜚語横加，不足爲大賢累，計淵涵雅量，早經一笑置之矣。樂昌關聘，三月望後接到，辱承噓拂，可勝心感。旋以夏初自家起行，節後抵樂，此間局紳乃緣與奎明府不協，竟將此座擱，而起以來歲延請爲辭，千里遠來，不料變局如是。現在脩金尚未交送，未卜情事若何，擬待一二三日仍來粤另覓機緣，燕子重來，依依舊主，營巢之所，還賴玉成。倘台旆遄行，尚望鼎言託梅、華諸鄉翁肯爲留意，禱甚幸甚。主講、襄校事尚克任，翩翩書記則十年前優爲之，此時無能爲役矣，並乞道意。春間曾聞承賜復函，並銀百兩，隆情稠疊，愧感交並，弟在家時尚未收到，今既數月，想舍侄輩早已拜登嘉惠矣。謝謝。先慈窀穸之事業已妥安。大舍侄教學里門，生徒頗衆。三舍侄亦擬於端節後並作外圖稻粱之謀。三四人力籌之，數十人坐耗之，窘境日臻，營營曷已，彙瀆清聽，想亦爲之扼腕也。匆匆奉布，敬請台安，伏希察覽，不莊。

制世愚弟喻增偉頓首　五月初十日昌山旅次

三

五月杪，蘆包舟次得見行旌，即經持刺趨迎，門者不爲通報，臨流悵望，結想良殷。敬諗筠仙中丞世大人返旆元旋，履綦吉輯，東山養重，餐衛適時，轉盼玉宇秋高，星槎北上，易占三錫，史紀九遷，引跂祥雲，以欣以頌。弟前抵樂昌，旬餘小憩，硜硜地主，始核送按日脩金，千里鵝毛，意殊難慊。旋買舟南下，私計幨爲尚駐，藉得吹拂重叨，更值榮歸，頓違鄙願。到省後走候當塗舊識，乃無復許接談，庾嶺一枝，尤覺冷絶，魚緘曾寄，過目輒忘，蝶使頻探，插翅不進，即已不甘再往，並不願復他求。正恐巡簷難逢笑口，非關索米，未解折腰，榮鬱自殊，隨緣而已。文樹臣觀察頗有綈袍意，前在官閣，業已屢説無功，昨見新攝樂令劉君大鏞，更將鄙事布知，重以明年此席爲託，聞經慨許，當與招延。第思香火因緣，須人撮合，邱園束帛，所冀能來，非成説之有由，慮子虛之復作，區區之意，擬仍請順賜一紙書，先談於劉明府處，來年昌山講席能否官紳協謀，束脩能否如舊，往年官訂脩金百二十兩，書院束脩膏火二百四五十金。祈即便託，早爲關訂。想明府分係舊屬，又素爲山公甄撥之人，得階片言，當無異論，而弟東隅已失，桑榆非晚，既可補陷，亦足解嘲，其爲榮施，曷勝希盼。餘波遠丐，覺生意之鬱蓬；破卵能完，致深情之繾綣。好音鵠候，進止實憑，其或捨舊圖新，別開生面，左縈右拂，惠我多方，實願在心，非所敢望。現在僦居兩月，旅況彌艱，匪惟緘札無璫，且覺桂炊減焰。昨經致函四五，外措川資，桑榆梓舊，交亮能酌，飲秋風得意，即覓棹仍作浪遊，集穀啄粟之邦，不能鬱鬱久居此也。舍侄輩日前領到惠貺銀函，聞經修書復謝，計已得達覽觀矣。專此，敬請台安，統乞垂照，不宣。

世愚弟制喻增偉頓首　七月十六日羊城旅次

四

戊歲來都，曾將音敬，嗣緣頻年碌碌，無狀可陳，遂致寸柬久稽，跂望祥暉，可勝馳繫。敬惟筠仙中丞世大人，禔躬吉萃，道履和恒。裕峻望於東山，樹芳型於南國。傾風向日，欣忭逾殷。弟薇直重來，又經四載，已秋俸滿，截取同知銓選之班，名猶在四頃，部中奏准截取正途，准請分發，弟年例相符，擬待來春照辦一切。自維疏拙，候補本非所宜，無如久客長安，入境日窘，藉此外出，雖未敢希圖得意，或有緣遇，竟能覓得升斗，亦未可知。困處焦思，殊無聊賴，質之明鑒，以爲何如？三舍侄恭瑾兩載刑曹，殊少佳處，去冬又以憂去，亦覺逋久累累，家累頻牽，名場俱困，如斯情況不足爲大雅陳也。專啓，敬請台安，不宣。

世愚弟喻增偉頓首　九月初六日

五

再者。去春梅少嚴太史來告，渠弟小嚴方伯曾爲寄銀百五十金，係蒙往歲在粵代籌脩脯，聞告之下，感荷良深。竊憶丙寅夏五重遊粵省，本擬再求噓植，適值台旌榮發，未得晤達鄙私。不意備荷惠存，先爲措置，俾於數年後猶得藉作旅貲，摯愛拳拳，實出格外。所有該項銀兩微聞久經少嚴存用，隱不早言，及後告知，僅止交來五十。年節詢取，又必作難，數次始肯假以數金，或一二十金，現計去春迄今夏月，陸續收過百三十兩，餘已不復提及，以後想難希望也。知關注念，特以附陳，並展謝私，載請台安。

增偉又啓

彭芝亮（一通）

筠翁先生大人教下：

承惠海種時物等件，高誼厚貺，却之不恭，受之覺愧。謝謝。所示蘇君多藝多材，俟啓行赴黔時約某同行，不時當親謁前來道謝。先此，布請鈞安。

彭芝亮頓上　十一

蘇君事請轉致之。

彭恩鴻（四通）

一

頃勞姊丈回字云，仰天湖地惟丈尺不寬，如不嫌窄，即請往看，先期知會，以便渠處飭工人同往。至地之佳否，老兄一覽自必能辨也。肅此奉復，敬叩筠兄大人安。

世小弟彭恩鴻頓首　十一日

二

筠兄大人青覽。命開河西田莊，時風雨連朝，知難下鄉，故未送上，兹另單詳開呈鑒。湘、攸、衡、澧四邑聞皆有匪蠢動，現在信息若何，尊處得有確音否？祈示知爲感。肅此，敬叩台安。

世小弟恩鴻頓首　廿一日

三

頃奉手示。往詢程宅，據云問有十餘日，不知已定他處否。茲已問明此人到城時住處，即由程宅著人訪唤，先至弟處説明，再行奉覆。此叩筠兄大人暑安。

世小弟恩鴻頓首

尊處暫勿令舊乳娘知有此舉。

四

敬復者。昨訪乳娘，知其來城時受暑熱頗病，乳退疾愈，旋經蕭宅雇定矣。肅此奉聞，並叩筠兄大人午福。

世小弟恩鴻頓首　初十

彭紹鏗（一通）

老師大人鈞覽：

前與大人所説借錢拾緡一節，今具來借字一紙，備以每月貳分行息，至來年春季懇將薪水扣除，子母一併籌還。兹因鄉人在城守候日久，索錢甚急，伏乞栽培，恩深濟急，咏仁蹈德，銘感無涯。肅此布達，恭請崇安，並賀年禧，不戩。

嘉平十六日　受業彭紹鏗敬禀

彭舒藻（五通）

一

筠仙大兄世大人閣下：

許久未見，渴想彌殷。月前曾達一函，諒已得邀台覽。藻自今春歸來，久無生計，炊爨頗艱，兼兹令入嚴冬，將來風雪逼人，况味尤難言狀。惟冀大兄大人垂情，格外鼎力栽培，當兹鼇局更人，正有可乘之隙，無論薪資多少，祇祈速獲一枝，或各州縣乾館竟獲一席，寒士亦不無小補也，濟我然眉，佩德靡淺，恃叨雅愛，敢以直陳，晴時再當叩叙一切。手肅，敬請大安。

彭舒藻頓首　初八日

意、志兩兄邇來安否，均深念念。

二

筠翁世臺大人閣下：

前承交付名條費神，殊深紉感。陽春將届，馳繫滋深，辰維教育淪浹，陶鑄澤長，絃誦者自喁喁向化矣。弟株守已將一載，衰齒病侵，又難遠適，固窮二字，殊大難耳。兹有懇者。前於舍親處挪移一項，始議原可久借，詎因事甚受迫促，追索屢次，一時實難設凑。泛恒無須開口，即偶有一二處，緣前已承情，烏敢蹈盡歡之轍。用特奉求閣下暫假青蚨六十串，以便了清此債，庶亦可濟其急需，且藉留以後地步。夙諗清風兩袖，原未敢以此瀆擾，奈平昔惟以食言自怵，詎遲暮忽作此荒唐之舉，恃叨世愛如胞，用敢覼縷奏呈，託苦衷於毫素，鮑叔多情，務祈引手一援，盼切禱切。如承慨假，來歲本利全趙，斷不至誤。專泐布懇，祇叩台祺，翹跂德音，不備。

世愚弟彭舒藻頓首　十四日

三

筠翁世臺大人左右：

寸牋已承登覽，諗知尊府有事，原未敢瀆催，奈日内返呼甚迫，仰懇大發慈悲，拯此危急，庶免其來舍坐索，多添葛藤，反爲不美。恃摯愛不揣冒昧，屢用煩擾，即希挪移，飭遞舍間，不勝盼禱之至，容再趨叩面罄。專肅布懇，敬頌台祺，伏惟垂察。

世愚弟舒藻頓首　初七日

四

筠翁世臺大人閣下：

連次奉候未晤，悵甚。承允挪一項，已深銘感，當向前途説知，暫請緩□等因，刻下未諗可解囊相假否。既蒙季布之諾，可解倒懸之危，臘鼓將催，怦怦欲動，特用布呈，統乞垂鑒，瑣瀆尚祈諒原爲荷。敬頌台安，祇俟德音，不宣。

世愚弟彭舒藻頓首　三十日

五

郭大人：

頃承挪卅之數，收訖。瑣瀆殊抱不安，容再踵叩。專謝。敬頌台祺，不具。

世愚弟彭舒藻頓首　初七夜

彭申甫（二通）

一

筠老侍郎大人：

弟因鄉鄰有鬥訟事，其人日來敝祠相擾，意在邀弟入場作和事老，人又桀驁，不肯和，故急歸而避之，恨未得領盛饌一快談也。讀尊社約，欽服之至。昔年有咏輪船詩録呈左右，外有家約三條並呈。黄翼升軍門回，弟頗欲向渠假數百金，已託敝友先容之矣。如會面，懇代慫之爲禱，申甫非食言者。此頌日安，不具。

愚小弟彭申甫頓首　廿一日

二

筠仙中丞大人閣下：

久不相見，渴想爲勞。時維起居曼福爲頌。啓者。敝邑周紹安近以風症於志局假歸，竊念此席必需一人補授，敝邑有孝廉羅仰五霦壽，其人筆力健舉，似可繼勝此任，請函貴局遴選而授之爲幸。手此，敬請台安，即叩年禧，不具。

小弟彭申甫頓首

外呈亡母事狀，並挽詩四卷。

曾傳理（一通）

夫子大人鈞座：

昨叩辭後，於廿五日至潭，即照前議具禀，並咨函薇垣，各稿謹抄録呈覽，所陳情形頗爲詳盡，再不獲命，則門生心血已盡，時事恐終無可爲矣。我師期望至切，可否再爲方伯切實言之，或能有成，亦未可定。敬求酌奪施行。肅此，恭請福安。

受業曾傳理謹禀　二十八日

曾懷柳（一通）

姻愚侄曾懷柳敬禀筠丈老伯大人侍右：

久違杖履，時切翹瞻。敬維起居咸禧，箸作益隆，頌禱良殷。客歲臘月，家君歸自省垣，具述大人關愛厚意，爲舍戚姚心鏡兄謀館，幾費籌畫，感佩之私，與日俱深。元宵節前，侍讀大人寄家君手書，捧誦之餘，備聆種切。志局定章不復添置新員，意欲代謀鳌局一缺，殷拳再四，感浹肌髓，豈第舍戚爲然哉！大人於庶務雲集之時，眷眷小侄，片柬之投，不特引掖後進，有加無已，即此處事周詳，亦可徵精神矍鑠，福澤綿延也。舍戚心鏡擬束裝晋省，面聆槼誨，兼圖一枝之借，想大匠之門必無棄材，倘得依託宫墻，侄敢云取友之必端，實大人愛屋及烏之盛心耳。即叩福安，並乞賜覆。

侄謹呈　二月初九

第十册

第十册

湯佶昭（二通）

一

筠仙中丞大人閣下：

耳熟勳名，心儀丰采，再枉騶從，三踵公門而未得一奉音塵，緣何慳也。昔走白下，遇左君孟辛，縱談南越之遊，私相月旦，謂莅事之公忠，持志之廉謹，接物之平恕，稽古之精勤，未見出公右者，佶昭識之歷有年矣。昨返里閭，怦怦意動，竊以雲泥雖隔，桑梓情通，或者御李瞻韓，藉兹自壯。但天下事欲合轉暌，欲速益緩，蓋因難始見重也，又况人之聚散動關天意，豈偶然哉！春初賚名詣答，酬酢正繁，公自罕有暇日，雪消天霽，佶昭亦即登山卜地，晉謁又需時矣。可否准於明朝或他日趨廡一談，以申景仰之愫，仍乞財之，唐突之愆，尚求曲亮，藉祝春祺。

制湯佶昭謹肅

二

昨奉清言，欣抃無既。頃於市坊遍索，絶少佳紙。兹呈數種，伏乞臨池之暇走筆一揮，則屏障生光矣。此叩筠仙中丞大人鈞安。

制佶昭謹上

程椿壽（一通）

筠仙先生閣下：

昨專誠拜謁，適值公出，悵甚。承示一節，具見關垂，擬於明日上午詣府面商壹是，乞先生在家少候一刻也。手此布復，敬請道安，餘容面罄。

程椿壽頓首上　初九

焦甲荃（一通）

筠翁老伯大人侍右：

目前厚擾郇香，感謝無既。辰想福履凝釐，潭祺迪吉，允符心祝。敬禀者。侄邇來食指浩繁，入難敷出，家園株守，拮据愈形，展轉思維，不能不作負米之計。俯懇老伯大人另青垂注，曲賜矜憐，俾得一枝之棲，如蘇久涸之鮒，銘感之下，盼禱實深。頃得家書，有要事促歸，擬日内還舍，當急料理一切，仍須來省敬領教誨也。昨探楊厚丈到省之信，據門者云，其説甚確，但未知鞭絲帆影，何日得臨，並達清聰。敬請祐安，不戩。

姻愚侄制焦甲荃謹上

閔孝愉（一通）

自違鈞範，久切虔馳。兹際序入中天，節逢夏午，恭惟夫子大人星軺集祜，露冕宣勤。當九重修好之秋，鑒臣心之若水；造萬億黎元之福，重王言之如綸。統中外以懋經猷，遍朝野而資倚畀。書駿業於麟臺，德媲汾陽之譽望；紀鴻勳於鶴算，釐延韋相之功名。歡臚遐邇，喜溢軍民。忝列門墻，尤深鼓舞。肅裁片紙，敬請崇安。

受業閔孝愉謹禀　四月二十日

盛國光（二通）

一

筠翁尊表兄大人左右：

遥啓者。左星垣一事，昨鄒香翁與商，伊立意卸事往伊兄處，其釐金一席已補香翁之婿余丹受。現在督局五數之事，尚未補授有人，弟意欲藉此暫作進身之階，未審尊意若何，不敢冒昧。刻下姚寶臣業已到局，仰仗老兄函致，事之成否，雖未可預決，而弟銘佩之心，終不敢忘矣。肅此，敬請日安，並候鈞裁，不戩。

愚表弟盛國光頓啓　四月十一日申

二

筠翁尊表兄大人閣下：

屢荷帡幪，時深靉靆。比維起居清勝，道體如恒，定符心祝。啓者。前奉命排釋潘、顧搆訟一事，弟念顧係讀書人，務須稍全大局，明則處潘罰戲半部，實則潘、顧各出錢壹竿。殊了結後，潘又桀驁不馴，竟於昨十八復行翻控，且將曾與顧具公禀楊澍生等十數人無端辱詈，楊等因胡秋翁下鄉踏看堤塍，將潘暫行送捕，以伸公憤。乃胡秋翁回衙後，提潘釋放，面諭審訊，時潘責十板，顧責十五，如此情形令學中十分難堪。弟奉鈞諭非不盡力，奈潘刁横已極，不聽勸誨，使弟貼去戲錢貳串，莫可如何。便中禀知，伏乞鑒原，並叩祜安，不莊。

愚弟國光頓首

舒佐堯（五通）

一

受業侄婿舒佐堯謹稟夫子伯岳大人侍右：

敬稟者。去臘曾肅寸牋，計邀鈞鑒。睽違霽宇，倏將一年，依戀之私，時縈寤寐。辰維道躬篤祜，潭第凝禧，式孚遠頌。佐堯自端節後由羊城返棹韶州時，張壽荃觀察甫莅新任，授以大人所賜薦書，承壽翁優禮相待，旋位置東關監平館席，每月除火食外共得薪貲十三金，所獲雖不甚豐，亦可暫時棲息。壽翁許從容另圖佳館，此事亦在機緣。寒士謀生，何敢遽存奢望，惟當安命待時而已。壽翁篤厚和平，好禮接文學士。此間公事既簡，儘有暇日讀書，亦間從壽翁商榷詩文，籍有裨益，差可告慰。《湘陰縣志》諒已告成，省志聞尚在纂脩，未行停止，不譾此時漸有眉目否。家兄偉齋辱承關愛，亦得濫厠，諸賢厚誼殷隆，銘心曷已。佐堯冒昧出門，正如斷梗隨波，莫知所止，今者一枝之借，皆出自大人嘘植之恩，感激之忱，五中永矢。楚中近事若何，聞臺灣生番與日本搆兵，勢頗猖獗，沿海省分均辦洋防，吾楚在籍二三大臣不日當有起用者，此言未知確否。肅此具禀，敬請福安，並頌潭福，伏祈融鑒。

受業侄婿佐堯百叩　七月朔日

二

大伯夫子大人鈞覽：

敬禀者。黄宅平安，諒頃已看過，未審執事以爲何如。身價已□命往告，渠必欲得二百四十金，並聞侄昨日回局，故未及親來領示也。肅請道安。

受業侄婿舒佐堯謹禀　初九日

三

受業侄婿舒佐堯謹稟伯岳夫子大人閣下：

敬稟者。查鄭幼惺薪水確係每月二十串，昨懇之事已蒙面允，諒可補入。但家母舅赤貧，每月六千尚憂不贍，若能派作總校，則感荷無既矣。鄭、熊兩缺共二十六千，若熊與曾各得十千，尚餘六千，亦足爲楊君地也。伏乞裁奪。肅稟，敬請鈞安，祈賜批諭。

佐堯百叩

四

夫子伯岳大人史席：

敬稟者。兩月暌違，時殷孺慕。辰維道躬清健，式協頌私。受業譾劣無能，秋風被放，因循自誤，漸悔交滋。數年來苦爲家事糾纏，匪特學業久荒，而且積憂成病，思欲暫時遠出，庶能擺脱一切，心境稍紓。頃將送婦歸甯，因決計爲嶺海之遊，特内顧艱難，又不可一日無館，異鄉初到，孰與維持。伏念嶺南爲大人建節之區，官紳兩途必多故舊，乞念佐堯窮困，俯賜三數薦書爲之道地，俾遠方遊子或能覓一枝棲，則受德匪淺矣。自維庸陋，何敢奢求，但得一筆墨生涯，館貲較此間稍優者，則已幸甚。志局一席，此時未敢遽辭，俟到彼一有所圖，即當函申局憲，聽行開缺，此中苦況當荷見原。現準於出月初十啓行，所求之件務懇日内撥冗一揮，附便寄省，不勝感禱之至。肅請鈞安，伏維慈鑒。

受業侄婿舒佐堯謹稟

五

伯岳夫子大人侍右：

敬稟者。佐堯久依霽宇，深荷關垂，嶺海之遊，蒙賜薦書，並惠青蚨十緡，用壯行色，銘心頌德，無日忘之。刻下台旌度已還省。辰維道躬篤祜，潭第延釐，致符私祝。佐堯於十月十六挈眷首塗，十一月初九行次樂昌，託庇清吉，張壽荃觀察由海道引覲入都，明春正二月約可旋粤。佐堯暫留甥館，改歲後即當馳赴羊城，與張公一圖良晤也。志館一席已遵諭向裴樾岑觀察言之，幸邀允諾，然終賴大力維持，匪有奢求，但望明年得再留三四月，俾遠人暫紓内顧之憂，斯幸甚矣。肅稟，敬請福安，叩賀年禧，順頌潭祉，伏維鈞鑒。

受業侄婿舒佐堯謹稟

舒運昌（五通）

一

岳伯大人尊前：

頃奉鈞諭，敬悉一是。去歲蒙賜説劉府姻事，後因年庚不合璧趙，又以厚意難違，遣價持取，蒙格外諒情，未發原緘，令斟酌盡善，再行定局。後謁見，聞已致書劉府相達不合之意，劉府亦無他辭，婿以爲此事可寢。家母又聞外間言，言惟情稍乖，未可信，實因八字不合。雖不足信，然亦未敢決，其必無嗣，後每詣崇階，亦未聞決，決不可反覆。春來婿在鄉日多，家母爲言黄用侯女，争論數次，家母輒流涕竟日，即致卧病，爲人子之心，亦遂含糊隱忍。望間返城，聞已諾其定局，言母命不遵，殊爲失孝，頃將尊諭面禀，細商再四。家母言去歲曾叠叩府中，彼時若言，一定不可易，則亦斷不於他處應允，又以岳伯以冒姓爲言，則劉姓已寢矣。侄婿始意深以買妾爲主，後以家母久病、骨立痛哭爲言，勉强應之，胸中終甚忸怩。今若以此得罪長者，於心更寢食不安，徒憾命運乖舛而已。尚求垂情，設法一言，始終感戴，没世不忘。謹肅布呈，無任悚惶，慚恧之至。敬叩福安，千求鑒宥。

婿運昌稟呈

二

來諭敬領，明日並無別客。研翁昨云不來，今日已允枉顧，肴蔬皆除去暈（葷）腻，純用清疏之品，務求賜臨一訓，爲禱爲幸。專叩岳伯大人新福。

侄婿運昌稟復　五日

三

岳伯大人尊前：

頃奉手諭，敬悉一是。日來伯母患恙，想就輕減，敬念敬念。太乙神針方曾在荷葉塘見過，婿處並無存本，刻板亦不知寄存何店。所須阿膠，此物自製者現已無多，謹檢出三塊奉呈，即乞賜收鑒用爲荷。專肅，虔叩福安。

伯母尊前請安。

侄婿舒運昌謹復　初十日

四

頃奉鈞諭，蒙垂惠多金，並洋物種種。運昌頻年偃蹇，無物可奉長者，且未效奔走一日之勞，迺承關垂逾格，實令刻鏤靡涯。滇行勉强就道，升沉顯晦，自當聽之適然。書信一節，亦求人事之可盡者，非岳伯尊前亦斷不敢以此相干，致譏奔競。刻下尊事鮮暇，周旋致書，盈編累簡，本覺費事，可否見賜另啓者一二葉，其通套八行由運昌代擬書就封入，栽植之處，自當每飯不忘也。肅謝，敬叩福安，岳伯大人鈞座。

侄婿舒運昌稟呈

五

岳伯大人座前：

客秋赴滇，辱荷鈞垂，有加無已，鏤肝銘德，每飯不忘。自違慈範，時切孺思，關堠迢遥，久稽牋稟，良用歉悚。伏維福躬康勝，潭第凝釐，無量頌禱。大人以華夷待澤之身，引退林泉，非天下人民所能認置，顧值此時局艱危，是非淆亂，鑠金衆口，亦難爲碩果之持，翩然遠引，夙志固所自甘，亦勢所無如何也。然外侮方殷，撐持不易，竊恐一朝棘手，詔下繽紛，衡麓幽深，亦難使長源久伏也。婿一官蓬梗，萬里緇塵，欲罷不能，窮途自晝。去夏抵省適際闈場，甫浣征沙，陪事鄉校，兩上峰均承刮目相看，尚不置之俗吏。十月杪始行履篆，滇南兵燹之餘，凋敝尤甚，晉寧當迤南衙要，其始回逆十次蹂躪，較他更形困窮。賦課既少，衙署無存，蹴居一土神破刹，編茅三椽，不避風雨，署中吏役不滿十人，僕從亦僅容三五。婿諸事撙節，尚覺閑逸，惟梓桑迢遞，往返多艱，誠恐爲貧而仕，將來仕不如貧，是所心戚耳。此間大亂初平，人心未靖，軍練既撤，盜賊滋多。去冬迤東兩次嘯聚，頃又有永昌之變，所在伏莽，難事防閑。而礦務難望復元，外餉不能時濟，一旦有事，兵怯食單，揆時度勢，誠非樂土也。婿雞蝨微員，隨人屈直，陷擲深壑，無從奮飛，去此適彼之心，不遑夙夜。非東山再起時，有以遷就而轉移之，靡所希望。卯金崇尚黄老，凡事持以静淡，然頹邁日甚，鵜云久位，少陵人極質厚，客氣未除，自檜以下不堪卒述。朝廷視邊蠻爲不甚愛惜之區，亦聽其茅塞蕪荒，不暇急爲收拾，竊位者半起於武夫悍卒，承風者亦狃於粗率浮華，禮節之大，風雅之文，未之有也。今日凋敝之形甲於他省，人心之危亦過於他省，俯仰官場，非迫於無可如何，不能一朝居也。婿頃以家慈懸盼甚切，滇、湘道阻，兩地牽懷，勉措川資，遣價歸迓。川原險阻，跋涉維艱，尚不知能否摒擋就道，又乏妥實親舊相爲護送，行旅尤切遠念。附呈茯苓二枚、普茶二封，長途未克多帶，殊覺不堪敬奉，尚乞賜存爲幸。耑肅蕪函，虔叩福安。

侄婿舒運昌肅稟　新正十三日

姨岳伯母大人均叩萬祜，弟輩均吉，潭府清綏。

黄本柱（一通）

受業黄本柱敬禀夫子大人鈞座：

敬禀者。不親杖履，倏及冬深，景仰之私，靡時或置。近聞騶從不日言旋，因再三晉謁，門者俱以未至告，輾轉門墻，徒切瞻仰。即日恭惟道履康愉，何勝忭祝。柱自承局事，凡數月來，服食藥餌及秋闈諸費，胥於是賴，不須家中分文，老親得以無遊子慮者，皆大人賜也。次第得家父書，屢命布忱請安，俱未得達，且示柱曰：『大人之愛柱者，真顧復周至，更非尋常提挈可比爾，宜銘諸衷，當黽勉圖報於萬一。』柱竊謹志不忘，本欲於求忠度歲，冀得時親函丈。昨敝族人來，再得家父書，欲柱暫且請假同歸，明春當仍來省，且圖赴書院甄别，總冀大人垂照爲幸。家父以柱得局中薪水，並未寄下路費，柱本月薪資已經支用，祇臘月未支，想或可以支給，但念千數百里，歸乃逆流，比來尤難，極儉非十餘緡不可，竊冀支領正月薪水以備餱饘，此本大人所賜，可否預給，祈明示之。如有不能，還望賜借數千，濟柱一時之涸，必早歸璧，萬不致負厚惠。柱隻身遠道，再四躊躇，別無可以設法，且初意本未計歸，茲切於歸者，寔因家父兩次有命，以致瑣瀆尊前，亦會逢其適不得已而然，柱如在省度歲，萬不敢如此也。行期擬在三四日內，敬當面禀一切，冒昧上陳，不勝悚惶待命之至。外先祖遺迹數事，恭呈鈞鑒。家君寄來臘肘一蹄，仰冀俯納。肅禀，恭請道安。伏惟垂慈格外，無任瞻馳。

本柱謹禀　仲冬二十五日

黄國瑞（一通）

筠仙中丞大人閣下：

前奉鈞函，擬即肅復，祇以俗冗蝟叢，抱歉嵇懶。敬維鼎裀祜篤，潭第庥嘉，爲頌爲欣。渥承下詢不恥，代商藩闈後新接之屋爲陳銘翁觀察賃居，曷敢弗遵。奈敝眷食指甚繁，現在蝸居狹隘，容膝難安，竭棉舉行者，實欲即時遷徙耳。近得家兄由白下來信，月内啓程回籍，南旋調疾，輿臺隨侍，不免添丁，未雨綢繆，更不能不預爲出谷之計，雖鄙衷所慮籌，是亦戚友所共聞也。至示及陳親察轉佃一節，再四思維，礙難設法通融，方命之愆，尚乞鑒原，格外代爲婉言轉達，俾得與舒處銀莊兩清，彼此了割，是所感禱。肅此奉復，敬請崇安，伏惟涵照，不具。

黄國瑞頓首謹啓　三月廿九日

黄　瑜（二十三通）

一

筠仙姻叔大人閣下：

侄自初二日侍教歸來，即抱寒疾，病困旬餘，至今尚在避風，須節後乃得出門也。賓友接見甚稀，一無聞見，鮑子現已成行，未審北邊有無佳耗。荔灣圖册先行呈繳，祈查收。手肅，敬請大安，不一。

姻愚侄黄瑜頓首　十三

二

尊示敬悉。沅丈函牘各件均讀悉，函内僨事之人無可追究，此《傳》所謂『參之肉將在晉軍』者也。疏内微臣之身，僅餘皮骨，則老臣報國之忱，若曰以外别無長物耳，回還三復，益切杞憂。竊謂東山堅□，終當出慰蒼生，非公之幸，亦非大局之幸。事勢如此，夫復何言。手肅布復，即請筠仙姻叔大人台安。

姻愚侄黄瑜頓首　廿九

三

屬題《荔灣話别圖》，盛德光輝，恐不能有當萬一，容呈教也。春帥赴防，畢竟是一和局，惟要約有加，元氣重耗，兼之萬人成軍，應募者不止三倍，湖、湘間恐復因是騷動，如何如何。廿日遵以八點鐘到曾祠，但看相士者得閑與否，倘不閑，則須改期，容探明奉報。肅復，敬請筠仙姻叔大人台安。

姪瑜頓首　十八日

四

前夕聞子美軍門噩耗，即遣人至竹汀家探詢，據言渠處得信屬實，然猶意竹汀身在上海，或者傳之非真。乃今日郭宅有傅姓老僕來此，據言事甚確鑿，署内已遣人歸報，於昨日過省赴湘潭去，渠與其人面晤，匆匆詢問，係於四月初三接印，甫及半月，遽爾溘逝。緣去歲本係帶病北上，到京辛苦萬分，正月至三月周歷海口，查閲營伍，刻無休息，以致積勞增劇云云。時方多難，頓失長城，誠如鈞示，所關非一身一家之事。至於知我難逢，良朋死别，寸心悲悼，又不足言矣，嗟哉！殿試報吴君不與，非罰停即請停也，散館報未見，惟周惠生家信已至，渠名高列一等第二，而未及其他，蓋引見當在廿七、八日，全報須俟月半間始能到湘。今年榜、探皆在吾湘，豈武功畢而文運方新興，抑前年嶽廟不戒爲文明之象與！是未可知也。手肅，敬請筠仙姻叔大人晚安。

姻愚侄黄瑜頓首　初十日

五

筠仙姻叔大人閣下：

前月半自鄉回省，即抱採薪。廿四日少間，趨侍教言。以在李次老、劉咏如諸處久坐，中道折回，而哮疾大作，今哮勢粗平，而寒熱往來，餘波未已。承惠賜治小兒疳積藥，舍侄僅服二枚，下蚘蟲近百條，而所病若失神乎醫矣，家慈感謝不盡。惟親友中乞取紛紛，祈將藥名賜示，以便託人去帶，亦廣爲施濟之道。頃有友人惠宣威火腿一雙，韞齋先生所稱爲至味者，輕重不匀，蓋前後蹄之别，奉上乞哂存爲荷。手肅，敬請鈞安，並賀節喜。

姻愚侄黄瑜頓首　初四日

六

前夕聞志臣姻叔之秏，驚悼殊深，比擬馳謁，因在意丈處坐談稍晚，是以未果。昨、今兩日復以嚴寒不得出門，至爲歉悵。吾叔友于至篤，鴒原抱痛，情緒蓋可想見。惟清恙甫愈，總以强自遣排，稍加珍衛，是所至禱。抑更有請者，聞騶從將偕意丈赴鄉，陰雨連綿，水陸並進，中途辛苦，既非病後所宜，且至彼撫棺一痛，老懷棖觸，尤覺難堪。死者長已矣，徒往亦復何益，鄙謂不若請意丈先行，稍緩旬日，吾叔繼去，於情於理未爲不安，盍與意丈酌之，天霽便當走詣。先此，敬請筠仙姻叔大人即安。

姻愚侄黃瑜頓首　十一日

七

筠仙姻叔大人閣下：

客冬尊眷北來，肅函附寄，計塵鈞覽。前書去後，始聞吾叔復拜總署之命，中國相司馬自有以折服遠人之心，原不在徒勞跋涉。湘中傳聞滇事將次結局，而滬上復有賠修洋行之擾，一波未平一波復起，藎勞正未有艮，敬念敬念。笠臣去冬就吾叔之招，望洋返棹，經過洞庭幾厄于水，歸來幸尚無恙。湘省壹是如常，惟捕務廢弛，日甚一日，劫案諱而爲竊，竊案復百不獲。又其甚者，真賊消遥法外，事主株累無窮，因之失事之家，相率以報官爲戒，宵小益肆彼猖從衆，由是益聚積之。又久恐釀至光（咸）豐間粵西氣象，此殆吾湘異時之禍本，而亦海内之隱憂也，如之何則可。侄家居侍養，乏善堪陳，幸慈親康健照常，堪慰存注。耑肅，敬請大安，不盡千一。

姻愚侄黄瑜頓首　新正上元日

再。永明周荔樵拔萃，才識明練，品學並邁時賢，實吾湘後來之彦。荔樵爲幼菴太守令嗣，亦我公年家子，務祈隨事裁成，荔樵欲白之隱，渠當自能面陳鈞聽，推愛所及，感泐不殊身受也。

侄瑜又及

八

筠仙姻叔大人閣下：

八月内奉讀鈞函，不數日又聞奉使外洋，方思不揣固陋，一進管窺，旋聞使節匆匆就道，寄達無由爲歉。昨聞新到家書，知津門尚有數月勾留，然則渡洋在春夏之交矣。湘中傳聞彼都要約甚苛，而夔石中丞得總署函，大致謂可允已允，必不可允者據禮駁回，似議論已經熨貼，特未聞條目，不敢謂紛紜之已息。吾叔忠信篤敬，此行大建功名，彼都自當心折，夫彼都動以兵事相訹，欲吾之國體存而和好可久，必先有以塞彼都之口，然後可伸吾所欲言。昔契丹以南朝懼我，擁兵南下，語脅富鄭公，鄭公答以不得已而用兵，當以曲直爲勝負。契丹於是奪氣，以吾今日之事勢，牽之以文網，迫之以議論，舉朝野上下，無一人思所以自强，以是分曲直，争勝負，無智愚，皆知其不可。然使一戰而勝，跨海内而有之，則又非彼都所敢驟期，逞彼之凶焰，使我無一日可安，不得已而發奮自雄，弛其所謂文網，捐其所謂議論，合朝野上下之心思才力，襲彼都之智，以通海外之情，彼所挾以訹我者，或且用之以制彼，又豈彼都人之利？凡此情形與當日鄭公立言本旨亦復不甚相背。吾叔精誠所積，必當感動彼都，倘遂盡泯要挾，此誠億萬生靈之幸。抑瑜更有説者，古大臣志安社稷，不聞赫赫之功，惟誠動物，惟德化頑，參寮之選，似以器識爲先。吾叔渥承倚畀，數十年安危所繫，將惟吾叔是賴，則吾叔之所以自待者，知必有熟思而審處者矣。湘中近事如恒，意城姻叔結鄰數月，朝夕晤談，精神興會，不減平時。頃已買舟赴浙，來春使星過滬，聞當先期迎候也。耑肅布臆，敬請勳安，惟萬萬珍重，不宣。

姻愚侄黄瑜頓首　十月廿日

九

前夕所談，貢其愚而已矣。愚者千慮，容有一得，公之明有以鑒之，公之量有以容之，此人之所以樂竭其愚忱以成我公之大也。美信收到，楊宫保尚在乾州，李雨帥所致書有言，日本事必至横决，閩中已飛調洋槍隊五千，徐州勇十三營赴閩防剿云云。手肅，即請筠仙姻叔大人台安。

姻愚侄黄瑜頓首

李致楊函微言，朝命必以相屬，制勝韜鈐，幸以見示云云。上午接手示曾往訪李次雲昆仲及朱宇翁，皆尚未晤面，明日皆必來回拜者，當爲解之。

一〇

頃承交下倫敦書，始悉騶從回省，志丈清恙何似，至深繫念。戒烟條約誠意惻怛，讀者莫不感動，舍下子侄較多，擬人給一本。俾資警惕，附呈票錢肆串，乞飭代刷一百分見賜，尤深感泐，一二日當侍教言。先此肅復，即請筠仙姻叔大人箸安。

姻愚侄黄瑜頓首　初九日

一一

今日發續案，頃所謂五人者已録其三，惟簡堂中丞胞侄與吴舍親未與，伏求栽植是禱。手此，敬叩鈞安。

侄名心叩　一

一二

鈞諭謹悉。成就後學，至深且厚，欽感無已。另單奉上國□兩生，一則上年備中，一則去歲縣府，皆前列而不獲遊泮，兩茂材皆敝處西席，學問甚優，尤切向隅之懼，乞爲培植，銘泐過於身受也。肅復，即請筠仙姻叔大人台安。

侄瑜頓首　廿八日

一三

送呈李勉亭觀察奉致一函，即祈驗收。渠寄侄書一並呈閱，滬上聞見較真，藉可一證同異，爲有復函，由侄處匯寄亦可。手肅，即請筠仙姻叔大人台安。

姻愚侄黄瑜頓首　十一日早

李信乞仍發還。

一四

前日屢飽大德，極思有潁谷封人之遺，而未敢以請。頃尊使到舍，直使闔家遍拜盛惠，感謝無窮。聞靖臣制府已到都門，近事談得甚詳，老叔曾晤及否？手肅鳴謝，即請筠仙姻叔大人台安。

靖翁今日五十整，慶以忘辰，故同人多以來日往祝。

侄瑜頓首　二十六日

一五

前夕得子美書，敬呈尊鑒，祈閱後擲還爲荷。手此，即請筠仙姻叔大人台安。

姻愚侄黄瑜頓首　初三日

一六

頃聞劉靖臣制府到舍暢談，頗以連日飲宴爲困。因出吾叔所致公柬屬爲轉致道謝，渠即刻赴藩署，司道公請。不暇詣廡云，澄丈已萬不能來，看來十八日局面祗好改請陪客，若玉翁知靖翁不到，或又退帖，則此局竟（竟）可作罷論，未識鈞意何如，祈酌示是禱。手肅，即請筠仙姻叔大人台安。

姻愚侄黄瑜頓首　十四日

一七

昨日乘天凉出城看禾，適承枉過，失迎爲歉。所謂兩疑，其實兩不必疑，非不疑也，不值一疑也，少頃當敬陳鈞聽。春間請客本敝處特設之局，拉忝東人，並不添菜，毋庸賜籌津貼，即力臣亦然也。原票奉繳，祈查收。手此，即請台安。

姻愚侄期黄瑜頓首

一八

十三日之客，張紫聯、譚心可、勞香林三君皆已辭帖，僅韓庚揚、陳程初未退。然韓、陳是日皆自己請客，探知須俟彼處所請之客辭帖，乃能踐我處之約。適晤力臣，據言韓、陳若來，渠願附東道之末，因思韓、陳果來，二客三東亦尚恰好一桌，如韓、陳辭帖，則十三一局便可省却，晡時曾遣奴子詣廡禀知。兹奉手諭，彭作新雖與侄處無甚深交，然韓、陳果至，不妨邀請，且看明午何如，再行定局。今日聞胡恕丈遺摺已回，奉批『知道了』三字。中丞爲霞丈陳禀一摺，奉旨開復處分，照巡撫例賜恤，公道爲之一彰，計老叔亦必爲額慰也。周鏡翁處專足約明日可歸，晤時再罄壹是。先肅布復，即請筠仙姻叔大人台安。

姻愚侄期黄瑜頓首　十一日

一九

前函已繕，詢之來紀，始知彭作新、楊名聲二公已由尊處單銜下帖而未辭。既是如此，則韓、陳至時，可將彭、揚均請來同席，韓、陳若辭，則彭、揚即仍歸尊處單請，何如？

侄瑜又及

二〇

尊示敬悉，即遵照辦理，四客三主可也。客韓、陳、楊，於主郭、張、黄，席即由瑜處承辦，韓、陳至今不退，想不退矣。手肅，復請筠仙姻叔大人台安。

侄期瑜頓首　十二日

二一

公社條規百本，並發還刷價鈞收到，費瀆清神，敬謝敬謝。承示飭戒，僅及二人，此二人是否永遠受持，尚在不可知之數。流毒如此其烈，陷溺如此其深，此吾叔□以爲此懼而有公社之設也。瑜竊以爲禁之於已，然其事難，禁之於未發，其功倍。仁者於其所愛及於所不愛，列勸戒之條，廣自新之路，究之因材而篤，亦衹能栽者培之而□。至於正義所存，要在□匍匐入井之厄，爲先事預防之謀。庶幾中材之人目擊夫高肩而削啄者，皆將有怵惕衹懼之心，而戒慎於輕，於嘗試之始，則吾社之所全亦大矣。舍間子侄案頭各置社規一分，餘則分散同人，百本尤嫌其少，遲當增請耳。壬秋遣人迎眷入川，春草明年緑，王孫殆不歸矣。肅復，即請筠仙姻叔大人台安。

姻愚侄黄瑜頓首　廿七

二二

尊示敬悉。河西地勢向不甚熟，春間曾由龍王市一至望城坡，憶是泝流直上，至望城坡始見山脊，嶽麓山脈至彼而來，毫無疑義。惟去時大寒特甚，不能捲簾從窗隙窺探，若中途有□□低峽，則不免忽略過去耳。暇日登麓巔頂一望，則大勢便了然矣。佐卿處、敝處尚祇送過一幛，擬再加送奠分數金也。肅復，即請筠仙姻叔大人台安。

侄瑜謹復　初三日

一三

尊示敬悉。碑石塘一説，韓公既已心許，則事必易集，此事所重首在籌款，辦法須有次第。昨與力臣細商，約於來日就曾府坐上會商，名正言順，不患其無成也。舍間提覆二人，舍侄倖而獲選，明晨便領教言。先復，即請筠仙姻叔大人台安。

侄制黄瑜頓首　朔日

黄瑜黄濟（一通）

手示敬悉。小東街之屋前聞笏山有承受之説，究已定妥與否，亦未深考也。承示明日四點鐘惠臨，謹在寓拱候，魯班廟一節俟面談。手此，復請筠翁姻叔大人台安。

侄制瑜、濟頓復　初十夜

黄　瑜（一通）

昨午奉謁，適值公出，頃奉諭函，敬悉壹是。惲公摺稿照録一通，祈查收。乙丑年惲公東去時，湘人士集貲以賮，爲數似是四竿。己巳年傳聞此老在蘇已無以自給，復籌集千二百金寄去。初次以沅丈、玉叟所贈爲最巨，意丈暨舍間亦略有所凑。二次則概由意丈提唱，舍間亦出微貲。惟初次成數記憶不甚確鑿，須俟意丈來城乃悉其詳也。再有懇者。志局既有應裁一缺，原定薪俸甚豐，當此人才濟濟，若能剖一爲二三，亦嘉惠寒儒之良法。有周生君碩者，人尚勤慎，以司校對繕寫之役，必堪勝任，所志以六七竿爲止，無奢望也，乞核定爲感。至前日所談一節，或稍緩三數日，俟其兄來，頃下鄉去。屬令自退，尤泯痕迹，吾叔以爲何如？手此，即請筠仙姻叔大人台安。

侄制黄瑜頓首　十九

來使守候多時，以另稿查檢多時，又須繕録，祈原之。

黄瑜 黄濟（一通）

重陽高會，東道已屬宛園，惟此地無崇山峻嶺，小樓一角局促而瞻矚不遥。天心閣遊人必雜，且無設席處，定王臺更無論矣。擬攜具就心遠、凌虚二樓邀群賢一集，飯後登天心閣亦可。先請老叔擇定一處，以便知照地主也。手肅，即請筠仙姻叔大人箸安。

姻愚侄制瑜、濟拜上　初八日

郭大人

黄　瑜（一通）

示件祇悉。吾叔大人慷慨激昂，特伸公論，蓋自兩文忠以降，皆能默喻，不獨數姓子孫所當銜結也，得報後再率諸弟泥首公門。先肅布臆，即請大安。

侄制瑜頓首　廿三

另件已抄存，仍繳。

黄榮昺（一通）

受業黄榮昺謹禀夫子大人鈞座：

敬禀者。竊昺猥以菲材，荷蒙培植，寸衷銘感，株墨難宣。敬維夫子大人望重斗山，福宜升吉，至以爲頌。昺自月前屢謁台端，荷邀夫子大人謙光下逮，教誨殷拳，並叨格外垂青，辱薦局中事件，無如緣慳，未逢其會，而感激之忱未嘗不時縈寸抱也。兹忽慘造大故，家慈棄養，一切喪具均未措辦，點金乏術，告貸無門。素仰夫子大人高義薄雲，不分畛�域，特遣小兒福田趨詣函丈，暫借青蚨二十串以濟眉急，一俟安厝後，設法歸款，斷不致誤。苫次言無紀律，冒瀆尊嚴，伏乞原宥。肅禀，敬請鈞安，統希慈鑒。

受業榮昺謹禀

黄敦孝（一通）

年愚侄黄敦孝謹稟老年伯大人侍右：

敬稟者。敦孝初旬連接鄉信十餘件，因館課繁重，日僅裁覆一二。所示手批《二程語録》第二本，十一日後始獲，按日接鈔數條，凡未批處俱未及看，不知有無錯字。其有批之處亦祇逐條鈔録一過，覺老伯語語切實平易，敦孝尚未能細心體究，故亦不知所疑也。謹將此本奉還，再祈續示。昨家嚴手諭，命辭問候，並求墨寶，敦孝亦願乞箴言一聯爲座右銘，同年生秦炳直亦託求書，今並備紙，統希書賜。祇候道安。

年愚侄敦孝謹稟　閏十六

生徒温書極生，字音尤多舛謬，日必逐書照讀，僅平日疑似字音義藉得考訂而已，此外絶無目力可以自作工夫，以改圖他館，未知能得事簡者否，知注附聞。

第十一册

粟懋澤（一通）

年伯大人閣下：

敬禀者。前承枉顧，適赴部領照未回，有失恭迎，實深歉慕，敬想起居勝常爲頌。侄猥以寒微，仰蒙垂盼，復承允於曾伯帥處，賜函嘘植，銘感曷勝。竊念小人有母，藉先人餘蔭，欲謀菽水以承歡，惟需次人多，差委不易。敬乞函託賞一差使，俾侄得有棲枝，則感戴鴻慈，闔家泥首矣。如蒙委任，自當勤慎從公，斷不敢有負恩培也。兹定於初四日出都，祈撥冗將函件揮就，明日當走領，敬辭叩謝也。肅此，祗請鈞安，伏乞垂鑒，不備。

年小侄粟懋澤謹禀　八月朔

楊家元（一通）

筠仙中丞大人左右：

敬啓者。竊家元自丁歲卸南海尉任，肅禀申布感私，倏歷六年，疏麻久缺，祗以宦情鴟泛，心緒泊如，無可陳言，遂甘慵惰。惟於小兒家報内藉悉起居，姬人之失舊得新，令子之損長誕幼，先號後笑，在遠同之。即辰敬諗福體佳安，南庭多玉，鄉園望重，慈德普涵，片語所關，皆堪造福，此則播於遐邇，靡不傾風者也。家元嚮荷栽培，因而張西山先生極垂青眼，奉差未斷，飲水知源，今以中座崇升，蔭覆自當愈渥，惟是求之者衆，無求則不免向隅，回溯前緣，不能不仰丐一紙之力。元此時補缺，署篆班次，均不相懸，或位置更優，厠諸從事之列，皆賴函中詳及，俾得脱穎平原蜩鷽之儔。平日殊疏殷敬，急而干請，悳仄滋深，然非深知中丞大人念舊屬而略常儀，或蒙惠餘論而甦涸轍，亦不敢率爲冒瀆也。肅具寸啓，敬請福安，伏乞垂鑒。

楊家元謹啓

楊經南（四通）

一

筠翁中丞仁兄大人閣下：

前二月在廡適逢喬遷，未獲送文旆晉省，愧極恨極。兹穩悉貴體康强，令龍孫均安吉可愛，足見吉人必天佑也。所託之事弟於二月杪託人向買，萬姓合族公同不允，弟無計可施，忽尋思族弟壽亭與萬姓有老戚，託伊往力勸兩宿方允。前廿六日壽與伊來舍，約欲長六丈、寬四丈，開價太高，漸漸減至五百有奇，弟仍欲大減特減方可做事。刻下十餘日未見回音，不知何故。兹因價經途來舍，特肅寸函，價之高低，事之成否，即望層霄之瑶達矣。手此，肅請崇安，並乞荃照，不具。

愚弟楊經南頓　十一日未刻

二

筠翁中丞仁兄大人閣下：

未覯霽顔，已月餘矣，眷戀之情，恒縈寤寐。辰維起居迪吉爲頌。綽號二菩薩之劉翼卿，豺狼其心，教唆詞訟，歷經各憲屢懲不悛，兹又遇事生波，猖獗非恒，合圍切齒。前蒙諸辦之事，迄今毫無影響，或者閣下事務太繁，而竟忘之歟？抑府憲以爲無足輕重而不施行歟？再懇留心催辦，合圍戴德，弟亦感恩。至於閣下求地一節，自關緣分，弟亦不執己見强勸，或再有十倍萬姓者，是亦弟之所樂聞也。閣下德望兼隆，想山川必效其靈矣。去年莫大之水，今復於兹至，來日又不知以尺計寸計也。西鄉諸圍已潰大半，餘難穩靠，閣下禹稷之心，何日可以已之？手此，敬請暑安，並希荃照，不具。

愚弟楊經南九首　廿六日燈下

三

筠翁中丞仁兄大人閣下：

日前走謁尊庭，渥荷郇厨厚擾，謙光下濟，不覺已旬餘矣。眷戀之情，時縈寤寐，比譎潭祺迪吉，履祉迎庥，至以爲頌。萬姓山前欲價五百串文，自不能减，閣下已不嫌多。昨於十六日業主中人來舍一宿，仍下决詞，約云候姚先生一看，成否自有回信。今已十餘日，事宜擱置，進退維艱，祈賜一音以定可否。如欲買就，懇著瑞堂侄來舍，同往伊祠立契，過此以往，雖千金不可得矣。姚先生以三合名家，即以黄泉大小元空，四大水口宗廟水法空亡，差错。龜甲空亡，向上取輔，龍上取貪論之，弟屢試無驗，惟八煞納甲，催官有準。敝地有一屋場，坤山艮向，卯水上堂，遇卯年人丁有損，此八煞之明驗也。彭棣樓老師祖塋巽山乾向，辛方一特峰，此納甲催官之明驗也，未識姚先生看巒頭時單用此法否。閣下明察秋毫，宜嚴防其詐，在術士言地則天花亂墜，登山則認假爲真，在法眼自己所尋，或隱而不露，他人所看，則謬指以爲非，均以貪延請之俸，而謂吉壤之不易得。而延師者，或數年而不得一吉地也，祈慎之慎之。所商請積谷一節未就，幸數日内天氣晴明，船米不至太昂，河水並不泛漲，雖逃荒者正復不少，而依然前日思治之心，閣下饑溺爲懷，至是可以稍慰。本日大雨如注，在東鄉可不防旱，而西鄉亦不必防水，然亦不可留連也。邑侯丁初政大有可觀，而懲痞尤爲急務，蒙諾辦訪聞一紙，賴容光之照，除豺虎之殃。而邑侯可嚴拿究辦，如不拿辦，那菩薩壓在五臺山，暗不能藉影射人，明不能張牙噬人矣，未識事已行之否。上年承大方通融錢文，爲日已久，感激無似。去秋與瑞堂侄商議，可撥付石工，厥後並不見一揮，據至冬下，弟堤工耗費極多，刻下尚形窘迫，是以未楚，候七月内自當如數解省，慎勿罪弟。如用己錢而勿一念及之也，尚其諒之。手此，敬請崇安，並希荃照，不具。

愚弟楊經南頓　廿六日申刻泐

四

筠老中丞仁兄大人閣下：

前由宜稼堂到貴局，益見氣色宏開，不久必登臺閣。而謙光下濟，倍覺銘感不忘。辰維起居迪吉，無量歡忻，無量頌禱。弟自閣下賢昆季垂青以來，鳌金、營務、修志以及詞訟求弟汲引發財得勝者夥矣。酒飯之貼，不堪屈指，然皆負意而去者。至敝族之子侄輩雖欲離而復，即前堂侄孫楚臣聞志局遷移，五日三至，欲弟力薦抄騰，不意欲射一鹿，誤中一獐。閣下屬需校對一人，有堂侄龍亭係瑞堂同居弟，其人醇謹静穆，頗堪此任，意久欲晤霽顏，親聆塵誨，兹已如願相償矣。薪水多少，在所不計，本日趣裝來局，祈逐一指示，自不負雅意也。抄書一節，堂侄孫已在省等候，其人雖讀書未成，亦自儒雅可愛，舉動尚好，倘能收用，即飭瑞堂唤來可也。蒲節伊邇，想文旆晉省必由敝舍經過，雖盤飧無異味之兼，亦野菜不連根而煮，不妨停驂一宿，而車馬不至勞頓也。蒲月朔日，弟當掃徑待之。肅此，順請修安，並候節安，不具。

弟經南頓　廿一日辰刻

楊麗藻（五通）

一

久違慈範，時切馳思。恭維筠翁姻先生中丞大人道躬納福，潭第增禧，爲頌爲慰。緝私一節自鴨欄焚卡之後，川販愈形充斥，前事者，後事之師，未免進退維谷。兹洪秋帆明府來局查勘設卡，因地制宜，且值河水泛漲，遍地汪洋，雖欲緝之，不勝緝也。麗藻才同樗櫟，沐舊雨之提攜，謀切稻粱，感仁風之披拂。慨自抵局後，簿書鞅掌，無善足陳，惟有與同事諸人虚心受商，斷不敢有負箴規也。秋收在邇，原擬潤（閏）月賦歸，祇因車小舲别駕逗留，不准假行，是以未果，容俟科場前後解餉晉省，再當趨謁崇階，藉聆鈞訓。尚乞矜其愚魯，頻賜德音，俾有遵循，奉爲法守。肅此布悃，敬請福安，諸惟垂鑒，不莊。

姻世教弟制楊麗藻稽首　六月廿八日

少爺、孫少爺均納吉。

二

筠翁姻先生中丞天人閣下：

日前寄呈蕪椷，計邀青盼。每憶矜其愚魯，逾格栽培，感激之忱，難忘五内。恭維中丞大人福偕夏大，德與日升，每企龍門，良殷雀躍。敬禀者。竊臨湘一邑，察民俗强悍爲心，覽風土荒凉滿目。緝私一節，勢必難行。况值鴨欄焚卡之後，辦公者名列彈章，滋事者身置法外，川販愈形充斥，車載肩挑，日以數十計，正本清源，除督銷淮綱外無良法。城厢以及雲溪、聶市合銷五六百包，此外沅、潭、桃林尚未舉行，知關綺注，理合奉聞。麗藻自抵後，不覺月餘，匪僅管理收支，兼司筆墨，每於鹽務，車小舲别駕亦派麗藻往各處妥商，紛紛紜紜，無時得暇。惟有虚衷共濟，慎之又慎，毋負中丞大人拳拳培植也。並將車小舲别駕到局後禀局憲，由稿另抄呈電。肅此布達，敬請台安，並叩午禧，諸希愛鑒，不莊。

少爺、孫少爺均吉。

姻世教弟制楊麗藻稽首謹稟

三

筠翁姻先生中丞大人閣下：

敬稟者。竊麗藻前叨麈教，厚擾郇厨，綣摯之情，難忘寤寐。恭維中丞大人福履吉羊，德門安燕。當頭明月，先過近水樓臺；有脚陽春，早被傍詹（檐）花木。誼添葭依，心殷葵嚮。麗藻苫廬兀坐，穀狀全無，徒荒氏之莊，欲罄范公之甑。辱蒙培植，吹薦棲枝，以麗藻之淺學庸才，固自知螳臂不可當車，然得大君子品題，藉增聲價，惟有謹慎從公，毋貽隕越，以報盛德，有容推誠，相與於萬一也。月之初四日，告别芝暉，當即買舟回里，料理行裝，初九日到縣，隨同車通守小舲前往臨邑，因風自北來，不使鴻毛遇順，延至廿一日抵局。車通守心地光明，性情磊落，現在會同地方官並緝私營主李都戎楚生察看情形，妥商督緝，雖甫經到局，而先聲奪人，效前此之專政者，大有優絀之别也。麗藻派管收支，暇時幫司筆墨，知關綺注，合併奉聞。尚乞摯愛有加，箴規頻賜，以匡不逮，是所叩禱。專此布謝，敬請台安，惟希垂鑒不莊。

姻世教弟楊麗藻稽首謹禀　三月廿五日

少爺、孫少爺均吉，念念。

再禀者。聞戴崑田改委臨鄉，主持鹺政，而源潭出缺，尚未委人，若不定帥於先，難免奪軍於後，俯懇逾格栽培從中位置，麗藻不勝冒昧呈情，悚惶待命之至。族兄晴凡之弟海棠，挂屏四塊、對聯一幅，並伊侄翰秋對聯一幅，交麗藻代求墨實，前已呈上大人，暇時乞即一書爲感。

四

筠翁姻先生中丞大人閣下：

敬禀者。竊麗藻幼習詩書，託身民首，每當坐聽雞鳴，無端膽戰，祇是才非鶴立，敢冀眉揚。食指浩繁，常慮塵生范甑；問心多愧，安能穎脱毛囊。此等情形不堪爲中丞大人道，而何妨爲中丞大人道也。以故相異鳶肩，曾棄班生之筆；食貪雞肋，徒吹伍子之簫。雖猪肝累及同人，亦堪糊口；而蠅頭鑽於故紙，莫慰初心。識類蛙居，自慚墻面，術疏狐媚，未肯脅肩。所以知己難逢，心誰推赤；未免艱辛盡歷，眼孰垂青。然而彈鋏何能，孟嘗弗棄；管庫雖賤，文子可升。麗藻即度乏魚魚，才同鹿鹿。偉邀鶚薦，一割豈讓鉛刀；得遂蟻私，餘生何殊管蒯。第恐獻璞有心，終成賣鼠，濫竽無計，孰憫飛鴻。斯亦增壯歲之悲，莫望升斗之活矣。惟中丞大人盛德有容，萬物皆如，四體推誠，相與一諾，直等千金。不遺傲雪之姿，扶持獨切。頻著東風之力，吹拂彌勤。伏望再加品題，愈重龍門之價；特爲薦剡，用蘇（甦）鮒困之鱗。本非鸞鳳之班，詎云不棲叢棘；聊效鷦鷯之志，何妨代覓一枝。敢布葵衷，肅修蕪禀，敬請福安，統希鈞鑒。

制姻世教弟楊麗藻稽首謹禀

五

筠翁姻先生中丞大人閣下：

敬禀者。竊麗藻學遜前人，空抱詩書之僻。窘來驅我，難爲升斗之謀。此番晉謁崇階，事求培植，雖面叙數次，尊處往來客衆，恐言之委瑣，有瀆清聽，且謀事人多，又不便彰較旁人效尤，反使中丞大人添一番酬應也。伏乞逾格垂青，於捐釐各局，俾鷦鷯一枝，得所托足，麗藻惟有效九頓之亢，拜一尊之佛，恃叨愛下，敢布荃衷。敬請福安，惟希慈鑒，不一。

制姻世教弟楊麗藻稽首謹禀

楊彝珍（一通）

郭大人。昨歸寓始知王子壽有初十日之約，則是日即不能赴尊召矣。即請筠老箸安。

侍楊彝珍頓首　初八日

葆　亨（六通）

一

筠翁先生大人鈞侍：

馬江電綫聞已定議，悉賴説法之功，珮慰無量。刻拜手告以，即須遴員外派駐紮爲自立之基，亟屬正辦，各員亦均妥協，其傅、沈兩員，傅穩而沈能，沈固尤宜，第所司恐帥克兼任耳。李丞較年輕，陳、黄兩尉非正印，慮爲紳民所慢視，求爲臨當者殊一時難得其選也。猥蒙垂諮，用覆陳之，台論遵已送交伯芬兄核照趕辦矣。肅泐，上叩晡安，惟希察鑑，不戢。

葆亨敬狀

二

筠翁先生大人尊侍：

昨拜賜書，謹聆種切，敬當一一遵照。段培翁即此公約尤妙，壽山都護以是日茹素，不果來。督帥昨亦見過，前請恐急切，求之仍不易耳。羅份已備辦，通志覓得一部附呈。即叩政安，餘俟晤罄，不莊。

葆亨謹狀 廿七午刻

三

筠翁先生大人左右：

頃誦環玉，謹已拜悉。袖珍省圖昨未緘入，疏漏之至，死罪死罪。兹補呈，乞賜察鑒。敬泐，復叩節安。

葆亨拜上

四

筠翁先生大人侍史：

今日奉督帥令，以署彰化朱令榦隆調署嘉義，所遺彰化即以准調斯缺之楊令賓吾飭赴新任。此陳，即叩政安。

蓀亭謹上　廿八

五

筠翁先生大人侍史：

昨晚亥刻奉鈞示，並公函一紙、檄稿一通，謹已誦悉。仰見藎籌周至，著豫先機，欽佩無量。重承虛懷下問，益增惶悚，遵于即刻送交伯翁迅速繕辦，當已徑覆台轅矣。明日午初刻，亨等約同在南臺粵東會館恭候旌麾，即請在彼早食。以彼處切近電報館，看畢再侍往水雷局，歸途甚便也。日前蒙貺浮瓜，雅荷分甘，感尤無既，附以鳴謝。肅泐，復叩晨安。書稿時繳，妄贅數語，乞恕狂謬是幸。

葆亨敬上　八夕卯刻

六

筠翁先生大人侍史：

連日庶務紛糾，有稽詣教，至爲歉悵。郃郡、福防兩席適奉兩院示定，雷守瑞光、鍾丞觀濂，用以上聞。明日端節，以國素不賀，將軍、兩院處均衹著人挂號，並附陳之袖珍城市圖一紙，乞賜察。早間送呈本城南臺圖各一幅、治喉方廿本想經收入矣。即此，敬請節安，諸惟藹鑑，不莊。

葆亨謹狀

沈葆楨（一通）

筠翁年大公祖仁兄大人左右：

李節相函祇領，即當轉交輪船，弟處並無摺弁。前兩次謝恩摺均係附驛，船上人均不知遞摺，尊摺如須專弁，請向督轅借用，抑或函託合肥相國就近派摺弁遞京，繕便請飭閩制專差送至馬尾，勿交舍間，恐耽延也。至輪船必令静候，遲些亦不妨，勿急也。敬叩台安，兼璧謙稱。

葆楨謹上　本日辰刻

虞協光（一通）

筠翁中丞前丈大人侍下：

違教年餘，時深仰慕，屢欲躬親叩候，祇以湖山遠涉，奔走無常，故欲行中止，抱歉良深。辰維鼎祺篤祜，頤養冲和，至以爲頌。去臘自澧言旋，晤及舍親巢君湘甫，備詢先生近狀，驚悉世兄仙逝，實愴於懷。比因年事倥偬，未獲束芻致弔，繼擬上書慰問，又恐西河慟切，言之益觸感傷，故未敢冒昧而陳，致瀆尊聽。世兄文章經濟，冠絶群倫，爲一邑名賢，爲一家令嗣，方冀奇才大展，振翼高騫。奈造物忌才，顔淵早逝，鸞驂遠駕，道路含悲。先生保赤爲心，愛民若子，關閭閻痛癢，憫百族憂傷，况計切一家，而情深骨肉者耶！然修短何常，死生有命，數之所至，不可强也。且德門積慶，後起多材，膝下依依，蘭孫競秀，尼山詩禮，代有傳人，世兄亦可含笑九原矣。伏祈稍減哀思，順時珍攝，至叩至禱。肅此，並請道安，乞恕不莊，不備。

制愚晚虞協光頓首　正月念五日

鄒孔搢（一通）

筠翁先生同年大人閣下：

辛未長沙聚首，厚擾郇厨，並蒙惠賜多珍，至今感謝。旋承延掌仰高書院，適逢賤内病危未赴，竟有鼓盆之歎。厥後舍親鄧直卿自都歸云，聖主眷懷耆碩，先生復膺寵召，正圖餞送，已望塵不及矣。自我不見於今八年，時切萬里相思之感。春間遣使探問，接讀意翁同年還翰，敬悉奉召言還。正月十九自法國之馬賽返旆，三月五日吉抵滬上，中心喜甚。頃聞榮歸暫息，弟滿冀趨謁光儀，聆綏撫外夷盛績，以年就衰頽，近又足疾，未克重聯舊雨，一話離悰，悵望何已。正擬遣使問候，而舍外孫陳令澤自省寄歸。先生所賜鼎兒法書，真覺龍蟠鳳舞，鐵畫銀鈎，謹當什襲珍藏，欽爲至寶。並閲舍外孫歸書云，先生有請旨開缺之語，爲之駭然。夫先生以金剛百鍊之身馳數萬里，撫綏外夷，即令公單騎之見不啻矣。大君子雖不自滿，假宅心事外，而天下蒼生正須霖雨，恐未許閑雲自在耳。舍外孫荷承盛意，殷殷款餐，何以克當。弟素愛此子安詳謹慎，惜貧無以養，聞幼陶同年聘意翁主纂扶夷邑乘，薦襄校讎，比稔已蒙允准，至爲感泐，自當隨侍。就意翁面命耳提，細思爲日不久，敬懇先生念理堂舍弟舊知，與意翁格外栽培，商置善地，俾歲歲寄館穀以養親，則感戴不獨身受一人也。藍燊山昺前承先生培植，得就江西營務館，今則賦閑窮居，皇皇如也。屢次來緘，欲弟於先生前再求扇以春風，俾寒穀回陽，不勝禱懇。兹就舍外孫家人來省之便，寄奉家果四罎，伏乞哂存爲幸。肅此，恭請勳安，諸惟愛照，不宣。

年愚弟鄒孔揩頓首

小兒鼎熊稟筆請安，八月十一，命侄孫代湜書。

鄒壽庚（八通）

一

筠老仁兄同年大人閣下：

頃奉手書，敬顧壹是。藉諗福履增吉如頌。炳文世兄來問及小婿笠仙肄業講舍之事云，已蒙託名，足徵關切。弟現已有信去問，如伊果願意，弟再當函達也。賤體近尚頑健，惟殘年已邇，避債無臺，奈何奈何。明歲長屬各處縣試襄校需人，如有相知契好之處，可以爲力者，意欲栽求閣下與仲老同年酌商吹薦一席，成否則在弟之緣法耳。再三之瀆，自覺不宜，惟希知我者諒之。手肅，祗請福安，諸希心照，不具。

弟壽庚頓上　十一日燈下

仲翁、砥翁兩函均收到。

二

筠老仁兄同年大人如晤：

前奉環雲，領悉種種。小婿事業蒙俯允，足見雅意憐才，但未審來年可有成局否。尊居光景定當焕然一新，路遥未快先覩，甚爲悵之。近諗福祺潭祉，佳勝兩臻如頌。弟碌碌如常，無善可告，惟賤軀尚能健飯，眷屬亦清平，差堪仰紓遠注耳。聞書院一席似有更動，謬主四載，毫無裨益，本覺赧顔，且本係依人，萬無可久據之理。但弟之光景久在洼中，末路英雄，舍館地别無生計，現在上游當道絶少知交，所恃者二三老友耳。尚乞鼎力吹嘘位置一席，豐歉在所不論也。意老同年同此致懇，並希轉達。手泐，專請福安，維希愛照，並賜回玉，交來人帶回，是所切禱。

年小弟鄒壽庚頓首

仲老處亦有函奉懇矣。

三

筠老同年仁兄大人閣下：

日昨駕過縣城，匆匆一叙，殊未盡所懷也。尊價來，詢悉吉抵省垣，諸臻佳勝，適如私祝，並承摯誼，以數萬里之珍産惠之，故人誠以儀將物，因罕貴非尋常瓜李之投也，對使拜登，彌深忭舞。弟舊恙時作，頗覺惱人，幸健飯如常，可以告慰。城河山水漲發，下流空虛，或可無礙，但冀得免□患，庶卜豐年，稍復元氣耳。聞外洋戒烟丸甚好，友人託爲代求，未審有否，如有即希便寄少許爲荷。手泐，順布謝忱，祗請台安，統希愛照，不具。

年小弟鄒壽庚頓首　十一日戌刻

意老同年並李仲老同年晤時均希代致。

四

筠叟老兄同年大人閣下：

近維福履增綏如頌。何日可以過縣，盼望之至。兹有懇者。舍親俞子穀世兄名永祥，係心如親家之子，向管書啓教讀，賦閑已久，因顧就郭軍門襄陽一席，誠得老兄一槭，斷無不諧之理。敝親家已到省城公館請安面求，向又值在縣未歸，故特專函致弟，囑其代懇，來人不能久羈，叨在至愛，亮必俯允所請。其薦函希即交來足帶來，以便轉寄，名條亦希封在尊函内爲荷。此請台安，容面叙不具。原信並呈閲，仍希交來足帶回。

年小弟鄒壽庚頓首　初九

五

筠翁中丞仁兄年大人閣下：

月前晉省祗候，因玉體違和，未晤教言，殊深歉仄，辰維履祺佳勝如頌。弟挈眷赴湘，諸凡不過草草安頓，幸離局頗近，較便往來。刻下公私順平，賤體粗適，差堪仰慰綺懷耳。邑中水勢無虞，各圍晚收可望，城鄉貧富俱慶豐年，信是我湘一大轉機也。知注，故以附聞。手肅，即請台安，希維霽照，不盡。

年小弟鄒壽庚頓啓

介、次兩同年亮可時常會晤，乞爲代致，是荷。

六

筠叟老兄同年大人如握：

昨舍侄孫來，詢悉貴體已安，又爲橋風所傷，復致微恙，可見老年人調攝真不易易也。弟近況如常，惟氣痛數發，雖旋發旋愈，亦甚討嫌。敝親家俞心如自北挈眷南旋，於初一日過縣，小女亦隨同回去，了却一樁心事。渠帶有茶丐二種送弟，特寄與老兄分嘗之，佳否固不敢必。何日來縣，盼望盼望。此請箸安，惟愛照不具。

弟壽庚頓首　初八日

七

筠叟老兄同年大人如握：

縣城匆匆一别，殊念念也。昨聞貴體偶爾違和，此刻亮已全愈，老年人在外諸凡總宜珍攝最爲要緊。日前奉懇舍侄孫之事，業承俯允留心，渠現已自益歸來，特爲先介一函，令其躬叩台墀，面懇□植，伏乞進而□之，並希□□青垂爲□，□□□□之處，俾事音有資，則感戴應不獨身受者。□□□人尚沉潛，絶無外務，弟所素信，即可爲老兄台共信之也。局中事體若何，何日可回省垣，容再面叙一切。手此，即請箸安，惟□照不具。

年小弟鄒壽庚頓首　廿九日

八

筠老仁兄同年大人閣下：

昨奉手翰，備荷注存，並諄諄以强飯安眠爲囑，深情肫摯，更令人感泐無已。近維福祺潭祉，均佳勝如頌。弟刻尚頑健，雖偶有不適，亦老態使然，尚無大礙，足慰遠懷。承委調處一節，當將王生名汝翼，號蓉齋者傳至敝寓，詢其原委，並令將事中人邀來一談。隨後有周霞仙、蔡蓉仙二人同來，弟即將向來章程、此時事勢反復勸導，伊等已有不能遵命之語。隨將尊札令閱，詎意伊等仍執己見，竟以爲一偏之言，未能公道，並云有信奉復，未知此信來否。竊思尊札准請酌理，執兩用中，伊反不以爲然，則弟之僅以口舌從事者，其無濟於事也明矣。少年意氣，罔識機宜，其中尚有唐突之詞，並聞有白帖，可恨可恨。雖亦人所共聞，弟固不能一一縷述也。尚冀另籌别法使之醒悟，俾得息事寧人，以全大局，則私衷所殷殷致望者矣。手泐，復請台安，諸希心照，不具。

年小弟鄒壽庚頓首　廿五日燈下

意老同年均此致意。

鄒湘倜（五通）

一

筠老中丞仁兄大人閣下：

去臘別後，時切馳思，敬諗道履安康爲慰。弟正月已來，月朔返棹，六日抵潭，俟静養數日後，當來省垣面聆清訓。書院一節未審有成否，不成則當別覓枝棲。目下敬懇大力于王中丞處代爲説項，乞薦襄校館數處以供日用。耒陽所獲祇可了湘潭去歲欠項，移家省城似當另圖。瀏陽舒君與弟有舊，此處得老兄一紙書似稟行中丞所薦，聽中丞裁酌，兄可否代書名條，何如，乞酌之。湘陰若獲一遊更妙，以便觀山水也。手肅，敬請著安，不一。

愚弟鄒湘倜頓　初六日舟中申

二

筠老仁兄大人侍右：

前在省垣匆匆歸署，未及暢聆教言，歉甚。文正公祠後之屋敬懇函致朱雨恬兄，看七月内有房可住否，弟送考時擬既不另寫屋，即在此處送考，未審可行否，乞得朱覆寫既爲示知。言不盡意，容面罄。此請著安，不一。

愚弟鄒湘倜頓　五月十六日

三

□□者。弟遊晉五年，駑材勉竭，以庸闇之資，膺艱巨之任，無一不形竭蹶。而籌餉無出，尤覺計絀力窮，年來衰病日增，屢疏乞退。迭蒙□給假期，未如所請，感□恩之高厚，不得不矢效捐埃，而私心惴惴，恒恐隕越貽差，知我者將何以教之也。錫令良少年老成，自是可造之器，現委代理孝義廳缺，以小試其制錦之長耳，知念附及。

弟又頓

四

筠翁中丞仁兄大人閣下：

日昨本擬赴召，奈值均已二鼓始歸寓，劭子謂飲食之緣皆有數定，固不可强也。兹乞法出聯語，如寫就，懇即飭交來手。肅此鳴謝，敬請著安，不一。

愚弟鄒湘倜頓

敬再啓者。敝箸《範言》前已呈政，兹刊切近，《詮説》八篇欲懇序文冠諸簡端，容日肅叩，乞勿推辭。手此，再頓。

《詮説》本十篇，以後二篇有傷時好，故置之。

五

筠翁宗伯大人閣下：

關山迢遞，音問闊疏，每于邸報中敬悉崇階疊晉，聖眷寵臨，出使三萬里，俾外夷折服，内地奠安，柱石宏猷，於公爲烈。近聞台從榮歸，惜相去五百里，不獲親聆塵談，一廣聞見耳。弟承乏昭潭，每届送考，無次不病。俸滿即請呈開缺，中丞留省襄校經課卷兩載。丙子秋，奉部文調引見，恭候簡用，因年已七十，不能耐勞。是年冬，呈請歸内閣中書班開缺，王中丞代爲咨部，即請假歸里。丁丑秋，奉部覆，不允開缺，即請修墓假。去冬，戊寅。復呈請告病開缺。今歲主講濂溪，生徒頗中，惟年逾七十，精力就衰，不能如從前之振作。若賤軀稍健，秋冬之交猶可來星沙一晤光儀。手肅，敬請勳安，希惟朗照不一。

愚弟鄒湘倜頓首

敬再啓者。吾邑陳今澤係家理堂之外孫，近來境遇不佳，來省圖館，特給一函爲介紹，敬懇閣下念舊，逾格垂青，則感戴者不獨今澤一人也。湘倜再頓。

易鼎煌（三通）

一

姨父大人賜覽：

十八日遇便，匆匆寄信，楊先生請其將信呈閱，以上慰姨父關注之深情，並兩姨母、二嫂繫念家慈之厚意也。敬維姨父福體安康，至以爲祝。家嚴素惡吃藥，自有此病從未嘗一親醫生，抵家後與家慈力勸之，始勉强允從。但營田爲一小市鎮，益以人心澆薄，盡售假貨，貨差價貴，殊爲浩歎，質之姨父，必歎盡處人心風俗之漓也。此度不得隨叔子先生進省，遲五六日即附舟上城，瞻依朝夕，圖效晨昏，以盡區區報答之忱。家嚴家慈囑筆致意感謝，殷勤垂注，心版長銘，亦敬以達。肅此，敬請姨父大人萬福金安，兩姨母大人福安。

侄鼎煌謹稟　二十二日

二

姨父大人賜覽：

金生兄遞到廿八日所寄家諭，邵、張二信已妥送，新督明日入城，邵中丞已買舟下，行李大約不數日即起身入京也。家慈未到縣城，非有事糾纏，必身體不好，故未得到縣一敘，中心必甚歉仄。久不接家書，茫然壹是，省中傳聞晉捐事聚衆，邀新督於縣城喧鬧，果爾，則新督必得一整飭之，以彰始政爲是。卓兄移文一紙，諒蒙飭投矣。肅此，敬請福安。

侄鼎煌謹稟　初一夜

楊先生昨下午已回公館。

三

再。頃馬貴送到廿七夜所發家諭，致張大人信即刻送去，楊先生尚未來城，去縣之便最多，公館皆不及知，即馬貴下縣亦未來告。侄前所寄一稟，覓便不得，遷延數日，而終送草潮門外，交一生船户帶去，尚未知蒙收到否。大人家諭謂竟無一信，無人照料，侄慚懼久之。招商局付寄公文要信、《申報》、《新報》、《公報》等件一總封外，公館陸續收各處三數封，兹一併託萃生槽坊付呈，祈大人一一查收。砍茅柴聞已吩付李祥愷矣。

鼎煌再稟　二十九夜

熊道源（二通）

一

筠翁中丞大人執事：

弟昨晚陡發舊病，紅痰並吐，不能出户，未克躬送，抱歉殊深。特著小子賫上錢摺三個：怡怡、阜南、裕華，懇祈賜收爲荷。扶病率書，不盡縷縷。肅此，恭請崇安。

教弟熊道源謹上

二

筠翁中丞大人閣下：

月前尊體欠安，想無妄之占，不日當即就愈矣，現尚服藥調理否？念念。此際水勢漸退，各老圍無恙，潰水不小。谷價河厈。在一千一百之間。諸君次第回館，石珊令侄業已至局，特泐蕪函，上達聰聽。肅此，恭請崇安。閤譚列列致意問候。

熊道源謹上　初三日

再者。玉玲寺徒孫朗法，去年冬月至上林寺，實不想回，老和尚已著人來省接他回寺，恐他不肯回寺，祈大人栽培，寫信到西枝處爲禱。

熊壽徵（二通）

一

筠翁中丞大人老師席下：

花朝卜宅，省垣傳聞甚猝，未及趨慶，慚歉兼至。近譎眠食佳勝，祜第就安，蘭蓀鬱馥，俱已繞砌迎暄，忻慰何似。城南講席近皆得償其坐風立雪之願，固人才之幸，抑亦斯文之幸也。天若不假賤子以步趨，而故慳其緣，恥甚赧甚。今歲已邀數徒及家子弟輩在敝祠爲謀食計，春初惠賜手書，命從羅君諸公將志館未成之書纂輯，以三月爲度，然後呈閱。誠服公之調度妥協，蓋在人物表類，如節孝、武功等件有口傳如是，而譜録與札載不如是者，氏族有未及詳録者，與夫山川村落名目有音同而字譌者，一有舛謬，皆採訪之過，尚須就各近處查考熨帖。且鄒、晏兩君及謝仙兄所脱（託）繪輿圖尚未令賤子過目，尤不能不再加詳校工夫，方無遺憾。以上各件必宜在縣立局數月，詳備登集，各地亦易往還，庶少差誤而或免疑議矣。賤子當奉惠教遂不敢擔人子弟之責，概辭不受，遲遲又久未見開局，旋以兒侄輩延擱未就，外傅仍課讀敝祠，使惜分陰，不能遠離。今志館數同事，羅、黄兩君已就教席，虞君則欲近侍病親，各茂才俱因科場在即，志切觀光，未必專心志事，縱免强來就志館，恐半虛糜費食也。特慕唐兄，類屬寒士，前已就館，旋復辭之，公多栽培，諒必爲之位置矣。夫我邑志事亦緣前兩載在館中者多存讓心，未肯各任一事，繕寫不歸畫一，致多遷延，而賤子役三年之奔走鄉間日多，何敢擅聞館内事耶！今如有條理，在縣局亦不過三四月之久，各書皆可滙成，以資校閲。現在人散勢分，不若俟秋杪公停講習杠縣，邀前經手得其原委者，就近刻期蕆事，較爲易之。且志翁凡事自具卓識，今聞到省，特乘便妥呈俚見，亦就目前之大勢言之耳，可否？望兩公裁之，幸勿以不自忖量，好爲談論見諒焉。戴荷無涘，肅叩道安，統希慈鑒，不宣。志翁處均此請安待教，恕未另柬。

教弟熊壽徵謹頓首　清和月四日泐

二

筠翁中丞大人執事：

自去秋奉教，容易春風，無日不拳拳也。筱兄之變，天冤之耶，人冤之耶，聞此無不爲之神傷。雖然孔顔之庭，且不能無此缺陷，蓋不論德而亦論數，况數千載下，踵而繼之者，更不僅有如此者乎！尤羡蘭蓀並茁，正天之早爲位置，所以報有德者。恩公盛德，固當時後代倚賴之身，望淡憂戚，曲爲調護，禱祝曷已。頃聞尊庭疾病糾纏，大費調停，恐是住宅未盡安順，或無有見及此者，胡不於近地使當之所，將丁口借移，作暫避計何如。公固不信邪説之誣民者，然事勢如此，似可爲一時之權宜耳。賤子固當趨唁，聞家二兄云，公自去臘無心會客納禮，因不敢躁進，恐益擾公情緒。兹便寄呈魚果布聯，聊藉以將鄙意，伏乞原納，深幸無似。謹叩禮安，統希慈鑒，不既。

教弟熊壽徵謹頓首　新正燈節後六日

再謹請者。志書奉命採訪三年，《圖説》中山水、道里、局團疆界、寺觀、橋梁一切概已校對略備，賤委似可告歇。且賤家寒薄，本年擬設館敝祠，以圖生理，如圖説中尚有未盡妥貼處，要賤子參校，再命抽空到館商助幾日，亦無不可。特此稟聞，伏乞深諒，不勝禱幸之至。壽徵再叩。

熊藻汀（一通）

姻愚弟熊藻汀頓首鈞翁仁兄大人閣下：

前脩蕪柬，諒邀睿鑒。昨承賜玉音云，候令親家大人斟酌妥貼，方可行事。但開茶莊必須趕先，始獲重價，況茶葉上市總在三月中旬，若不豫爲籌備地方暨莊内一切應用什物，恐一時難以措辦。弟已與陳三哥商議，擇定八甲古武廟暨包公廟，地勢既高，屋宇亦甚宏厰，可避水火，廟前戲臺上下兩邊搭棚揀茶，可坐三百餘人，上殿、正殿可做作厰，包公前殿可作鋪房，左邊歇宿並厨屋俱有房間。兼以本春鄉城錢件維艱，弟揣摩茶價大約以貳百文爲度，且城内素無茶莊，若一開稱，四鄉茶葉輻輳一處，不待半月可成一個字號。至取用還厘下河力錢，令親家大人曾在魚口、高礄各處開設茶莊，自有成規，均照行止，無容贅及。但茶莊内什物器皿，一切應用祈親家大人一一開載示知。此項弟與陳三哥本應墊錢代辦，奈手邊拮据，兄所深知，俯懇鼎力玉成耽保，發銀三百兩以便辦齊東西，庶臨時不至張皇。弟等雖家業寒微而作事素不荒唐，年逾七十，精神尚覺强健，兒孫輩皆不浮泛，亦可供奔走，此事自信頗堪勝任。仁兄毋容過慮，並祈轉致令親家大人在即日内飭老成先生下縣採踏屋宇，茶葉上市爲日無幾，恐遲延無濟也。謹此布達，餘不盡宣，統希朗照，並候回玉，不備。

新正十七日午刻泐

李法甲　熊藻汀（一通）

眷教弟李法甲、姻愚弟熊藻汀頓首筠翁仁兄大人閣下：

睽違棨範，蟾魄重圓，遥企鴻儀，時深歉仄。邇際梅熟枝頭，麥登隴畔，遥稔仁兄大人署祹叶吉，履祉增庥，爲頌爲慰。敬啓者。修恩波橋一節，筠翁修福積德爲主，昌修甚善甚美，飭令李炯齋等經手辦理。李敬吾無分，炯齋遵命招本城四石店議價，三月未妥。李敬吾云四弟從場斷成磤石壹百玖十文一尺，培鑲石八十五文一尺。炯齋經手起稿，石匠立包修字一紙外，包工食等項壹佰四十串文，湖上橋包工食錢三十二串文，當付定錢貳拾串文，併發錢摺壹個。摺上已載修恩波橋錢壹佰四十串文，湖上橋錢卅貳串文。十九日興工起手定脚，李敬吾主主祭，四石匠敬神制煞，因港内發雪水，不能定脚接修湖上橋，廿六日石匠在湖上橋丁子灣裝石，到城發錢發穀事畢。正月初七日李敬吾忽然傳四石匠云，磤石一尺減九十，培石一尺減廿五文，四石匠一時不能甘心減，此係字上據載。李敬吾一人以勢迫之，不減立刻送官受打，四石匠懼，並非甘心辭，爲勢所迫，稍爲推諉。李敬吾一人招曾石匠修，包價照樣礅石壹佰，培石六十，主保曾石匠用開福山、金鳳山麻石。四石匠正月十三日請城内紳士求情，弟等從中清理，勸四石匠礅石一尺壹佰廿文，培石壹佰七十文，仍與曾石匠五人合夥，免傷和氣。公允准約十六日到新賢局寫過包修字成事，李敬吾把持定與曾石匠獨修，弟等不解何故。此是一縣公橋，並非私橋，辦事等無力量，少見識，此時退出包修字，與四石匠拨出發錢折調消，方可包曾石匠，此際兩石匠相争，顯係已藏禍心，誰之咎也。李敬吾主保曾石匠，用開福山、金鳳山石頭，此兩山咸豐二年令叔滿爹與弟等存案，立碑封禁，一縣來脈，永不可開。李敬吾受賄，害一縣之人命，壞一縣之文風。不料前上年曾石匠恃李敬吾勢，開山取石，驚動來脈，兩年内一縣举人士教唯所怪不少，此山斷不可開。故此四石匠畏李敬吾勢，不得已晉省登府禀明筠翁，分咐到縣自有處斷，候至臺駕到城，尚未分示。此際蒲節將近，四石匠需錢甚急，已上摺之錢李四把持不發，要四石匠繳摺發錢，四石匠以錢摺爲據。修恩波橋石匠暫求修湖上橋完工下錢數十串，以上摺之錢李四把持，一文不發，石匠受人逼迫，恐其弄出命禍，難以説話。弟等特修蕪東，上達聰聽，俯懇鴻才定斷，以免紛争，則不獨石匠感戴無涯，即合縣亦推崇靡枉矣。肅請台安，統希朗照，不備。

再啓者。文星橋崩倒爲熊潄芳之事，余姓發錢壹百廿串文。李敬吾一人經手，包與曾石匠獨修，並未用一尺新石，培石俱係橋段内舊石，包價壹百壹十串文，自然言就照形合式，所修之處現在與未修地勢低一尺有零，其中凹一段，人人共見。設今年南水上橋，難免不倒，李敬吾有經守之責，置之度外，其弊顯然。而恩波橋李敬吾主保曾石匠獨修，文星橋業已敷衍了事，而恩波橋通城不允，是衆怒難犯，專款難城。弟等年已七十有零，平情論事，非有偏見，而發異議，俯乞秉公定奪，毋令霄小横行掃空一切，幸甚幸甚。

龍光甫（三通）

一

筠翁中丞先生大人閣下：

先母棄養，忽忽兩月矣。苫席之下，未獲修函致候，知見原也。近審福履康和爲頌。敝家昌霖仰蒙收録，其人老實忠厚，尚希格外栽培，諸事必加訓飭爲感。適陶與貴來舍，據云伊子在省開設成衣店，有同邑張大人籌辦寒衣解營，乞求名片薦之。僕因至好，衹得望閣下先容，萬勿推諉，至要至懇。耑此，敬請箸安，不一。

制光甫肅上

李次翁方伯到省乞爲張羅，不勝紉感。

二

筠仙中丞先生大人閣下：

前月相晤於寶樹山莊，歡談累夕，快甚快甚。近審福履康和爲頌。輔擬近日來省，奈家母病益加劇，未敢遠離。所薦敝家龍昌霖已蒙收録，茲特令其赴廡供役，臨行又叮囑一番。渠亦因母老，就近以覓一枝，並無大欲，且忠厚老實，雖在衙門中二十多年，不染習氣，並烟酒二字俱無，一切均皆可靠。晨下諸事旁午，應接不暇，真無謂之忙也，可笑可笑。李次翁至局乞爲張羅，至要至託。外附壽詩二章，録希鈞誨，並博一粲，餘不多及。肅此，即候刻安，不一。

龍光甫頓　四月初二日

三

久不晤教，謁慕良深，遥想福履康和爲頌。去年冬月在廡叨蒙厚貺，本不敢當，奈一時窘極，不得已耳。新春滿擬來省叩賀，因老母病益加劇，未能遠離。兹有龍昌霖者，欲投𢈪上服役，託爲薦引，其人老實可靠，雖在衙門中二十餘年，毫無習氣，如蒙收録，希賜玉音，即令束裝前來可也。昨與意翁約定出月初旬來省賀壽，愧無薄物，不過聊獻小詩而已。忙不多及，肅此，敬候箸安，不一。

龍光甫頓

第十二册

裴世賢（一通）

敬稟者。竊賢附驥尾而增價，夙枉垂青；數馬足以同愚，安期結緑。三山路遠，數仞墻高，霽月重違，條風又屆，恭惟夫子大人鄺經藴學，鄒律調時，笑譚經濟之餘，俯仰極承平之暇。椒花獻頌，無非報國之心；柏葉開尊，盡是問津之客。運偕時泰，福自天申。賢物候驚新，塵勞依舊。際此寒將消九，遥披馬帳之春風；何啻異再聞三，陪侍鯉庭於他日。合肅寸丹，恭叩歲禧。敬請福安，伏祈垂照。

受業門生裴世賢頓首拜

再稟者。賢自九月晉省恭謁雅範，承蒙教誨，旋叨厚擾，復賜針斅，賢何敢當。厥後返梓，又飭華札於州尊，以張賢輝。幸賜光顧止言，澧州修城一費未及他言。至前示錢學政墨刻一事，謹遵嚴命，選工摹刷，無奈良工希少，模糊甚多，不堪入目。今謹擇數軸敬呈一覽，又呈官燕一盒，節儀四十金，小禮貳兩，略表寸忱。伏乞擲納，恭叩几席，敬請升安。

又禀者。賢處近豪門，素被欺壓，妄欲筮仕，以免煩擾，無奈捷徑莫得，如有機會，懇祈夫子留心提拔，略有費用，賢不敢吝。再者，聞敝縣主姜有調遣之信，另補用夏，未知此人性情若何。邇來川縣官員悉聽蔣門指揮，不沐關注，恐傷暗箭，祈夫子念賢單身愚弱，忝列門墻，或以大義略託之，賢隱荷庇蔭，不勝感激之至。順此申禀，覆乞鑒照。

門生裴世賢再頓

裴蔭森（五通）

一

筠仙先生大人道右：

前讀致總署書五千六百餘言，洋洋灑灑，不獨深知時務，洞悉夷情，而歸本于用人行政，氣息醇厚，亦與漢人爲近也。聞先生往來輪舟，食息起居均無所苦，且在閩臬任内平反數案，並增著《禮記質疑》七卷，由以觀之，因寄所託，奉節出使，雖往還十四萬里，非所苦矣。夷事經李、文二相與該酋威妥馬議論，漸可完結，海内差可小息。竊謂持説者必能深察今古之異，宜及南朔之異勢隨時運用，不主故常方可安人心而紓國難。至於求才以自强，則仍在政府之地，舉直錯枉，使八荒知中國之有人，則自不敢覬覦耳。兹因令侄公車之便，肅此奉布，敬頌台安，伏惟照察，不備。

裴蔭森再拜謹上

二

筠公先生大人執事：

春皋謝恩之摺已發，執事續假廿外，尚有月摺可匯發也。衡山之約如何，能於木犀香時一遊方廣，森當掃榻以竢。手布，即請台安，匆匆不及走辭，留此代面，伏惟荃照。

蔭森再拜上

三

筠公先生大人有道：

伻來接奉惠賜海外珍物種，謹拜登。千里鏡以爲登高望遠之助，餘璧謝。又領賜肉二瓶。手肅，即請台安。

蔭森再拜上

四

筠仙先生執事：

前由黄昌期軍門麾下唐鎮軍秉鈞寄去《邳州志》，係在森出省之後，恐有沉擱，兹復覓得一部，敬謹緘寄閣下，以踐前諾，即希檢入。順請著安。

裴蔭森頓首　己巳臘月初九日

五

筠翁先生大人執事：

接手示敬悉。修志議定十六門，已與次公酌定，年底便可截止。至此議之調護，右銘兄悉知之，森以至誠待執事，總期克底於成，勿留他日隱憾。此復，敬請晡安，餘容面悉。

蔭森頓首　初九

趙　珪（四通）

一

筠老中丞先生年大人尊前：

寓星沙欽承示愛，瀕行祖送旅次，至深敬謝。伏惟道履康娱，鶯遷吉第，如祝爲禱。弟一枝小借，於月之十三日始抵宜溪署中，託芘粗適，惟光景素苦，每歲所入難以掤擋。先生昆仲愛我有素，倘重荷關垂，於督銷各局優置一所，俾八口之衆不致號寒，感且不朽。再。世兄墨寶想已搨好，敬求數部，飭交孫家橋雙柑堂戴之小兒菊岑手收轉寄，允當什襲矣。肅泐，恭賀秋喜，恪請箸安。

年小弟趙珪頓首上言　七月十八日

二

敬啓者。前肅函呈覽，嗣舍侄瀚晉叩，仰蒙慈諭關垂，良用欽感，伏惟筠老先生中丞大人福履康安如祝。珪寓居此間，資斧告乏，顧運蹇時乖，前之就館未久，欲再求首郡杜鶴師推薦，恐難發棠。先生古道照人，篤念舊誼，尚懇於當道中代交名紙，或於釐局、書局安插一席，俾待斃者活，無任感激矣。肅請鈞安，不具。

趙珪頓首謹啓　初四日

三

筠老中丞年大人閣下：

三次叩謁，不晤爲悵。日前蒙賜世兄遺著，捧讀之下，婉惜愈深，俾天假之年，造就尚未可限也。弟以居停請假回省就醫，於初九日附舟來此，館事僅及三月，束脩亦甚寥，本擬面奉塵譚，藉釋欽慕，並懇於志局中安插一席，以應然眉，緣尊處公事旁午，不敢率踵德門，尚祈格外垂慈，憐我朝不逮夕之窘，無任感戴矣。肅請鈞安，不具。

年小第趙珪頓首謹上　十七日

四

筠翁先生中丞大人閣下：

前奉求圖事，蒙諭留意，感荷甚深。兹珪寄寓求忠，食用俱窘，傳知書局出一督校缺，擬即分作綜校可否，迫懇關垂，准行補用，銜感靡涯矣。肅泐，敬請鈞安，伏乞崇鑒。

趙珪頓首謹啓

趙裴哲（一通）

筠老侍郎大人閣下：

伏維大人名高北斗，教訖西洋，所駐則雲皆干吕，所經則海不揚波。建房杜姚宋未有之勳，補禮樂兵農未詳之典，允爲國家所倚重，匪特鯫生所景行也。裴哲氣久消磨，素欠十年之養；面叨獎借，深蒙一字之師。𩐂守龍洲，不作出山之想；蕉懷鹿夢，難忘在昔之蹤。直筆夙慕乎董狐，辨字屢迷乎亥豕。邑乘鋟版，往送藏於箴言；匠手慣訛，來陸續之牒報。胡玨軒業已作古，傅肖巖置若罔聞。周侍御尊翁缺墓誌而待補，吴軍門紀略内舛錯以求更。淮雨别風，不勝悉數，移宫換羽，急切翻盤。劉竹侯所不留心，他山長尤未介意。斯固非主講之責，要難卸纂脩之肩。非藉改鎸後，奚信以傳信。欲另設局事，更難而又難。訪石笋之名山，堆牙籤之滿架。來遊者盡空群於冀北，嚮往者豈借徑於終南。但得匏繫其間，重尋故紙，俾率剞劂之輩完就全書，嘘植則齒頰生春，運斤則棗梨奏效。秋風八月，正橙黄橘緑之時；社雨重陽，適里豆庠籩之候。褒榮華衮，咳吐珠璣，凡在甄陶，領遵矩矱。特脩蕪稟，敬請勳安。

鄉晚生趙裴哲頓首

張鳳翥（一通）

再啓者。此間軍報江西暨東流、建德一帶均已肅清，賊由石埭麕聚，竄逼青陽。此城爲朱鎮軍所守，將士病多而糧亦少，勢頗吃重，所幸江、李、席等軍已趕緊率師東下應援矣。逆黨於淮河兩岸及江心洲築壘，護以炮，劃圍絶普、朱、張三軍糧道，水師戈船三次護送糧食衝過淮河，佚亡弁勇不少。現聞官軍於前月廿一日自懷遠撤退，臨淮至蒙城之圍業已大鬆，僧邸所派黄鎮之軍將到，馬穀山廉訪已奉中丞調回臨淮矣。蔣軍駐三劉集，毛軍駐老廟集，近各剿辦附近匪圩，皆稱順手。成軍已到固始，行將進紮三河尖、壽南一帶，尚無警動也。省中安静如常，節相擬親赴六安巡視。鳳翥公私叨芘平順，惟遠違棨範，時切仰止之思，此亦情之所獨摯者。秋風凉至，惟祝珍衛禔躬，以福天下。肅此，載請道安。

教晚鳳翥頓首　七月三十夜戌刻

齊德五（一通）

敬啓者。前月承蒙枉駕，匆匆一叙，輶褻殊深。方望騶從言旋，稍盡地主之誼，不料輕舟迅過，抱歉莫名。敬維筠翁中丞年大人吉叶元旋，崇膺景福，台光引企，忭頌奚如。五近况如恒，乏善足述，童試伊邇。昨承函薦，貴本家經笙先生襄校，本應敦請，緣上遊先已薦定七人，萬難推却，兼以衙署逼仄，下榻無方，故前此令弟意翁所薦亦未敢有辱高軒，諾於考後盡情。今經笙先生處亦當遵照而行，方命之愆，伏維原諒。至貴價嚴升前此來署，亦已面爲收録。特恐此間人浮於事，清儉有加，該隨見之不願前來耳。肅泐奉覆，祇請台安，統希垂照，不備。

德五謹啓

鄒太愚（一通）

不獲進教，退局自修，冀有所得，終當就正。李蘭生司馬渴慕楷法，以三紙乞愚轉求，子白即是其父。蘭生有異流俗，曾蒙一顧，用敢冒昧，代陳先生，當不惜數點墨爲李氏寶也。手此，即請筠公中丞先生大人安。

鄒太愚稽顙

劉侃(一通)

敬復筠仙先生座前：

蒙賜教良厚，謂日記爲筆記，此一字即當敬遵，改名筆記，以志欽服。評語獎飾，自是先生誘掖後學之意，但當愧而勉之。侃於文章本無所得，偶有此篇，特欲質之宗匠，冀獲一言以證所詣，萬不敢妄希文人之末。故復有領回之請，又自慚陋劣，不敢徑達，故往復皆託香蓀，此其意也。《説郛》侃本有一部，係購自穗城，近日絶無完書，有遺失數十種者、數千頁者爲少，當時託友人鈔補其間，潦草脱誤處尚多，意鄴軸精良，欲求賞借十日，俾從頭校正耳。且俟秋涼拈出疑缺，指明某種第幾卷，然後奉煩左右典籤。緣現在有病，病癒即當耑回寶慶，故有且須七月後之告，承擲下目録二本，即此奉繳，侃所藏目録尚全也。手此奉復，敬請鈞安，並謝藻訓。

晚生劉侃叩啓

不能作楷，又無代繕者在，務懇鑒原格外，侃又叩。

劉崧駿致竹翁（一通）

一

竹翁尊兄觀察大人閣下：

前日陳辰翁來寓，述及台旆抵蘇，並傳諭壹是。昨日走詣，恭叩崇安，未獲仰聆麈教，悵歉奚如。筠仙中丞惠寄之件祈擲付去手無誤，餘容叩謝。敬請勳安，不一。

愚弟劉崧駿頓首　初三日

竹梅同年現已赴金陵矣。筠翁之件亦可轉寄，祈一並擲下，又及。

十二月初三日到

再。日前筠公又有書來，提及朱石翁事，持論之公，用情之厚，真令人感佩。特南田事體用不著如此大做，而海外水土異宜，亦非石老所能任，如果調來，恐愛之適以害之也。先生有信去京，煩切實道及爲荷。再叩日佳。

弟又拜

劉崧駿（一通）

筠仙同年都轉大人執事：

滬濱執手，親炙光塵。獲叨三益於指承，足慰十年之心嚮，分雖同夫車笠，契實合乎苔岑。迺者使節榮移，車塵拜送。渺兹一水，縱老魚可寄芙蓉；思結三秋，豈野鶴遂忘松竹。伏念執事以名流之譽望，裕菼政之經綸。利濟魚鹽，惠澤極長淮而遠；威森棨戟，勝遊尋景德之遺。林宗則望若神僊，學士還摠持管榷。昔稱其美，今見其真。弟弭筆從戎，無終軍請纓之志；因秋感興，類少陵在蜀之年。猪肝未免累人，驥志終甘伏櫪。自嗤籬鷃何知鴻鵠之所翔，翻類山雞欲對鸞鳳而自舞也。凉飆倏起，別緒方長，因乘季雲北渡之便，附綴數行，敬問起居，有干樽俎，新秋雲樹，舊雨心情。

年愚弟制劉崧駿頓首　立秋後一日

劉培元（六通）

一

芸翁姻老伯大人閣下：

荷葉塘自坑田産，龍皞翁處皆不欲就，特著敝佃何玉文趨詣台端，其租石田價，詢渠即知也。此致，敬請大安。

姻小侄培元頓首　又十月十三

二

芸翁姻丈大人閣下：

久未趨教，心用懸懸，敬想杖履康適，至以爲頌。馬鑑翁近作歸計，報捐一節權可不論，龍芝翁處送銀五十兩，侄亦祇好送如其數，特此知會鈞聽。此達，敬請道安。

姻小侄培元頓首

三

芸翁姻丈大人閣下：

久未趨教，馳繫何如。邇維福躬吉羊，至以爲頌。兹呈上聯紙一付，敢乞大筆閑時一揮，上瀆清神，容即走謝。此懇，敬請大安。

姻小侄劉培元頓首　初四

四

芸翁姻丈大人閣下：

來諭謹悉。奔礲一處，元看數次許價廿千，擬再加價以成之，如姻丈視爲可用，元當奉讓。惟該地脈固，真恐峽上尚不免風，且係兩家之地，必需合買。老何今已下鄉，俟來城當令趨詣台端，俾奉命而行也。謹覆，敬請福安。

姻小侄劉培元頓首　十四

五

芸翁姻老伯大人閣下：

邇未叩教，心殊歉甚。想起居定臻康吉，至以爲頌。敝友方蓮仙兄一介寒儒，亦係李次兄所識者。於地理頗知大概，前詢及時尚未來城，兹令親謁台端，面談自知。惟渠今歲無館，仰乞推愛，於志局内予一枝以棲之，薪水數竿一月亦可。局中無事，便可令其下鄉四覓，渠可徒步，不至大費周章，又無行術弄巧之習，如渠有可看處，再請一友印證，事稍簡便，兼可放心，侄意如斯似□兩便之舉，未卜□度以爲然否。耑啓布達，敬請晡安。

姻小侄劉培元頓首　二月十三

六

雲翁姻老伯大人閣下：

來□□悉。精於地學之士尚在鄉間，俟來城時再□□謁。敝處西席雖局面一换，緣舍間已有代教之友，不另延楊墨林先生，祇好留以有待□。特覆，敬請福安，容即趨□。

小侄培元頓首

劉祥匯（一通）

敬稟者。竊卑職昨承鈞訓，時切感忱，叩別崇暉，倍深馳慕。伏維大人鼎裀篤祜，履祉凝庥。夙近台衡，未敢循例作頌。卑職率五弟祥治由省還家，現正禫服，並辦理由縣轉請咨送卑職回甘事件。惟卑職宦遊以來，廉謹自守，兼邇年遭家多故，以是服官雖歷數任，艱窘依然。此次出山後，縱能倖得微糈以資家贍，亦需二三年之久，而寒家四十口嗷嗷待哺，此數年中奚作謀生之計，辣心棘手，焦灼殊深。治弟前懇大人俯賜手援，蓋慮及此，幸蒙鈞允，誠不啻倒懸苦中望解援之有日。茲將治弟得保銜條開呈，一俟料理就緒，即令其趨謁臺階，伏乞逾格栽培，俾得顧濟家口，則匪特卑職不憂內顧，全家均戴鴻慈矣。治弟自侍門墻後，曾歷遊隴西，頗諳公事，一沾樾蔭，斷不至有負裁成，用敢縷情上叩，臨稟曷勝切懇之至。昨晤炳文，云祠堂現正趕修，卑職適至西街，見匠工蕆事當在下旬，附以稟聞。肅稟，恭請□安。

卑職劉祥匯謹稟　十月十一日

劉曾撰（二通）

一

昨午趨謁未晤，悵悵。撰擬月内買棹南旋，惟在湘十餘年，服官無狀，屢蒙青睞有加，不以俗塵相待，此次被放歸田，後會殊難預計，而高山仰止，實淪景懷。故前託桐軒大令求示，期作半日之談，藉開茅塞。今撰已擇廿六登舟，乃廿二、四、五等日約有餞逐之招，祇廿三日尚可偷半日之閑，祈俯允所請，準午刻赴府候教，同席者爲二先生張笠翁、黄壽翁，朱雨翁於桐軒而已。草布，即頌福安，未一。

劉曾撰謹上

二

早間奉示，廿三日必欲賞飯，情語真摯，令人感激涕零。頃與笠臣方伯酌商，尊者之賜，義不敢辭，惟芹獻之私，務求賞給全臉，準於廿五日薄具小飲，詣府候教，希勿推却。是懇，布叩福安。

劉曾撰謹上

笠臣方伯與二先生、桐軒諸君，撰已面訂廿四約□。

劉耀遠（一通）

敬禀者。侄前月十八日至鄂，二十二日由孔廷蘭處轉遞年伯禮信，二十三日呈送各營禮物，初一日制軍傳見，優優有容，並囑侄等少候當復年伯信，初三日廷蘭傳述制軍示諭，侄等可先回湘，復函容遲日詳細親書耳。侄是日禀辭，值制憲侍老太太遊黄鶴樓後，往祝漢黄道之母壽，未獲謁見。嗣以言澍勳因事耽延數日，初七日起程南旋。又晤廷蘭，云東床李少君已到制署，俟日内往南京之輪舟回鄂，李少君再乘輪舟赴安徽接同小姐來南，約在九月初可到云云。昨奉年伯委致鄂信，因無快便，昨已加封由信行付去矣。昨謁慈暉，未蒙進見，恐回話者未清，特此禀聞，敬請鈞安。

年小侄劉耀遠謹禀　十四日燈下

劉麒祥（五通）

一

世愚侄劉麒祥敬稟筠丈老伯大人侍下：

頃奉家嚴手諭，索世兄遺集，如已録成，求即賜下。意丈所書《玩易閣記》及扁、聯等均未奉到，求老伯寄函索取，轉交成静齋先生處裝裱。侄職俸已復辦文續領，託友人坐候發給，或仍求老伯寄函王方伯，庶不至復有批駁耳。侄行裝盡撿，定於下午登舟回湘。肅此，恭請福安，伏乞鈞鑒。

二十早　世愚侄劉麒祥謹稟

外。家嚴貼恭呈鈞覽，閲後求即擲下。

二

世愚侄劉麒祥謹上書筠丈老伯大人侍下：

日前老伯大人及南丈所寄家君書，昨即專丁送去矣。今午，監生榜發，湘鄉録科者九十二名，僅取一十二名，家兄未得録取。敬求老伯大人寄函温學政以冀補發，賤兄弟素叨垂愛，想不吝一紙見庇也。從堂叔劉光福監生亦未獲録，可否求老伯大人一並録送，不勝感禱。前附生吴逢辰、康希濳，侄曾面求，想已録名送達矣。侄理合登府叩求，奈賤足近忽紅腫作痛，舉步維艱，衹得肅稟上呈，伏乞原宥。敬請福安，恭候還諭。

二十九早　世愚侄劉麒祥頓首謹上

三

世愚侄劉麒祥謹覆筠丈老伯大人侍下：

昨日録科僅未犯規而已，家兄二十四日起程，肩輿赴省，明日或可到寓。奉到賜諭及寄家君書，適明日專丁回湘，即可付去，家君詩文稿呈上，乞賜收。肅此，恭請鈞安。

二十六日　世愚侄劉麒祥頓首謹上

四

劉蕃於咸豐五年十月在湖北蒲圻縣殉難，是時年二十五歲，係文童。經前湖北巡撫胡奏請，奉旨追贈知縣，照知縣例賜恤。嗣奉部議，照例給雲騎尉世職，襲次完時給予恩騎尉，世襲罔替。咸豐八年由湘鄉縣詳請，以兄子承襲，由前湖南巡撫駱彙案咨部轉奏。十一年十二月十九日，奉旨准襲。同治元年三月由司行縣，所有每年應領半俸未及領取。本年七月由善化縣申請發給半俸。自咸豐十一年十二月十九日起，至同治四年年底及歲止，十四歲呈襲。共銀壹百柒拾壹兩壹錢零。及歲後所應領之半俸，因去歲七月藩臺以未曾稟請驗看歸標之襲銀，詳請停支，是以未及申請。若自奉上諭日起領，至去歲藩臺詳請時止，則應領銀三百餘兩，每年四十二兩。申文七月十七日遞進，至二十八日軍需房廖克和鈔藩臺批語云，陳年未領銀兩無款補給，俟庫裕再行領取。此批云未懸牌，俟續稟再候批，然究不知其中之故。昨初二日復具一稟遞進，仍請發給半俸，查今早尚未呈，乃復取還。現在辦法或領至同治四年止，或另辦申文領至去歲夏季止，均求老伯大人裁奪，賜諭爲禱。

外鈔録前日申文一紙。

世愚侄劉麟祥謹呈

五

世愚侄劉麒祥謹稟筠丈老伯大人侍下：

昨晚奉到賜諭及方伯覆老伯書，乃知侄前日由長善所辦申文竟未寓目，此中之故甚不可解。今老伯爲侄轉往索取則弊端盡息，而侄之受賜良多矣。謹將先繼父殉難年月及前日兩次呈由何日遞進，另繕呈覽。肅此，恭請福安，統希鈞鑒。

八月初三日　世愚侄劉麒祥謹稟

外。油紙一張恭呈，此方係先祖所授，用真桐油浸皮紙，浸四十九天取出，置陰處瀝乾，用甘草水煮出，連煮二三次，候半乾即以輕粉灑上，固皮乾水甚有效驗。再。前日面求老伯所送今歲同窗友吴逢辰、康希潛二名，今日補發仍屬無名，或仍求老伯專函遞送，不勝感禱之至。家兄及堂叔已補出矣。麒祥又禀。

劉鴻業（一通）

筠丈老伯大人侍下：

頃接賜示，敬悉福體安康，適符頌祝。侄兄弟已于申、酉先後出場，辱承尊念，謝謝。三題雖均有生色，但苦手筆太拙，實無可取，稍遲敬求賜改。老伯家寄家嚴書明早即當付歸也。恭請福安。

世愚侄劉鴻業頓首謹覆

樊　尹（一通）

大舅父大人侍下：

月之十四日錦帆由湘治回省，道躬迪吉，福履延禧，恭頌恭祝。甥在縣兩次晉謁，皆因賓從雲集，未獲縷陳心事，想大人知我最悉，愛我最深，不言之際，亦自眷顧無殊。甥明年館所未定，而通志局鄒某承陸觀察推薦他處局務，其校對一缺尚虚未補人，因此仰求大人德蔭，力爲謀就。俾鷦鷯微物，棲假一枝，則飲和食德，感戴無涯矣。肅此，敬請福安，預賀年禧，伏乞鈞覽。

外甥樊尹頓首

再。堂兄西堂患痰症十餘載，沉疴也，貧寒之家雖得良醫，苦無良藥。聞大人自粵歸來，蓄有化州美橘，每挽甥丐求，甥迫以親親之義，故前在省上書言及，因歸期匆促，未獲手領。十一月因寅伯表兄來省，託之代求，又適值大人于前二日已發羅湘之棹，故亦未獲。今果可便來人恩給少許，俾脱痼疾，不獨堂兄以後康强之歲月拜仁人之賜，甥亦身受不殊矣。尹再頓。

歐陽述（十一通）

一

太年伯大人鈞座：

不侍教忽將三載，孺慕之私，刻不去懷。前至滬上，重親慈範，體貌丰采，不減疇昔，足徵賢者精神乃邦家之元氣，退而不勝狂喜。伏維大人以經天緯地之才，安内攘外，奉使七萬里，不憚辛勞，不避嫌怨，爲國家籌千萬年之業，開久安長治之規模，實基於此。而其德教之懾服殊方，聲威之播揚海外，此其素所藴蓄，一旦發之而有餘者，惟求其所以修好睦鄰之道，探取本源，事事詳加考校，凡有裨益於朝廷者，功歸實效，苦心孤詣，誠無負爲專對之臣，非若從前之使於四方者，藻飾鋪張，奉爲故事而已。而比比者流，不諒其情，不核其實，同聲詆毁，肆口雌黄，叩其所以靖患患禦夷之資，又皆嘿然無詞以對廷以。陽則痛駡洋人，邀取時論之譽，陰則鑽營洋務，爲進身捷徑之階，包藏禍心，實有誅之而不足以蔽辜者。此等同流合污、妄議原無足輕重，所歎者世道陵夷，即於此見焉，倘欲挽回流弊，恐非朝夕所能致者。大人隻手維持，中流砥柱，不爲時俗所惑，不因浮議所摇，堅定其操，涵宏其量，卓見確論，遠邁時賢。刻雖遠道歸來，猶自白髮憂時，不稍息肩，貽君父之廑念，丹心炳燿日月，擬之古社稷臣有過之無不及也。惟是此番乞假南旋，詔賜休沐三月，足見聖恩垂念老臣之優渥，無微不至。而外間頗滋疑議，謂懟然歸去，於進禮退義之道似有未盡善者，人以爲去而不返也。伏乞大人于假滿後回京復命，盡其在我，以副衆望。至於進退出處，俟彼時再爲權衡，尚未爲晚。夙蒙厚愛，故敢忘分瀆陳，祈垂察焉。述不學，無所能人，辱荷栽培有年，不能稍自樹立以副厚望，已屬慚悚無地。尚蒙念舊殷拳，不遺葑菲，賜銀爲之捐免保舉，又賜薦書，所以爲述謀者至周且篤。種種盛德，銜結難報，惟有心香一瓣，默祝大人如日之升，如月之恒，如南山之壽，如松柏之茂，經綸宇宙，燮理陰陽，此尤述所朝夕虔禱於不置者耳。述於月之初七日至寧，翌日叩謁幼帥，面呈尊書二函，屋烏推愛，垂問頗殷。越六日，送來贐金廿四元，當即面謝退還，未相强受，並詢及大人清恙如何，何時北上，觀其詢念之殷，甚相關切。十九日稟辭回揚州，並不敢面作干求之請。孫方伯陳請開缺未准，現請病假，故未見面，尊函遞進，尚無消息。幼帥於月之廿一日交卸，廿四日由寧啓行，坐登瀛洲輪船，上海並不停泊，據云端節後即可回任。述閑居邗上，於今三年，寓中日用均從竭忠盡歡中假來，自顧顔汗已極，王孫歧路，人誰惜之。邇來典盡鷫鷞，朝不謀夕，其困乏情形有不忍面陳清聽者。伏乞大人終始成全，再乞函託幼帥指名求委，大勝關、通州仙女廟、大河口等處釐捐於述尚爲熟習，能得一差以濟眉急，則述有生之日皆出自高厚鴻恩之所賜也。日來幼帥復函，倘有言及述語，亦祈賜諭。昨在寧晤姚彦嘉刺史，據云渠見幼帥，語及輪船通商湖南之議，幼帥不甚主張，謂湖南民氣强悍，恐滋事端，將來又要歸咎大人等語，似亦關注之言，諒彦翁必有詳函奉聞也。前求大人賜撰先祖墓誌，謹候大文寄下，即以貞諸金石，俾增泉壤輝光，存没同深感戴耳。述準於夏末秋初先至湖北恭迓台旌，侍聆訓誨，藉慰烏私之戀。關山迢遞，仰止爲勞，臨穎神馳，不盡依依。肅布，敬請鈞安，伏祈垂鑒，倘蒙復諭，得所遵循，幸甚禱甚。

年再侄歐陽述謹禀　閏三月廿六日

外附黄軍門復函一件，曾清泉安禀一封。

二

筠翁太年伯大人侍史：

月前謹懇賜撰先祖墓誌，辱承惠允，哀感無涯。兹接家叔來函云，已卜吉，容將安葬，祗俟大文就成，即請人書丹，覓良工鎸就，便以瘗藏墓前也。伏念先祖與杖履四十年道義交好，其生平事迹仰仗偉論闡揚，永貞金石，庶閟兹幽宫，光騰彩焕，吉雲擁護，蔭及遺魄於千萬年，則先祖没且不朽矣。冒昧上瀆，諒蒙哀憐，伏乞矜鑒。肅此，敬請福安。

再侄制述謹禀

三

筠翁太年伯大人侍史：

賤事既經上詳，皆云根柢牢固，奈廣平處紛結難解，恐又發行催封公牘。昨託孫玉麟孝廉轉懇晉公，據云歐陽生事，刻下甚是洞悉，非如前日之尚存疑似。兹既如此，當再向廣平切實發揮，或不至一敗塗地也。屢承恩注，故敢奉聞。兹再稟者。孫君欽仰盛德，久思趨候，竊恐孺悲無介，見拒門令，欲偕述叩謁崇階見賢爲幸。並非有所畀倖，倘蒙進而教焉，伏乞賜示是禱。肅此，敬請福安。

再侄制述謹稟

四

筠翁太年伯大人侍史：

昨謹懇事，方伯處亟宜説通，以免動作，上息風波，下面或和或結，容易了局，伏乞台從轉託晉公，速爲道地，感激之至。述久羈旅館，用費空虚，倘行帖不能完全，每年家用忽缺數百金，則困苦更有不堪聞問者，切膚之痛，帷慈蔭是禱。外。劉星士付來臺庚呈覽，命查志誠太年丈貴造，容當推就送上。肅此，敬請福安。

再侄制述謹稟

五

筠翁太年伯大人史席：

述昨晚歸寓，府經承忽來傳人云，太尊急要提訊，未審何意，現在家叔因病回潭，驚弓之鳥，刻難提到。又恐訊後仍然收押封行，事更難矣。此番動静生死攸關，突如其來令人難解，伏乞杖履能於今午向廣平一言，感戴仁恩不盡。肅布，敬請福安。

再侄述謹稟　十二日早

六

筠翁太年伯大人侍右：

述無狀，日前冒昧瀆教，罪甚。旋承賜示，誨以諄諄，成就之情溢於楮墨，感激不盡。今日天凉，舍弟出場，幸無恙，堪慰慈念。兹録舍弟拙作呈上，伏乞鈞正。肅此，敬請福安。

年再侄制歐陽述謹稟

七

筠翁太年伯大人鈞座：

昨蒙賞飯，飽飫德芬。感謝江南之行，承許附驥，未審蜺旌何日榮發。述擬於日内回潭，伏乞預示吉諏，以便先期來省俶裝侍教也。肅此，敬請福安，謹候回命是遵。

年再侄制述謹稟

八

筠翁太年伯大人侍右：

昨晚案發，舍弟取列弟九名，明日三覆試，從此漸進而上，或能慰杖履期望栽培之殷，誠大幸事。述連日患寒疾，煩惱寓中，無限愁眉，正與此時天公雲氣争濃淡耳，俟稍愈時即趨領教言，不盡。肅此，敬請福安。

年再侄歐陽述謹稟

九

筠翁太年伯大人侍史：

日前遵命往謁黄壽翁，據云此事宜緩調攝，容再促汾陽向上峰切實發揮，方有把握。今又數日矣，尚無消息，甚恐也。辱承愛注，故奉聞。致梅方伯信稿如教加省，仍不妥善，伏乞大筆删改，並祈賜書，以便取信前途。倘述自書翻恐敗事，依人於二千里外，全賴瑶函護身，庶免窮途之哭，惟垂仁焉，是禱。肅此，敬請福安。

再侄制述謹禀

一〇

筠翁太年伯大人侍史：

午間恭叩大喜，適值公出，回寓後側聞輿論，同聲稱慶。倘台從樂就徵車，豈徒閭里之榮，誠爲邦家光也。述在下風，尤突禱祝。賤事前日蒙諭，林宗、叔則兩君感荷多矣。今午谷先生晤林宗據云，且俟威毅公來時再商。然刻下事甚决裂，倘新建趨賀崇階時，伏祈言公之暇便談及之，尤爲幸甚。肅此，敬請鈞安。

再侄制述謹稟

二

筠翁太年伯大人侍右：

今午案發後，舍弟取列四十名，二場仍不能入堂號。天氣如此炎熱，以舍弟病軀，再坐外號，恐又吐血，勞而無功，終成畫餅，豈不辜負長者栽培後進之深心！並未審裴憲已向廣平道地否？日昨文章不甚惡劣，何竟居人後邪？且舍弟不善截搭，故三取前矛均不利，倘非取首，終難入學，此亦久叨洞鑒。伏祈記室再行轉託裴憲，切實言之，自能出人頭地，則感玉成之恩不盡矣。謹候賜復，以便遵行。肅此，敬請福安。

年再侄制歐陽述謹稟

歐陽度（一通）

筠翁太年伯大人侍右：

前宵晉謁，猥蒙獎掖，並指示詩文要領，受益多矣。叔則品學兼優，實爲近日士大夫之冠。再侄情殷師事，竊恐以餘子碌碌，自薦貽羞，尚乞太年伯一言爲之先，容便於時往就正，幸甚幸甚。

于公處已遵命往拜矣，並聞。肅此，敬請萬福，即候回示。

再侄度謹上　廿四日

歐陽述（十一通）

一

筠翁太年伯大人侍史：

頃聆教誨，受益多矣。奉懇事已蒙惠允，茲將舍弟名條呈上，謹祈台從轉致前途是禱。肅此，敬請萬福。

年再侄制歐陽述謹稟

二

筠翁太年伯大人侍史：

昨擾盛筵，謝謝。承命屬劉星士推查化曜，今有介回潭，乞將貴造開示，專函持去台庚，雖非術家所能窺測萬一，亦聊以資笑談之一噱云耳。肅此，敬請福安。

再侄制述謹禀

三

太年伯大人鈞座：

兩月以來，萍蹤靡定，音敬稍疏，甚深仰止。旋聞台旌將北上，假道邗江，竊冀面聆教誨，私自矜喜。後得湘中來耗，側聞福體違和，乞賜休沐，已蒙俞允。正擬肅函敬訊起居，又聞騶從回湘陰，無從寄發，甚以爲念。頃接家叔來信，籍悉種切，並蒙垂眷殷拳，不遺在遠，感激不可言喻。承允函託盧方伯，云於十月内寄來，至今尚未奉到，豈郵遞有遺誤耶？刻下盧公已抵寧，專候台函，親持晉謁，伏祈記室封寄揚州城内李官人巷歐陽公館，並乞飭交信局遞來，以期迅速。辱愛良厚，用敢冒昧瀆陳。述流寓邗城，典質度日，欲歸不得，株守不能，倘不得一差以資接濟，勢將困厄窮途，辜負數年栽培之至意。言念及此，黯然神傷，祈垂察焉。休文自九月以來病勢漸劇，現在遍體浮腫，神氣昏迷，已旬餘矣。昨已疏請開缺，其摺稿録上台覽。當此時局艱難，兩江之任關係匪淺，退歸之請朝廷未必允准也。易卓超兄頃來邗，禀到即寓述處，以便相助料理。唯兩淮人員擁擠，非有照應不行，卓兄誠篤勤能，足以任事，據云禀到後仍回揚，甯波塹難羈留，邗上仰仗裁成之處，容俟相機圖之。知關慈念，並以上聞。肅布，敬請鈞安，伏維崇鑒。

再侄歐楊述謹上　十一月初九日

四

適封函間，接金陵來信云，休文於月之初六日病故，臨危之症，遍體腫潰，口多譫語。自云曾文正大加訶責，謂兩江局面我曾措置甚當，何須反覆更張，並不一來相見云云，其餘説神説鬼之語頗多也。陰陽之理，固屬虚無，然亦未可全無足信。吁，可畏耳！現在兩江任重，經之者未卜，何人能勝任者指不多屈，倘朝廷簡畀賢能，授大人以斯任，則東南半壁又如磐石之安矣。虔忱禱祝，豈僅私心已哉！再肅，敬請鈞安。

再侄述謹上

五

筠翁太年伯大人侍右：

今早接郭熙臣先生來函，係子美軍門叔祖。所云如此，聞之愕然。兹封郭函呈閲，現應如何救急，伏乞恩裁，是禱。肅此，敬請福安。

再侄制述謹禀　初二日辰刻

六

太年伯大人鈞座：

前月廿六日由信局肅寄一槭，未奉復諭，不審已達台鑒否。因槭中尚有秘語，又恐浮沉他處，至以爲念。頃有友人自湘中來者，詢悉使節由鄂啓行，用輪舟附帶，沿途清吉，快渡重湖，聞之甚慰。回憶前年隨侍東下，舟過洞庭，比日天氣暄暖，蓬牕晴和，曾蒙乘興賜書絹幅，至今謹護縹緗，珍爲墨寶，思維情景，宛然如昨。惟是此番星軺於四萬里外，吉叶元旋，而述飄流歧路，不能侍教，南返同出，末由同歸，慰重闈倚閭之望，思之憮然自歎也。伏維旌旆初歸省垣，耆英故舊，相與歡迎，暢話桑麻，賓筵縱論，且以海外風景廣人見聞，觴咏之餘，又增幾番佳話。惟紛繁酬應，勞頓難堪，尚祈頤養安恬，慰天下蒼生之厚望，副聖慈眷念之殷，是所禱祝不置者耳。兹閲《申報》云，西貢添設領事一節，總署似已照行，仿照臺議部署，從此華民役彼者可以各安其業，受福無窮。遥知額手謳歌，咸相感戴無量功德，仁人之言其利也，溥誠哉！夫以遠方不相關涉之事，人多忽略，相將誰加考校周詳，創立便宜，遠布聖朝懷柔之恩澤。惟大人胞與爲懷，無微不至，凡有裨於民生國計，期於力行，此豈近時袞袞諸公空談經術，邀譽虚聲者所能企及於萬一者耶！又聞湖南省垣近有洋人傳教滋事之説，旋開輪船五隻，至省與湘民相角逐，道途傳聞不確，竊懷杞憂，倘蒙賜諭，並乞示知。述流光空邁，節又天中，試觀競渡龍舟，此心髣溯湘波而上，眷懷盛德，不禁依依。肅布，敬叩午禧，祇請鈞安，伏維慈鑒。

世再侄歐陽述謹稟　四月廿八日

七

謹再稟者。陳樹齋知事由鄂抱病回邗，尚未全愈，語及大人相待殷勤，甚深感激。樹齋誠儒素家風，性情醇篤，文筆斐然，遇事尚有見解，不肯隨波逐流，其品詣爲足嘉也。所惜沉淪末秩，莫遇賞音，而其境遇艱難，甚可憫耳。兹附呈賀柬一函，並盛藝垣巡檢一函，伏乞垂鑒。張松林兄株守此間，尚無消息，知念並以附陳。再肅，敬請福安。

侄述再稟

八

太年伯大人鈞座：

端午前肅寄一函，附陳樹齋、盛藝垣兩賀柬，並前函兩次敬叩起居，未奉台諭，不審郵遞有遺誤否，至以爲念。伏維頤養萬福，避暑林泉，台旌北行，諒在初秋時候，述當届期至鄂相迎迓也。孫方伯處絶無消息，沈制軍料有復書至湖南，尚有言及述語否，祈賜示。述久寓邗上，甚空乏，實難株守也。張松林兄前因都轉函復大人，允爲位置，想當不謬。候之數月尚無事，昨屬述一詢，據云不能設法，可令歸去，昨是今非，甚無謂也。肅布，敬請鈞安，仰希慈鑒。

年再侄歐陽述謹上　五月廿四日

九

筠仙太年伯大人鈞座：

十月廿三日肅上一函，諒達台覽。述於廿七日歸自寧，檢理行匣赴大通，適卓超兄至，藉悉杖履萬安，頌禱無量。卓兄初來此地，人地生疏，此間寓貲昂貴，何能久居，昨賃房屋三間，邀卓兄合住，較爲節省。頃至瓜洲爲卓兄事與吴鎮臺極力催促，據云已向徐仁山都轉説過，雖然應允，揭曉不卜何時。述前求皖岸所屬蕪湖分銷鹽卡，速祈我公切實函懇峴帥，事可必成，倘能得此，即請卓兄同爲幫辦，以免另圖，而卓兄亦甚願也。謹候賜示，不勝待命盼禱之至。專肅，敬請鈞安，伏祈垂鑒。

再侄歐陽述謹禀　十月廿九日

一〇

筠仙太年伯大人鈞座：

前月廿六日自九江肅呈一函，當達鈞覽。述於朔日抵江西，晉謁子衡廉訪，面賫峴帥薦書，擬可得一分銷等事。詎知衡老近與峴師頗有意見，面諭此間無差可委，仍回金陵别圖，株守亦無希冀。述見其言詞唐突，不便强求，祇得仍理歸櫂，此番用去川貲四十餘金，從竭忠盡歡中借來，又是鑿空而返，亦大可哀。頻年東逐西馳，摇尾求食，財盡力竭，百無一成。倘非上有祖母，下無弱息，決不願苟活人間，自甘暴棄，言念及此，潸焉淚下。述旋寧擬再求峴、雪兩帥，尚不知究竟如何，伏祈大德終始成全，立蘇(甦)涸鮒，枯荄之望時雨，誠亟亟焉。述明知無厭之求，頻瀆清聽，罪無可辭。然勢處傾危，不得不呼救於長者之側，以外無可禱訴者，祈垂察其愚，不勝惶恐慚愧之至。肅此，敬請鈞安。

再侄歐陽述謹稟　九月初六日江西旅舍

二

太年伯大人鈞座：

三月五日人還奉復書，並附致梅方伯一函，所以爲述謀者至周且篤，展函謹誦，感悚交併。閲十日賫書渡江，屬湯丈小秋轉上，書上三日，秋丈傳述方伯之辭，始知述所祈於太年伯及太年伯所殷殷於述者，竟大相左。其間底藴亟思上聞，而所懷萬端，有不能殫述於尺簡者，適晦甫兄來金陵，遂具白之，屬其面達，俾太年伯得詳省此間情形，毋虚負德懷遠，繫區區之私。伏維垂察，敬請福安。

再侄歐陽述謹稟

歐陽泰（一通）

冰絃之忽斷，飛鴻別鶴，難以爲情。蒙大人垂青三十年，恩重如山，未能膜不相關，是以遇事敢獻芻蕘之論。爲大人計，内助不可無人，擇得賢淑，百日後即可鸞膠再續，禮從宜，似無須待期年也。較緦麻稍重，便情禮兩得，但須擇其德性，惟大人酌之。肅稟，恭請素安，臨稟馳念之至。

受恩小人歐陽泰謹稟

子周侍叩　六月朔修

敬再稟者。四月得京信，馮大人定於七、八月到京起復。郴州試畢，小人無所事事，欲往京中投奔舊主，汴梁亦有舊主人家，欲往探問。但身負重累，一囊如洗，其勢不能直奔京都，祗好步步爲營，先到湖北清理家事，再奔河南。務求大人推念前恩，始終憐惜，於湖北、河南相好中各給一函，俾小人有所棲息，則可保犬馬殘年，更感高厚鴻恩於無既，銜結有時，言不盡意。

小人泰再叩

潘康保（一通）

筠仙年世伯大人尊前：

日前趨叩台端，面聆椝誨，欣幸無似。侄南歸侍奉，亟思覓就，現在玉泉家叔田涇團練。侄意欲到彼襄辦，以期學習，敢求年伯大人鼎言向中丞一提，給予委札，俾得前往。指日省垣克復，或可邀一進步，並求委派忠義局差，以便就地採訪，皆出自裁成之力，實深銘荷。侄出都時，家兄本屬執鞭左右，冀荷鈞陶，此時棨旌遠莅，私願莫伸，用敢仰瀆鈞聽，無任悚跂。專肅敬呈，祇請勛安，伏惟鑒察，不備。

治年世愚侄潘康保謹啓

第十三册

蔡先泳（一通）

筠翁中丞大人閣下：

未領教言，倏經一載，依戀之私，時深五内。秋間曾肅蕪函，叩請金安，諒邀鈞鑒。兹當嘉平初届，伏稔褆躬納吉，潭祉增綏，定符念頌。啓者。弟自二月底蒙薦襄辦華容緝私局務，七月間，總辦魯秋翁派弟往墨山開設分卡，幸公事順手，每月薪水可得地支之數，俾得潤及枯荄，將來一粒一絲莫非老兄所賜，至事弟無不體其德意，矢勤矢慎。昨聞魯秋翁業已告退，另委譚心翁接辦，弟恐此公到局别有一番位置，故赴省預爲籌畫。承張力翁不棄，即賜名片與弟謁見譚君，又蒙閣下寄函囑託譚君，關照一切，想來歲一枝之棲似可靠耳，不勝銘感。比因省旋即擬趨叩台墀，面聆訓誨，奈局中公務紛紜，風塵匆遽，未敢輕率相干，特具荒函，敬請鈞安，伏維斗照，不一。

姻愚弟蔡先咏頓啓　臘月朔日泐

鄧訓誥（一通）

鄉愚晚生鄧訓誥稽首頓首筠翁仁丈大人閣下：

敬啓者。晚生屢荷栽培，恒深感激，拜違日遠，仰慕時殷。恭惟大人吉叶起居，望隆中外。上台星朗，鳴珂依日月之光；邊境風恬，聽履協星雲之瑞。兩宫篤藎，九陛錫蕃，翘瞻玉暉，彌殷金鑄。晚生盾本庸愚，材同樗櫟，迭邀青注，吹植成全。前於七月廿八日奉伯相札委，接管保定樸捷馬隊右營，遵於八月初一日由津起行，初十日馳抵大名，十二日接理馬隊營務，十三日出防順德、廣平一帶點名查道。兹於十九日仍回大名，一切均託順適，堪以仰慰鈞懷。惟念晚生自客歲以來，渥被裁成，有逾骨肉，異日得有寸進，則飲水思源，何莫非長者之賜，銘肌鏤骨，畢世深之，洵非可以楮墨罄也。兹聞星軺遄發，理應趨叩行旌，藉伸孺慕，無如層層節制，動多挂礙，願與心違，爲歉然耳。敬懇者。有同鄉藍縣丞步青號崑山，係岳州府華容縣人，年三十七歲，與誥認識多年，在津同住兩載，其人穩成諳練，寫算頗明，尚堪造就。今春蒙黎召民觀察派委海巡差使，月給薪水拾金，渠以佐雜末員，薪水至此，雖不甚豐，亦不甚菲。奈該縣丞數口嗷嗷，支持維艱，伏思大人出使外邦，在在需人，可否仰乞栽培，收録隨員之末，俾長親炙，近聆教誨。該縣丞習慣勞苦，倘蒙收録，必知感奮求效於涓埃，則感戴不啻身受者也。茲特不揣冒昧，用敢縷陳，並乞鑒原，不勝悚歉。謹肅蕪啓，恭鳴謝悃，虔請鈞祺，伏祈垂鑑。

鄉晚鄧訓詒謹啓

敬再啓者。藍縣丞現在津郡差使，我公出都至津，該縣丞自必迎接，趨謁行臺，接見時親聆教誨，即可面示行止也。謹此，載叩鴻祺，伏乞慈鑒。

鄉愚晚生鄧訓詒再啓

鄧繹(一通)

筠丈先生左右:

拙稿尚未分類,多拉雜無可觀,以長者之虚衷見采而不能自秘也,敢請教而正之爲幸。即候箸安,惟鑒不宣。

鄧繹上　初八日

計呈集六十一至六十五,共五卷,閲後祈擲還爲荷,繹又及。

鄭官應（二通）

一

敬稟者。竊官應俗冗歷碌，箋敬久疏。撫芳序之推遷，又斟蒲緑；望德暉之迢遞，彌切葵丹。敬維大人頤養占豐，泰祺協豫，聲教既遠，敷於殊域，輔弼將重，賴於公才。此時裴相歸來，堂開緑野；他日謝公再出，澤被蒼生。遥企鴻儀，良殷鵠跂。官應薪勞依舊，樹建終虚。既無用世之才，自嗟鳩拙；更乏濟時之策，普賑鴻嗷。兹以直省天、河各屬被灾甚重，爲日正長，水尚彌漫，麥難播種，是以灾民離析，待賑孔殷。前接天津籌賑局諸君來函，諄屬續籌捐款以資接濟堤工等因，然滬上與浙、蘇、揚、鎮籌賑連年，搜羅已罄，今雖展限，重請發棠，能否繼興，尚無把握，不過聊盡微力而已。查直境連年水灾，非由於天時之不善，實害於地利之不良，倘及此時而以人事補地利之缺，亟宜廣開新河，宣泄積潦，俾河患不興而後民安耕種，歲亦有秋實，一勞永逸之計也。然而巨款難籌，亦徒托空言無補耳。知蒙錦繫，用敢附陳。中俄交涉之事當軸者如何籌策，外間亦不得而知，惟俄國兵船之來中華者，已有十餘艘，今新加坡又到天兵船、大鐵艦各一艘以窺中國動静。强鄰日逼，防堵難周，時勢至此，不禁代抱漆室之憂。伏念大人公忠體國，深明洋務，求之當世罕與比倫，若得樞廷贊治，定有碩畫良謨，上紓宵旰之勞，下慰雲霓之望也。今附呈賑務書數種，至祈教政是荷。肅修寸稟，恭叩崇安，統惟鈞鑒。

晚生鄭官應謹稟

二

敬稟者。前奉手諭，仰蒙惓惓垂注，語重心長，捧誦再三，感悚交集。辰下恭惟大人福躬康勝，潭第安娱，允孚下頌。機器織布在今日宜仿西法，諸事中較爲易舉，而有把握。官應昔聞緒論甚願究心，徒以前局措理未循次第，人事又復不齊，至於中輟，深爲惜之。今幸戴太史、龔觀察事機相值，伯相撤銷前局，飭令籌議，又得蔡、李二君同力認股。四人名號均詳刊本章程中，戴、龔、蔡各認五萬，李一萬，官應四萬，共二十萬。伯相分别給札，始基粗立，外間聲望頗覺壁壘一新。同事諸君以官應稍習洋情，禀明伯相，責令一手經理。顧念才力，深懼弗勝，惟蓄願已久，今且復爲馮婦，若不乘此鼓舞，力底於成，不特上負憲委，下慚良友，且重爲遠人輕笑，心實恥之。凡事之興，必有大力者爲之提倡，况事屬創始，口議久滋，耳目環矚，乃以淺薄如官應者，懸的爲招，自非仰藉容光，必不足以來應求之雅。謹寄呈新訂《招商章程》十本，其中逐端詳核，尚恐有思慮未周之處，務祈詳加披覽，訓示一切，更祈錫以鼎言，招徠合股，如蒙信任，其銀當由官應承領。現在同事諸君各自承招，即外股之來亦各有經手也。至華産棉花機織洋布，向有花性不宜之疑，前年曾購花寄洋，試織成布，尚未詳加考驗，今又於七月中購寄各種花衣，分交英美著名織廠試織各種洋布，俟其寄回，當更有把握。據容蒓甫星使轉詢熟諳織務之人云，華花織布照現在織造洋花之機略爲改製，即可一式精良，將來定購機器，此層最宜詳訂也。肅陳縷縷，恭請福安，伏乞鈞鑒。

鄭官應謹禀

瞿遵度（一通）

敬徑呈者。今晨偕抵泗前來，維時尚早，未獲親承訓誨，良用歉然。所蒙賞薦兒子業師，原説及門六人，束脩制錢四十串，茲我求童蒙再三矣，暫僅四人，爲此虔備小柬，祇請周師明日登館，所有原議將來必如數也。此叩筠翁中丞大人福安，明午潔樽，敬候賜臨爲荷。

瞿遵度謹呈　廿五日辰刻

蕭炳麟附筆問安。

麟（一通）

早間奉發紅封，未及作答。匆匆赴貢院送各友進場，即詣大京兆署拜賀，以尊函等件面呈春翁，又值公出，仍留交司閽囑爲代遞。瑣事屢費清神，悚甚感甚，容另日趨謝。肅此，復請勛安，不莊。

麟謹啓

蕭貢瑜（一通）

筠翁中丞仁兄世大人閣下：

久未得聆麈教，茅塞莫開，肅啓多疏，傾忱倍切。恭維景祉駢臻，鈞祺翕集，定符頌禱。弟困苦窮廬，毫無善狀，兼之老病頹唐，久慚蠖屈。前聞駕至玉林寺，主修縣志，久擬趨侍尊顔，而舊病時尋，徒勞寤觳。昨三小兒歸云，蔣力山有信，託筠翁扣除三小兒薪水以償伊債項，遂斷每月扣除五千文。又云祗陸續收過息錢一年，但此錢由大、二小兒於同治七年臘底所借出咸春礲坊，揮票爲質，議息錢每年二分二厘，至八年底，弟經手還息錢二十二千文，出借帖换出揮票。九年底，又還息錢二十二千文，十年息錢遲至本年二月初，還錢二十千文。三載共收過息錢六十四千文，何謂祗收過九年息錢，蔣姓之狡猾至於如此。弟困窮已極，仰祈察奪應再還蔣姓錢若干。三小兒薪水扣至何月止，並請賜示，且蔣姓既託扣除薪水，弟之借帖想必並呈電照，扣清後籲懇將借帖飭交三小兒手收，是所切禱，銘感無涯矣。肅泐，敬請大安，伏乞鈞照。

世愚弟蕭貢瑜頓首　夏至日上午泐

鮑源深（一通）

遠隔檮暉，時殷葭溯，前奉朵函，以俗事倥偬，久稽裁答，歉歉。敬維筠軒仁兄年大人蕃祺晉吉。茀祉恒綏，訏謨宏辰告之猷；光志喜□，畀重□□宸之命。□紵隆恩，即領卿班，傾心愉頌。弟晉陽滯迹，履薄時虞，徒積薪勞，毫無樹立，尚冀箴言頻錫，俾獲遵循。囑代覓《植物名實圖考》，近日此書坊間甚少，覓得後，又未遇便，是以遲遲寄致。兹奉上一部，計八套，交派貢差弁帶呈，計七月底方克到京，到時希查存是幸。專泐，祇請台安，統惟荃照，不備。

年愚弟鮑源深頓首

此札中所闕部分爲原第十五卷第一一八頁，已合璧於此。

黎光瑜（八通）

一

筠翁中丞大人閣前：

去冬寄信一函，託爲查貴州臺、拱等城保案，此事非請李宣伯代鈔一長單不能清晰也。中丞大人果肯轉致一音否？捐輸一節如東、南、北三鄉尚有廿一局未捐，倘能盡如弟輩儘可捐上十萬有奇。他人不過短於才，若李静吾常帶鐵練鎖人，是頂戴榮升之家，即縲絏受辱之家也，豈不令人駭煞笑煞！况聞愈横者捐愈少，於公事有損無益，是兩失之道也。尖家山一案，臘月底始將中丞寄我之信交丁次翁一閲，大約縣不投審，次翁定辦詳文到府，特患危養，吾等不知此中消息，又來貴廡請教，亦即可以此舉告之。今年城南一席仍屬中丞大人主講，朱、張復見，教化風以爲本省幸。第慮談經鏗鏗，未免清神過費，眠食珍重外，再參養生術於引繩削墨中，少用心血何如。舍弟紹光，字鶴泉，仰慕台端圭臬，欲來從遊，而材非桃李，又恐不見收於公門，特祈中丞大人格外栽培，俾伊有所師承，或於詩文間略施點鐵成金之法，則感激不獨身受者矣。今秋擬赴黔，稟到晉省特再來求示指南。敬請福安，伏乞垂察。

研如弟黎光瑜頓首　正月初十

二

（上闕）

此人乃江南窮困孝廉，十口飄零，一身落拓。已託張力翁謀館，力翁亦首肯之，奈遥遥無期，無從生活。中丞大人垂憐寒素，晤力翁時慫恿一言何如？此致筠翁中丞大人，即及。

弟照琨安

三

愚弟黎光瑜敬懇筠翁中丞大人閣下：

干鏌自躍於洪爐，人必以爲不祥，故才不自用，貴人用之也。然用而不得其當，與不用同得其當矣。而又爲人所阻，其人之力量可知，其事之濟不濟亦可知。今且不計人之用，瑜請即瑜略陳其概。郴州釐務意老用瑜也，查辦南卡一年，比上年多錢二萬餘串。白沙釐務中丞用瑜也，查辦東江五月，比上年多銀六千餘兩。充當李次帥營務，李稱到底好人，瑜不敢負中丞之薦也。如是管解，席硯帥軍餉銀錢未錯分文，瑜不敢負意老之薦也。如是去年辦理米捐共七萬，瑜一人三萬零，上無插稟之文，下無受累之家，其間謡諑偶具，丁邑侯幾爲所惑。殊不知有執殺之歌，然後有誰嗣之頌，人而不爲世所軋，必其迂腐者矣，必其狡獪者矣，必其趨避太熟，不顧國家公事，因循苟且而爲之，而後可以儕鄉愿，否則急公好義，出力較勝於出資。當是時也，内而邇言不察，外而讒夫孔多，必思有以掣其肘，而後以其志而可以省捐。獨不思武昌一局，上届九千零，此届八千零，如果染指公橐，胡以充此，不待智者而知之矣。況捐輸一節，人以武，我以文，人以權勢，我以詩歌，藝林舌戰之秋，安有苞苴夜進者哉！今試以緝私，委之如勸捐，然如抽釐，然如軍務，然當必斟酌盡善，老而彌精者矣。然非中丞爲之先容，縱屬真龍，其如人之不好何？或祈先寄一函，或祈面述一切，一月不效至兩月，兩月不效至三月，三月不效奉身而退，毋多言。敬請福安，虔叩新禧，伏乞垂鑒。

光瑜謹呈

四

筠翁中丞大人閣下：

無定見者，不可與謀大事，貪小利者，不可與立大功。弟之所以戀戀棧一足者，爲家口之計耳。如果蒙中丞大人之恩，每月可得緝私銀三四十兩，自應就近謀生。昨接張力翁信，稱局面太小，難以位置，是水淺不能藏身，祗好作黄鵠舉也。況在楚爲紳，紳等掣肘，在黔爲官，官好展足，縱謂通同，尚屬閑曹。而古來賢豪起身別駕者，指不勝屈，俸薄儉常足，官卑清自尊，弟所習誦者也，弟固決於起咨赴黔矣。惟祈中丞大人垂憐舊雨，賜投曾樞翁信一函，則進身有階，異日稍有寸進，當銜結以報。而家中食指甚繁，西鄉薄田又復年年淹水，哀鳴嗷嗷，稻粱誰給，祇得敬懇中丞大人與小子廷耀謀一吃飯地，或薦入韓庚翁處當哨官，每月可得銀十餘兩，或薦入葉介翁處辦緝私，每月可得錢十餘串。而小子亦歸標候補人員，名爵頗稱，兼以在營十餘年，練達世務，果能得所藉手，斷不作羊公之鶴，此令弟志翁之所素悉者也，故常代爲説項也。倘小子無棲身之所，則歸標未領薪水，歸家不能耕種，一人飄蕩，合室饑寒，弟又安能棄妻子而逃耶！弟十年以來，衣食皆出自中丞昆仲之手，暫時愧無以報，而詩書之交既久，樾蔭之澤復深，人非木石，誰肯忘情耶！况弟不奔走豪門，李、左兩大家絕無來往，即張力翁處前年想以投刺，尚非深交，中丞而不援手，弟祇好向隅泣也。果愛吾即愛吾子，則一人得事，十口咸生，合室頂祝，殆所謂報束晳以長生者耶。弟前有句云：『宦途味欲嘗雞肋，俠客情難割馬肝。』中丞異日起用，當效馳驅之力，弟尤翹首以待之。敬請福安，伏乞垂注。

愚弟黎光瑜頓首　二月廿九

蒙薦小子廷耀以韓庚翁處爲第一要著，但非哨官不若緝私，一二日肯賜回音否？不勝頂戴翹企之至。

五

筠老中丞大人閣下：

大駕何時下鄉，當來奉候，藉以談心。前年挪錢五十串，本擬今春定還，奈家中事繁，開銷不少，現在行囊正愁蕭瑟，尚著人回新市向舊友借貸，故欠中丞之錢不能即還，約俟文洲圍田可售，屬小子廷耀送上也。弟之咨文已得，竟未批駁，殆以同通尚屬閑曹，不比州縣府道耶。知關綺注，用以奉聞。已擬於初五、六起程，蒙面許有信寄本家簡堂，祈憐舊雨初仕，恐多舛錯，恩給一書作保身符，何如？猶憶同治六年投效於李次翁，先不見面，一得中丞書，即倒屣迎之，且辦魚翅席，愛屋及烏，有如此者，此弟之所以禱祀求之也。外送紙二張，内有一張祈贈座右銘以爲圭臬，非僅每思舊友，取書看也。敬請潭安，諸惟愛照，不具。

愚弟黎光瑜頓首　四月初三

六

筠老中丞大人閣下：

疊擾郇厨，芬留齒頰。前因赴黔在即，屢求中丞大人賜薦書兩函，藩憲一函，固首肯者久之。中有撫憲一函，固知素無書信來往，然同在詞館，世誼已重，而曾公又嘗在曾中堂處會晤一次，並非未同而言，且以中丞大人文章勳業，必爲曾璧公號樞元者所傾仰，倘肯一薦，定較重於他人之書，豈僅賢於十部從事已哉！况曾樞翁最講交情，凡有書函薦人者，罔不格外垂憐，中丞大人何妨因一舊友作破格事耶！此弟所以敬呈花箋信封，百拜以求一揮也。外呈鏡仙紙、扇頁等件，亦懇偷一息之閑，振筆直書，倘紀綱不暇磨墨，弟即飭小介代磨。又大衆塅有楊姓田四十餘石，其價甚廉，託弟向中丞大人求賣，其田既水旱無憂，其人亦誠實無欺，又有鄭步梯等作中，可以耽承一切，春不暇買，秋冬亦可成事。倘中丞不受，令弟志城亦可受，如果可受，即祈喚弟等面商一節，以便呈託帖爲質，倘不肯受，回信辭退可也。敬請崇安，伏乞垂注。

鄉如弟黎光瑜頓首　三月十八

七

�翁中丞大人閣下：

昨送賀举哲嗣詩已收到否？詩原不工，幸未錯寫弄麐字。聞葉介翁來省三日，可否札委緝私，祈中丞大人再爲説項，並祈會同張笠翁慫恿肯否？倘不以爲然，敬懇垂憐故交，與弟作書一函，直投曾樞翁中丞。庶先容有人委署較快，明知交情不深，不易通信，幸中丞署理羊城時，曾委弟辦白沙釐務，尚可因弟進言也。敝本家簡堂已得友林兄弟書，諒必另垂青眼，倘不惜餘惠，中丞亦肯賜函，則得劉公一紙書，賢於十部從事，尤當銜結以報。敬請崇安，伏乞垂愛。

愚弟光瑜頓禱　二月廿四

敬呈賀生鳳雛微儀，祈爲莞納是荷。

八

筠老中丞大人閣下：

古人云：惡其人者，惡其儲胥；愛其人者，愛屋及烏。弟子廷耀，屋之烏者也。前託令弟志老寄信中丞，密懇格外栽培。並聞韓庚翁令弟招勇上城巡防，已於昨日蒙王中丞大人下札飭帶勇上城，是韓公需人之日，正中丞大人可以栽培小子之時也。以弟老而貧，貧而無子可以賺錢，而圍田連年不收，萬不能棄妻子而逃，使一家覓門乞食也。雖去年冬曾張羅三二百，祇可稍稍開銷，赴黔路費，僅有數十金，而小子廷耀無處安插，仍然家無飯吃，終必牽扯弟不能分身。今既有生路可尋，而又係中丞大人至好，是以痛苦流涕，求中丞大人引手一救也。名條另開，懇於今晚飭紀綱送交韓庚翁，肯如此愛弟否？又有撫標補用遊擊丁得貴已曾在中丞大人處上過手本，其人同弟在營兩年，誠實可靠，並係中丞大人舊人，亦肯飭紀送名條否？方今亂猶未靖，正國家用才之際，中丞大人心不忘國，諒必舉所知而不吝也。敬請福安，伏乞察注。

愚弟黎光瑜頓首　二月廿六

龍元僖（二通）

一

筠仙大公祖年大人閣下：

昨奉環章，藉悉前布復書已登籤記，就稔褆祺篤祜，勛祉增綏爲頌。東路賊氛蔓延未已，踞擾鎮平一股尚未大挫其鋒，睠念時艱，隱憂莫釋，想帷幄運籌，謀定後動，必已勝算先操也。賤恙服補藥數十帖，標病略減，而形神總未復元。醫者云，心腎太虧，脾胃更弱，非服鹿茸不能收功，須待健運之後，乃能峻補，瞑眩之軀，弗獲買櫂省垣，暢聆教益，抱歉奚如。致送王菽原師款項，適有楊比部回江北之便，就託帶交，深爲妥協。兹謹呈上覆信一緘、足紋貳伯兩，敬希察存，託其妥致，是所感荷。肅復，敬請台安，諸惟朗察，不宣。

治館年愚弟禫龍元僖頓首　初八日

二

筠仙大公祖年大人閣下：

停雲在空，清風入座，正殷葭溯，忽奉蘭言，就稔巾扇延釐，履綦篤祜，翹詹鈴閣，曷罄頌忱。小兒僅免曳白，幸博一衿，遠荷齒芬，益增顔汗。王菽原先生，弟之會試房師也，不通音問十有餘年，前月十六日書來，備言景迫桑榆，謗遭薏苡，雖經湔雪，囊橐已空，聞之不覺惻然。弟於師門向來不敢漠視，緩急那用，數實不貲，其在雷瓊任内借款尤鉅，彼時弟家道尚充，力固能勉。今則殘破之後，撦拄頗難，年來復負債數萬，欲圖厚報，未免力不從心。茲擬致送貳百金，道遠無從郵寄，台端倘有會兑之路，尚望示知爲感。復請鈞安，諸希霽照，不盡。

治館年愚弟制龍元僖頓首

龍光甫（二通）

一

筠仙侍郎先生大人閣下：

從來德高者謗興，功成者毀至。先生經術湛深，起家詞苑，爲當代名公卿。不才伏處山林，安知天下國家大計，先生不棄，引爲知己，惶愧無地，而較之腐儒俗士，尚有一綫之明。先生奉使泰西，街談巷議都是坐井觀天，奚足介意。處今日之勢，其能拒絶洋人乎？然洋人並不爲害於中國，且維持中國之力居多，先生一至其國即知。先生品學並優，才能出衆，自英皇以下，公卿大夫以及庶士莫不敬之重之，以爲大有益於其國，願與講求乎理道焉。吁！非先生盛德，曷克臻此？何當世之人絶不諒先生之苦衷，反肆口詆譏，此真妄人，其與禽獸奚擇哉！今天下大局，願先生與數巨公圖之，實心實政，本末並該，内可以自固，外可以自强，俾熙雍二代之盛治，不難復見，幸甚幸甚。前叨厚擾，又蒙厚貺，未曾致謝，適李甥祥愷來省之便，肅泐一函，敬請鈞安，伏惟慈鑒，不備。

樹堂龍光輔頓首

二

筠仙侍郎先生大人閣下：

前在貴祠一别，忽忽歲云暮矣。伏審福體康愉，譚庭清吉，以頌以慰。晨下賤軀頗適，惟有家事拮据，杖頭又空，將奈之何。啓者。石泉塅田屋一所，在意翁莊屋之上。屋大小不計，閑田大小不計，坵每年租穀壹百叁拾石，規錢壹百卅竿，塘堨俱全，前月已邀李甥祥愷一閲，亦屬膏腴，時價在壹千七百内外，不知尊意何如。現在歲事將闌，伊處亦有燃眉之急，速成爲要，或再專人一看可也。舍弟來省，在意老處有事，即賜玉音是禱，餘不多及。率此，即叩福安，並頌年祜，不一。

光輔頓首　初六日申

謝鵬飛（三通）

一

筠翁大公祖大人侍右：

別後到菜廠胡同聚豐堂看其房子，極爲寬闊清雅，大可延遠客，且洋酒各器皿亦已另可預備。初九日辰刻種種整齊，恭候大公祖大人到聚豐堂作主人。晚先清早在彼料理，初八日可先發帖知會威、梅、愛赫丁柯諸處，諸公無不欣快，即請大公祖大人裁奪，晚明早七八點鐘必到公館面呈一是也。特此留白，敬請新安。

治晚謝鵬飛頓首

二

筠仙大公祖大人閣下：

接讀手諭，并鄭君古鍾圖，敬知壹是。晚即當代致並轉達，伊無不欣然遵命也。頃見樂彬云，數日來爲雲南事竭力周旋其間。昨威公在各當道前已説妥，繼令梅公去當道説無此言，故威公又翻，樂彬今上衙門，不知如何轉旋，特此附陳。復請台安，明日下午當詣叙，不盡欲言。

治晚謝鵬飛頓首

三

筠翁大公祖大人閣下：

昨奉手諭，未及作復。逸亭舍表侄因肚腹不佳，且初九日即起程，諸須親自理料，故不果來。已改請威、梅二公明日上午即到敝寓，同座裕時翁、王孝翁、嚴伯翁、李壬翁，别無生客，務望早臨，各知己一叙良深，盼切。率此，復請台安，即希鑒諒，不具。

治晚謝鵬飛頓首　初五申刻

鍾昌麟（一通）

誼愚侄鍾昌麟敬稟筠公中丞老師大人鈞座：

春仲叩謁崇階，極蒙垂注。荷鯖筵之寵召，倏駒景之頻拋。千里迢遥，五中馳繫。即辰敬維道祺篤祜，潭祉增嘉，以欣以頌。侄他鄉糊口，無善可陳，窮年碌碌，此念懸懸，竟成患得患失之輩，祇以寄人籬下，曾無定局，近況窮窘，尤不可一日無館，久在鑒中。兹於即日接悉省抄，邵陽一缺已於初七日牌示，另委吴司馬稼餘名之網接署，吴君來南已久，現充軍需局副提調官，尊處必時趨謁。侄叩别時，曾懇留心照拂，務得蟬聯而下，現在挂牌未久，書啓課卷事件想未關訂有人，即或早經聘就，則無論徵號朱墨等事，仰懇轉託陳右翁、貽翁、白蘭翁三觀察代謀一席，必能有成，闔家十口俯仰維艱，匪特侄一身感戴已也。老師垂念素深，殷勤倍至，敝居停此時交卸，侄未能得半載之脩，如使到省賦閑，則讀書既無其福，教館又非其時，將來作何生計，嶽雲縹緲，邵嶺睽違，臨楮不盡不宣。耑此，敬請鈞安，伏乞慈鑒。

昌麟百頓首

敝居停師現已耑函鼎薦，但恐未必有成也，故不得不再圖之。張力翁業已函懇矣，意公老伯來省城即祈轉達下忱，是爲至禱。又清查局委員傅艾臣大令名以綏，與吴稼翁至好，得渠一言必有成局，附筆奉聞。昌麟又及。

銜條二紙附呈。

韓殿甲（十通）

一

筠翁中丞大人閣下：

啓者。甲謬承檄令，接辦省城防務，自顧軨才，忝竊非據，深懼弗勝。尤恐部下弁勇不能率一謹飭，因雜採湘、楚、淮軍章程，微参鄙意，漫擬營規，刊刷散給每人一本，令識字者誦解與不識字者，熟聽悉記，違犯必究，咸使遵守。原期勉體憲德委任與諸大君子盛意，第營規條内或恐未臻周匝，有欠妥洽，謹特奉呈賜覽，伏乞教示，是所感荷。肅泐，敬請台安，惟希惠鑒。

韓殿甲謹啓

附呈營規一本。

二

筠翁中丞大人閣下：

頃奉手諭，謹聆壹是。前寄李相之緘當即遵發馬遞，曾否已到，抑有沉失，均未能知。伯相續來之信，亦未再提。兹所致錢中丞復械，謹即加封發遞，並諗福躬，偶受暑熱，自易康愈。祗復，敬頌履祉，恭請台安。

韓殿甲謹肅

三

筠翁中丞大人閣下：

頃奉台諭，飭遞械件，恰好明日有專差赴鄂，當即加封交令帶去，可無虞途中損折也。謹復，敬頌履祉，祗請鈞安。

韓殿甲謹肅

四

筠翁中丞大人閣下：

頃奉台諭，祗聆壹是。龔振之遵即挑充什長，謹以復聞，敬請鈞安。

韓殿甲謹肅

五

雲翁中丞大人閣下：

頃奉教言，敬已領悉。承示代辦小槍一節，惟此處工匠不及上海，現在敝處所製小槍尚堪應用，如需製造，自當代辦，勉副臺命。泐此，復請鈞安。

韓殿甲謹啓

六

逕啓者。頃據探弁回稟，普迹土匪焚搶店鋪後，仍紮□處寶塔山上，行有千人，正在殺牛祭旗。適經駐紮醴陵之鋭營謝營□帶勇趕至該市，於初五日下午接仗，匪無火器，立將該匪打敗，傷賊不少，搶獲旗幟甚多，都是紅鑲白邊式樣。餘匪紛紛逃散，並聞此起土匪有江西水師鬧餉散勇在内，今番打敗，是否全數即散，抑或逃竄他處，俟續探回稟再報。□即布聞，順請台安。

韓殿甲謹肅

七

筠仙中丞大人閣下：

昨奉諭函，並潤色堤記，隨經稟呈王中丞。頃奉函諭，極深佩服，尚請卓定署款，謹將堤記原稿暨中丞來函併呈台覽，即求墨寶，隨當購辦宣紙，其碑式寬長，並請鈞定。再攀駕未誠，容再諏期奉簡。謹泐，祇頌春祉，敬請台安。

韓殿甲謹啓

八

頃奉賜諭，敬悉指恙已就小痊，至爲慰念。昨呈係觀音救苦膏，貼治毒氣，其蟲乃蒼耳子中生者，每於立秋後三日採之，迺疔毒妙藥，治法以蟲安於毒上，用膏貼之，大能拔毒消疔，已未破頭均可貼治，無不效驗。再凡疔毒，似宜解食暈（葷）腥，宜飲菊花甘草湯，防毒内犯，但疔毒應現紅筋，漸漸伸長，如無則非疔毒也。謹以復聞，諒不日即可喜占勿藥也。此肅，敬請中丞大人大安。

韓殿甲謹肅

九

中丞大人閣下：

敬肅者。昨晨聞離城三四十里東南鄉土匪肆貼搶單，隨搶汛弁抄報，並有請撫憲刊發格殺勿論告示者。拙見似仍整頓團練，庶得守望相助之益，繼可藉辦清釐良莠。謹抄稟稿，呈乞鈞覽，未諗愚昧能邀採納適行否。恭肅，敬請台安。

韓殿甲謹肅

附呈稟稿並抄搶單。

一〇

雲軒中丞大人閣下：

頃奉手示，敬悉一切。一俟王方伯諸君議定章程，派員時自當遵辦，以報臺命。泐此奉復，敬請鈞安。

韓殿甲頓首

戴宏楨（二通）

一

敬稟者。日昨曾奉鈞諭，託病在寓已數日矣。日内本擬面求大人栽培到底，因聞少爺貴體欠順，是以不敢瀆求。頃舍下耑人前來，言及敝内病勢甚劇，擬明日回家一行。兹派跟丁陳少書在此守候，如蒙大力轉旋，仍赴臨湘，則沐恩一聞鈞命，即當不避風雨趨赴省城，敬聽指揮也。肅此謹稟，虔請崇安，伏乞慈鑒。

沐恩戴宏楨謹稟

二

敬禀者。昨晚至張府，即將總局問答情詞縷達力公，據云介老既反其所云，實不足與共事。汝此次晉省並不爲錯，即所禀之詞亦不甚失體，渠既聽信小話，不願汝去，我以後亦不管渠閑事也。但介老所言暫勿告禀大人，明日亦勿回去，俟我詢及情形，再行商辦等語。特此禀達鈞聽，倘力公今日赴府，衹作不知此事，是所叩禱。肅此謹禀，虔請福安，伏乞慈鑒。

沐恩戴宏楨謹禀　二十四日

瞿世湖（一通）

敬稟者。世湖於前月十九日奉到回示，知孫觀察處承轉屬玨軒面催，現在世湖尚未會晤玨軒，不知孫公如何回示。鹽局人尠動刻亦覺多，稟懇加催孫公，庶不至遺忘耳。玨軒分屬孫處下僚，恐不便多言薦引也。世湖所學無成，下第亦妄形憤恨，倘局務中萬難位置，教讀一席亦所妄希，稟懇於省城内遇世湖可伴讀者，不嫌世湖譾陋者，求栽培而玉成館事，是所稟禱。庶可藉應城嶽課而有以自益也。久荷甄陶，知關恩注，紙墨瑣瀆，伏乞宥原。肅此，敬請道安，仰祈垂鑒。

受業瞿世湖謹稟　九月十二日自益陽箴言書院監院申

瞿遵訓（一通）

筠翁姻大兄大人閣下：

去秋因公赴鄂之便，趨聆訓誨，備荷栽培。暌侍以來，雖舢舨兩爲狂風所覆，究祗丁役二人被溺者，餘幸托安全。迺函蒙垂注殷拳，恩逾骨肉，銘戢之至，當未獲肅函申謝，此衷歉然。昨晤吴陶村來辰，敬悉鼎裀篤祜，棨第凝庥，並審馮姨太太吉兆熊占，快獲明珠於掌上；祥呈麟趾，榮森玉樹於庭前。瑞靄德門，曷深忭頌。訓客冬自返辰後，諸事均沐太尊體恤，究未得其格外之施，今正復奉派札麻洢洑，離辰約隔二百餘里，而府署及釐卡一切往來慶弔無不仍照分應酬，竊以每月薪水不過十二竿，内外夾攻，焉能濟事。現已在各同事處私挪錢近五十串，無從措辦清償。明知無厭之求，言之自覺顔厚，特以夙叨摯愛，曾許格外成全。兹幸段委員既來省城，倘其晉謁之次，伏祈鼎力噓植，俾得賞添一領哨名目，並不求統帶各船，緣藉此以圖加薪水若干串，免致在此虧累，則感戴再造之恩於靡有既矣。肅此，虔賀鴻喜，祗請福安，伏惟慈鑒。

姻愚弟瞿遵訓謹啓

内子附筆請安道喜，三月初三日自辰郡寄。

兩姨太太均候，不另，孫少君均好。吴陶村在此薪水祇有上十竿，一切用動不敷，彼意不肯在此逗留，訓覼其光景太苦，亦不便勸留也。

魏綱（二通）

一

年伯大人鈞座：

昨午前來稟謝，適值公出，深爲歉仄。署中保案，獨沈堂於侄名字加以勤慎素著等語，廣堂亦即點入，倖列薦章，實出栽培，至德銘感曷極。肅此敬復，兼申謝悃，恭請崇安，伏惟慈鑒。

年愚侄魏綱謹稟

二

年伯大人鈞座：

頃蒙賞賜福元金腿，敬謹拜領，感謝莫名。前蒙費神爲先慈作墓誌，寵光泉壤，尚未稍酬萬一，謹獻上翎枝、補服、靴帽等物，務乞全行哂納是幸。敬請福安。

侄綱謹稟　初六日

王應孚（一通）

雲仙大人閣下：

承諭敬悉一切。極蒙俯賜周全，敢不謹遵。俟賤恙大愈後，當叩謁崇墀，謹聆鈞誨，先此祇請勳安，伏乞憲鑒。

應孚謹稟　五月廿六日

新房摺及租銀均領到，舊摺謹繳。

魏綱（一通）

年伯大人鈞座：

頃奉手示，敬悉一切。寄保定及揚州信件均當速爲妥寄，其寶應信件或托張靄卿兄寄去，緣其尊人振軒制軍現住寶應城内，自必妥速，否則侄冬月出京帶去亦可。肅此敬復，恭請福安，伏祈垂鑒。

侄綱謹稟

第十四册

羅世琨（十六通）

一

夫子大人尊前：

昨聞鄧立紳造契霸占燕子窩山地一案，若有轉旋之意，果遠年白契可爲憑耶？恐此風一開，效尤者紛紛矣。然李仲翁固退讓君子也，謂之何哉？懇將禁止挖泥進葬等情，請之中丞再出示禁，另存一通於書院爲據，不知可乎？不可即乞裁度施行。恭請福安，不戩。

受業羅世琨頓首　十七燈下

二

來示敬悉。日内不見連丞，即過訪商之，如尚不能行，琨可一往看也。天氣炎熱，於老人不宜，心力尤不可過勞，惟善養之。劼侯此函自爲計，則善矣。其處心究與十年西域而忙然於邊境者相等，然於今日應世功夫則已造到絶頂矣。原稿奉，敬請夫子大人道安。

世琨頓首　廿三日

三

示來即造訪連丞，見其傷風大作，不能力疾偕往，如已定明日一往，琨可隨行，明早即詣尊處。如可稍緩，則邀連丞一行，想不過後至三四日。連丞絶大眼力，尤爲不虚此行。聞山價頗重，似不可不詳加審慎也。頃見少侯致總署函，國家辦理洋務數十年，以經營西域十餘年，於此等關係絶大之事，豈未嘗一考察耶？相國顧如是乎！肅此，敬請夫子大人晚安。

世琨頓首　十七日燈下

中丞已回省，聞不日内有洋人來，不審有所聞否。

四

今日劉總辦有意與我爲難，言語形色之間令人難受，似此不能久處，食路有方，當另作謀生之計。謹以奉聞，敬請夫子大人晚安。

世琨頓首　初九燈下

五

樾憲昨日申刻登舟，當交票錢三串以報陳君團扇之贈，前數日陳君自獻，已却之矣。囑轉呈兼答謝旨，即乞查收。伏中取蓮子十斤、迴龍餅百個，並求莞納。此昭山河岸所作，上年始開買，似不遜瀏陽餅。書稿明晚攜呈，日來有新聞否？鮑軍遲遲不發，在省一味驕矜，恐不足與有爲也。手肅，敬叩夫子大人道安。

世琨頓首　初七日申刻

六

頃讀寄裴憲各件未畢，而此公適自外歸，當叩轉呈，明上午即親持奉繳以便再細閲也。日内適裴公啓行巡遊岳常一帶，所事甚繁，各摺薪資已照發點交，尊紀領呈矣。手肅，敬請夫子大人福安。

世琨謹上

七

今日楳根先生放一本地民船到省，星垣亦派小坐船一號，又民船二號齊來，已囑共用三船，明日似可將奩裝等件上船，以便十四日早發也。酒席明日須用，今日宜向館分示，約定何時延緩，陋習比比然也。木器銀請備票飭交爲禱。手肅，敬請夫子大人福安。

世琨頓首　十二日未刻

八

昨下午見意叔，譚論楊梅坑山水，極爲欣慰。改向壬丙，亦甚以爲然，以夫子之圖説了然故也。所囑日來須檢點一切，已如命告意叔勿過話。而師又有函云，明日下鄉看地，未免有參差，然亦不妨以實告也。聞江蘇巡撫英調升兩廣，湖北巡撫調南京，旋又調蘇州，翁玉階放北撫，南京以喻藩司升補，不知尊處有所聞否？孫觀察昨晚間回省，尚未晤，其世託求書扇，不審已乘暇揮就否？明日晚間當趨謁也。敬請夫子大人福安。

受業世琨頓首　初三

九

奉示敬悉。劉公二圖未曾經過，山圖猶可以意索其來脈，田圖則終茫然也，或者不善繪之故。高平兩件既已不取，似可作罷論也。唐圖説言既無理，擬亦不倫，不待智者而知也。可惡者矯揉造作，竟至亂我師神明，即此可見小人之爲害烈矣。聞王生向係書辨，前與志局張君同席，曾言及之。無怪其欺枉若是，唐姓之生平益信人言不誣，二人宜早遠之。姚家沱聞知甚早，湯公、鄒子皆於地理精透，豈設欺營求比耶！能邀鄒君同來更妙，各圖奉繳，謝禮翁事乞上達，陳佑翁宜連及之，以爲歸縮地步，此公託轉求，久未回復，乞鑒諒其瀆也。薄物二起，乞哂收。十七八必返省，容面罄未盡。此請夫子大人道安。

受業世琨叩上　十三忙泐

一〇

昨奉諭轉言，觀察公已允如示，不用另單矣。面求轉託一節，名條附呈，一言之感，非特身受者已也。敬請夫子大人福安。

世琨頓首

一

説合之件尚未肯，減數且從容以待之，鄒蓮丞聞已來，屢訪不見，看山一約似須展至節後。日内擬回舍，四五日即返。去臘承那之四十金，謹呈銀票貳紙，如數奉繳，乞驗收爲禱。敬請夫子大人道安。

世琨頓首　四月廿六日

二

使來奉示敬悉，道躬康樂爲祝。十一日到省，已約連丞，遲數日偕往，以日内尚不能行也。家母病恐不能治痊。舍間大小均託安吉，敬請夫子大人福安。

世琨叩復　即日

一三

來示敬悉。連承欲覓僧房，取清静足以養病，不過數月之寄，而以之動聽太尊，據敝見似可不必。然承厚意，當於明日轉詢奉聞。雨後清凉，擬邀連丞至北門外一看，但不日内得閑否？如可見招，亦併轉告。手此，敬叩夫子大人道安。

世琨頓首　廿八

一四

頃約鄒連丞廿六日偕行，兩人則陸行尚便。我師亦欲命駕，自須雇舟，要以天氣稍凉爲得，否則不必勞動也。奉示敬覆，敬請夫子大人晚安。

世琨頓首

一五

伏讀論俄事疏，令人了然。應變之道要不外切近之理，誠可爲執事者當頭棒喝，而猶不知是終無醒時也。聞合淝相國深佩此疏，應如何大聲疾呼，力求挽回，徒悅焉，無益也。日來天雨，氣象使人疑慮，看山之約仍須從容商定，奉聞。原稿呈繳，即乞驗收。敬叩夫子大人福安，不既。

世琨頓首　十六日

一六

來諭謹悉。丹藥似不可輕用，宜愼醫之。頃見樾公亦云，晤譚良久，此公力行務實，故自有一番功效。特生今之世未必合時，聞栗誠之逝，深爲曾氏歎。南旋殊多費事，錢票照收，即由坡子街怡生轉寄，不須收條，信之有素也，條一紙呈乞噓植爲禱。手此，敬請夫子大人晚安。

世琨頓首　廿一日燈下

羅式常　羅　蕘　羅　蘗（一通）

哀啓者。不孝式常等罪孽深重，禍延先嚴，百身莫贖。兹忽遠蒙俯賜矜憐，重垂弔問，捧讀之餘，彌增感痛。先嚴年近八旬，自强不息，雖嚴寒盛暑，無一刻稍自寬假，以至心血耗盡，故無大病。先一二日猶作和詩數章，又與兒孫輩講誦不輟，臨終之時神志清明，危坐書室，醫來診脈未竟，遽爾永逝，嗚呼痛哉！不孝式常等親侍在側，呼天搶地，本應遂以身殉，獨念先嚴日事編摩，手不釋卷，平生於詩古文外，撰述各書悉未編定付梓，此皆先人未竟之緒，加以窀穸未安，不得不苟延殘喘以襄大事。葬地早已預定，隔舍下五六里之莊屋旁，葬期俟另擇吉。蒙賜挽幛聯幅各件，謹懸影堂，席禮厚貺，誠不敢當，容遲璧謝。苫塊餘生，語無倫次，諸惟原宥，不盡。

棘人羅式常、羅蕘、羅蘗稽顙

羅振鍠（一通）

筠老表兄仁大人和右：

日昨喬遷，即擬前來叩賀。緣考遺出場，夜涼如水，身倦偃卧，未蒙衣被，受沾寒疾，連日服散劑未愈，雀忭情殷，鳧趨迹阻，悵何如之。兹有懇者。敝戚譚世爵乃貴門下生，其人品行端潔，作文亦甚清暢，此次遺才見點，乞轉懇台端格外栽成，將名條送交學憲，查閲續取，或送撫、藩憲轉送學憲，務期儘先續出，深爲恩便。特此，敬請台安，即祈垂照，不一。

愚表弟羅振鍠頓首　十九日

羅臣鵠（一通）

筠翁太親翁大人閣下：

喜值喬遷，昨絜誠奉賀，未及面罄一切，歉甚。敬惟潭祺安吉爲頌。啓者。昨族弟及小子考遺，文氣尚順，案發均被黜落，此次取録不過一半有奇，貴門下求遺者必多。兹開具名條二紙，仰懇賞收匯送，俾得續出，是所感禱。肅此，並叩福安，諸惟亮鑒，不一。

姻愚侄羅臣鵠頓首上　廿日

羅嘉福　陳廷經（一通）

筠翁仁兄大人閣下：

前約方箴翁畫小照，今已定於十三日準巳刻，在敝寓便酌，惟添請李子翁、胡小翁前輩二人，希於是日準七點鐘便幸惠臨，如後至，則共推爲上座也。專泐奉訂，順頌升安，不具。

愚弟羅嘉福、陳廷經仝頓首

羅　勳（二十三通）

一

筠公大人執事：

勳福淺德薄，乖戾叢生，比來恒爲愁病所中，春夏間藉整齊書畫爲調攝計，無賓從之助，遂不能速蕆厥事。七月間又因與長兄析箸居，故鈞緘年未得當以報，固知夏秋之際，明公與霞老暢叙星垣，英彦雲集，愚小子亟欲晉參末坐，一覩當代明儒氣象。而俗事羈絆，此願絡虚，遇合之慳，抑何其亟。本月接奉惠書及庫將軍信，其中委曲，逆知勢有必然。蓋此公素慣以恫喝爲威棱，藉他人爲喜怒，當其在玉山，進退維谷時，欲借資粵省，亦何嘗不下矚阿蒙，遠相聯絡。迨勳既獲罪以後，音問遂絶，兩嶺外蠻香，滇中故老頻加蜚語，爲所欲爲，兼先世已危疑早伏，長沙守城時更甚。推原其故，無非因髊司腥羶之地，公私要脅者多，皆不能曲償其願，今復值其志得意滿，發於睚眦，夫亦其度量使然。未得庫公書以前，一切疵忌之聲口，皆已先爲料破，前書曾略言之，是小子之智固已遠出此公上矣，何足惜哉！所可惜者，明公援極之盛心，數年如一日曾未少衰，即肝腦塗地，何能圖報萬一。自污者已矣，而大君子一片苦心，亦數窮其術，捫心清夜，感激如焚。惟自先人門第頹廢，堪虞宗族相環，日期光復，歲時伏臘，衣履登堂，老母相對，潸然輒爲淚下，勷之所以汗顏，於世不能自已者此耳。徵此之故，則一敗之後寧不自知，何必冷臉向人，徒招嚼剥耶！至省已十日，因感受寒疾不能下鄉，恭叩福祉，特請曾君持緘代躬一拜，及近來一切景況，渠知之最詳，詢之當能具述。此請尊安，不莊。

羅勷謹狀　十二日

又。曾君少章者，舍間義子也。曩者儕於厮養，隨在粤東，嗣因其銀錢諸事尚無苟且處，遂爲阿兄關聘，司理賬務，渠亦努力，已納資爲鹽提舉矣。又及。

再者。有成君衍吾者，湘鄉忍齊先生之次子，静齋之從堂弟，淵默好學，篤實君子也。俟相素相器重，甯南曾挾之入浙至玉山，以意見不和去之。上年與相識於楊栗夫軍中，勳歸後，時相過從，來恒住一兩月乃去，皆爲借書計，非能爲勳屈也。渠久欽山斗，極欲一見，具此心已兩年矣，而無因致前。頃相晤於省邸，相去不遠，執事或於復勳信中附語道及，勳即慫恿其來。近來誠實人絶少，即湘鄉人才淵藪，如此君之底面相符，亦不可多得也。勳又及。

二

羅勳敬稟大人閣下：

勳病矣，身體亦再拖不得矣。大人於勳費盡苦心，力持公道，雖使先文禧復生，何以加此！無如上下之意見未調，以致展轉延閣又一年矣。然各司道之不能上詳，亦非敢與大人抗，制軍不下斷語，或各人皆有隱衷不能明言耳。現在總求大人垂念，弱質殘生，家有老母，委宛下商，勳以情分，但代爲哀懇，超脱不必争持公道，蓋愈争公道則愈激衆人也。且勳自遭此番作踐，尚有何心思、有何面目復立於士大夫之例？所倚爲生路無非叨同大人之愛，恃同鄉之恩，欲乞此無累之身，將來見先人於地下耳。升調無常，萬一大人又去别省後，此之拖累，遠近之議論，愈不堪設想，而病痛又日多一日，是以懼也。此請鈞安，不莊。

勳謹禀　九月初一日

再者。段小湖之報銷，聞大人現已痛駁，下面意見恐又深一層。總求大人施恩，不必駁他，則勳陰受其福，勳此時情願負屈求了，讓人一步，不然愈不得開交矣。前此緘□六生言其報銷，竟洗刷得天衣無縫，亦一時怠極，未從遠處著想耳。勳又禀。

三

筠翁尊兄大人閣下：

四月間接閲邸抄，知老兄於三月中旬拜都轉兩淮之命，大江上下，賦税凋零，十載瘡痍，至今未復。兹得大君子一手振刷之，從此飛芻挽粟，金陵、蘇、浙諸軍餉源愈旺，弟不禁爲大局幸。嗣又聞爲季帥留辦蘇松鹽務，嗣又聞五月中旬已履本任，此間尚未得其詳，念之。弟以鋒芒太露，爲宵小所傾，污辱先人，貽羞知己，命實爲之，夫復奚怨，然天下事之淋漓盡致，竟有至如此亟者，亦誠生平所未聞未見也。春間馮、楊兩僕自滬歸，重累老兄垂念，且委曲成全，無微不至，極感極感。維時初遭此事，心中茫無主腦，自得教言，知所以處謬處謗之道，止有深自引咎之一法，心中乃略爲一定。然平日學養本不過如此，總覺痛從中生，時有不能自由者，夫亦人情之常乎。李小泉觀察雖不常見面，而關切彌篤，且屢述遠注，殷拳未嘗不太息，忿形於色，無如暴戾恣睢之氣，即本人自己亦收拾不成，又何能容人轉旋，此亦其勢然也。平仲當二月間初奉音時，大有德包派司道蔣志章、李福泰、唐啓蔭、蔣超伯、史樸等五人嚴審，時而下札申斥問官，三日一札催。時而謂弟罪於大辟，前後共問八九次，所參四款皆係照詳定章程及歷任成案辦理，惜案多不能抄呈，其事之站住與否，老兄無由知之耳。此事平仲之意首在詆錢，弟既不能遂其所欲，故硝硫之性愈轟愈厲，講論價錢至於積日屢月，嗣各問官見事將有不能了局之勢，乃袖出一代擬之親供稿，係蔣超伯所擬。囑不可更改一字，蓋皆欲弟認錯之詞。並云上游既仲辣手於前，何肯自作解鈴於後，況又係原參原辦，其斷難脱然無罪。夫人知之弟揆厥情形，勢所必至，遂止得照問官所擬之供呈遞。嗣聞屢次上詳，將不合例之軍中犒賞等銀九千兩勒令賠繳，並擬以公罪，乃平仲以作俑，不自小子，竟又不敢出奏，遲疑數月，又令其幕友張璞臣持出一稿，令司道如式繕詳，止將所參奏銷一欵含糊了結，更屬空中樓閣。弟原案原供毫不相涉，兹將其奏稿抄出，貼説呈覽。至摺内污垢之詞，此時力既不能與較，止好任其作踐，素無仇怨，不審何以至此。吁，殆佛家所謂宿因耶？惟是弟齒近四旬，少年未能讀書，中年妄想出而問世，一敗塗地，聞者傷心。所最難堪者，家中七五齡老母，不知惶駭奚如，膝下周歲之小兒，亦復欲歸未得。先世之家聲已頽，一家之骨肉難聚，污辱至此，真有不可爲人之想。至平日居心之是否無良，作官辦事之是否無錯，此時亦不暇自爲之辨。反復以思，要皆真宰不固，率於小節所致。中外戚友寥寥，老兄之外，誰復爲我一持公道於當世？七尺昂藏，路將奚□。現在惟有求老兄詳加訓誨，教以大澈大悟之道，俾不至以偏急自戕其生，斯幸之甚者。此生已矣，有負老兄數年期許之切，臨書哽咽，如何如何。此請□安，並賀任喜，不具。

弟羅勳頓首　六月初八日

又寄。雲制軍來粤，意公是否同行，殊深惦念。特此間，規模法度爲前任滌蕩無遺，受命於決裂之餘，正無事不須創置耳。又黄曉岱兄此時是否留於安慶，抑或入都，此間殊不知其蹤迹，便中尚乞示知。勳又及。

四

筠仙中丞大人閣下：

第一次奉致之信因途中微有阻隔，遂復收回，今將其信内所報情形爲補述之。益陽明登山一帶，二月底、三月初原有拜會之事，黄令比帶勇百人驅散，並擒斬數人。此次遂未成事，惟以後搜查餘匪，百弊叢出，竟有無辜被擒，訊明無罪，索保費五百緡，還至三百緡不釋，此虚塘一帶之事，訪之當能得其真僞也。又益市有開設油行之李舜齋乃湖南候補縣丞，係前江西客總李老明裁縫也。之子，此人與黄令爲蘭交，均爲朱石橋之舊人。且與門丁勾結漁利，無孽不作，地方久有官逼民反之謡，試使明廉者密查之，自能辨别。若將此輩繩之以法，驅逐不使居境内，亦爲鄉中泄忿之一道也。此等繁難之地，反心粗氣慘，年少高興，放利而行者，所不能勝任，要之凡地方如詞訟、如匪迹、如團練，年餘以來，均有定評在人耳目。其此次之紙上空談，所謂登時擊退，要皆掩蔽上司耳目之技，真不成事體，幸勿信以爲實。勳前緘有速换一官爲切著之語，誠非無見也。此請大安，不具。

羅勳頓首急上　廿二日

總求即達蘊齊年伯，脱有發言不當之罪，勳自任之。

再啓者。益陽會匪於十八、九兩日復由龍陽折回，仍由虚塘一帶燒搶數家，將前次舉發之團總劉海青一家人口殺盡。徑趨桃花江，將附近鄉中各團屋宇燒毁數處，綑綁團總劉昆耀等，脅令供給槍炮，並將丁燕山軍門家中所藏槍炮擄取。又將陶少雲莊中馬匹搶去，勒索管事人銀二千兩正，搜取鋪中布匹爲頭巾、旗幟。此股午時止三百餘人，夜間已五百人，竟有抬槍抬炮等器，稱爲搶掠各團所得。其大股稱所謂王爺者，尚在竹篙崙、三官橋、虚塘一帶。勳遣膽識探丁混入其中三宿，雖其衆號稱二萬，敝探丁手點目記，實止壹千五六百，是合桃花江一起，亦將及二千矣，日在桃花江造運器械，所最可慮者，或百餘人，或數十人。他處如石牛江、許家洲、楊家垇、石洞港、窑灣、和塘一帶尚有數股，或稱合夥，或稱不合夥，日遣人遠近勾煽，大兵不到，無智勇兼全之將全力赴之，恐非旦夕可了事也。旗上所書係何、楊、賀數姓，而益陽縣信則直謂頭目爲劉美道、劉貫山云。百總爲二，櫟皮劉一長子，龍陽符姓。至於進兵之策，現聞已派有按察使銜李選鋒者帶領健鋭後營號稱兩營，現在按而未動，賊匪中久已知之，愈肆無忌憚。目下似宜再派一營，由寧鄉小路至沙溪水，或由敝處大福坪出馬家塘，或直趨桃花江，橫插虚塘，止三十里，此處有勳及陶姓諸莊，縱令不靖，尚有一半好人，不虞決烈，否則日遲一日，誠恐愈聚愈多，則一省之患也。又寶慶如有兵勇順水而下，由馬家塘直搗，則安化、桃源、上益陽、上龍陽諸處皆可稍安，且免入山勾結，亦一法也。再者，省城縱無營可派，即將就暫湊二三百人，由寧鄉小路直搗桃花江，免其竄入山中，實非小補，此言總求當軸勿視爲河漢。緣舍間探丁溷入賊中，皆言俟休息數日器械齊全，作一日夜直趨省城，緣寧鄉小路至桃花江止一百八九十里耳。益陽鄉中以銀錢向賊議和者甚多，其以火藥器械爲助，以圖免禍者尤衆。

五

筠仙中丞大人閣下：

連月因土匪不靖，練勇籌防，奔走於益陽一帶，遂欠箋候。桃花江及龍陽等處雖經鋭軍擊退，而伏莽甚多，紳士又不能得力，將來究不知作何底止。勳居鄰濱水，逼近匪巢，後此情形，行與止殊難自決，明公其何以教之。堪輿曹尚志者，人尚樸實，而禮節言語均不甚留心，汪洋之度，知必能容納，其於擇地也，未審與明公意見若何。倘有不合，略資以薪力川費，遣其歸可也；如有所得，則又在卓奪以功計賞也。一笑。此請大安。

羅勳頓首　廿二

六

筠公中丞大人閣下：

此次龍益土匪滋事，與敝境最近，舉辦團防所費不下五千餘串，兼之安化地面當勇者少，旋招旋散，煞費苦心，始獲就緒。惟器械總未十分齊整，欲求明公即就省城爲勳代造營制小槍四十桿，以精爲貴，不必惜價。蓋繡朽舊物多不堪用，細事不應上費清神，惟目下無人可託，故遂冒昧言之，如能見允，來月中旬即專人走領也。此請大安。

勳頓首　廿二

如不能辦，亦祈示一回信。

七

數年之別，聚此數面，又復遠離，初不料公家運一至如此，瀕行回首，良用怯然。本日下午登舟，恐不暇走別尊處，因張芸閣病危篤，須往一看，並爲之料理身後，又有瑣碎須面託成靜兄照拂，終日勞勞，殊屬無謂。捐輸請獎一節，勳呈内原有『可否開復原參處分』等語，頃見方伯詳内亦有『羅勳自行呈請開復』之語，此等處如能以當軸勘語款式出之，似於勳面上較爲好看。明公因小子此事關心八九年，故以奉聞，當軸心意難揣，得便時如晤其幕中諸公，則筆下生春，亦在人耳。此請筠老中丞大人安。

勳頓首　初五

廿金已收到，客速趙也。

八

筠公中丞大人閣下：

本月十二安化縣專人送到尊諭，敬悉種種。承慨假三竿，準於開正燈節後，專敝帳房持券走領，利息當如錢店按三節前十日送呈。惟以後恐取用有期，須早數月示知，方不致受迫，既承愛末，斷不敢相負。十合壽料亦當以此時寄來，緣冬令灘河水涸，難於舟運，所得陰穴地名歸化鄉貫莊，由寧鄉起百里至横鋪子，由横鋪子至巷子口七十里，巷子口至高坪鋪廿五里，高坪鋪至貫莊五十里，共計去善化界約三百里，横鋪子以上皆小道難行，水路又不能通，恐未必合用。來緘欲令馬君一相，大凡安化名地，率皆居萬山頂上，别開堂局，所謂仰高天巧之類，一近平陽平岡便覺低囚，雖秀美亦斷不發，歷證如此。外來諸堪輿恒以高險爲凶煞，每不取用，亦少見多怪也。明公酌之，此請大安。

羅勷謹復　廿一

九

劉君功名念切，決計赴陝求書之舉，乃勳以戚宜相關，故攜之來。乃在省鬱鬱廿餘日，帶病而歸，現在相去數百里，其不能夏君同行，亦勢也。我公如允所請，則請另爲一書，令其作寄書郵可也？此請筠老中丞大人安。

勳頓首　廿一

從此斷不再作此冒昧事也。

一〇

前日求書十聯，竟爲盛管高姓撿失兩付，茲謹補上二對，祈再爲一揮，屢瀆殊不情也。又劉忠誠所求致李宮保，暇時懇爲寫就發下，勳微此竟無顔對渠，然侥上再四，亦不情之甚也。皮君俟起身期定，當約其同行。特鄉間枯寂，過於清苦，如鹽茶各幫能位置，則所獲較豐，而渠意似乎不願，蓋確然有志之士也。劉君忠誠，益陽人，向以從九從胡文忠辦新堤、蔡田等處釐務，繼又接辦希帥支應局，蓋跋涉江皖有年矣，歷保至湖北候補通判，並加運同銜，人甚穩練，非下乘才也。如囑開呈。即請筠老中丞大人安。

勳頓首　廿一

龍君贈錢兩串，行時奉上筠公中丞大人覽。

勳頓首　廿一

又一對，舍間蒙師所求。

再。議省志一節，諸當軸既不以爲切務，明公何苦乃爾。

二一

勳縣中有曹君尚志者，年五十餘，少讀書未成，人極戇直，精於堪輿術，勳歷考之，頗有把握，且能耐苦，芒鞋竹履，以一擔夫隨之，往往十餘日僅用錢千餘。又善於設法買地，歲不過俸脩五六十串，如有所得，或略加豐厚謝之。此人用工甚深，較城市中諸以舌辯爲雄者，勝萬萬矣。倘明公有意，可以一緘來，勳當爲公致之。此道頗難，非其人不可，薦非其地，又枉自薦，至於獲地之多寡大小，則又有緣分主之也，如其莊之地，曹君極其不取，是又與勳不同處也。

一二

筠公中丞閣下：

十六日未刻便酌，敢屈大駕來敝寓一談，在座者羅研老、成静齋、姚彦嘉、譚文卿諸君，惟文卿稱病，未知果來否耳。此請大安。

羅勳叩頭　十四

對十付已書就，廿日外欲歸去也。

一三

勳明日擬即登舟，惟缺少盤費，欲向明公暫假銀廿兩，或銀卅串，以應日需，未審能通融否？此請筠公中丞大人安。

勳頓首　初四

一四

敬復者。正封緘間，適楊慶專足送到尊諭一種，拳注之殷溢於楮墨，勳非木石，能不慨然思振！研帥禀請奏調赴營之件，久已聞有是説，乃前日張笠力專信至，言研公所以需勳，意仍在餉，竊思目下籌運之策已無法不備，更何事乎？小子意者必係派赴廣東料理鹽事，敗軍之將，臨舊敵而生恔，亦勢使然也。是以復笠臣信中直告以冬季不能晉省，亦欲藉避粤差也。惟是伏處數年，家事又不順手，能仗當途之力一爲馮婦，亦未始非策，然而調赴大營爲席公稍備顧問之用則可。若勸捐辦鹽等事，則寧老死牖下，何敢輕嘗。蓋言利則爲衆毁所叢集，故不顧也。蔭公處勳亦擬以此意告之，託其相機行事，然渠以戚誼，恐獨力亦難行其説，尚望明公於謁見中丞之便，再從旁一加慫恿，事或可行。將來一奉明文，勳便由常德、寶慶兩郡直赴席營，較爲便捷，明公以爲何如？開復部文雖與原奏不符，大負明公昭雪盛德，然此次已去銀兩千有奇，始獲此翎頂，其中弊端，可勝道哉！此上，再頌鈞安。

勳又及　廿二

一五

昨叨盛饌，謝謝。舍親劉忠誠同來省城，原爲求明公一書致李宫保伯相，又值府中多故，未敢再三啓齒，而劉君終日倀倀若失措者。然勳亦坐此貼渠主僕伙食已廿餘日，好事所招，自呼恨恨而已。可否求公隨便以八行二紙作一信，俾之持赴關隴，則感同身受矣。至於書末考語，即率意謂其年富力强，尚能耐苦，似亦無甚關係，如何如何。此請筠老中丞大人安。

羅勳拜懇　初六

一六

安化附生吴俊，係勳西鄰，僅一墻之隔，肆業深山中，恒徒步走數百里，風雷無間，有志之士也。惟家計赤貧，遂不能以時應科歲考，今年考遺，即吾輩傍觀者，不免代爲惴惴。此公苦讀，不可不貢之左右，如其來見，尚祈進而教之。此請筠老中丞大人安。

羅勳頓首　十五

一七

筠仙中丞大人閣下：

益陽舟中曾寄六詩，託蔭老轉送，想已收到。華居已告竣否，喬遷何日，滿屋年命亦須一查。勳於此道頗尊信之，蓋受福受害均歷歷不爽也。益陽廩生辛皆黄君名奂，前在省城曾數談及，茲以鄉試來省，囑其便服奉謁閽晉見之，此公於堪輿一門精當，而有閱歷，惜近日身體太差，不能十分耐苦耳。勳常有言云：楊公之傳，勳得其八，渠得其二。渠時而服時而不服，明公接談之，頃當一決是術果誰精耶。一笑。此請大安。

羅勳謹狀　七月十三

一八

勳自廿日解纜，因有小事，又在花地耽擱一日，現已於廿一日五鼓長行矣。惟商之同人，均謂當在此間之物將來不惟難於贖取，亦且不放心。茲已令向人設措得千金，敢求大人再以千金相假，即交曾藹谷持去，將前當之物取出，由巡船趕來，至蘆包便可追上。曾姓爲勳親信多年，不至有差錯，彦嘉輩均識之。至大人之項即令舍間未付，勳到家四十日必能如數措交意公，當不至有誤。日暮途遠，别懷愁緒，無從説起，如何如何。此請大人鈞安。

羅勳頓首　廿一日三鼓自花地上

志公處未另緘請安。

一九

筠仙中丞大人閣下：

初四日安化縣寄到鈞諭，知前託小槍五十桿，業蒙韓協戎辦就。茲遣敝帳房莫聯輝兄走領，懇即發下，下短之價亦希核明，以憑補上。舍間現在修築炮臺，自爲一堡，因團議大勢涣散，即同室之人亦興楚歌，止好暫行退步，自怨自艾以禳之。鄉中爲固守計，器械子藥等項雖有錢無由製辦，恐此後仍須仗大力隨時援應耳。敝鄉有劉瀚坡明經者，係勳戚屬，然傾側之士也，聞以刊刻縣志居省，如晉見，一切祈留神是荷。此請大安。

勳頓首　初八

二〇

筠仙大人閣下：

來緘謹悉。前薦堪輿曹君，不過就地較之差勝，亦素業是術者。今省城以此道干公者方聚訟之不暇，則曹君自以緩來爲上。明公解人，且素有言曰，燒盡理氣之書而後地理出，是誠探本之論。更貢一言曰，決決於化生腦，決於土色石理之範圍底，蓋斯義無餘藴矣。承示茶貿利害，足徵關注，此舉十月間已有成局。租屋製器無復退理，退亦坐耗二三千緡，勳於此道窺之已久，來年必不至於折失，再來年必大勝。蓋天下日用之物如鹽、茶、花布、油薪之類無恒情亦無常價，視天地所産之盈縮以爲貴賤，蓋至理也。愚者昧於此理，見利則群騖而趨，趨則居貴而易賤；見不利又譁然而散，散則勢煞而質輕。今日者，散之時也，愚者不揣人情向背消長迴圈之數，徒歸咎於洋人盡得茶貿底理，此謬論也。然則吾輩日識米穀行情，諸米商遂將餓死耶？朱雨亭之不及茶貿，非不及也。得改票之初利，收創運之奇贏，間於上下游藉一紙之先聲以爲角逐，太史公所謂原大則饒，即漢人廢居居易之徒，非機賈之良者摻弄，乘急所買必倍，茶貿近之原不可同日語也。至胡芷亭輩席乃父餘貲一二萬金，十餘年間折失一盡，始託身於蔭老。前此勳在省時，渠甚垂涎於明公，欲勳説合營運當商，勳淮時曾爲公略及之，猶記憶否？渠於茶之深淺原屬夢夢，上年以蔭公四千緡寄貿於敝邑夥販，本出憎蟻拾穢之見，且正值各茶商大獲倍蓰之後，故罹於敗。所謂賤賈誇哆若沸，終於捕蟣逐影之無得者也。前承慨諾三千金，業於得信後署之合夥券内，頃奉尊書謂不能如數，多寡與奪權在明公，倘慮及折失，有傷尊款，則請放心，券帖二三天下，顧有賴帳之小溪耶？統侯明正飭敝帳房英君者晉省面候裁奪。天下事難於創始，尤難於獨任，勳是舉以不樂儕於俗賈，故毅然與賴君一力行之，初基仞塔，不能是矣。求於朋友者，顧自問目前生計即敗也，猶不至遺累好人，或亦公所素信也。敝境目下尚屬安靖，賤軀不時抱恙，幸無大害，家事則不堪回首。而揚波扇流者，又皆出於素好，聞因不能饜欲而然。噫，至今日始服公之知人而自愧前此之昧於取友也。此請大安，不莊。

羅勳頓首　十三

二一

鹽務奏稿一本，誠如明諭，不免見懈，以公信望且不欲贅一詞。勳人微言輕，何敢妄參末議，且此摺叙沿革，搬陳案處似乎太多，而正文大關係處反不能動，因是微公以椽筆揮灑，恐難邀准。又公前囑勳候此議出奏而後行，盛德美意，所以爲勳計者，誠無微不至，無如現論此事者，均不甚了了，是勳仍以早去爲妙。摺稿奉上，祈察收。昨夜赴席歸，曾代擬一總冒，嗣以興致索然，遂未完卷，然即使成之，向來空疏，未必有精彩也。

勳受

二二

公再生之恩，漸臻衰老，無以報德。安居隴畝，守身慎言，即所以上副知己。省中荒旱未可料，倘不能安居，闔移眷屬一居安化可乎？此請大安，不宣。

羅勳頓首　初一

劉君信已收到，不情之請，下次不如此也。

二三

省邸度歲，心緒殊惡，家難沸騰，至不可問。伯兄姬人吴氏入門廿年無失德，近以不堪摧折，於新正初六日吞烟而死。聞以新妾拜年不回禮，遂生口角云云。勳德凉福薄，坐視不能

挽回，捫心憮然，實無善策，家運之衰，即此可見，恐後尚有不止於此者，奈何奈何！此請

筠仙大人安。

勳頓首　十八

顧樹恩（一通）

敬肅者。竊樹恩夙荷鴻施，每殷鰲戴，眷懷塵教，屢效梟趨，祗以酬應之繁，未遂瞻依之願，歉歉何言。伏維筠翁先生大人禔福蕃宣，潭鰲楙介，大門誾以容駟馬，論文字而接鶴龍，寵命旋膺制軍，轉瞬下風引領，祝露歡臚。樹恩僚倒星沙，虚拋月琯，賦閑五載，又及三秋，故我依然，即求一小差使而亦不可多得，破衣典盡，日食艱難，告貸無門，言之太息。現聞通志局何委員因病告退，是一機緣之所在也，萬乞鼎力栽培，必爲鷦鷯高借一枝，則全家亦得飽仁人之粟矣，感戴何如。肅泐瀝忱，敬叩崇安，不莊不備。

顧樹恩謹肅

饒　琳（三通）

一

筠仙中丞仁兄世大人閣下：

去年嘉平月抄承厚惠，心感不盡，當即復謝，想邀存注，辰維道履亨康爲頌。弟歸計已決，早晚行矣，如此衰年，百無成就，安能靦顏人間世，日作乞兒狀，亦太自甘菲薄矣。舊雨多情，希教之。閣下抱喪明之痛，自難爲情，然以達觀人處之，自必善爲寬解，祇不過造化小兒弄人耳。近聞人言，閣下已喬遷東城，弟於廿三日竭誠過訪，貴司閽以不在寓力辭，弟遂怏怏而返。三十餘年老友，今當遠離，竟不得一申私款，悵甚。弟自去冬湘東遊歸，自安拙鈍，從未出面見人，亦君子素位而行之一道也。月之十五日長行，此生此世，相見何時，言之淒然。令仲氏意老山居樂甚，弟曾有句云『天地既生材，豈能長寂寞』，可爲意老誦之。令季子志老天挺奇材，是大有作用人，豈久能作龍蛇之蟄以存身？去冬爲弟作詩序，質實立言，自是諍友。弟何幸得附仁昆仲大集中挂名以傳。姬人幼子僑寓岳陽，尚望隨便關注，告知意老、志老一言，俾無悲瑣尾賦流離，弟不敢忘大德矣。手此拳拳，叩請台安，諸希垂鑑，不宣。

愚弟饒琳頓首　三月三日申

二

筠仙中丞仁兄大人閣下：

正封緘間，忽晤湯惠老，談及閣下已喬遷省門，弟喜不自勝，於月初曾率五男宗璧躬詣行臺乞見，貴司閽托言下鄉去了，遂不獲見，意甚惘惘。弟以將遠別，不忍恝然竟去，於初七日晨刻重來，適值閣下嶽降良辰，幸得親道範，又擾芳筵，窮老故人，無物將意，愧甚感甚。初八日承枉駕辱臨，弟不敢請，懼褻瀆也。是日申刻曾來謝步請安，滿擬可圖暢叙，而天不假良緣，又不獲見，心仍惘惘。總之，人生於異人遇合皆有數存。弟已爲五男訂婚張氏名家麟、字定之之長女，伊祖乃已故名幕張孟廬先生，刻有詩草曰寄寄山房，的係清門世族，於月之十二日討庚帖，允明春成婚。弟於十五日行矣，擬遊南嶽折回，徑過省門不入，直赴武陵三晤，由川東秀山，次男宗鼎幕中繞道而歸。弟有鄙事奉托，已見前椷，姬人幼子敢望便中與意老、志老言之，必有濟也。手此，藉請道安，拱候回教，不一。

愚弟饒琳頓首　三月十三日申

五男宗璧侍筆請安。

筠仙中丞仁兄大人閣下：

荒椷係兩件，一件是閣下未入城，擬道謝請安者；一件是得晤清光，再申前情者。弟雖拙，決不作盡歡竭忠之想，祇以三十五年前忝列文字道義之交，故爾依依不捨耳。又呈令三弟志公一椷，鄉中必常有人來，祈飭妥便寄去爲感。羈旅遠別，黯然神傷，諸希心諒，不一。

琳又及　三月十三日申

意公先生處已另有椷專呈。

三

筠公中丞仁兄大人閣下：

頃奉手書並嘉貺，足徵大君子不忘故舊至意，弟受之有愧。本欲附尊紀順便攜回，座間有一良朋，謂閣下之與，非同傷惠，勸鄙人不必矯廉，謹領敬謝。行期準於十九挂帆行矣。桑榆晚景，良會何時，倘托福芘，精神强健，阮囊不空，明春爲小兒完婚，或者重來亦未可知。至老病憂傷，希達觀人善自寬解，留此一副精神，爲宗社計，爲天下蒼生計，幸甚。手此敬復，左右處請金安，諸希心宥，不宣。

三月望日　饒琳頓首

鄧甲堃（七通）

一

月之十一日晉謁，適公出，未獲祗聆鈞誨，心甚歉然。恭惟中丞大人起居萬茀，頤養綏和，敬以爲頌。甲堃館於張宅，去留尚未定議，祗以窘境日迫，筆耕墨耨，難補漏卮。頃悉胡文忠公家塾館穀較豐，來歲西席尚未聘就，伏懇大人鼎言噓植，而自維學識譾陋，抗顔偁師，祗益慚恧，尚祈格外矜全，量爲位置，倘蒙垂庇，或別賜枝棲，則有生之年皆戴德之日也。甲堃屢荷恩施，久深淪浹，未效涓埃之報，時深隕越之虞，計惟努力潛修，以期仰副栽培德意耳。肅此，敬叩崇安，伏惟霽鑒，不一。

鄧甲堃頓首謹稟　十月既望

二

謹禀中丞大人鈞座：

一昨禀辭歸里，並帶領地師盛律廷先生叩謁，適公出，未獲面聆鈞諭，惶灼奚如。據稱湘潭縣境有吉壤數處，一花橋、一七畝坵、一仙女山，離潭城約廿餘里，一黄龍山，離潭城十五里，一省城北門外鴛鴦井有二處，離城七里許，一南門外青水塘，離城卅餘里。盛君前在罹研翁家擇地，其眼力之高與否，研翁所知也。現已歸去，住湘潭十三總後街發源殿側，公如欲招之來，尚易也。志務未審來歲應如何辦理，志稿各件概交熊望君收存局櫃，惟前在東鄉一帶所查考者尚未彙入總册，容俟開局時繳出。謹肅寸函，恭叩崇安，仰乞垂鑒，並賀年喜，不一。

鄷甲堃謹禀　初三日

三

謹稟中丞大人鈞座：

輿圖初稿尚須數日才能繪就，容俟呈電。人物各件待來歲開局分別彙鈔，甲堃辱蒙慈眷，賜糴救荒，俾家人無憂菜色，感佩大德，每飯不忘。初擬即行措置奉繳，緣數月閑居，旋值秋闈報罷，空囊羞澀，乞貸無門，以手擊頭，時呼負負。昨承補給薪貲，權算除傚還外，尚差數十，殊深蹐跼。幸蒙我公廣大慈悲，體恤備至，而甲堃自顧駑蹇，猥荷關情，格外感愧交集。昔陶靖節乞人一頓飯，尚甘心冥報相詒，堃何人，斯受恩而敢忘圖報也？伏乞從緩如數奉償，諒邀洞鑒。甲堃適遭困境，拮据異常，食指繁多，嗷嗷待哺，不得不藉筆墨爲耕耨。兹幸濫竽志館，正如齊門溷食，實增慚恧。因思處館累年，於公件毫無寸補，學識膚庸，蓄縮自陋，雖在垂鑒之中，殊負委任之意。惟黄君石珊博雅勤敏，爲志館中所不可少之人，現在將次成書，但須校勘，以石珊一人任之有餘矣，庶不負我公雅意也。至北鄉山水爲唐羲翁熟遊之地，所採曾費苦心，旋爲熊君格外參詳，恐難一一吻合，羲翁亦曾屬將熊圖寄去校勘。此次復訪，似仍仰唐公一再任之，可無須甲堃輩相溷也。然以積累之軀，又復遭兹時世，一切苦況，萬倍他人。伏懇恩植，賜解倒懸，俾揀枝棲，藉供菽水，通志局絶大事務，未審許就中分置一席否？平邑余君鳳笙現任總校事，頃聞即日束裝歸里，來歲行將蜀遊，如或開缺，敬求垂注。昨悉李觀察光燎有駐防辰、永之行，于軍門高勝有出師貴州之役，未卜確否？如幃幄需人，敢乞鼎言嘘拂，倘通志局獲蒙賜安一研，甲堃亦不願逐浪花風絮矣。小草有心，敢忘和甘煦育；寸階得路，無非高厚生成。用敢縷陳，上干清聽，敬叩鐸安，伏祈霽鑒。

鄧甲堃謹禀　十四日肅呈

四

前奉尊諭，驚悉夫人欠安，想定占有喜。甲堃蝸棲僻壤，芳訊鮮通，又不獲躬叩崇階，時深歉仄。恭維筠公中丞大人提躬篤祜，頤養增綏，敬以爲頌。甲堃忽染痘疹，幾瀕於危，兹幸託庇痊可。惟遭際荒年，居大不易，猥蒙賜糶，含感靡涯，飲食教誨之恩，定當每飯不忘耳。敝地有丐者談姓，形體不全，目不識字，忽能知醫，居然國手，求醫者踵相接也，不索多金，活人甚衆，或曰神而憑依，而究莫測其故。現來往下應塅周丈可堂家，夫人玉體如未全愈，可以輿致一診，當有驗也。天氣乍晴乍雨，寒熱不齊，伏冀我公順變節勞，隨時珍攝，以慰士林之望，是則區區之心所默祝者也。肅此，敬叩午安，仰祈垂鑒不一。

鄧甲塋頓首百拜　四月二十八日

孫世兄文好。

五

謹再稟者。辰下穀貴異常，販夫糴運，絡繹不絕，杼柚告空，如下應塅周姓素號積穀之家，存亦無多，敝地鮮種早稻者，必俟秋後才能有收，第恐五六月之交，囊錢而不能得穀，可慮也。甲塋住屬大橋團，貧户約十之六七，僅賴社穀接濟，而其中有不貧而藉以漁利者，無人保借，遂坐不得食，能借者亦僅供數日半月之餐。甲塋思得零米，平價發糶，應濟四境極貧之户，此窮學究濟變之下策。未審尊紀何日來鄉，敬求我公賜分一二百石，遵值糶畢奉繳，俾窮民廣沾慈惠，我公覆物之仁，當無不荷生成之感也。恭肅，冒昧，伏祈垂鑒，再叩崇安，不一。

甲埅謹稟

六

頃在縣城敬悉主講皋比，並已喬遷省會，遜聽之餘，曷勝忭祝。恭諗筠公中丞大人道履增綏，潭祺篤慶，仰瞻絳帳，式洽頌私。甲埅祇承鈞命，二月底赴縣會晤在事諸君，議定開局辦理，旋於虞愷翁處獲讀志公手示，飭即移局城南，而愷翁以老親抱恙辭。甲埅寄寓客舍，殊覺進退維谷，昨以家食告乏，爲室人促歸料理，擬於分秧後馳赴省垣，執贄門墻，恭求訓誨。辰下米貴異常，田舍翁積谷自雄，鮮肯平糶者。甲埅拮据萬端，計無所出。伏念我公倉儲周宅之左，距敝廬僅五里許，私心籌度，搬運尚易，乞糴二十石，擬將薪貲奉繳，未審我公俯允否？冒瀆尊嚴，惶恐無已，伏惟垂鑒，敬叩鐸安。

酆甲埅頓首謹上　三月晦肅

七

恭諗筠公中丞大人禔躬萬福，頤養安康。瞻望慈暉，倍殷依戀，頃晤尊紀，驚知夫人仙逝，不勝驚愴，尚祈柱石重身，隨時珍攝，勿過縈懷，是所虔祝。甲堃行當赴省，恭詣崇階，敬申奠饌。猥蒙賜糴，叩領二十五擔，拜荷生成之恩，當不僅甲堃私心銘戢也。今歲之荒，出人意外，且霪雨過多，田禾間有蟲損，民情洶洶，訛言時作。如甲堃住屬大橋團，貧户最多，良莠不齊。昨飭地保通關團境，甲堃則倡有力之家分股備米，平價輪糶，極貧之户則造具清册，計口發振，而鄰境亦復如法安置，似可保無虞。知關廑注，用敢並聞。肅此，恭叩鐸安。

鄷甲堃頓首謹上　五月望日

饒恩培（一通）

謹稟大人閣下：

敬稟者。現在張雨珊銷差在即，早經鈞鑒之中，恕未縷稟。其接事者有傳潭邑郭公春源之信，晚之去留未可定屬。近聞善化首邑不日漸將牌委，務求便中恩薦，或徵比，或朱墨筆等小席位置，得以棲寄兼廣見聞，更就近家室之照拂，慰闔門老幼之饑寒，皆□仁深所賜之也。晚等□□□□之至。時當冬深，寒氣極嚴，望大人深加珍躡起居，遥惟至禱。肅此，虔叩福安，伏乞崇鑒。

沐恩晚饒恩培謹稟

能近省遇有别項機會，或粤東捐輸更其僥倖。

十一月三十日上

第十五册

鼎春（一通）

筠翁先生尊前：

敬啓者。夏間得奉手書，辱承注念。比因試期數至，未獲修箋致候，抱歉殊深。想先生頤養天和，保合元氣，起居迪吉，步履安康，爲頌爲慰。今侄儉輔秋闈獲捷，恭賀。聞中吉報頻來，並悉有出使西洋之任，以先生望重夷夏，固不難宣播天威於異域，行見國體尊嚴，疆場清静，邇安遠至，胥於是乎！在但、印度諸國去中國七萬餘里，今據地球考之，英吉利實在赤道平綫之下，星分南極諸宿，以南北兩極論之，彼處適與中華相對，待是天地於純陰之域又開一局面矣。故西人來中華，實爲純陰之人混入純陽之境，氣數之異，古未有也。自此適彼所經之國，指不勝屈，若能於諸國人物風俗、山川形勝、關隘險要一一詳志，當必有遠勝於《乘槎筆記》一書者。鼎春自愧才弱，囿於一隅，不克盡天下之大觀，惜矣。幸在尊府，賤軀無虞，兩生誦讀亦頗受範圍。雖點書不能求多，而温書要必期於熟，蓋刻下用功不必欲速，祇期無間，庶能循序漸進。以天資論之，順生較勝於多生，然多生非愚，實爲疾病所累，倘於誦讀之餘，而復佐之以樂餌，則亦不難漸入於靈明，即體氣亦可轉弱爲强矣，此在善爲調治耳。汪祠園地前六月間，汪人求售甚切，敝族瑞卿叔從中羅致一千，乃汪人以爲奇貨可居，故暫宜置下。此地實係荒園，諒他人斷未有敢於此處問鼎者，求之甚急，其價難降，以爲後圖可也。南省大勢亦不甚佳，時雨雖足，而田間莫卜豐收，敝邑且有猛風雪雹之變。現在新化又不安静，亦並告知。肅此，敬請崇安。

晚生鼎春謹啓

陳　嶙（七通）

一

筠翁老兄大人尊前：

敬啓者。圍事之控詞乃萬不得已，如無他日之害，便當忍氣吞聲，暫作罷論。伊等以前此得計，誠如得勢猫兒雄似虎，刁健之狀，莫可言宣。現在聳佃指租不納，將來修堤派費等件稍不遂意，仍蹈故轍，妄作舉動，事所必也。若不預爲禀請整頓一番，不獨弟與嫂氏田産難於管理，文契代項任其展騙，即松、谷兩侄之業尤難兼顧，累莫大焉。况各佃情形亦大不似前，未免幸灾樂禍，可惡之至。謹將所存各稿奉呈鈞覽，便知此圍人心之壞如此其極，不然弟正值饘粥不濟，度日如年，何敢興此訟端。所禀一切，均屬實情，絶無一字之虚，其積病尚有未能盡述者，以在外日久，多不清悉故也。此稿閲後仍祈擲下爲荷。頃保歇專人來促，近年任城者亦必借保歇戳。弟回縣且看事體如何，準於傍晚或明早一定啓行，下午前來一候。先此，敬請晨安，統希荃鑒。

小弟嶙謹啓　廿六早

二

筠翁老兄大人閣下：

違教忽逾兩月，恩仰之切，匪刻能忘。辰維福體安康，無量頌禱。敬啓者。弟前受唐嵩臣、何星樓等暗害，擺脱維艱，幸賴老兄賜以華札，真一紙勝十萬雄師，感激之私，銘諸五内。志翁亦承屢賜華簡，情詞肫懇，誠不啻待以骨肉，感何可支。但事雖了局，弟遵李鏡兄等勸解，出錢五十串，未免太多，唐、何等得弟之錢，不修弟堤，分肥私囊，弟心終有不愜，然亦付之無可奈何而已。况唐等此次害弟均爲得計以後修提、讓租、出費一切事件可以害弟者，又不知作何舉動矣。老兄愛弟情深，定當爲弟預計，有以示我也，恃在至親，故敢瑣瀆，至弟竭蹶萬難之狀，久在洞鑒中。前宇翁面許另圖，後信示亦云極力謀之，伏祈晤時齒及，事無不濟，不勝迫切。拜禱，餘容面謝。敬請鈞安，統希丙照，不荃。

小弟嶙頓啓　六月廿日燈右　由江家冲泐寄

三

筠翁先生老兄大人尊前：

逕啓者。譚心可事前後一切皆在鑒中，不再贅。昨回縣，適伊信已到，乃自知情虧，不惟順受，其斥且力辯渠無此語，並欲書函到局，代爲剖清，抑鬱之心稍爲平釋。嗟嗟。世路崎嶇，人心叵測，弟不識心可此信果由衷耶？抑巧飾耶？均不得知。惟念老兄大人愛弟最深，動注更切，用肅奉聞。敬請福安，統希垂鑒。譚信另抄呈覽。

小弟嶙頓首　五月望日燈右

四

飛稟者。弟數年來，命運不辰，拂意事紛至沓來，一切苦衷，早在鑒中，毋容贅。昨由省歸，擬將家俗稍爲料理，仍赴省謀生，詎料到縣時適圍惡唐嵩臣、楊敬夫逼弟同至家仲嫂處索堤費，否則勒揮據交中人坐取，弟均未允。約稍緩歸楚，伊以未遂意，乘弟昨日十九日。動身下鄉，唐、楊統帶多人攔徒捉弟赴縣轅，殊伊等先已串通蠹書何星樓在門房賄囑，令弟束手無策。官問時，亦不由弟辯，發收東房，限三日繳錢，於此行爲，情何以堪。弟性迂，乏知交，又無親屬可商，孑然一身，誠不知何以爲計。不得已遣熊幹廷奔赴尊前，熊年將七十，在舍間往來任事近卌年，人極誠直，令弟志城亦知，請傳問便得其詳，伊頃由志兄處轉身。此事衆等曾在家仲嫂處舉動，志兄已悉，不識台端得聞否。先後情形及此次途中受辱，言難楮罄，囑熊面稟，伏乞大力爲之一援，則感激不僅弟與嫂氏，及松生、谷亭兩侄家亦佩公德無涯矣。耑肅，恭請福安，不勝叩禱。

小弟嶙九首謹稟

廿一三更，眼花心亂，忙草不恭然然。

五

筠翁先生尊兄大人左右：

端節過蒙濟急，感何可支，比值俗務羈糾，未獲前來叩賀申謝，歉甚。弟前函致心可，促其復音，日久尚無消息，曾將此信抄送宇翁覽之。昨宇翁來書，言聞心可月内賦歸，所有前事如浮雲蔽日，久而自消，惟暫涵云云，意欲俟介老回局時爲弟竭力營謀，函中殷殷懇懇，出於自然，非徒爲弟雪誣也。老兄會晤時乞便爲道及，則玉成尤豫耳。弟因敝業堤塍潰口未能完工，家仲嫂又不時應分之費交出，圍中專人來省促弟回鄉料理，否則必令土夫登門坐索，不得已買棹言旋，即刻開帆，不克趨候。特此奉布，以代面辭，敬請福安，諸維垂照，不盡。

小弟嶙頓啓　初八日辰刻

再。前代求草書對聯、挂屏各件，皆昌江讀書紳士所託，聞尚未書，已囑貴門生吴君斗樞名令邦遲日登龍奉。如蒙揮就，即乞擲下，以便轉交爲荷，弟嶙又啓。

六

筠翁老兄仁大人尊前：

承擲還各稿，本擬前來叩辭，因便舟開行在即不果，悵甚悵甚。昨晤宇翁，承其垂注，以未獲與弟就事，殷殷爲念。且許代謀鼇局館席，此等相待，皆由閣下名望夙昭所致。若弟庸才，轉滋愧赧，談次並稍詢前情，適他客至，未遑縷述。弟是以耑函將長壽銷差一節直陳，先賫台覽，仍祈飭送宇翁處，更乞會時鼎重一言，俾得早覓棲遲，則感激多多矣。臨行肅此，敬請福安，統希垂照。

小弟嶙謹啓　廿六日

七

筠翁尊兄大人座下：

弟此次專爲圍事而來，謹領訓示，現在示審在即，近日臬臺令各州縣將所審结和息之案按月彙報，故不能久延。不得不作速旋處料理。前十四日易春湖、夏書田等從中挑解，處置妥帖，弟已允諾並稱謝不已，忽於十五日攔縣輿投訴，夏、易二君雖立時責駡，然亦莫可如何，皆由鏡吾爲作霖飾詞所惑。致圍惡知音愈爲得計，必得老兄大人一書覆飭從中作祟之何、李，此事之壞，惟何爲最，原詞未載伊名者，以現其名則不能告也，縷詞挺伊分下，用一稟帖尚不肯挂號。則事無不了矣，不勝感激。至弟受伊等夯勒凶辱，實令人難堪，現又匿契不交，代項不楚，囑各佃租穀不納，尤爲惡極。弟非健訟輩，且無錢使用，今番舉動，勢迫不已，祈諒之，勿罪爲禱。

附呈志兄一函乞賜覽，何、李與易鏡湖都通來往。

弟嶙叩首

郭崙燾致陳嶙（一通）

徑復者。前此君於圍事未免抱屈，此次之舉蓋出於勢不得已，而圍中人之刁狡，亦實有可指之罪，渠等求和復控，無非緩兵之計，而其心之詭譎，亦即此可見。來書屬爲設法，弟實無法可設，竊意李鏡兄既與知其事，則此輩之卑詞奸謀，應不難立時窺破。弟事體太煩，賓客又多，實不暇另函奉託，即乞閣下持此書與鏡兄覽之，務懇其從中主持，總須於大局上及閣下身上過得下去。吾邑寄莊之田，無不受圍中盤剥者，蓋已幾成通弊，何星樓素不安分，亦鏡兄所知，必有以處置盡善也。君境甚艱難，而事又叢脞，可念之至。匆復，即頌近祉，不具。

七月十六日　心叩

鏡兄處道候，稍緩再函候也。

陳嶙（五通）

一

筠翁尊兄大人侍右：

頃聞台端，昨辰千秋大慶，未獲躋堂叩祝，罪甚。刻間兩次晉候，適逢公出，莫晤霽顏，尤深歉仄。譚心可誣弟名節，情實難堪，兹擬一稿，俱係實情，祇以學疏見淺，不識一切當否，敬乞大才指教，以便繕就面呈當事，不勝心感。方遇盧閬生、魯秋帆、杜樾生係由華同舟回湘，緝私局杜右衡之弟。諸君，談及此事，皆爲不平。伏思譚心可爲此詭譎用事，若不與之認真剖晰，則弟不獨無面以對世人，先無以對我公暨宇翁也。弟俟傍晚時再行登府，謹聆清諭，並陳一切。匆此，留問福安。

小弟嶙叩

附呈稟稿，求賜覽示教爲禱。

二

稟已繕真，定於明上午面呈局憲，並往告諸友，特呈一覽，如不妥帖祈指示，不勝厚禱。弟與敬吾事梯，渠兄約今日來敝寓云由李鏡兄處來。等候一天，並未見到。謹附聞此稟，仍擲交小價帶轉，一切事宜，統祈垂照，順請晚安。

小弟嶙叩　十一日申刻

三

筠翁老兄台大人尊者：

屢領教言，俾弟得以澡雪被誣情節，拳拳致囑，感何可支，就稔氣體佳勝爲頌。日來兀坐旅寓，正值焦思，忽告急之書頻來，圍中堤工催修，家中日食待哺。弟現服物典盡，無從設措，拮据如此，旬日内未嘗舉足外遊，兼抱微恙，未獲前來面呈壹是。特此敬懇相借青蚨三十竿以抒眉急，固知用度無餘，常存撙節，何敢瑣瀆清神，但鹿挺走險，急何能擇，伏乞關垂格外，曲爲玉成。弟於秋成時定竭綿力償還，决不有負，可否俞允，一俟弟稍愈時即當奉。候福安，統希心照，不具。

小弟嶙謹啓　十六日

四

筠翁尊兄大人閣下：

敬覆者。十九日事屬林市，奉到台諭，得悉譚心可秘禀一節，不勝駭異。憶自辦理鹾務十有餘年，所在之處靡不盡心任事，以期無負賢昆仲關垂之至意而已。一遇更調，當隨時檢點交割便行，絕無分毫虧負貽誤等情。後此幫辦鹽務秦孝廉處計一載，魯明府處約三月，均如之先後共事，主分辨，無有道其非者，輿評亦無恙。譚心可接華局事，弟相晤祇一面，數日内弟之貪否焉知？且受宇翁致託，竟敢妄作舉動，縱有謗言，亦當察實。果有過失，咎由自取，平白栽誣，深堪痛恨。據所稟局用太多，查獲私鹽私運回家，此外不無他語。就此兩事論，弟十月半接永卡事，每月報銷較歷前減出八千有奇，報册可憑，此一誣也。查私一層，前設立半載之久，未獲分兩，弟未及三月，獲私五百餘斤，罰錢六千六百，可謂認真辦理。鹽存前艙，弟居後艙，陸續獲私，概經丁役手過稱，另記一簿，弟何由私運回家？又一誣也。兩事虛誣，可知其概。然獨不敢私運回家，即局中食鹽亦係發錢買淮，皆十目所視。嗣因魯君消差，弟在縣曾奉商兼值年近，各船丁勇均求賞應用。將所獲之私照往例變賣，變賣兑價發賞，均徑丁役手。犒賞本卡丁役及護卡舢板、巡船等勇丁，以示鼓勵。提錢數串，彌補從前虧項，弟未私得分文，魯秋老與緝私分巡各紳可問。廿七譚派友彭、曾二人來永接受交代，弟又將出入數目開單交伊轉付譚覽，以昭清白。如此辦事，弟亦可謂秉公無愧。斷無不可對人言之事。譚心可不問天良，肆行妄稟，弟決不能甘受其誣。本擬將園事稍爲料理赴華，因路隔六七百里，又無親友託足之處，時下各在事皆譚一氣，即緝私各分巡亦不免爲伊聯絡，定於不日内先行晉省面稟局憲，並告明淮商諸君，再作調停，何如？將來一切仍仗大丈指教，不勝感激，先肅奉覆，敬請福安。

小弟嶙敬啓　二月廿一由佘家垸泐

五

自違台教，時切瞻依。際兹大地春融，寅維筠翁老兄大人福體安康，德門清泰，以頌以慰。去冬曾泐候函，由岳卡轉遞，想已早邀霽鑒。旋聞省門委辦不一，致疏箋問。臘月中旬始悉譚君心可接辦華局，魯秋翁到，弟隨赴縣交卸永卡事件，緣圍事兩次耑丁促歸，兼之譚君弟無半面之識，恐生他變故耳。秋翁待弟頗厚，並述宇翁託渠致意譚君云云。弟以二公雅意殷拳，自當應命，即雇小舟沿路訪覓，中途晤譚君，彼以此間公事及地方情形相詢，弟儘其所知以告，似覺無間。忽於念六日信來，謂省局囑將永卡歸併雷局，以節縻費，所有薪水、辛工、火食等件均截至年内止等語。弟伏思省局之歸併節費，事所應就，惟既有此舉，何不於見面時提及，以期隨時檢點，早作歸計。乃因循至年迫，僅三四日驟爾告罷，使鄙人即如在事人等始欲預支一月辛貲，鄙人未允。嗣欲稍長支數目，於情亦不忍却，乃各支與一串、兩串不等，一經截至年終止，則弟爲累已多，同是天涯淪落人，用爲慨然，幸弟已分毫無虧負。隨將經手事件逐一料理清晰，新正二日即買棹啓行，十四日抵湘，一路幸託平順。惟是出身三月遽賦歸裝，所獲薪資僅供往返盤川、填補年終酒飯用費及各丁役等長支項下而已，何時事之不可以理測也。亦由弟命運之乖，乃適遇之愛我如公，何以教我？弟俟家俗稍爲摒擋，即行赴省面罄壹是。先此，順請道安，並叩新歲萬福。

小弟嶙頓啓　燈節後八日剪燭

周謌枝（二通）

一

筠仙老師尊兄大人閣下：

昨聞尊府西席尚未定局，舍侄礪弟次子。壽藩現居求懇囑爲謀館如教讀，幸蒙相委，當不至有負雅意，特此奉聞。弟擬一二日下鄉，來歲之謀尚無成説，或館或局，統祈留神。即請台安，不一。

並望回玉　弟謌枝頓首

二

筠仙老師尊兄大人閣下：

小兒蒙雅意噓植，甚感甚感。久擬來省面申謝悃，藉親台教，以俗冗紛糾未遑也。聞黄策笙孝廉刻期者上，所遺緝私一席懇爲鄙人圖之，通志局不知曾有機緣否也？忽忽布臆，順請著安，不盡百一。

弟謣枝頓　廿八

外一件伏乞察收。

龍汝霖（一通）

聞長老有快婿之喪，兩次走慰，未遇爲歉。得手教，知滁公奄喪，尤深邦國殄悴之痛，朝廷失此柱石，縱四海將安託命哉！不禁同聲一哭矣。壬秋有函與朱若霖，託其僦屋，云於三四月盡室來會城，大約得長老招函故耶？薊門事昨以尊意告之右銘，右公已遵意諭之莊君，令其增入矣。並聞，敬請筠老道安。

弟禫霖恭復　十四夜

蕭　韶（二通）

一

筠仙仁丈大人閣下：

讀手教祗悉壹是，伏望珍重自衛，勿過勞也。來項暫行繳還，遲日當令蘇拉前來走領，賞賜即以四金付之最好，亦可如茗翁所議，繕摺費及紙匠費可以二兩分布，並望交蘇拉帶到，此時似不必亟亟也。敝價無所爲事，賞賜萬不敢當，如必須爲此，周旋則外視，不肖轉未免太甚矣。摺匣費用極少，何必沾沾記憶。此外各項近日若輩並未以此來言，當不至如吴公辦法耳。此肅，復請台安，餘容面罄。

愚晚韶叩上

二

筠仙仁丈大人閣下：

前數日得友人來書，敬悉霓節已抵津門，然到京遲遲，殊深馳繫。兹奉手諭，知台旆即於明日可以進城，爲之欣慰無已。道中車行之苦，自在意中，宫門請安即緩至初三日，當無不可，蓋藉此尚可稍爲静養一日，奏對時亦不形吃力也。摺牌等事當於明日料理清楚，並爲派定蘇拉至初二日前詣尊寓一見，以便侍候一切，費用當不過京蚨數十千文而已。初三日係韶正班，彼時自可晤面。明日十一二點鐘時分尚當至尊寓叩賀大喜，兼面談壹是也。茗翁處當代爲致意。合淝傳示從緩一節確係實情，計榮行總在明年耳。韶從前泐上一函寄至閩省，由培兄交尊處，嗣培兄仍將此函寄還，今並呈覽。專肅奉復，敬叩台安，餘容面罄。

愚晚韶頓首　十月三十日

羅鑑（五通）

一

前由柳大呈上志稿五本，計已收到。此刻無繕本可寄，圖叙一、二卷已經刻匠繕就，悉已校正，三、四、五卷亦發令照繕。歲暮匆忙，繪圖、寫圖諸人各有家事料理。炳文兄約於新正初三、四日會集，繪寫諸人刻期蕆事，以便品配開鐫。惟各局所領團名各有定所，前時就地勢繪圖於原立局團不無更動。如扁擔夾團舊隸附城局，今撥隸仁和局，申明局之鄭家團、臨湘局之軍民團、南陽團亦撥隸豐倉、文洲、仁和等局。又各局前多用廟名，今改用地名，鑒意欲於圖説上添叙一筆，庶見者不呰爲謬誤，可否乞於新正初旬寄信開示，以便遵辦。述古堂已刻字數，據云將三十萬，雖未核算，以時日計之，所差當亦不多，所雇刻工在家未散，各欲寄錢歸家。今局中所給連尊處墊代，衹支錢百二十二串，渠雖自古歉款，率然坐除，亦似不情，而所發錢摺急難追繳。展奇方抱病避風，炳文又不肯招怪，時刻糾纏不了，一手雜作，心亂如麻，因與炳文商酌，再爲設法以解一時之急。鑑於明日回家，的於新正初六日赴縣，將於興賢堂、述古堂二處擇便寄食，將已繕各稿細心校對，已刊者亦多錯誤，當一一挑出改正，方成善本。開局三月用費三百五十串，今將簿記三本呈核，經費不敷，浩繁如此，將來何此爲繼？擬新正不設火食，俟二月上館之時看工程大小如何，再請鈞示。即賀年禧，不具。

鑑頓首　廿五日辰刻

二

告别之後，於次夜三鼓遂已抵縣，往返僅四日，雖稍有辛苦，而快利却是可喜。奉上《氏族表》四本、《兵事志》原稿一本，乞查收。彭述古堂留刻工十名在家度歲，寫刻不停。諸稿雖經繕校，終未能成一定本，難於草率付刊，同事諸君又以歲暮事紛，不能專以繕校爲務，焦急之心殊難言狀。擬於廿六日回家，新正初六日到縣指點刻工自繕，俟燈節後再行開局，聽候派人幫同辦理。鏡浯、紹熙各處存款催繳，急難應手。笙丈寄來海豐錢摺尚未收到，所發怡怡錢折推卸多辭，得秉文兄從中轉旋始應諾二十串，又向鼎豫挪錢四十串，不敷開銷，現尚糾纏不了，不知廿六日可得脱身否也。用款悉登簿記，俟二五日後諸務了徹，交吴鶴臣帶呈電核。

鑑頓首　廿一日燈下

三

前由笙丈暨盛毓堂兄兩次寄上志稿，均未發下，深慮中途有失。兹復寄上詩稿三本，志稿八本，經商農等校過，鑑又細校一次，如苦目力難用，暫將大勢鑒定，俟發刊後再行細校。《學校志》尚未繕就，天寒日短，催亦難速。二十九局之圖分看似是經炳文兄拆散合併，覩來水路界畫不相接，差半里尚是小疵，有差至一二里者，兩界接縫之間空缺亦指大錢不等，今俱依照原樣更正，仍分局填寫地名，年底必可竣事。安化館事本意實不願就，其後關聘三來，於小溪舊情却不過，勉强應承，約二月底到館。今看此光景諸難放心，校對一節尤爲緊要，刊成之後，尚多錯誤，尊目既不耐勞，鑑又遠去，將來必詒笑柄。今將關書退還，託張力翁轉達，留此襄同校理，藉以分勞，亦斷不要薪水。舍下年來近况歲租已臻二百石有贏，不館亦足自贍，若無水灾，不至有勞位置。新正初旬必晉省一次，凡百面請裁示，以便送辦，現在繕校諸君去留更須斟酌也。即請箸安，不具。

鑑頓　初二日

四

接讀手示，知防亂深心非爲顧惜一二人起見，而大聲疾呼仍喚不醒，得失交戰至於迷亂，固亦無可如何矣。李藝林經手退還社穀，有許幫訟費，懷疑懼而不敢來領者，有不幫訟費，受牽制而不肯來領者，又有不持收條，空手來領，不與即擱置不顧以爲挾制者。上旬所限八局，現惟三峰一局全數領去，餘或一團或二團赴領，藝林詳加考究，均非幫給訟費，此外尚無確信。拙意謂當再出一示諭，令如期領去，如過期不領，即將此項充入育嬰堂，方有了期，或亦變通之一法。隴西具呈之後，前議已息，後復遣書辦，某婉致隴西，謂三人同到賓館，權坐片時，不發看守，亦不標監牌，隴西執定主意不肯應承，此議亦作罷論。近復傳集分辦多人，欲衆致一二人陪坐，示期兩次，尚未過堂，鑑亦在傳唤之列。昨已有稟呈抄電，以直截了當之事，多作波瀾以求推卸，又不按事情以圖便利，安危利菑，上下一轍，人之不明，一至如此，真令旁觀者憤懣也。聞上台已委員審辦，若言有先入，不免有所翻變，則人心之浮動□□不知如何矣。志稿抄寫不難從速，惟手民不備，尚未開雕，輿圖爲殷竹翁帶回營田去，其更正與否，必候柬□，不知幾時得了，看此光景，五月之限未必能完功。小溪家館事聞其臨終遺言□，冥冥知己之感，不能無動於心，此子係□□令坦，姿性馴謹，儘可造就。怍自念□□近七旬，精神衰憊，不克似前此之勤專，又曾館小蘇家七年，託老辭歸，彼心終□□芥蔕。今又館此，見面何以爲言？且有訟累在身，提訊不到，必擾累家人，提訊若到，則□□□□，弟是以委決不下，懇與力翁商酌，明歲暫行另聘，待訟事了後，再作商量，□□□□□□容竣事，固亦兩全之道也。即請□□□□。

鑑頓首　十一月十一日申刻

五

筠翁侍郎大人閣下：

接到十六、十八日兩信，共志稿九本，又接到廿日一信，《賦役志》二本。三砦兵已照改，添祀兩廡之許畬、張履祥已將《典禮志》遵照删添。又有劉德一人，縣署無可查對，即恩賜舉人，其准駁應必有案，屢次催討書吏，總不清出，云恐招怨。總之，非錢不行，殊費周折也。《賦役志》應添數條，有已添者，有未添者，吏書、兵書二本已由笙老帶呈，此處無可查對。今仍將《賦役志》二本奉上，乞就尊處添就，否則必將二書發下方可照繕。流寓一類舊志惟取各姓始遷祖編之，既變立世系表，石珊窮於記載，因取賈、馬、杜、韓四公暨式微之祖不能列世系者，匯叙成編，以備一格。屈子舊列文苑，今列之流寓，允爲的當，而以陶澹與焉，似尚欠妥，杜、韓不得目爲流寓，賈、馬更不得目爲流寓矣。出此數人，其餘可編者實屬寥寥。僧徒添載十餘人，生存者西枝，東林正海、蓮洲等尚在斟酌，候繕就呈電。《選舉志》原稿一本祈擲下，以便查對年分，暨抬頭款式。述古堂刻價百字七十文，未免太短。據云近時工價本昂，自家又無人手，必須雇工包刻，再四商議，每百字必得百一十文方無賠墊。輿圖每個必得四串文，扣算將二百串有奇，板價鎸錯尚要另算。託筆轉達如此，均候鈞酌。即請崇安，不具。

鑑頓首　廿四日燈下

西　枝（三通）

一

衲西枝和南謹白：

前承用方五百金已聊爲開消，不得受大逼矣。雖朱張之厚情，實大人之深惠也，叩謝叩謝。來年工程尚祈慈力。外啓者。子健近頗盡善，不似前日冥頑，亦還改所致耳。昨通身瘡瘡，調治方痊，特懇有舊罩袍、馬褂、汗衫、襪子各給一件，以作度歲之資，衲已代許。其感被必體栽培之意也。手此，敬請筠老護法大人年安，賜可不戩。

除夕先二日　恕草

二

筠老大知識鈞座：

衲招集同人代爲善事，理當出力，承所惠齊資本，不敢受。奈此節敝寺僧多食少，鋪帳紛紛，亦拮据也。兹蒙大人雪裏送炭，無量功德，故莫能却耳。收到並金科福果錢共卅串文，愧謝愧謝。承示新屋費繁，暫爲挪左，受累一時，終成杜老廣厦千萬間，大有慶矣。即請晚安，不一。

端午先夕燈下草覆　恕莊

三

衲西枝和南敬白：

後日臘八，聞朱宇翁已到城，擬備素麵奉邀，可否？懇祈會同，並裴、張諸公詣廟行香一叙。年節逼近，企候開消，一切維持惟大人作主，是禱。手此，即請筠老大護法大人鈞安，不戩。

初六日　恕莊

夏在倫（一通）

前拜領厚賜後，正深慚感間，辱裴樾岑觀察枉步召赴寓邸，諭以志局有應禮部試者，其缺即以補倫。且云曾與大人相商，明正即可起支，知旅人專候，翹盼恭切，特諭以慰懸望等論，是皆大人竭力維持所及。弟不識志局用人亦照尋常檄委否？若席有無專辦事件，局中果可移住，倫皆惘惘。伏乞□誨及之，庶幾報效有自，勉副栽培於萬一。拙詩辱蒙獎許，殆先知先覺誘掖後進之意。倫恨失學，又乏師承，不敢仰望風雅之林，若獲時親有道，或附名大集，便可千秋，是所願也，尤待教也。肅此稟謝，恭請筠仙中丞大人道安。

卑職制在倫頓首謹上　除夕前日

邵亨豫（一通）

筠仙老前輩年大人閣下：

自從者錦旋後，總未得一遂瞻謁。侍受替在即，到京時樞廷諸公必問老前輩興居，侍擬明早趨詣尊處一見，伏望賜以教誨爲幸。即請勳安。

年侍亨豫謹啓　二十二日未刻

恒　琦（一通）

示來知悉。方子改去滑利者，加蒼朮以滲濕，桂木以祛風，宜可止癢矣。擦藥換去一種，可用大磨麻油此油不香，香者小磨，擦之反甚。調擦，先擦手縫及手心，其餘且從復。當可止癢矣。此瘡已受硫黄毒，未能速愈，即速愈亦即有他患。昨日所説卧土方法最妙，可試用之。此請雲翁大人安。

自華頓首謹復

如巖（一通）

雲翁先生年大人閣下：

前日厚飫郇香，惜乎兩耳泥封，不得暢聆大教，然拳拳之愛，鐫之心腑矣。弟已即日與儀仲附舟東還，不及走辭者，以大暑恐重煩清神也。世兄乳食安好，念念。瀏陽之人不來，弟畏暑難往，且俟秋間，知念附及，次翁處亦未便再瀆。晤時祈代致。

如巖頓首

易堂俊（一通）

筠翁老前輩大人閣下：

屢次奉謁，未獲面譚爲悵。比維精神爽健，箸作閎富爲祝。侍日間腹疾作楚，欲簡一方，前此有《絳囊撮要》一卷在老前輩處，乞飭侍者撿付小紀是幸。籍請近安，並頌閤潭全福。

侍堂俊謹啓　七月九日

白恩佑（二通）

一

筠翁仁兄年大人師事閣下：

早間趨候，快聆麈譚，勝讀十年書矣。兹將九小兒八字開出，呈上察入爲荷。弟事事仰仗摯誼關垂，感難言罄。專此，敬請台安。

年弟恩佑頓首　初五

二

筠仙仁兄年大人我師左右：

日前彼此不□，殊悵悵也。昨蒙手教敬悉。惟遐齡庵並無招僧住持之説，前數年因僧人不法逐去，改雇齋公歸敝署專役輪流值年，亦因經費不足之故，曾爲立案，昨經詢問倉猝竟爾茫然，師丹老而善忘，想當一笑也。專此敬復，即請台安，三二日内尚擬走謁，且有領教處也。

年小弟恩佑頓首　初四

易章玉（一通）

頃厚擾，謝謝。承囑之件已叫黄厨子來告知一切，兹特求見面，請尊示應用價錢多少，當妥爲照辦。即飭令先將菜單呈上，並議定席價可也。此達，即請筠翁尊兄大人台安。

弟章玉頓首　十六日燈下

韓弼元（一通）

今日天雨不能解維，準於明日返棹。本擬趨謁，恐有妨公務，恕不面辭。賡廷兄昨晚回寓，弼代達盛意，賡廷亦以得親棨教爲樂，但伊此來，筆硯、衣服均未攜帶，必須回鄉寓一行。閣下如何訂延，及約於何日到館之處，尚望示知，以便轉致。敬請雲仙大公祖仁兄大人勳安。

治愚弟弼元頓首

周銑詒（一通）

筠仙同年仁兄大人閣下：

前日暢叙爲快。送去金紙字並廢針一包，請唤裁縫針在泥幃，管家輩做恐其針破。伊處訃文姓氏在金字中。請兄親自一對，免上下顛倒也。弟廿三日起身赴東邊差，廿八、九到城同去作弔，祈兄定一日可也。即請台安。

弟詒頓首　十九

曹登庸（一通）

筠老仁兄同年大人閣下：

登庸奉侍無狀，猝遘憫凶，早應肅寄訃音。聞節鉞内度有期，是以遲遲。昨閲邸抄，知吾兄乞假南歸，弟亦定於四月初十日扶柩出京，七月廿日安葬，約計九、十月可以到京。倚裝肅布數行，餘詢壽蘅可悉，不及贅也。手此，敬請台安，不具。

年小弟制庸叩首　四月初五日燈下恕草

唐璆（一通）

世伯大人鈞鑒：

敬啓者。久擬奉請，緣連日無暇，遲之近日，又爲雨阻。昨雨歇即專人送柬，又下午大雨如繩，未曾趕及，以致積遲，悚歉萬狀。素叨厚愛，或邀鑒原格外也。侄千過，奉請惠臨，藉以散悶，並面陳一切。他處請帖將係昨今兩日，送書者以爲雨後天氣清爽，路無飛塵，是用奉勞台從，非敢故遲，統求諒及下情是荷。座無多客，千乞降臨弗却，是爲禱幸。專肅奉訂，謹請崇安，特盼光臨。

世愚侄唐璆叩首　十九日

儲裕立（一通）

頃奉手諭，並法書直條，感謝之至。致荇農先生信，候到京時即行遵遞。先君墓誌秋涼後務望走筆，謹飭小兒叩領。朔日準於起程，恕未再謁臺階面謝。肅復，恭請筠翁老伯大人安。

侄裕立頓首　廿九

吴壽芝（一通）

筠翁老伯大人尊右：

頃得暢聆榘訓，幸何如之。所求書各聯想爲對多送錯，敬請飭紀到各送對處一查，即知外款呈電。肅此，恭叩慈安。

侄壽謹肅　廿一日

承　涵（一通）

筠翁老師大人閣下：

昨由馮家冲往舍親馬家，再三勸伊减價，談至半日之久，伊意尚在一千六百之外，似此情形萬難成事。舍弟所呈託帖懇交望溪兄，以便到縣親領亦可。承涵才短智拙，辦理不善，以致往返數次，不能有成，十分抱愧，望我公曲原爲幸。手此，恭請台安，統惟惠察，不備。

承涵謹上

宗　恒（一通）

奉教誦悉，家母舅事具承嘘植，感紉無已。子敬兄此番尚未得晤，當即遵諭偕家母舅前往省候。手肅敬覆，恭叩台安。

伯岳大人左右。

侄婿宗恒頓首

姚嶽望（一通）

伻來奉到鈞諭，並書函及對聯各件，已覺歉悚之至。復蒙賜以兼金，拜領之餘，更深感怍。明日即復之鄂，不復叩辭，而依戀之私殊覺難置也。一切俟到鄂後奉稟肅復，恭請福安。

受業嶽望謹稟

易耀崐（一通）

筠翁老伯中丞大人臺前：

頃奉鈞緘，敬悉一切。唐曦老晉省，昨於廿一日啓程，老伯所寄各函已經曦老帶去矣。囑買菜油，小店已安頓三擔，每擔照本合價六千三百文。係照在早所買菜子，現在要合八千之譜。志叔所撥之錢現存小店，俟付油去時扣算再撥也。兹就便寄呈時魚一尾，伏乞哂收爲荷。此復，順請福安，不具。

侄耀崐謹禀

李長蕃（一通）

世伯大人鈞座：

昨晚奉手諭並另單，敬承種種，另單當經轉交矣。密寄言教民啓釁一事，現在雖可完結，惟洋人每以兵船挾制，縱兵端不必自我而開，而必未雨綢繆乃可無備無患。著沿江沿海各水師隨時整頓，悉心辦理云云。謹此奉復，恭請鈞安。

世愚侄蕃謹呈

許星翁附候。

沈敦蘭（一通）

再。李明府嗣宗樸實老練，此次賫解總理衙門志書，均臻妥洽，足徵委任得人，曷勝欽佩。刻下差竣回省，統祈訓誨栽培。是所至禱。

敦蘭謹又肅

周諤枝(一通)

《安愚齋詩集》類《漢宮篇》古風,首句『漢宮三十六』,又《漁父》七律首句『四十年餘一短蓑』,末句『文叔君房愧汝多』,請查黄山谷、陸放翁全集有此二詩否,便中開示。

昌輔字

羅汝懷（一通）

郭大大人，兩令孫數日來想漸痊可，服藥乎？勿藥乎？姒王乎？文武乎？果何道之從也？即佳，不具。

某根借頓首　十八

慶　光（一通）

筠仙世伯大人鈞座：

頃奉來示，敬悉一切。惟其人向無往來，其事亦未前聞。先此奉復，來日趨侍教言，再罄壹是。敬請晚安。

慶光頓首

某（二通）

一

筠仙中丞大人閣下：

頃誦鈞函。小子渥蒙栽植，情詞真摯，非若泛常，感激私忱。有同鰲戴三山，深知其重也。忠烈公當年本屬至交，新甯軍事竣後，掌教武岡，復得朝夕過從，後以徽撫檄邀欲去，而忠烈得謚矣。瑯函叙及此層，誠爲確當。李蘭生已歸，行期定在望日，賜件當交其匯送。如夫人既經服藥，倘熱未退，明日趨視，尚須更方也。謹此復謝，恭請崇安。

銜名正肅

二

筠仙中丞大人閣下：

日前兩次趨謁，未聆鈞誨。邇來團局清查，善化城內外户口已有成數，特開摺敬呈，希查閱。兹有懇者。兒子嗣燾以從九品需次湘南，現遵迴避新章，改發廣東候補，擬於月内起程。惟初經到省，人生地疏，可否仰求中丞大人函致劉撫憲栽培之處，出自鴻施，不勝虔感之至。肅此，恭請鈞安。

銜名正肅

某

某（一通）

敬便稟者。浹辰□侍，殊失奉承，寅惟震艮亨通爲頌。近得晉信，賑捐保案蒙應已與擬叙五品頂戴，聊解嘲耳。竊惟開復，僅留戰功一途。近閲邸抄，喜誦新詔，宏開珊網，千載一時，雪、峴二公正遵物色，終南捷径，跛不忘履。如蒙推奬，必予自新，非敢襲徵君之虚譽也。順叩慈安。

銜名另肅

張森（一通）

敬肅者。頃奉鈞示，敬悉一是。事雖未果行，而心感無已。意翁先生既難籌掌自係實情，然尚望推及屋烏，設法圖之，則更感無既矣。惟此圖不徒作糊口計，亦恩爲女婿特來覓一進境。森以兒女情長，故敢瑣瀆，在森更無他處可託，伏望筠仙大人隨緣留意栽植之，是所感禱耳。復請鈞安，不盡。

銜名正肅

意翁函奉繳。

某（一通）

筠仙中丞大人尊鑒：

午間暢聆榘訓，抃慰莫名。診視清恙，本屬血虚，法宜和血養肝爲主，理脾次之，緣肝脈旺恐木侮土故也。兹以黄芪、歸、芍養血，寄生、狗脊固肝腎，清虚熱，舒筋骨，庶免睡醒口渴，佐以青棗桂引經和肝，於术、法夏固脾胃而强飲食。敝見如斯，當不至徑庭，謹擬方劑，敬呈鈞鑒，如可酌服多劑，自有功效也。專肅，敬請晚安，惟察不既。

銜名正肅

張　森（一通）

筠仙中丞大人閣下：

頃蒙厚賜多珍，却之不恭，祇合拜領，將何以爲報耶？各品製作與吾鄉風景無異，頗逐人蓴鱸之思也。孫世兄所患自難速愈，夜間不寐的係血虛，目疾亦其所致。春來木動，尤須留意爲要。雨久甚悶，而夜巡者尤苦，尊體欠適，尚祈珍攝是禱。四舍弟因候部示，在此度歲矣。此謝，即請鈞安，不備。

銜名正肅

湯柄璣（二通）

一

敬肅者。昨聞人云，淮局批稿一席嚴少韓業已銷差，並有擬委黄春伯之説，黄君歷任名區，似不難位置他處。卑職借補昭潭已滿三年，長庚西晦，讓水東流，𨼆樾有心，識荆未面，特求説項速達，以免捷足先登，感荷鈞慈，自當環報。肅叩台安。

銜名另丹　初九

二

敬啓者。淮局之事舍弟代求劉希翁，終南捷徑，暗沮朱衣，一著先輸，滿盤失勢，敬乞代白壹是。柄璣可安飲啄之常，希翁何損塤箎之雅，禦人以口給，若是不敢不作未然之防也。恃眷瀆陳，千祈勿斥，不勝感畏，肅請台安，并申謝悃。

銜名另丹　十四日

附呈劉椷，敬乞閱後擲完是荷。

某（一通）

筠仙中丞大人閣下：

昨奉鈞示祗悉。楊君事仰承台命諄諄，自應力爲説項。兹將薦函繕呈，希即轉交。惟敝同鄉嚴少韓，其爲人一切素行拘謹，楊君現館攸邑，恐嚴大人令以熟悉見疑，其能否延請幕中，敝見未敢必也。肅復，恭請台安。

名正肅

楊君函附還。

徐申錫（一通）

謹再啓者。敝友王令炳文以軍功得官赴粤候補，獲隸帡幪，曷勝忻幸。渠樸實無華，材堪造就，惟初登仕路，諸未諳習，務祈推愛，遇事誨植，俾得有成，感同身受矣。冒昧瀆陳，不勝悚惕之至，惟祈涵鑒是幸。

弟謹又叩

邱能謙（一通）

筠翁大人尊右：

諭來敬悉。令孫服藥後仍不睡，甜食少少與之。的是肝熱，其聲嘶咳痰，想是多啼所致。謹遵示擬方附呈，原方帶繳。至貴恙鼻梁作痛，乃肺熱所衝也。既停藥且從緩治，或用生地，銅刀切片，酒浸貼之，亦一法。順頌晚安。

名另肅

某(一通)

敬禀復者。頃奉鈞函,並以彭漁航觀察來書相示,捧誦之下,不勝駭異。是日盧氏等赴臬轅遞禀後,卑職奉傳會同諸巨紳往彭宅,帶其孫到臬轅銷差,當時進房抱此兒者,彭氏年家子唐方伯姻親黄子壽觀察也。今加長沙縣以劫取之名未免周内,此案是非曲直,卑職始終不贊一詞,謹將彭函奉繳,容再趨叩崇階,面陳不盡。敬請福安,不莊。

名另肅

職弟及子五月廿四日安抵都門,又禀。

某（一通）

筠仙中丞大人鈞鑒：

昨蒙青睞，厚飫華筵，齒頰留芬，感銘無既。並悉曲賜栽培，尤深淪浹，惟頂祝無忘耳。鼻烟小瓶稍已撥動，奉供清賞。芥蘭擇柔嫩者數個，聊備晚膳。野人芹獻，殊不恭也。敬叩台安，不莊不備。

名正肅

某（一通）

昨午謁首府，以適接藩臺親筆信見示，其大意謂黄縵事已請過中座之示，因其既有悔悟之心，亦不爲已甚，可免提省。惟須令其在縣候結，事事聽官，否則仍須提究。嚴委員必俟案結方准回省銷差等因。再。首府又將湘陰令來函給閲，係據邑紳三先生亦列名。公禀爲黄縵緩頰，是以首府代達藩臺，轉求奉准也。此聞閲後擲還。

張自牧（一通）

送上册頁二開，乞書大箸《送朱庶子序文》，今晚明早即求交下，聞肯甫定於廿八日解維也。縣中有人來，聞安仁下車頗風厲，周、李均追繳官照，似有並褫之勢，而外間頗堅持和議，蓋周生之氣稍餒矣。安仁志在稍罰以平衆怒，而以罰款交與賢堂充善紙，錢不入署以避嫌疑，不使原告染指以息刁風，似亦當有條理，未知究竟如何也。

心叩　廿六

丁韙良（二通）

一

筠翁大人閣下：

昨奉手諭，領悉一切。本擬趨府暢談，奈適值季考，連日在館監試，不克分身，抱慊奚似。承詢西公使周旋之事，目前西公曾商之於弟，愚意以爲西公到京時，威公業已出京矣，可著力。又商之赫總税務司，言亦相同，故爾中止。然現在赫公已將總署之意赴滬親見威公，詳爲剖白，諒此案終必了結。況英國不日有用兵於歐洲之虞，決不欲再啓釁於東土，亦威公所深知也。至出差英國，不能速行，雖於此案無裨顧，焉知其於敦和好而防後患不有大益，惟冀勉力圖之，以慰中西之望耳。弟烟臺之行實爲避暑，别無他意，緣拙荆病弱日久，或得海風清涼可以痊癒，不過期月即可旋都，晤教有期，容俟面罄。統此布覆，即請台安，不具。

名另泐　又五月廿七日

二

筠翁大人閣下：

久疏清誨，渴慕殊深。昨承壬叔兄轉致鈞改序文，感泐無已，即當照此發刻矣。弟現因息夏放館，擬赴烟臺小住一月，以避炎暑，客俟秋初旋都再爲趨府面謝也。此布，祗請近安，不一。

名正具　又五月廿六日

再。前呈之《公法便覽》小本，如已閱畢，望祈擲還爲荷，又及。

舒運昌（一通）

頃子瀞兄歸，讀悉手片。敬領去歲二次擲來並無原庚緘，不過開在信後。婿隨即將外間所推數紙呈閲，其不合之意彼時業經面陳，婿並不知八字尚存尊處也。嗣後議昏者何第數十餘家，非謹黄氏一處已也。謂侄婿含糊不了事，罪有應得，謂家母無理。家母疊次踵府請見，並未蒙賜見與商，始終無與，爲人親者不能主持其兒女之事，何必有親。婿再四思維，從親命則違長者，違親命則必致親心不順，家母卧病垂危，百凡憂鬱，再令加恙，人心何存。侄婿現雖殺身以殉，自無所悔，獨此寸草春暉，於心實難忍於拂逆耳。若先一月有此信，可以徑辭黄氏，頃間萬難挽回矣，千求原情垂照。侄婿再禀。婚姻自有一定之數，霞翁君子人，想亦無他言使尊處爲難也。遲再行登堂請罪，情迫語無論次，鑒諒爲幸。

謝鵬飛（二通）

一

再者。樂彬言昨日各當道問及治晚光景，説知治晚能古文。樂彬説，向喜看理學書，此皆係有人於當道前道及之故，古人聞譽而懼，晚亦云然。然内省不疚，殊坦坦也。又及。

二

昨赫總榷已赴天津，再赴上海，不知能挽回否，特來奉告。兹有《格物探原》三本，係韋君

託艾君敬贈求教。晚拙作倘蒙閱過，遲三日謹領，入城尚有俗冗，不克久候。恭請大公祖大人
晡安。

名心叩　十六日申刻

黄瑜(一通)

適所談出路一説，兹將原件撿呈台閲，閲畢祈即交來手帶回。充國所謂百聞不如一見，寓目後立言更有把握也。又老表從前留有一件，乃起釁根苗，附呈以供一噱，並求發還，少師白珍之有逾拱璧。此請大安。

侄心叩　初四日

某（一通）

敬再啓者。江右軍務已有轉機，楊制軍移節豐城，就近調度。鮑軍門督師撫郡，攻剿許灣，各營聯絡一氣，軍威大振。月之初十、十一等日，崇仁、金谿、東鄉次第克復，官軍乘勝追剿，冀將滅此朝食。南豐、宜黄等處定易殄除，但期掃蕩净盡，勿令竄逸，是所默禱。昨聞金陵恢復，掃穴搜渠，東南指顧蕩平，曷騰慶幸。專此布達，載請鈞安。

名正肅

某(一通)

再。黄澤生大令去年招致幕中,見其篤實□存,讀書本色,朝夕與同飲食,視如子弟。後聞其好爲狹邪之遊,曾隱諷之,旋見其所事有不知避嫌之處,故稍遠之。然任書記如故也。道署差使如書記脩俸者亦不多得,若委以外差,恐下喬木而入幽谷,更非所願也。知關憲注,用敢附陳,謹又禀。

某（一通）

再啓者。前大捕縣令陳慶麟係前江陰令月湖陳君名懋藹之子，迭據月湖來函，縷述伊子任大捕時，於咸豐十一年正月赴府賀年。其時適謡傳閩省連城失守，經典史陳俊以規避稟許，旋於四月解省，交番禺典史看押，至今四年，案懸未結各情。弟思大捕雖毗連閩界，而距連城尚有四百餘里之遠，且并無失守之事。該典史有無挾嫌訐告之處，良不可知，一經洞察，斷無遁飾。惟念月湖年已六旬，衹此一子，羈禁多年，未能結案，情實可矜。且該員大捕任内不惟賊匪未到，即隣縣上杭亦未遭賊擾，是較之失守城池之員究可末減，懇即迅賜提案一查，發落完案，俾有生還之望，實所至禱。

某（一通）

頃奉惠書，謬蒙獎藉，慚愧無似。伏讀大作，知殷殷於國計民生之故，至深且邃。蓋本其平日學問所至，上下千古而又遠歷重洋，擴其所見，故能洞徹本原，妙達時勢，諸所論列至爲條暢，欽佩無已。下走伏處草茅，不知當時經世之略，竊謂軍國大計在正本清源，治内以强外而已。方今四海蕩平，版輿甚廣，惟有泰西蘖芽其間。然其氣甚壯，其技甚精，其志甚鋭，似非唐之回紇，宋之夏遼等所可倫比。其始以通商爲務，腹削中國之脂膏以資封殖，機心機事，迴越尋常。乃輩行商中國，而内地之商賈盡失其業，所作什器俱極工巧，四民競相市買，以鬥新奇，馴至破産而無悔。彼受其利，我受其害，大可惜也。既而爪距四布，幾遍天下，直省隘道皆其所經歷而熟悉者。往年一至天津，畿輔爲之戒嚴，此時若狡焉思逞，其患有不可言者，朝廷與之通商，或者以爲欵師之計，内修政事以固維城，特機務嚴密，未敢知其所以運籌者何如也耳。今既準議通商，似不必驟爲異議，惟謹守先王不寶遠物之成訓，海鹽陳仲魚孝廉風俗之論可仿行也。昔單于好尚漢朝繒絮食物，頗有所累，中行説教以專用本地旃裘湩酪，一物不仰於漢，單于因以富强。今若禁制中國不用遠物，崇尚節儉，凡遠方珍異壅滯不行，當以折閲而自然廢止。蓋我不與通商，則彼得以有辭，我但去華崇實，不尚新奇，當亦無可藉口，此默寓化裁於其中而不自覺，待其圖謀漸弛，然後我之善政可以次第施行。夫異物之不可尚，振古如兹，而鴉片烟之爲害尤甚，所列禁止之法允爲切實要圖，務宜及時照辦。惟中有因治病吸食及年老不能驟戒二語，意欲從寬以順人心，似不無物義。蓋吸食鴉片期時已成痼疾，如果國家嚴主科條，一律示禁，所有廣南鼇項、税項概爲銷除，雖予三年之限，而有一定之章，在上實力奉行，在下亦必勉强。從今若有一分寬假，彼輩必緣以爲奸，輾轉狡託，遷延日久，上之精神力稍懈，下必仍蹈故轍，將有不能禁者矣。至所論鐵路、電學，洵屬救時良法，當今講求以濟實用，庶彼之所恃以爲富强者。我亦得用之以致富强，毋任坐以待困，保邦治國之經，無有過於是者。然竊恐彼之所挾以制我者，未必肯公之於人，使人亦得挾以相制者。劉文正公嘗言，彼國人用意至深，嘗從彼學算法，輒秘密不肯盡言。老子云，利器不以示人，其知之矣。今雖聽我國學習諸法以示大公，陰必有所秘匿，不以實告，此其彰明較著者也。又聞彼國長於舟楫而不甚利於車馬，故長江一帶可以任其衝突，而官路則未能攸往咸宜，今若修成鐵路，則輪車所至，所向無前，一有變局，水旱俱無可抗禦矣，其何以爲保全之策哉！此皆關乎軍國之大，而不能不爲之預籌者也。他如開荒歲停釐捐，誠不易之論。下走學識譾陋，又未獲遍歷方輿以開其茅塞，惟閣下人品學問素所欽仰，辱下問之及，辭意拳拳，聊即鄙見，略陳梗概，幸惟察其愚而垂教焉。

蕭韶（一通）

筠仙仁丈大人再覽：

今早將復致尊處信函，及紙張等件一箱交至賢良祠駐京處，其初謂木箱不能猝寄，故於信背後注明一切，囑其將信先行送去，繼並謂此信如此批法，即信亦不便代寄，蓋其意固始終不願寄木箱也。頃聞寄物件本屬大難。現時祇得將木箱仍然帶回，先將此信另行封好，託上海招商局寄上，望查收。如尊處必須此項紙張，或再函託李相，抑或另託他人，此處竟不能代爲設法也，愧愧。再。近日滇省情形昨據岑公所言，謂李、岑將已到省，候審所獲正犯已有九人，俟李制軍到時即行會辦，而此間總恐其涉於含混，務求水落石出。李相深恐其事難於完結，請飭派薛焕爲其乃兄幫辦壹是。業蒙俞允。使臣威妥瑪，前在天津纏擾，李相遵旨與之會議，未曾説明。渠所來照會甚多，有一次照會謂伊國有某醫士率及婦人行至東四牌樓被人欺打，又湖南人凌辱西教，鄙薄洋人，在江南刻板刷書遍賣，又我們所與他之照會未將伊國抬頭，其餘種種，各條諸多，尤使末尾，遂有請派使臣至伊國之説。李相乃謂不妨先以末條許之，或他條亦易爲説合此間。因如其所請，即以老成碩彦爲平昔之所最爲倚畀者，而執事以任之，又以許君爲之附翼而行。威妥瑪當時尚爲愜意，轉又有不能釋疑處，謂此事何以不徑行發鈔，及責問岑公遲延之處，又何以不徑行發鈔，李相乃爲並請。故前此雖有密寄，至此時即爲明降諭旨。然責問岑公之事，此間甚不願即行露出，約以從緩再行。近數日威妥瑪又復回京，尚不知其如何恫喝，想公忠謀國，必當另有一番作爲也。入都已否定期，寶眷在閩，自以送回湘中爲妙，往返匪易極，不禁代爲躊躇，未識已得妥人護送否？再。此番出使之舉，計自台旆到京後稍爲紆徐，彼時滇省情形當不難漸有頭緒。皇華之咏，或亦讀之矣，甚礙口耳。瑣瑣述此，以副尊囑，閲後即乞付丙，並乞密秘勿宣。是爲至要。

龍光甫（一通）

□□兄中丞大人閣下：

午間走候，適值□□悵。面懇之件，渥承□□千萬。□□□□□靜翁處一商，惟委辦局務非靜翁一□□□□□□，或由李方伯札委，或由陸星翁札□□□□□靜翁酌定位置之處，尚望□□往□□處一託，方可望有成，不然恐□□□□□後，此推彼諉，終成畫餅也。弟在省□□覺孤立，以故數月來望□□□歲至，目前窘況前已略陳，不勞贅述。□□舊雨情深，不減滁相。回憶登墀堂三人□□□□□□□時，當必不隔膜置之也。瑣瀆之處，□□□□□□□□□荷，□此布悃，敬請□□□□□□。

樹棠謹啓□廿八日

□□者。□□□省斷無在寓閑坐之時，弟來松陽寓館□屬徒勞，便中能□□□□□□□□，切切。

吴贊誠（二通）

一

□□□□人節右：

自違□□，□□時殷。側聞□□抵倫敦，異邦瞻仰□□□□□□□□□□□古人殆莫與比并，敬佩何極。李丹崖□□□□□□□初到，人地生疏，一切事宜尚懇□□□□□□適從，是所感禱。耑肅，祗請□□□□□。

□□淞　廿六日

外附致丹崖一函，敬乞轉交爲荷。

二

□□□前肅布蕪牋，計達□□□。兹接輪船來信，□諗□□麾已抵申江，趨侍無由，倍殷馳繫。敬惟□□□□□宣威遠譯，銜□□□□□□□□波□戢鯨鯤之勢，侏離向□□□□□看□□□縣之元。旋即晉□□□於極品引詹□□□，曷罄揄忱。贊誠海澨趨公，薪勞如昨，雖□□□□□而速效難期，無補時艱，徒增愧□。□□□□□洋之舉，因經費不足，正在籌商，□□□□設法搜羅，明春必當遣往，屆時再將□□□□章程寄呈。

吴運謙（一通）

筠老姻丈大人臺座：

侄候事長沙五月矣。川資告罄，欲罷不能，自慚襪綫庸材，難勝巨任。然大匠之門，原無廢木，况人生才智半因境地而生，今所謂備干城稱長吏者，未必盡無真才，而一二倖得之者，亦能有所表見，稱將材焉，稱能吏焉。豈前懦而後强，前愚而後智耶？時至使然耳。侄雖下愚，原仗大人成就，前承面屬，往謁葉公，三次赴轅未能一見，竊因之有感矣。大凡德高望重之君子，又適居通都大邑中，誠心請益者固多，而紛紛勢利之徒，平昔泛泛不相識，亦莫不執門下禮，或附戚末焉。以外貌視之，其慇慇勤慎反過於中人，究之少假以詞色，即受其餂而不覺，此時此世此輩最多，此輩最利。侄性迂愚，詢不願相混以圖倖進，故下情雖急，不能達於長者之前。至姻丈大德淵深，因物付物，假以事權，人莫敢欺，需之時日，人無或怨以誠故也。侄明知事機未便，豈敢造次圖成，奈勢迫境窮，實難再候，伏乞殊恩廣垂格外一枝，聊借得以棲身，銜結私衷，當不特侄矢諸畢世矣。耑此，肅請崇安，統希慈照。

姻愚侄吴運謙頓首謹稟

歐陽述（一通）

夫子大人尊前：

敬稟者。門生前詣上滬，叩謁鈞顏，渥荷頒賜書函，萬分感激。違侍以來，益深孺慕。恭維鼎裀篤祜，福履延休，引睇旌麾，曷勝軒鼓。門生叩辭後，於廿日抵揚，次早即往謁見投書，詎至五次始得一見，當蒙應允，乃遲至多日，尚無消息。門生本在笛帆家叔寓所暫住，而目下寓中眷屬已於閏月初九日。

下闕

某（一通）

雲仙仁兄大人閣下：

昨晤芝顔，暢聆麈譚，頗釋積悃，快慰奚似。所懇家人張誠已蒙慨允録用，尤深感泐。維聞許緣仲八兄曾薦一船，仁兄嫌大未用。弟處現有二號蒲鞋頭一隻，船户、水手皆老練妥當，價亦不大，似堪適用。在弟處工食每月卅二千文，刻因拮据難留，特給一函。

下闕

某（一通）

筠仙尊兄同年大人閣下：

前日晉謁，面懇籌撥臨淮協餉鹽釐，已蒙慨諾，理應静候。惟查歷屆委解日期均不出月之初旬，今因新舊交盤，稍遲時日臨淮饑軍正當餉需虧缺之時，又值攻剿吃緊之際，情同涸轍，理若雲霓。早解一日沾一日之惠，想大兄同年大人必已早有成算，惟弟初膺委任，情難。

下闕

某（一通）

恭維筠翁尊姊丈大人閣下：

時綏篤福，道履吉祥。畿甸屏藩，聲壯中華之色；天朝柱石，功宜特命之隆。克使上下協和，夏夷仰戴。所謂汾陽勳業，古今之所罕覯者矣。弟不勝欣羨歡躍之至，屢欲修侯。

下闕

某（一通）

筠翁仁兄大人箸席：

憶丙秋别後，西望海天，每於無字句中得悉動定，常晤壬叔。藉慰馳卬。俞竹翁來出所攜賜書，眷注勤懇。敬審平泉養福，箸書自娱，歲月悠遊，此樂何極。惟是近日聞見，較丁丙兩年更增太息，中心憂患，實有不忍寄諸簡牘，當亦玉池徒倚所逆覩而焦思者也。來書言廣東生一節，因以追憾鄙人爲所買弄云云，事已適然，無俟嘵嘵剖辨。然竊念其與鄙人接構之緣，初在座上，察其辭色，詢厥里居，疑爲駐防武職。洎蒙示粤中舊事，始知爲大君子藥籠物色之材，且遇之甚厚。比時偕遊古寺，日相晤對，半爲商證醫學。

下闕

某（一通）

筠翁表兄中丞大人閣下：

客正渥聆教益，叨擾郇香，莫名感謝。别後緣俗冗糾纏，久未貢書，歉甚罪甚。敬惟履祉勝常，褆躬安泰爲頌。少君體素强壯，如何倏赴玉樓，聞之不勝駭異，想老兄愛子情深，痛惜在所不免。第亡者不可復生，尚望。

下闕

第十六册

黄一鳴（二通）

一

接奉尺教，深悉一是。欲得真漆一二桶易易耳，舍侄昨於家書中囑買矣。李輔堂編《耆獻録》，先生欲録送祖父節行，自當遵命，俟抄集先代各行述及鄉閭中可傳信者並送。文人好奇不徵，寔亦是一病，鄙意惟求其不可湮没者。明日當奉候，舍侄亦於明日再見。手此，即請筠翁先生大人道安。

教弟一鳴頓首

二

筠翁先生大人座右：

接奉手札，知悉一是。所詢諒無甚難處，請飭某生會同學書查辦公例陋規，當有着落。初到匆促，略緩一二日即驅謁求教。弟辦考在天妃宮，却别居東茅巷，因久病宜静養也。煩瑣勞擾事悉羅君任之，似此前者督撫不宜同城，兩齋不可並處之論，亦太刻矣，一笑。手此奉復，即請崇安，不具。

教弟一鳴頓首　十九日

黄世崇（四通）

一

筠丈少司馬大人執事：

昨領到試卷，閲薦者爲第四房掌河南道監察御史梁公，總裁黄公以讀書頗有見地，惜選詞未潔，評語斥之。總裁四公以『正大光明』四字分籤卷首爲記，黄公籤記『明』字，故以是知之。自維文無佳處而頗好雅潔，以此被抑，殊未當其罪，然得不得有命存，非黄公所得主也，我公以爲然否？世崇去歲倖領鄉薦，諸凡經費以及途中資斧，除親友餽贐外，業已微有稱貸，今歲館金無出，來春北上尤難爲力。仰求我公函致江皖鄂三省當路，謀一館地，必有所得。世崇擬於廿一日出都，謹當先期請訓壹是。手此，恭請道安。

世崇謹上　十六日

二

筠丈少司馬大人執事：

木盒信件謹照收訖。同行者一爲善化汪君鏡清，去歲同榜友也，見居省城，儘可轉託妥送尊庭。世崇準於廿一日登程，五月底計可抵舍，赴省當在閏月初間。裴觀察雖稍有交情，然謀館者衆，恐亦愛博而情不專，未可全恃，我公有可別爲謀乎？不敢强也，惟執事酌之。手此，恭請道安。

世崇謹上　廿日

三

筠丈少司馬大人執事：

頃晤湘潭黄君子厚，名敦孝，乙亥舉人，詢悉前在白蘭巖先生宅中陪飲者即此君也。其師黄恕軒先生，現在胡文忠家主講席，爲湘潭人望，殫精宋五子學，子厚從之遊，稱高弟。今雖寓居都中，猶日讀朱子《近思録》並書其師瀕行時所贈聯語於座右，可以想其志願。自云其師嘗命之以禮謁公，如其來也，伏望引而近之，使得如意以去，亦大君子誘掖後進之義也。吾鄉後輩好詆前輩，子厚獨卓然自異，尤爲難得，願我公勿失此佳士也。手此，恭請道安。

世崇謹上

四

筠丈少宗伯大人執事：

月前肅泐一函，計邀台鑒。頃自舍間晉省，始知城中揭帖浼及我公，鄉人無識，竟同狂吠，誠似浮雲點空，究無所損，諒非大君子所必較也。世崇嘗謂古今是非有不可解者：王振勸英宗親征，身死族滅，罪無可解，而寇萊公澶淵之役，至今稱之；秦檜力主和金，萬世唾駡，而富鄭公使契丹，增幣息兵，以爲美談；張魏公符離之役，擬之乾時之戰，雖敗猶榮，而韓侂胄之敗則群以不量力罪之；周平東遷，宋高南渡，人以爲恨，而明懷宗殉國，又有咎其未從徙都之議者；漢武雄才大略，震懾匈奴，號爲黷武，而燕雲十六州淪於契丹，論者以宋太祖未及時恢復爲恨。推原其故，或以成敗論，或視其人之賢否以爲是非，又或始於一二君子偏好偏惡，而天下靡然從之，後世據而論之，遂使千古是非無可折衷。吾鄉楊武陵忠勤被謗，無可解免，歷數百年而鄧湘皋先生辨之於前，羅硯老辨之於後，始稍昭雪。世崇以語朱君香蓀，謂我公心迹皎如日月行天，而外間實有不及見者，及早辨之猶易爲力，香蓀以爲然。已將大著《上恭邸書》繕寫，發刊布發，此亦不辨之辨也，我公以爲然否？手此，恭請台安。

世崇謹上

守　忠（二通）

一

敬稟者。竊卑職幸依梓里，渥荷陶成，仰企枏輝，時殷欽慕。恭維大人斗山望重，台鼎勳隆。保障東南，惠澤早周乎百粵；維持中外，倚畀特賴於九重。翹首崇階，傾心忭頌。竊念京師用度甚繁，略備輿人之犒，謹匯呈微敬兩封，伏乞叱存，是爲至幸。卑職上年在宜邑兩具丹稟，恭叩崇禧，路遠途紆，未知曾否得邀慈鑒。兹於本年三月交卸，五月回省，計在任一年有零，公事幸無遺誤，款項亦無虧短，惟是缺自裁騾税，迴不猶前。且卑職向不敢絲毫苟且，到任時即將一切陋規出示禁革，諸事刻苦儉省，是以尚敷所用，第自此後又不知何時方得差委，殊爲可慮。謹將現在情形爲大人陳之，無論優缺優獎，非夙具大力者萬不能得，即尋常微末差使並無功可叙，無利可得者，亦非有人先容不得效力。至資格之淺深，官聲之優劣，辦公之勤惰，才力之能否，以及是否實缺人員，曾否歷任繁要，一概置之不論，此通省官紳士庶之所共知共傳，實非一己之妄議也。上年涂方伯與張太史百熙言及，尚知卑職謹遵功令，裁徹陋規，深蒙嘉許，今已升任廣西，未有察吏及於此者矣。樞相沈公係卑職癸亥會試座主，前曾連具丹禀，並偶有覆諭，訓誨殷殷。惟未便於楮墨間稍涉於私誠，恐師相以卑職補缺多年，毫無寸進，定係未能潔己辦公，勉力當差所致。大人與樞相同館相得，敬懇於會晤時，將卑職在湘歷任潔已從公，尚合輿論各下情言及，知非咎由自取，則感荷噓植深恩，實無既極。更有冒昧之請，可否禀乞鈞裁。卑職前在沅陵本任三年有餘，正值西路軍務吃緊之際，接遞軍裝餉鞘均無遲誤。曾蒙席統帥咨開西路州縣職名請奬，當經辰州本府開列，卑職銜名詳請本省大憲，俟選直隸州後以知府用，賞戴花翎在案。乃數年來屢次請奬無名，惟有仰懇大人恩施，格外於函中便賜一言，或於席統帥處致及，俾得趕於本年七八月間肅清案内倖列卑名，則此生道路皆出自天鈞造就，感銘五内，永矢弗諼矣。夙蒙培植，用敢瀆陳，臨禀不勝依戀惶悚之至。肅此謹禀，虔請鈞安，恭賀崇禧，伏維垂鑒。

卑職守忠謹禀

再禀者。聞羅小垣云，大人向不喜看紅禀，儘可勿拘，故仰體未用，伏乞垂宥。忠又禀。

如蒙賜諭，或有致席統帥函，叩乞速發寄卑處，以便專呈。

二

（上闕）

可浩嘆。然清明在躬，浮雲終莫能掩，且聖明在上，浮議終莫能蒙。萋菲之詞，又何足恤。敢祈勿介慈懷，是所切禱。卑職本科已調簾差，寓所均託福庇粗適。去年十月在宜章並得一子，知蒙垂念，合並禀知。肅此謹禀，恭請鈞安。

卑職守忠謹禀

黄祖純（三通）

一

敬禀者。竊卑職深荷鴻慈，時殷鰲戴，每欽麈訓，倍結蟻忱。恭頌大人福躬篤祜，鼎祉凝綏。卑職苦况情形久經面訴，自應静候恩施，奚敢瀆擾。惟是歲暮，除催饑寒交迫，且該棧店伙食絶無生路可尋，涸鮒堪憐，燃眉在即，伏乞格外栽培，感勒實同再造矣。肅禀，叩請福安。

卑職祖純謹禀　十二月二十五日

二

敬稟者。素沐鴻慈，時殷鰲戴。蒙向桃源李令嘘植一節，曾託盛紀稟明。恭頌大人福躬篤祜，鼎祉凝綏。萬石臣軍門至省募勇，其麾下自必需人，伏乞再造，力向嘘培，於文案處得效微勞，當奮策努駘，以副盛意。任典史時曾識萬軍門多次，職弟祖絡現在金陵候補道，沾獲差件同去，愈深兩感。附呈團扇二柄，求遇暇時揮賜。臨潁毋任瞻依，敬叩福安。

卑職祖純謹稟　七月二十日辰刻

三

敬稟者。未叩鈞顏，倏更月琯。恭維大人福躬篤祜，定叶烏私。卑職久叨厦庇，許賜枝棲，竊聽傳言，皆以栽培之念，終始莫渝。其如半載旅資，一肩行李，盡歸質衣之庫，欲待西江之水爲倍難，别無投刺之門，用較昌黎之書而多上，懇求再造，敢布苦衷。臨潁瞻依，敬叩福安。

卑職祖純謹稟　五月二十五日

袁祖綬（一通）

筠翁仁兄大人閣下：

今歲□肅蕪函，未審克達左右否。即日敬惟福履安綏，潭祺茂集，爲頌爲祝。前曾乞賜朝裙，未知若何，日增懸繫，希錫示爲荷。兹有懇者。保靖書院向係辰沅道主政關聘，祈老兄以一言囑之，杜來署理聘請來年。當無不可，望切禱切。弟在此府考已送來年，想必不至卸事，是以作此非非之想，亦由光景萬難，不得不爾。前送府考，賠累川資，昨七月一月僅得紙包中青夫（蚨）二百，看將若之何也，呵呵。《保靖縣志》已經辦有頭緒，但刻費維難，尚在籌畫，擬寫一部送局也。此布，企望惠音，敬請福安，唯愛照不盡。

弟祖綬叩頭　七月除日

意、志兩兄均此上問，匆匆不及另函，恕恕。

胡松榮（一通）

筠仙先生大人執事：

辛酉冬又一村晤後，違教不覺十載矣。今春驚悉世兄仙逝，蘭玉催折，行道者聆之亦皆爲之傷悼，豈有素來相識聞此情狀竟漠不相關也乎？特謁崇諧，以唁爲慰。司閽者以先生不見客拒之，旋於城南書院讀先生懸示各條醫卜、星相、陰陽宅法，有長見者許陳其是，請謁二次，又不得見。先生學海汪洋，不擇細流，何爲招之便來者，又拒之便去乎？厚禄故人書斷絶，豈真有是事乎？心竊異之。先生學高品重，多情念舊，何獨不容片席之地，俾松榮相於十年後也？以巡撫粵東之勢位尚無一字相干，豈退處鄉梓轉來請託乎？打抽豐乎？松榮平居，原多不理於口，先生有責善之道，松榮自命亦非無用之人，責而不改，管寧割席可也，孺悲取瑟可也，三謁三拒，引領閈閎，不獲見韓荊州於今十年乎？新春二日，偶遇貴同鄉楊君星堂於皮氏試館，藉詢先生起居，並述孫世兄目疾，囑覓形家之能者，兼及貴紀綱相拒之狀，今而後知向之

陳
不遇先生乃闇者之過，非先生本意也，疑團冰釋矣。夫形家與岐黄之要均不外陰陽二字，願陳管見就正於先生，須爲函告，可否一見，希賜示下。敬叩崇安，伏惟垂鑒。

松榮謹上　後春四日未刻

王定安（一通）

筠仙老伯大人閣下：

讀手諭，過蒙奬飾，慚戢莫名。老伯海内文宗，侄欽仰已二十年，去歲始獲一償夙願，叨承訓誨，獲益良多。然前後在他處所讀尊著不過十餘篇，固已欽佩無地。昨與性丈晤談，言道光已後古文之風大振，近時名家實非國初所能及。擬匯刻各家古文以洗二十四家之陋，如能假大集抄數十百篇登入兹選，沾丐後學無窮，實盛事也。敝處抄寫甚速，十日内定可奉繳，決不至於遺失，不知尊意如何？復問鈞安。

侄定安頓首

湯柄璣（二通）

一

筠老中丞大人閣下：

敬便稟者。正初叩賀三次，均沮於司閽，旋得志公訃聞，倉猝趨慰，又值台從已行，殊深悵惘。兹呈誄幛乙軸，便乞寄交子健兄廬次爲瀆，再有奉聞之件懇即賜。約二三日内准幾下鐘，進謁台端，不勝屏營待漏之念。蕪肅，先叩節安，伏惟垂鑒。

舊屬柄璣謹稟　二月二日辰刻

二

敬稟者。近聞沅帥開府邊疆，□□家事未了，目下不便遠投，茲擬輓□□卿駕部一聯，特乞郢政。再。尊府弔儀可給卑職捎去否？即請示下。肅叩台安。

卑職柄璣謹稟　中元夕呈

茀　臻（六通）

一

太年伯大人侍右：

逕禀者。日昨走叩數次，未獲謁教，近維福履嘉祥，至爲欣頌。再侄屢蒙培植，慚感交深。前晤力公，情詞懇切，無非牙惠周全。壽丈雖托舊交，殷殷温諭，但恐有人渠處妄進讒評，尚乞順便春風，無任感禱。所事倘成，實蒙倒懸立解，仁壽有登再造，鴻恩定當圖報。至於才輇任重，自當仰體慈愛，通權達變，蛀步謹嚴，總期實心實力於公，有益於事，相宜以副栽培厚意。再侄運蹇已極，前月十日之内丢去一子一女，窮兼至此，命尚何言，現已勉强移城居住矣。先此匆禀，十八日解鼇進城，再爲趨叩崇階，面聆慈訓。專此，順叩福安，並叩節喜。

年再侄茀臻匆禀

二

再禀者。靖江局總辦徐净軒，前憲撤不叙用之人，渠與霍親程厚以得靖缺，又以其子定生秀才之師譚某在壽處教讀，得與壽識，父子爲人在上驕傲，在下卑鄙，見人紅，十分欽敬，見人黑，無論生熟，設計擠排，爲人如此，靖省通知，霍則十分坦護也。再侄在津鹽局五年，承總辦郭春元尚相契，其間鄰私偷漏，淮鹽汰消，錢店倒閉，皆出有力，畇荄老丈亦所深知。相晤力老，津事亦乞言及矣。匆匆再禀，又叩福安，伏惟垂鑒。

年再侄臻匆又禀

三

太年伯大人侍右：

徑禀者。昨午趨叩臺階，騶從公出，未獲奉謁。旋到鳌局收支所，聞潭局唐公開缺，札調洪局蕭補洪局遺缺，尚須擇委。今早又聞李仲翁云，洪缺霍意以靳江河分局瞿子誠推升，瞿缺以陳姓補授。再侄渥蒙慈睞，屢賜栽培，滿擬霍可允行，今竟出人意外。竊思霍公秉軸無不公平，縱或再侄得罪，渠乃大人大量，亦易包容，豈有管度相待。尚求

（下闕）

四

太年伯大人侍右：

匆稟者。日昨兩叩崇階，未獲謁教，殊深歉悵。近維履祺曼福，潭第延禧，至爲忻頌。再侄久蒙慈睞，渥荷關垂，無如蹭蹬，枯荄竟難滋榮轉緑，屢勞培植，深抱不安。洪局蕭公又有秋間赴鄂之説，慈局徐公久已服闋，亦有往浙候補之信，傳言如此，未得確耗，二公即有是行，不知如何接委。聞蘅塘老丈已選澧陽學博，將來遺務必係湘潭、益陽、靖港三局督辦推升。倘蒙鼎力栽培，能於益、靖等處隨賜一枝，不啻拯援塗炭，仁壽有登，實每飯之難忘，定銜環以圖報。春丈與家叔亦相善，久欲叩謁干之，實緣分隔雲泥，抑且冠裳不便，有蒙厚愛，統乞矜全，多荷

鴻恩，感銘不盡。專此，敬叩慈安，伏惟垂鑒。

年再侄茀臻匆叩稟

五

太年伯大人侍右：

逕稟者。楊年伯今早得見，不敢多言，已約略求之，總祈鼎力栽培，俾荷成全，感恩無既。不揣冒昧，特此稟陳，敬叩福安，伏乞慈鑒。

年再侄茀臻叩稟　初三日

六

太年伯大人侍右：

逕稟者。聞崇旆元旋，趨叩數次，未獲謁教，孺慕尤殷，近維福履安康，至爲心頌。再侄運太不佳，既愁食用難敷，昨又被賊挖竊，共去衣物約錢七十多千，雖四處禀聞，未蒙差緝。更張賊膽連夜而來，本當遷地爲良，無如太難舉動。下忱□□□律難宣，洪江局蕭雨杭明府已於九月回省，局中行李概行帶□，冬間科田□□，開正即行赴鄂。遺缺尚未補人，前蒙代託霍公，已承霍允，總局探信，消息毫無。霍公現又制中，未滿百日，不敢面求，可否仰懇推恩，再託他人於星憲前鼎力噓薦。倘蒙矜全曲賜，不啻立解倒懸，刻骨銘心，不忘大德。失物另呈節略，如蒙轉達督查局憲，亦甚感情，尚乞酌行，不敢强求也。不揣冒昧，匆匆禀呈，敬□福安，伏惟慈鑒。

年再弗臻□□

再。前求書對三幅，款子幹、奇生、紹先已蒙揮就，即求擲下。

金國琛（一通）

敬禀者。夙沐甄陶，溯斗山而景仰；久違光霽，切轆轆以欽馳。新秋恭奉諭函，備蒙垂唁，並錫輓章。光及幽潛，矜恤見殷肫之意；德徵高厚，殁存同銜感之私。敬惟大人當代元勳，盛朝宿望。封疆釐歎，憶文潞之精神；帷幄運籌，懷留侯之風度。招親故於林下，疏太傅雅致宜人；問宰相於山中，陶宏景清名卓著。蒼生霖雨，陸地神仙。職道境歷滄桑，謀艱芰粟，去冬奉左爵帥奏委總辦全吴甘捐，以母喪辭不獲。今夏勉詣建康，會同梅藩司設局勸辦，所幸大江南北，年穀順成，輸將尚稱踴躍。伏波疑案經漕帥復勘，供係海寇而報復者，日内即可成讞。曾相再督兩江，約在月杪，履任附以奉聞。仰林宗折角之巾，向風前而翹首；謝徐孺東芻之弔，望天末以折腰。肅禀敬復，恭請崇安，伏祈慈鑒。

職道國琛謹禀　閏十月十二日

意城觀察均此敬謝。

黄紫垣　蔡培煌（一通）

筠翁姻兄中丞大人閣下：

敬啓者。昨奉教後，隨謁陶少雲廉，竟托言公出不晤，旋請左延官會同子立至陶廉婉商，以爲必能應弦赴節。今延官與子立來寓，據云陶以寒士自謝，萬難捐輸，必欲托陶親王南翁六世兄爲之吹嘘，想可於事有濟。第陶乃安化巨富，既不能優助於前，又何能慨捐於後。敬懇賜函寄王，玉成善舉，不勝盼禱之至。承此布悃，祗請福安，統希亮察，不戩。

姻愚弟紫垣率蔡培煌同頓首　十六日

羅汝懷（四十二通）

一

頃接敝邑水營來信，知將有更調之局，並微聞將以岳州水營更换等因。水營之所以乞病辭差者，以旁人言其防堵不力之故。不知全營祇二十餘船分防各處，每處不過兩船，但能查護釐局耳，安能禦賊？平白受謗，故發憤思。退而若與人對調，則俱有捨舊圖新，難於諳練之弊多端，不宜不止。勇目須增口糧也，而各省客幫久與相習，亦必思爲挽留，然若局面一定，則又費多少周章矣。居士素不與聞軍政，以此事關係邑中得失，故聊爲公言之。並原信呈鑒，不盡欲言。

名心叩　初八日

二

昨夕承從者昏暮叩户，求水火乎？惜池水漸乾，未能稱心而與耳。次兒著父衣往鄉作上親，須俟其回方能著儒衣冠答謝，或即令其來謁伯太親翁，並謝心領之隆儀焉。即頌玉池伯親家大人日安。

汝懷再拜 廿九

三

養知先生左右：

昨接水營一械，言省中竟傳居士保龍化池全家云云，知前函已達台覽，而傳聞如此差訛。夫化池且不過一面，何有於其全家而欲保之。然時人以保爲怪，居士則以時人之不欲保爲怪，誠不知其何所見而云然也。方今實苦宋學之多，宋學者，莫須有是也。近來之辨哥匪不爲不力，或直供不諱，或竟無供。直供者知不供無益，而徒受苦刑也，不供者實不知所以供也。即此軍之肇端乃係該地之鄉人與市人挾嫌而起，愈辦愈憤，愈積愈多，如文字之孳乳而生，而無許叔重者爲之分别部居，不相雜厠，故其狀飄如柳絮，隱現無常，不可捉搦，而卒至於飀散也。然而縣閉城，商徙市，紳庶播遷者，蓋宋學抑鄭學，鄭王惺原移家，遠徙永州，可憐可憫，人相驚以伯有是也。而凡爲天下國家者，當知所從軍矣，抑更有可憂者。節届霜降，而燥氣彌甚，衆卉皆花，而老梅居然作花滿樹，居士折作瓶供，而紀以詩，不知明歲之作何狀也。今穀價稍平，積貯一事實爲要義，無食則不哥皆哥，不匪皆匪矣。此須三令五申以委其成，非可一札了事者。不盡欲言，順訊近祉。二十日外即可晤對矣。

某頓首　十月四日

四

來示具悉。居士稔知聖者之反復無常，故詩本尚未付梓，亦以其弟有數處須訂字句也。石刻已半，而又欲别行木版以附詩本，豈非計利者之中情回惑，將並其不必費財者，而亦蹈之邪？茲付去石刻一紙，意以官堆六裁詩本配之，或合或分，總期附麗而成鉅編，乃聖者必欲窄狹其詩本，此三家邨學之所爲，而侈言廣撫之退財邪。而又欲好行其德於友人之子，俾其牽連鏤版，焉不知廣東告退，芷江方滋，或滋者之轉益於退也。且聖者夙諾爲一文以生已兒，豈其忘之而徒欲畀區區以塞責乎？殆不能也。煩聖者尋思計較，於數十日後定之。順頌即安，不盡。

某頓首復　廿一日

吴傳稟收到。

五

頃有人打聽，云已委首府提問，周王責其當中丞新到，喜期不應邀呵，有戒飭之説，現無傳問對質之信。求情不已，未知如何。守公明早必行，即求一信，黄叟另信呈電，希鑒諒爲禱。

弟名心叩

六

昨在省所致一函，未得回示。所商褒忠一録，續辦必不容緩，而續辦又以原辦之周子爲宜。以其駕輕就熟，不似生手之另起爐竈，而弟亦能與相商，恐生手之别出意見，扞格不入，則弟難爲助也。公等如以爲然，即宜於獻歲後貽書招致，免其别就館所。弟來在花朝上巳之間，如周子早到，弟當與力完此件，否則没齒不與聞矣。又及。笠公曾聞此議。

七

昨示具悉。午日有帝之二女朝覲，父皇帝遂饗之，光禄竭山海之珍，帝亦醉焉，云外出者百官之託辭也。居士非無好詩好字，而臨池則除寫稟之外不搦管，而管皆三十年前故物，譏中書老秃者久矣。公欲得其好字，則須以遠祖景純公五色筆見貽，不特此也。所求乎友，貴於先施，必書扇以示，居士則或仿而爲之也。曾侯三稟及動土張稟皆送上查收。

某居士頓首　初七

八

前日擬致香楮於周夫人，遣人來探，則云一切不受，遂止。然忝年姻之末，毫無所用其情，終歉然也。然一切不受者，是如受香楮，則賻幣隨之，勢必酬帛而設饌款賓。今並鼓吹悉却，殊能矯俗。昨夕諷誦大作奠文，情深而文明，足以傳夫人矣。無須更假它人之文，如下走能屬思，亦姑爲之，然在六十日後矣。俗冗不具。

汝懷率復　滿日

九

劉郎中信送還，所云真實經濟總在喜怒哀樂之無偏，十餘字非獨自勵，而並以箴其師矣。公何以得此門下乎？而所稱許之冲融淵邃，厚重少言者，豈其然乎？而前日傳來之言，同非出諸造謠之人之口，又何説也？病夫人何如，聊遣一問，即安不宣。

某士頓復　廿四

外寄意老一函。

一〇

來示謹悉。復承沉香片屑之惠，從此可以推其惠於人，甚爲合算。至求價久已償去，不煩頒發，謹以奉璧。日來謀爲餞席者，欲作贈行詩者紛紛然，居士亦當從衆也。即安不盡。

某再拜　望日

一一

吴傳昨偶忘檢交，今晨覓出心忉忉。方擬補送遣使勞，忽承弄取辭何囂。更惠二管二白描，上鐫羊穎非兔豪，究竟莫辨麻與毛。請公恕過塹不褒，且俟臨池加推敲。如其出鋒不偏撓，那時頌公真人豪。二豪名義不爲重韻。

初八謹酬

來示具悉。居士之治具款客，千載一時，而采精會神之作，其味可想。世有大於飲食之事者乎？欲逐逐於謁候，而忘我朵頤，失計之甚。他客皆準午正饑腸雷鳴，謂能留餘以沾公之嘴唇乎？勿自誤也。不具，知名。

一二

鐵君老吏豈有卸事時欠三四千正款而無妨礙之理。所恃者，以有應領之款七千可抵也。不料近例分文不準抵撥，故慳至三年之久，而不疑是借他人領款。己之領款不行，而他人之款行邪？向有痰病而不常發，七八年來居士與之接談，理明詞達，未嘗有風漢意。公詢洛事於蜀，而未知門户之久分乎？爲今之計，公既先有玉成之意，而忽詘然以止，不能使人無疑，不如即照原説五六百之數作數股分輸，不必管其是敷與否。總之，係挪非幫，使能到任，必得歸款。老鐵固錚錚者，是可保也。初二日，梅枝凍筆。

意外得此快電，有能作禁體詩，居士泚筆和之。澄侯有失子之戚，知之否？

一三

來示所談純是俗情，全無古誼，如一面云者。試問吴季子之與徐君，曾會過幾十幾面方才挂劍，且傾蓋如故之謂何也？勇糧斷不能欠，故可借抵，而又安能借至一年？五君者代具限狀，逾期則五君攤還，非唐侯獨任。至於二米等項之百數十金，則五君不能兼及，以歸錚錚者之自籌。陽子爲其事奔走十次，而錚錚者祇三次，促之則曰：休矣，不過無官耳。吾多五君之篤友誼，而又喜錚錚者之伉爽不群，如公等之委曲瑣碎，則在劉伯倫之二禀中矣。承詢，故爲詳考詮釋以報。

初九某頓首

一四

山人昨厚擾敝齋之夕，在案上檢有片紙，及掌燈檢視之，乃治事者忿人之不治事而爲是云云。居士度之恐亦無益，以彼中事實尚未得條理也。居士之意以爲貞元遞嬗，時當有補救之法，而不在數十日中求之。而原片亦不欲壅於上聞，附呈一覽。耆英消寒，談何容易，九老當約以五五，又當約以二爲靠實耳，容再圖之。廿七又書。

一五

公昨示口敝足，倦爲敝邑事，未知有何區處。但聞道路風傳之言，抑接有敝邑人士告急之書。居士微有所聞，則但慮官軍與匪黨無相值之候，以匪知兵之所在，而兵不知匪所在也。日來情形如何，布置如何，乞示其略。詩本照改，帖復之跋似可不必，蛇未嘗有足也。

某叩　十二初更

一六

敝邑匪並不多，號稱數千者皆探子之謠言也。且悉械不備，是藉哥匪之名以行排飯之實者也。彼其晝伏夜動，東躲西藏，雖十萬官兵，那有用武之地？然官兵一退，則彼又出而放肆矣，其將與爲終古乎？而商賈多遷，釐金無著，敝邑城總皆招勇數百，口糧何出，此所謂背了萬年時也。保甲鄉團是近時要務，各保各境，匪自難容。閑時既不燒香，事起又不補牢，徒恃調兵募勇，可惜好錢不如與劉君爲壽，可歎可歎。十六日。

一七

以熊羆揺笏，豳葽澧杞四字主司所改。之本，道人殊屬不知羞恥，乃欲以詩帖試草報之，豈有珠玉以報糞土者乎！帖正在搨取，而裝本則難，不如折方幅，貼一紅籤，便可行矣。詩本過三四日便有，而試草尚未付寫，寫手以包刻試卷甚忙也。居士日内暫回里中一月，重來送女，有定期，不能安，於局有留有侄外孫楊姓在此料理也。文徵裝成一部送置廳事，以見書之已成，公可代李公作序。十五。

一八

公不先往相度，而遽費重金得之，此即機勢使然，所當將就用之者也。山川而能語，葬師面如土，公幾時曾與山川語乎？亦不過猜謎而已。宣聖絶四，今請公絶二，曰毋固毋我，亦此事之萬不能固我也。

嘉平五日　　槑居士呵凍

一九

兩記文文筆暢健可傳，而立言微有參酌者。《船山祠記》中『既誠以明，其所得於聖賢之精一，皆其踐履體驗之餘，自然而愜於人心』數語，皆似推許過溢。竊謂船翁是孟子所謂豪杰之士，其勃鬱不平之氣時時流溢楮墨間，纂述具在，不可誣也。其於治經亦非專《易》與《禮》，而四書訓義則舉業也。吴荷屋中丞之創爲湘水校經堂，乃仿阮文達詁經精舍之行於越與粤中者，誠於學者不爲無益，而其課試不專主訓詁，其拔取仍在詞章。居士當日爲友人擬謝朓《辭隋王記室箋》，遂有擬體冠場之譽，使其法行之久遠，固可廣衍博雅之才，而謂楚士知經始此，則溢辭也。數十年前，吾郡經學有朗軒李先，六經皆有纂述，九溪王先所箸四五十種，其《考古原流》至四百七十餘卷，既徵鴻博，又澂經學，遂於三禮館手總其成，是前輩原有經師，而後學無人闡揚，以至緒餘墜失，不得謂楚人至道光初始得粤海鉅公以開經學，而經學亦究安在也。鄙見如是，請再核之。小垣近日未見，聞尚在書院。

某居士又啓　初五雪窗

二〇

江夏烟霞二十年，後來一旦忽幡然。消除宿孽人稱賢，吾乃重與修好焉。已分憔悴成癯仙，至是體胖顔轉妍。邇來腹笥尤便便，哦詩削牘幾三千。割武城雞牛刀然，實屈易牙烹小鮮。吾先施者法無邊，紅茶凉布報可憐。公私之猜殊夢天，二竿乃述張髯言。其中底細未究宣，若是五百能周全，何至屢歲持空拳。公於事理如吹烟，飄飄杳杳散八埏。請作消寒心要堅，思雞羊吃口流涎。

頃晤仲李，言三成乃買捐，而無可買，故至二竿尚不足也。廿九。

廿八燈下

二

昨有柏梁一章奉呈，想已捧讀拜服矣。而重一然字，韻須改易，方能垂示後世。張髯之已籌二竿，尚短二百，想已考察而知其故矣，而公服尚在質肆也。笠君與張髯有交情，亦頗關切，雖不在家，而以公意屬其通挪，當無不可者。老壽亦然。其文書已上達矣，初三必須上兑，公其念之。居士之教人以善者如此，如其愬然，不顧其事不成，饑餓於我土地，則其居士示之以君子固窮，達人安命而已，亦教人以善也。不具。

某頓首　初一

一二二

一心爲金僧關説是正事，其地先已頽落，賴金僧數年竭力修復，更賴沅公爲之布捨，吾與樗叟爲之設法，始得復有清浄之場。金僧既以年久引嫌退院，不得不付託得人以無隳其緒，此情理之易明也。頗聞公欲爲直其事，而又似不能無惑者，程子所謂三則私意起而反惑是也。居士咳久不愈，夜不能寐，吐痰二合，甚是委頓，雖以南老之喪不能扶服往救，奈何！

不名　三十日

一二三

來示據悉。固知明日有舉以食指之動，故然素畏首坐，蓋首坐有令人蹙然不安者，即食亦不暢，如主人及衆賓隆養老之典者，不在虚文而在實惠，不在外貌而在内腹，則亦當樂從焉。否則拂衣而起，挈然不顧，亦不計瓢兒雪紅之亟欲見賞矣。惟主人實圖利之，不具。

槑頓復　初九

二四

賤恙雖稍愈，而不能脱風帽，故不能出。兹有詢者，尊處前寄醴陵黄東伯信係託何處？居士兹有信寄，不得便也，薇垣遞呈須費堯曰以外。昨金僧兩次呈遞，花到大衍之數，瓶之罄矣，故廢然思返而去。昨日晤一粗僧，謂將復有所遞者，實可不必也。醴陵吴稱三德襄有尺牘册乞題已就，即望擲還。不具。

某頓首　初十

二五

前月信甫來，以鐵峰補官事相託，且道其賢。居士曰：吾與同譜，豈待子言。但居士衹能教人以善，不能分人以財，奈何！頃鐵峰見過，言唐、李諸公已爲醵得二竿，尚短二百，因信甫爲言，公有玉成之意，屬居士一詢虚實，且言是挪非幫，決不相負，如許諸者，可即徑交唐侯，以事係渠主持也。公其爲天下得人哉！賀賀。

某頓首　閏廿八日

二六

來示具悉。譚孝廉乃近科後生，而講求天象、算學，與主講、修志皆不相近，且已爲同邑龔榜眼約往山右校文，不可得矣。居士躊躇間，忽憶淥江一友昨有書來，此君當能勝任。居士在淥江二年，頗有教澤，此君目染耳濡，當能竊比其法，其平生看書頗廣，有異時俗，於修《新寧志》又割雞耳，猶有欠缺，豈不可諮商於老梅乎！來函并付小筠原本三件尚在蕭生處，囑其撿交可也。

廿七

二七

擬來賀佳婿登科之喜而未暇也。食笋齋刻完，而目録後未留板，如須著跋，則重刻此一葉，並祈細校一過付改。籤面寫來否？今日耑人往荷塘送錫器，可便寄信否？王麗生詩三帙存尊齋，検入勿失也。

重九棋頓首

一八

昨接到曾謙老詩文鈔本，而思問隨録亦須取來看，可載入通志藝文否？其書既係手澤，而破損不加修整，不匣不夾，當飭當斥，而公乃恬然安之邪？樗親家屢約往鄉，而高親過門，必至備山海奇珍享之，而郊迎卅里，故意不欲勞民傷財，遂久不行。今擬乘其不備，從天而降，參用兵法，於賓禮中以蠲除俗套，賢者之不可測如此，不具。

十三

一九

有獻新志者，聞公頌美之，吾亦冀其必有可觀，在省覓其書不得，至此間得之，觀其摹仿漢魏之處，亦覺脱俗可喜。先聞人述次君之言，謂其搭天橋至湘鄉以詈侯相，不知在何卷内。而閲一處云『使天下志郡邑書皆如吾，則千古地理昭然若白日之照臨矣』云云，在卷二。公未見之乎？其所云云可以入之志乘乎？公亦不辨白黑而贊西施乎？

嘉平廿五日

三〇

三顧公於瓦廬之中，皆不得門而入。義不當再詣，且俟勤检《日知録》中閻人一條觀之爲何如？蔗老有『萬物皆備』二節文在尊處，亟思一觀，可并課卷中之佳者擲下，一日即還也。丁果老昨亦喪其少子，何此事亦欲鼎足邪？

小筠遺墨儘可問世，亦以爲少年學書之勸，鯉之不才，其書既已泐石，豈顔淵之才而薄視之？已爲礲石矣。其價亦不過稍多，君子又豈以天下儉其子邪？不具。即頌玉池老人晨祉。

芷江小儒某頓首　朔日

三一

玉池山長講席，萬物皆備文，并劉都轉志文想經點定，乞即擲下。并蔗老文二篇亦須借觀，渠與公皆看錯題目，此雖口舌争，須心領神會耳。秋雲似羅，奉獻查收。即佳，不具。

某頓首　四月五日

三二

養知先生左右：

昨留書荷池，想入覽矣。近來以文徵粗完，寫刻諸手多散，故辦書稍遲，籤面即印於殼面，古無此法，乃近來坊賈所爲，未免庸陋，雅人或亦從效之過矣。搨帖須好天氣，大風雨、晴燥皆不相宜，雨則難乾，不能著墨，燥則易乾，紙即翻起，公所養之知不及此也。昔嘉慶初秦廉訪搨北海碑，天凍難乾，熾炭暴之，碑遂大裂，故宜就天氣多搨而儲藏之，非可隨時咄嗟辦也。居士以十六抵潭城訪問匪事，訖無明文，白巾裹頭者賊也，而去巾即民，是忽賊忽民，可如蜥蜴之日十二變。而朱亭等處則民賊水乳交融，盡剿則玉石俱焚，不剿則蔓延日甚，徵兵調饟何有窮期，若前此稍行保甲、鄉團，安有是哉？而官場之不行保甲、鄉團者，則以愛民大甚之故。謂賊尚未見而先擾民也。故良有司一味愛民，一則曰戒滋擾，再則曰省糜費，及其至也，流血千里，耗費百萬而不遑惜矣。今吾邑有形之匪惟在南鄉，而無形之匪沉幾觀變者尚不可紀極，爲之奈何！居士居西鄉，民安本業，匪黨尚少。日來里人集衆二百有奇，器械略具，惟火器難備，以子藥太費，又須演習始能施放，非如刀矛之易弄也。各處則多觀望不前，縣發條規亦未申肯綮，若須通力合作，尚須大府斗方文告也。然文告頗易窒礙，如富者出資，貧者出力之舊説最爲扞格，且各處情勢不同，竟不必與之立法，其地亦自有明事能幹之人也。擬來一稟，祈酌而轉達之，楚撫、粤撫易地則皆然矣。積穀之示亦不能因匪事而罷，無匪之地猶多且正當爲禦匪地也。亦另擬一稟，忙中不能盡致，非得意作也。順頌近祺，不具。

弟汝懷拜沕　九月廿一

仲雲、力臣諸公並致。

三三

再者。敝邑有龍化池者，向來於邑中大工程，如山門灘、朱亭書院、萬樓等處皆倡捐修理，駱公曾爲作《山門灘記》，是一好做公事之人。今年六月，邑中匪起，化池爲李姓所告，時化池以訟事在省，差緝獲之，久繫縣獄，昨恐匪徒劫獄，遂已解省。吾疑其獄之冤，而縣人疑信參半，及李姓爲人所殺，又有匪黨供認，則在不赦之列。今其父子在繫，子亦讀書，化池年七十矣，果能爲害乎？若其能解散徒黨，則不如縱之，此中有妙用也。

廿一日清晨

三四

行遠之件須精益求精，以子雖齊聖，不先父食例之，則再乞楞公書未爲不可。而一行似安不下，然又有一法焉，容俟面談大致，則擬將食笋緣由即載標面之後也，不具。

某復　廿六

且稿字無草頭，須是寫過。

三五

昨送閲之金陵來信，乃居士之甥之女之夫，姓彭名玉堂者也。其人提督銜，記名總兵，花翎巴圖魯俱全，經曾侯相弄留兩江，補用副將。前面託黄軍門而未開名條，恐其遺忘，公如有信到彼中，乞一言方便爲荷。

廿六

三六

來示具悉。大跋固不宜長，且恐目録後無多餘紙，加頁則不必也。且俟目録印出再看，求堯舜自點竄之，巢許方洗耳不暇及也。寄鄉様紙即將昨書就者付還，使乃翁有所觀摩爲得。居士前作亡萱事狀全憑心記結撰，而不知向來有南寓水營日記五册，其中領軍至撫、建、瑞三郡事甚詳，彌見漢之勝宋，不能空談心性也。今夕擬覲堯於書屋，能静以待巢父否？不具。

心叩　廿九

三七

《褒忠録》一書須補載者四五年之人與事，今遠近皆詢此書刊行與否。居士無以答應，且《忠義》爲通志中一門，自須早爲完結以併入志中，雖録詳而志括，而人數多須訪查。居士以爲周紹庵最知首尾，今如續辦，其諳悉無出紹庵右者。渠現家居，若延入局中，不須另起爐竈，其於辦志亦有用求也。

東坡生日

三八

送來黄東伯銀貳拾兩，寄存尊處，俟東伯來取，已函知東伯矣。又送劉曉滄光禄墓誌稟並烏絲數張，乞早爲書就。此傳世行遠之作，而公之碑版流傳於世者不多，望用不甚秃損之管，稍工爲之何如？

嘉平十九日

三九

來示敬悉。廿三啓行，小江水僅杯勺，及出湘浦，抵昭潭，而北風如虎，坐對昭山，一日成詩一首。今晨到此，真乃天幸。承賜奩資過厚，而他處俱未領受，暫且璧還，俟入城面謝。順頌即安。

年姻愚弟汝懷再拜　廿六日

四〇

來示具悉。竊謂人必不存固我之見，而後可以尚論古人，公於船翁多生緣分，故佩服獨絶，然分隙委不可失。公之視之若在五子之上，而直把臂尼山，則不無稍溢矣。居士何敢卑視之，然亦不免有胸中固我之見，此自所見不深，俟再用心其書，或有五體投地之日，亦安知公於數年之後不復持此牢不可破之見哉！船翁訓詁甚有精處，秩老竊其盤桓之義而又不明吾以爲非也。

某復不名

四一

陰陽相度，事關造化，其中秘巧，人莫能窺，非如詩古文辭可憑一己之聰明才力以操其勝也。居士涉獵此道三十餘年，愈進愈疑，往往見其地不中準繩，而改葬時土乾棺好。夫至數十、十數年中土乾棺好，抑又何求！此執淺淺之見，以改葬者之非，亦以見造化。

下闕

四二

玉池長老閣下：

前奉復一函，略及來書分局之説，意以校刻書籍一項分歸荷池，亦爲便當。復得馮叟書，則稱移局，又據情事復之以公言分局之議爲善。兹得省信，則齊莊已襲莒於兑矣。居士之意無他，惟以文徵尚待改補校對，謄刻尚須數人。五千卷藏書，八千葉版片，刷印數百部，俱需寬敞之地以爲庋閣，非二三間屋所能辦理。夫移局之議屢矣。居士前歲已定賃居槃澗之計，及志局仍舊，居士亦遂苟安，而其年竹實而萎，池荷連歲無花，固知否運非所宜居，久有遯思，而憚於移動。今益當見機而作，已託人賃屋矣。文徵尚無序文，原其所由成亦出制府李篠公之慫恿，昔曾向之乞序，渠謙讓不承，既而欲轉乞公代爲之。今望火速爲之，將來仍存大集，非虧人事也。周子之續褒忠已嚴行否，若就居士爲文獻即不宜緩。劉君墓銘已書就否？燕菜二匣恐致霉壞，奉璧查收。意親家尚在城否？

二月卅日　弟某拜上

傳稱裨諶能謀，謀於野則獲，謀於邑則否，此何故哉？邑囂而野静，邑言龐而野思精也。居士山居六旬，而縣志已得條理，大有訂正，間爲省志纂傳，爲藝文作考，其程功可抵在省半年。蓋頻年已患酬接之繁，不能悉心探討，而又益以數鉅公介於其間，彼此牽連，將接帖之聲不絶於耳，送客之屐屨折於户。九載績用弗成，此勢所必至也。平生畏見當道，有數年未曾識面者，與其逾垣，不如先在汶上，公其不以爲然乎！居士再啓。

二月卅日

趙煥聯（一通）

筠翁中丞年大人閣下：

夏間幸瞻温霽，把晤匆匆，别來倍殷馳戀，邇惟福躬安燕，潭祉吉羊如頌。聯自省旋里，因敝内一病垂危，從急從權，令三小兒就贅曾府，以期迫未迎媒妁，草率完婚。數月之間忙勞已極，刻幸内人病復痊可，餘喘或可苟延，尤幸慈竹長春，平安日報，足以告慰綺存。前備謝媒菲儀專呈意叟，適逢命駕還里，比寄府中以求轉達。頃得意叟覆示謂不賞收，聯因不腆之陳，已懼褻獻滋非，如果擲棄，則倍覺顔赧而無地自容。惟酬執柯之勞，聊申煮茗之意，循圓媒俗例，不妨賜予莞存。敢求我公代達下忱，飭紀轉遞。俾小兒婚事在在圓滿，無有闕情，感甚禱甚。手肅布臆，祇叩鈞安，仰祈崇鑒，不莊。

煥聯謹上　九月六日

林煜南（一通）

雲老先生有道執事：

簾卷西風，木樨香矣。書空有雁，爽氣秋高。薦丹楓之崇眺，睇白雲而遠矚。遊目騁懷，定增篇什。恭維餐勝養和，茹經葄史。闡康成之秘旨，發叔重之微言。涉學海而得樴，馳藝圃而總轡。盧牟千古，睥睨六合，洵不世之偉人，曠代而罕配者也。方今四郊多難，需才孔急，高卧名山，自爲則善，立功寰海，斯人吾與。想亦先生憂世之深心，刻不容己者耳。頃聞先生及曾九帥均膺心簡，定踐躬行，朝野上下，咸慶得人，太史占雲，允呈五色。煜南六月之杪行抵鄂垣，濯足洞庭，刷羽岷江，飛廉莫阻，馮夸不驚。睹洚水之瀰漫，閱湘山之險峻，重湖疊巘，足壯大觀。憯衡山、九疑未獲縱窺巔末，殊爲缺典。長沙之役不免濡滯，亦時逼處此，現寓鄂渚尚無舉動，祇聽彼蒼之位置而已。學本謭陋，不足見重於時，性復疏拙，不慣逢迎作婦女態以求悦於人。故足迹大半天下，知己寥寥。先生欲置煜南於傳忠書局，裴樾公已言及，亦培植士類，裁成熤南之至意，但濟家爲難，不若就近養親耳。今殊寂寂，亦概可知，復擬出山，無所依附，即有勳業，何從建樹，不知先生能爲熤南籌一地否也？昔士衡遇壯武而蜚聲，仲宣識陳留而馳譽，自古爲昭，於今更烈。江漢苦旱，赤地千里，天竟何如，時勞杞憂，歲云秋矣，酷若盛夏，時令不正，天道反常，尊候何似。伏惟珍衛，虔請道安，並賀節禧，不盡。

熤南謹白

李高頎（二通）

一

筠翁先生大人侍右：

拂意之遭至先生已極，豈天之報施善人者固如此乎？抑否者泰之機，倚伏乘除，非常理所能測乎？尚覬委心任化，勿過爲感戚致損道體爲要。惟此時方勸慰之不暇，何敢復有所求，上塵清聽。但念頎淹留旅邸，瞬及七旬，倒篋傾囊已無長物，而居停主人追索久負，勢甚洶洶，不僅欲下逐客之令也。□聞故鄉荒歉，迴異尋常，數口之家萬難存活，非藉旋乾轉坤之力速賜生成，則外患內憂，必有不忍言者矣。鼷鼠飲河，不過滿腹。想已溺已饑之懷，必不置區區一家於度外也。不情之請，出於無奈，伏希原宥，祇請台安，引領佳音，不既。

名心叩

二

筠翁先生大人閣下：

拜違榘範，年籥載更。比維道體增勝，至以爲祝。前在濱江，便擬抵省後馳赴仙鄉，登堂拜謁，非僅爲一枝之借，實欲望見顔色，省起居耳，此不但耿耿之心爲然也。頃得室人手書，亦亟思一赴省垣仰瞻道貌，在鄙人雖不敢妄希肺腑，而婦人女子親親之誼，固未可厚非也。自抵省至今已旬日矣，晉謁三次，不獲一見。昨閽者云，已移寓城南，隨往探問，始知其謬，意翁處亦復如是。並有一函布臆，亦未見答。即欲再往，恐涉槐柳森然之誚，在主人或未確知，而形迹之間實有難乎爲情者，唯仰面求人之寒士，能知之而能信之也。敝鄉光景，荒歉異常，長安米貴，居尤不易，危溦之界，唯先生實左右之。語云，君相能造命。是區區者亦何難一引手耶？春氣寒暄不常，惟萬萬爲道自玉，蜉蝣蟪蛄覬達觀者之善自遣耳。耑肅代口，祗請道安，諸維愛察，不具。

名正肅　初九日三更

李槩（八通）

一

筠仙長兄大人座右：

兩次走叩，未得一叙，詹念彌深。頃誦手牋，並近老一信戔戔之寄，乃必屬致謝椷，實增愧赧。諸費清心，感銘無既。肅復，敬請台安。近椷附繳，容再趨叙。

弟槩謹上　十五

二

復示謹已誦悉。近帆兄處，尊處得便寄信最好。兹弟封寄拾金，敬求附達，匆匆不及緘，致希便及之爲禱。肅請筠仙長兄大人台安。

弟槩謹叩

子香兄兩椷承代寄，感感。

三

筠仙長兄大人閣下：

日前聞台從歸自邑中，走謁未獲奉教，悵甚。容再趨詣。快雪足爲來歲豐綏之慶，想襟懷益增暢適也。楊砥兄有復子香兄一信，尊處於縣中，往來便人尚多，送求轉寄，子香得此稍資贍家。近帆則近狀不可支，未審劉治卿觀察能於督銷局位置一席否？弟擬致送十金聊佐度歲之資，殊少妥便，亦祈留意是荷。專叩道安，不盡。

弟槩謹上 嘉平朔日

四

筠仙長兄大人侍右：

頃誦聆清誨，極慰所懷。峴翁與玉帥兩信，弟鈔存一分，謹以奉覽，仍希擲還。肅叩道安。

弟槩頓首

五

筠仙長兄大人閣下：

接誦手示謹悉。香濤兩摺稿頃爲子玖借去，兹屬尊紀便取奉閱，即希擲還，緣此稿係從友人處借觀也。復叩台安，不具。

弟槩頓首 十九日

六

筠仙長兄大人閣下：

昨夕自丁宅歸，奉讀手示，並收到陳世兄收銀回字，即爲轉寄。虞世兄信亦暫存，俟其來城領我公之教，看如何説法耳。省城烟館中丞下令封閉，屬查最苦者，量予傾助，俾令改圖，亦見用心之厚。小民失業，誠哉其可念也。此復，敬頌台祺，不盡。

弟檗頓上　初二

七

兩讀手示，並收到坐棚捐費紋七十五兩，即爲匯交不誤。虞、陳兩項煞費金心，專送手揮，候其持領，最爲妥善。揭帖尚未得見，人心如此激切隱憂。附上臘八豆一罎、金華腿一肘，希飭存之，亦友人所貽也。專復，即叩筠仙長兄大人台安。

弟檗頓首　廿一日

八

筠仙長兄大人閣下：

昨奉清譚，極慰積想。貢院坐棚經費已遵所議書定三百金，四家各派紋七十五兩，敬希便中擲下，以清莊幣須兑價也。左相寄虞愷仲家三百金、陳崧生家二百金統呈。即祈費心妥致其家人收領，並乞代取收字，由弟轉寄左相。瑣瀆清神，感謝無已。肅叩福安，不具。

弟槩謹上　廿一日

司徒緒（五通）

一

筠翁大公祖大人閣下：

敬肅者。頃奉手諭敬悉。德國領事克勞爾現在厦門，係戴蘭㑳代辦，央士係太平行商人代辦。領事不與恒寧臣同居，甚少來局相晤，遇事皆係書信往來。刻已由局知會戴領事、恒公司明日午正回拜矣。至局中函移一切，緒與丁守自當隨時請示辦理。即言論之間亦應加意留神也。此事正在維難，又兼天氣炎熱，以致勞心，還祈珍攝是祝。草此，復請鈞安。

治晚緒叩首

二

敬肅者。頃奉鈞諭敬悉。以誠信而接洋人，此於柔遠之中足徵虛懷若谷，令人欽佩無似，即祈明日八點二刻駕臨，緒當在局恭候也。專此恭復，虔請筠翁大公祖大人午安。

治晚緒叩首

三

筠翁大公祖大人閣下：

敬肅者。昨夕接奉鈞函，具臻卓見周詳，曷勝欽佩。今早轉交方伯，亦以爲然。茲由局擬復，並札飭委員，少頃當送呈尊鑒。制軍發下來信一併繳上。潘茂如如夫人公祭已致送矣。屬筆叩謝丁守、傅丞，已往電報館與該公司商改合同。專此，虔請勳安，乞恕不莊。

治晚緒叩首　二十一日午刻

再。制軍發下之信係紳士楊浚所致。又叩。

四

上闕

制軍已致復總署，措詞一切不得其詳。來件閱畢擲還。草此，敬請勳安，祈恕不莊。

治晚緒叩首

五

敬肅者。早間承面諭致戴領事一函送閱。茲擬就呈覽，伏祈鈞裁改正是幸。敬請筠翁大公祖大人勳安。

治晚緒謹頓首